계명대학교 한국학연구 총서 12

영남 문집의 출판과 문헌학적 양상

장인진

계명대학교출판부

自序

耳順을 넘긴 요즘은 세월이 더욱 빠르다는 느낌을 갖는다. 그간에 작성해둔 졸고를 책자로 묶어서 출판하고자 하였지만, 다망 중에 게으른 성격까지 겹쳐 실천하지 못한 채 오늘에 이르렀다.

필자는 평소 文獻에 대하여 많은 관심을 가졌다. 문헌이란 論語에서 처음 사용한 말인데, 文은 서적을 의미하고, 獻은 지식인의 논평을 뜻하는 것으로 해석된다. 이것이 學으로서의 체계가 수립되어 文獻學이라 하였는데, 학문적 명칭이 書誌學과 혼용되기도 하였다. 그러나 서지학은 書籍의 물리적 외면적 사항에 관심을 두고 있는 반면, 문헌학은 문헌의 내면적인 면에 중점을 두고 있다는 점에서 다르다 할 것이다.

우리나라 文集은 1910년 이전까지 출판된 수가 2,000종을 넘지 않을 것으로 판단한다. 그런데 영남에서 출판한 것이 지금까지 1,213종이나 조사되어 예상 수의 60%를 넘어섰다. 그래서 영남 문집을 제대로 구명한다면 우리나라 전체 문집의 성격을 파악할 수 있을 것이라 추단해본다. 또 한국의 문집류는 대개가 저자 사후에 출판하였으므로, 간행할 당시 편집·교정자에 의해 작품의 취사 또는 내용의 변개가 행해지기도 하여 원저자의 저술의식과 세계관을 왜곡하는 경우가 많았다. 이 점이 문헌학적 구명의 필요성이 제기되는 것이다.

自序

필자가 지난 1978년 9월부터 계명대학교 동산도서관에서 고문헌실의 업무를 맡게 된 것은 행운이었다. 그간에 방대한 고문헌자료를 정리하면서 틈틈이 보아둔 문헌학적 특성 있는 문집을 중심으로 내용을 구명하여 2005년 8월에 논문 '영남 문집의 문헌적 연구'로 박사학위를 받게 되었다. 학위를 받게 된 데는 지난해 고인이 되신 윤영옥 선생님의 지도와 격려에 힘입은 바 컸다. 감사의 인사를 드릴 수 없어서 삼가 명복을 빌 뿐이다. 그리고 홍우흠 선생님, 조수학 선생님, 김영숙 선생님, 이기철 선생님의 권면해주심 있어서 이 자리를 빌려 감사드린다.

그러다가 2009년 2월말에 필자는 고문헌실 한 부서에서 30여년을 근무하다 정년퇴임을 맞았는데, 퇴임 후에도 고문헌 업무를 자문하기 위해 다시 근무하게 되는 영예를 누리게 되었다. 배려해주신 신일희 총장님께 고마움의 인사를 올린다.

논문을 쓴지도 5년이 지났다. 그간에 추가 발견한 문집의 내용 구명과 목록 정비, 문집 저자의 생몰년 부기, 내용의 증보 등, 이 책에 대하여 보완 작업을 꾸준히 해왔으며, 책 이름에 대해서는 고심한 끝에 '영남 문집의 출판과 문헌학적 양상'이라 고쳐보았다.

自序

최근에 이 책의 출판을 계획하던 중, 본 대학 한국학연구원 이윤갑 원장께서 '계명대학교 한국학연구 총서'로 출판할 수 있도록 주선하여 마침내 한국학연구원 편집위원회의 승인을 받게 되었다. 졸고인 점을 감안하면 더없는 영광스러운 일이 된 것이다. 그러나 내용에 불비한 점은 없는지 심히 염려가 된다. 문헌학에 관심을 갖고 있는 여러 분의 질정을 바랄뿐이다.

이번에 출판을 배려해 주신 한국학연구원 원장님과 편집위원 여러분께 고마움과 감사의 말씀을 드리며, 자료정리를 도와준 고문헌실 최경훈 선생과 출판을 맡아준 계명대학교출판부 관계자 여러분께도 감사의 뜻을 표한다.

끝으로 이 책을 先考의 靈前과 慈親의 座前에 바친다. 그리고 나를 위해 묵묵히 성원해준 아내 김영순을 포함하여 미국 뉴욕에 있는 아들 정호와 며느리 이지영, 그리고 딸 정아와 정임, 사위 남상서와 남영민 등 가족에게도 고마운 뜻을 여기에 적어 기념하고자 한다.

2010년 8월 일

도원동 낙와에서 저자 근서

목 차

그림목차

표목차

Ⅰ. 머리말

1. 출판의 필요성

우리나라 선대의 문집은 經·史·子·集의 4부 가운데 集에 속한다. 문집의 내용은 詩文, 書翰, 序記, 狀碣, 雜著 등 다양한 장르로 구성되어 있고, 작품 속에는 저자의 사상, 관념, 주장, 정서 등 삶의 흔적이 담겨져 있으며, 제목은 대개 저자의 호를 붙여서 ○○文集으로 간행하였다.

『孟子』에 의하면 "그의 시를 낭송하고 그의 글을 읽으면서도 그가 어떤 사람인지 모른다면 말이 되겠는가(誦其詩 讀其書 不知其人 可乎)"라 하였다. 이 말은 각종 문헌을 통하여 그 사람의 작품 및 세계관이나 시대상을 알 수 있다는 뜻으로 후대 문집의 序·跋文 같은 데서 인용되는 용어이다.[1] 또 문집을 살펴보면 독후감의 성격을 지닌 서문·발문도 더러 발견할 수 있는데,[2] 이러한 글은 문집 연구에서 주목할 만하다.

---

1) 柳成龍, 『西厓先生文集』(목판본, 1633년), 卷18, 22頁, 「書南冥集後」, "孟子曰 誦其詩 讀其書不知其人 可乎"와 같이 우리나라 문집의 서문·발문에서 이런 구절을 흔히 찾아볼 수 있다.

2) 예컨대 兪好仁의 「讀私淑齋文集」, 柳成龍의 「南冥集跋」, 趙任道의 「讀南冥集」, 文東道의 「讀退溪先生集」, 權克亮의 「讀南冥曺先生文集」, 李熺의 「看龜峯集」, 尹秉顥의 「讀塤篪集感吟」, 申鼎周의 「讀梅月堂四遊錄」 등과 같은 독후감 관련 글을 문집 속에서 더러 살펴볼 수 있다.

우리나라 선대 사람들은 문집 출판에 관심이 많았다. 신라 최치원의 『桂苑筆耕集』이 후대에 전해지고, 고려시대에는 이규보의 『東國李相國全集』(1251년), 이승휴의 『動安居士集』(1356년), 민사평의 『及菴先生詩集』(1370년), 설손의 『近思齋逸藁』(1372년), 정포의 『雪谷詩藁』(1376년) 등이 간행되었고, 조선시대에 와서는 문집 간행이 더욱 활발했음을 알 수 있다. 그런데 삼국시대로부터 구한말에 이르기까지 우리나라 문집이 몇 종이나 되는가 하는 점에 대해서는 통계 자료가 없어 정확하게 알 수 없다.[3)] 영남지역의 경우, 필자가 1997년 당시 경상도의 『유가의 출판문화』에 대한 보고서를 작성하고자 하여 영남 간행본 문집을 조사한 일이 있었는데, 1910년까지 간행한 문집 1,002종을 보고하였다.[4)] 그 후에 필자가 추가로 조사한 211종을 포함하면 총 1,213종을 확인할 수 있다.

이와 관련하여 조선조 이전에 전국에서 출판한 문집의 수는 얼마나 되며, 그 가운데 영남에서 간행한 문집이 어느 정도 점유하고 있는가를 추산해 보기로 한다. 1987년부터 한국 문집의 영인사업을 하고 있는 경인문화사에서는 『한국역대문집총서』로 2000년 현재 3,000여 책의 문

---

3) 민족문화추진회, 『한국문집총간』(서울, 민족문화추진회, 1990), 책머리의 「범례」에 의하면 삼국시대로부터 구한말까지 살았던 자의 문집을 4,000여종으로 파악하고, 생몰연대순에 따라 책자에 연번을 부여하면서 간행 사업을 하고 있다. 2004년 1월 현재 발간한 문집의 총수는 575종인데, 그 중에는 필사본과 일제 강점기 이후의 간행본이 61종이나 포함되어 있다. 필자가 생각할 때 위에서 목표로 잡고 있는 4,000여종에 대해서는 앞으로 필사본이나 일제 강점기 이후의 刊本이 다수 포함될 것이므로 1910년 이전의 간본만을 대상으로 삼을 경우 그 수는 훨씬 적을 것이라고 본다.

4) 張仁鎭, 「儒家의 출판문화」(경상도칠백년사 편찬위원회 편, 『慶尙道七百年史』, 경상북도, 1999), 제3권, pp.671-709. 및 제4권 '자료집', pp.1007-1064.

집을 간행하였는데, 필자가 판본을 조사해보니 1910년 이전에 나온 것이 1,055종 포함되어 있었다.[5)] 이 가운데 영남 판본이 676종(64.08%)이고, 타 지역 판본이 379종(35.92%)으로 조사되었다. 필자가 조사한 영남 판본 1,213종 가운데는 『한국역대문집총서』에 676종(55.73%)이 반영되고 아직까지 537종(44.27%)이 반영되지 않았다.[6)] 이처럼 영남 간본이 매우 많음을 알 수 있고, 앞으로 출판사에서도 이같은 미반영본을 포함한 문집을 계속 발굴하여 간행해야 할 것이다. 이런 정황과 문집에 대한 영남인의 높은 관심[7)] 등을 감안할 때, 1910년 이전에 영남에서 간행한 문집은 全國의 70% 가량 될 것이라 생각하며, 또 우리나라에서

---

5) 金成煥 편, 『韓國歷代文集叢書目錄』(서울, 경인문화사, 2000), Ⅰ,Ⅱ,Ⅲ권에 수록된 3,000책 가운데는 3,318종의 문헌이 들어 있다. 이를 세분하면 1910년 이전 판본 1,055종, 일제 강점기 이후 판본 1,224종, 필사본 984종, 실기 및 승려 어록 문집 55종이다.
그런데 판본의 경우 '조선 후기' 간본(또는 60갑자로 환산한 조선본)이라고 표기된 것 가운데 127종은 일제 강점기 이후 간본임을 확인할 수 있다. 또 중복 출판한 것이 10여 종인데 그 가운데 朴昌宇의 『槐泉先生文集』은 3차례나 중복 출판(총서번호: 888, 1391, 2378) 하였고, 南夢賚의 『伊溪先生文集』은 저자를 南夢賚 외에 南海準, 南海量 등으로 표기하고 3차례 중복 출판(1520, 1723, 2505) 하였으며, 南驌熙의 『穀窩遺稿』(990)는 저자를 南宜春이라 하였다. 그리고 목록에는 수록되어 있는데 실재 내용이 출판되지 않은 자료(2405: 『忍堂集』)와 저자의 생몰년을 잘못 적용한 자료(578: 『행당원고』) 등이 있다.

6) 판본 중심으로 파악하였으므로 『韓國歷代文集叢書』의 영남 문집 미반영본 537종 가운데는 동일한 저자의 異本 문집도 포함되어 있다. 한편 경인문화사에서는 영인본을 간행하여 학계에 공헌한 바도 있지만 상업주의를 표방하는 출판사이므로, 한 저자의 문집에 대해서는 1종만을 선정하여 영인 출판할 것으로 예상된다. 앞으로 저자 중심으로 출판할 경우 실제 미반영본의 종수는 크게 줄어들 것이라고 본다.

7) 李樹健, 「조선후기 영남학파 연구」(영남대학교민족문화연구소, 『민족문화논총』(영남대학교, 2000), 21집, p.207에 의하면 영남의 문집은 판본뿐만 아니라 필사해 둔 문집까지 포함한다면 지금까지 안동 한 곳에서만 350여 종이 파악되고 있다.

1910년 이전에 발간한 전체 문집의 수량도 2,000종은 넘지 않을 것으로 추정한다.[8)]

영남에서 간행한 문집이 양적으로 전국에서 수위를 차지하고 있다는 사실은 이 지역 사회가 지난날의 학문적 전통 뿐만 아니라 자료를 발굴 조사하여 연구 성과를 내고 있는 오늘 날의 노력을 잘 보여준다.

경상감사를 역임한 李宜顯이 선조 이전의 영남 출신 儒賢·節士·文人·名臣을 고을별로 45명 선정한 것은 영남이 人材의 府庫로서 주목받는 고장임을 시사해주는 것이다. 여기서 이의현은 "인조조 이후에는 전과 같지 못했고, 지금(영조연간)은 더욱 쇠하였다."[9)] 라고 지적한 바 있다. 이 말은 이미 18세기 초에 학문이 쇠잔하여 士風이 변했음을 의미한다. 지난 날 영남인이 처한 전후의 사정을 살펴보면 17세기 이후 경신환국(1680년), 갑술환국(1694년) 등을 거치면서 정계에서 철저히 소외되었고, 1701년에는 영남 世守 남인계와 새로 가담한 노론계 사이에 김장생의 문묘 종사 문제로 찬반양론의 儒疏가 올려지기도 하였다.[10)]

---

8) 柳基石, 「호남지역 典籍文化에 관한 연구」(청주대학교 대학원 석사학위논문, 1990. 2)에 의하면 1899년 이전에 호남지역에서 간행된 전체 문헌은 485종으로 파악하고, 그 가운데 集部로 153종을 들었다. 필자가 集部로 분류한 153종을 면밀하게 살펴보니 그 가운데는 중국 문인의 저술, 역사서, 불교 관련서 등이 포함되어 있어서 이를 제외하면 80종이 한국 문인의 문집임을 알 수 있었다. 따라서 1899년 이후 간본이 누락되어 있지만 11년을 늘여서 1910년까지 잡는다면 호남 문집은 100종 내외로 추정할 수 있을 것이다. 이와 같이 영남을 제외한 타 지역의 문집 발간 수는 그다지 많지 않음을 알 수 있다.

9) 李宜顯, 『陶谷先生文集』(한국문집총간본), 권28, 잡저, 「陶峽叢說」에 의하면 경주의 이언적, 안동의 권벌, 류성룡, 구봉령, 김성일, 상주의 노수신 등 45명을 들고 있다.

10) 朴太古, 『景陽齋文集』(목활자본, 1899년), 「沙溪金先生卞誣疏」 및 金侃, 『竹峯先生文集』(목활자본), 권3, 15頁, 「光陽謫行日記」 참조.

그런데 1728년의 戊申亂을 계기로 영남은 정부로부터 심한 지역차별을 받았다. 심지어 영남지역을 가리켜 "그곳 사대부는 게으름에 빠지고 학문하는 선비도 전혀 없게 되었다."[11]라는 지적도 있었다. 그러나 그 이후 구한말까지 영남지역의 문집 발간수를 보면 이러한 설을 뒤집기에 충분하다. 영남의 학문이 쇠잔했다고 지적한 이면에는 노론정권이 정치적으로 영남 남인계 선비의 출사를 견제하려는 의도가 숨겨져 있는 것이 아닌가 싶다.

이같이 문집의 출판량이 많은 데는 관판이나 서원판도 한 몫을 했다. 특히 출판량이 많은 사가판의 경우 在地士族으로서 이름난 조상을 위한 추모의 마음이 작용하여 간행한 경우가 있을 것이고, 한편으로는 영남인들이 중앙 정계로부터 철저히 소외된 데에 대한 반발심리로 선조의 문집을 간행하여 가문의 자긍심을 갖고자 한 면도 있었을 것이다. 사가판의 경우는 문집의 성격, 분량, 내용 등에 있어서 문제가 있을 수 있으므로 면밀하게 살펴볼 필요가 있다.

이황은 『溪山雜詠』 1책을 지어서 친필본[12]으로 남겼다. 후인이 이 친필본과 똑같은 복각본을 만들어서 후대에 전한 것은 퇴계 친필로서의 문헌적 가치를 높이고자 한 것이다. 이처럼 각종 문헌의 서·발문을 지은이의 친필 그대로 판각하여 전하고자 하는 의도는 역사적 사실을 후대에 입증하고자 한 문헌정신에서 비롯된 것이라고 본다. 그리고 간행하여 유포시킨 문집은 개인이나 사회 모두에게 영향을 미치는 공공

11) 오수창, 「조선후기 경상도·평안도 지역차별의 비교」(역사문제연구소, 『역사비평』, 2002년, 여름 호, p.318.

12) 이 친필본은 계명대학교 동산도서관에 소장되어 있다.

의 소유가 되므로 公器라 하였다.

그런데 문집 가운데는 저자가 생각한 당초의 저술 의도와는 다르게 편성된 것이 있다. 여기서 문집편성에 따른 작품 선정 또는 삭제의 의도를 구명할 수 있다고 본다. 또 필사본 문집의 경우, 내용 상단에 '刪' 표시나 내용 가운데 ( ) 표시가 있는데, 이는 삭제 또는 수정된 것을 의미한다. 이러한 부호는 필사본과 판본의 차이점을 구명하는데 중요한 단서가 된다.

우리나라 역대의 문집은 개인의 세계관에 따라 다양한 내용을 저술하여 전한 것이다. 그런데 후대에 제3자가 문집을 添削한 것은 원 저작의 내용을 바르게 전달하지 못한다는 점에서 문제가 있다. 그 이유는 문집을 출판할 때 막대한 경비 조달문제로 부득이 대표성 있는 작품을 선정하여 수록하는 경우도 있지만 문풍의 변화, 정치적 상황, 한문 우월의 문자 인식, 원저자의 저술정신에 대하여 편성·교정자의 이해 부족 등과 같은 데서도 찾을 수 있다. 예를 들면 정치적 쟁점이 되는 인물과 교유하면서 주고받은 내용을 지우거나, 도학 우위적 세계관에 입각하여 世敎에 도움 여부를 따져서 고치거나, 한글작품이 있는데도 편성·간행할 때 삭제하는 등의 경우가 될 것이다.

이 책에서 필자는 조선시대 영남지역에서 편찬·출판하였던 문집의 성격을 파악하고, 다시 문헌학적 관점에서 그것들을 비교 분석하여 내용에 어떤 변화가 있는지를 구명하는데 있다.[13] 이와 같이 문집의 성격

---

13) 문헌학에 대해서는 서울대학교 동아문화연구소 편, 『國語國文學事典』(서울, 신구문화사, 1973), p.237을 보면 "옛 文獻의 考證, 문헌비평 및 해석을 중심으로 하는 학문."이라 정의하고 있다. 또 金益達 편, 『文藝大辭典』(서울, 학원사, 1964),

과 문집내용의 변개 양상을 살펴보는 것도 우리의 전통적인 학문을 연구하는 데 의의가 있을 것이다.

지금까지 문집의 문헌학적 연구에 관한 선행 연구를 살펴보면 류탁일의 「桂苑筆耕集의 문헌학적 조명」[14], 김광수의 「점필재선생문집 연구」[15], 이원주의 「퇴계선생문집 보의」[16], 「퇴계선생문집 중간본 삽의」[17], 「퇴계선생문집 연구」[18] 등과 전병윤의 「남명집 諸本의 대비적 고찰」[19], 김윤수의 「남명집 책판 계통도」[20]와 「남명집의 책판과 인본의 계통」[21], 최선경의 「율곡선생문집 판본연구」[22] 등 개별 문집의 연구는 있었으나 아직 종합적인 문집의 연구는 이루어지지 않았다.

본 연구에서 구명할 문헌은 영남지역에서 편찬·출판되었던 간행본 및 필사본이다. 그 밖에도 본 문집의 연구와 관련 있는 자료가 있으면

---

p.337에 의하면 文獻學的 연구는 原本의 探索과 음미, 寫本 및 版本의 수집과 정리, 校本의 작성, 본문 글귀의 해석 등을 다루는 것으로, 原典批判, 書誌學, 註釋學 등을 포함한다고 하였다.

14) 柳鐸一, 「桂苑筆耕集의 文獻學的 照明」(坡田韓國學堂 편, 『孤雲의 思想과 文學』, 부산, 파전한국학당, 1997).

15) 金光洙, 「점필재선생문집 연구」(계명대학교 교육대학원 석사학위논문, 1990).

16) 李源周, 「퇴계선생문집 補疑 Ⅰ」(계명대학교 한국학연구원, 『한국학논집』, 제13집, 1986).

17) 李源周, 「퇴계선생문집 중간본 揷疑」(계명한문학회, 『한문학연구』, 제3집, 1986).

18) 李源周, 「퇴계선생문집 연구」(교남한문학회, 『교남한문학』, 제1집, 1988).

19) 全炳允, 「남명집 제본의 대비적 고찰 Ⅰ」(백민 전재호 박사 화갑기념논총간행위원회, 『국어학논총』, 1985) 및 전병윤, 「남명집 제본의 대비적 고찰 Ⅱ」(한국어문학회, 『어문학』, 제47집, 1986).

20) 金侖壽, 「남명집 책판 계통도」(영남중국어문학회, 『중국어문학』, 제20호, 1992).

21) 金侖壽, 「남명집의 冊板과 印本의 계통」(경상대학교 남명학연구소, 『남명학연구』, 제2집, 1992).

22) 崔善慶, 「율곡선생문집 판본연구」(계명대학교 교육대학원 석사학위논문, 1991).

서로 비교하여 고찰해보기로 한다. 이러한 연구 작업을 거치게 되면 문집의 개별 자료에 대한 성격을 밝히는데 도움이 될 것이며, 학계의 기초 연구 자료로 활용이 가능하게 될 것이다.

필자가 연구 대상을 영남 간본으로 국한한 것은, 우선 영남에 문집의 출판량이 가장 많고 18세기 이후에는 노론정권의 탄압과 노론화 회유책, 퇴계학 일변도의 학문적 경향, 영남 사족의 南論 고집, 서원판본과 관판본의 증가 등 문집에 영향을 줄 여러 가지 특성이 많기 때문이다.

그러나 문집에는 저자의 인간관과 세계관이 들어 있기 마련이고, 또 다른 지역에서 출판된 문집도 그 나름의 특성이 있을 것이므로, 지금까지 상당수 남아 있을 것으로 추정되는 畿湖지방의 문집, 호남지역의 문집 등에 대한 연구도 뒤따라야 할 것이다. 이점에 대해서는 앞으로 필자가 관심을 두고 구명해볼까 한다.

끝으로 본 저서는 1910년 이전에 영남에서 간행된 자료를 전반적으로 수집하여 책 말미에 목록을 작성하는 등, 학문 기반적 연구를 논의 대상으로 삼았으므로 각각의 자료에 대한 형태서지학적 기술은 논외로 하였다.

2. 전개 방법

본 연구는 영남지역에서 간행한 문집 또는 필사본 중에서 비교 가능한 자료를 중심으로 작품의 削去, 削除, 刪削, 刪改, 添加, 補刻, 改刻, 追刻, 補板, 變改[23] 등의 현상을 구명하되, 다음과 같은 방법으로 진행될 것이다.

첫째, 본 연구에서 다루고자 하는 대상은 1910년 이전 영남지역에서 편찬 또는 간행된 자료를 주 대상으로 하였다. 다만 연구할 필요가 있다고 판단될 때는 그 후에 나온 자료도 연구 대상에 포함하기로 한다.

여기서 일제 강점기 이후로부터 해방 이전의 자료를 연구 대상으로 삼지 않은 이유를 들면, 먼저 자료의 양적 면에서 1910년 이전 자료와 비슷한 수준으로 많이 간행되어[24] 문헌 조사와 내용을 구명하는데 한

---

23) 이에 대한 용어를 정의하면 다음과 같다.

① 削去 : 한 주체자가 어떤 내용 전체를 깎아버린다는 뜻이다. 주로 판본에 실려 있는 내용을 후대의 판본에서 없애는 것이다.

② 削除 : 한 주체자가 어떤 내용 전체를 지워버린다는 뜻이다. 주로 사본에 있는 내용을 후대의 사본이나 판본에서 지우는 것이다.

③ 刪削 : 한 주체자가 필요하지 않다고 인정되는 글자나 글귀를 지워버린다는 뜻인데, 刪去, 刪省, 刪除와 같으며, 판본이나 사본에 두루 사용하고 '일부 삭제'라는 뜻을 지닌다.

④ 刪改 : 한 주체자가 글귀를 지우고 고쳐서 바로잡는다는 뜻인데, 내용을 더하거나 지우거나 하여 고친다는 뜻의 添削, 내용을 깎아내고 보충한다는 뜻의 刪補와 통한다. '일부 수정'이라는 뜻을 지닌다.

⑤ 添加 : 한 주체자가 본래 있는 내용에서 글귀를 더 넣는다는 뜻이다. '일부 보충'이라는 뜻을 지닌다.

⑥ 補刻 : 기존 冊板의 내용에 誤字가 발견되거나, 일부 내용을 수정 또는 추가하고자 할 때 그 부분을 도려내고 거기에 새로운 나무를 끼운 다음 다시 刻字하는 것. 이것을 埋木이라 하였다.

⑦ 改刻 : 기존 冊板 가운데 내용을 수정할 필요가 있을 때 일부의 책판을 새로 板刻한 것이다.

⑧ 追刻 : 내용이 증보되었을 때 추가로 판각한 뒤 卷末 또는 篇末에 연이어서 끼워 넣는 책판이다.

⑨ 補板 : 책판이 마모되었을 때 원 책판의 내용과 똑 같이 새로 판각하는 책판이다.

⑩ 變改 : 누군가에 의하여 내용을 변개 시킨 그 상황을 말한다.

24) 註 5) 참조. 그리고 근래 간행한 『古書目錄』을 보면 이 시기에 간행된 책이 많다는 사실을 육안으로 봐서도 쉽게 알 수 있다.

계가 있다. 다음으로 조선이 망하고 일제 강점기라는 특수 상황[25]에서 일부 이름난 학자나 문인을 제외하고는 변개가 더 자행될 수 있는 환경을 갖춘 것이다. 만약에 이 시기에 백여 년 전 또는 그 이전 사람의 문집을 처음 간행한다고 가정하면, 이 문집을 중심으로 한 인물의 세계관 또는 시대상을 연구하는 데는 무리가 있을 것으로 보았기 때문이다.

둘째, 본 연구에 문헌학적 방법을 적용하되 필요하다면 그 문집이 지닌 문화사적 의의도 살펴보기로 한다.

셋째, 시대별로 편찬·간행된 영남지역의 문집 수를 살펴보고, 특히 어느 시대에 편찬·간행이 집중되어 있고, 어떠한 특징이 있는가를 구명해보고자 한다.

넷째, 개인별 문집에 대한 분석 연구보다는 변개 양상을 중심으로 구명해보기로 한다.

다섯째, 同文異本 가운데 저자가 직접 쓴 친필본이나 저자 자필의 수고본, 저자 교감본 등에서 저자 자신이 내용을 수정한 것은 일종의 윤문의 과정이므로 본 연구에서는 변개 양상으로 보지 않는다.

다만 문집의 저자가 아닌 편집자가 원고를 수집하여 편성할 때, 또는 그 편성한 원본을 교정하는 과정에서 원본의 서체와 다르게 임의로 고친 내용은 연구의 대상으로 삼는다. 왜냐하면 저자의 본뜻을 제3자가 임의로 변개시켰기 때문이다.

여섯째, 본 저서에서는 詩歌를 중심으로 살펴볼 것이며, 특징 있는 일부 산문도 예시할 것이다.

---

25) 조선이 망하는 시점을 전후하여 일부 지방 관아에 있던 戶籍庫를 불태우고, 鄕案을 없애는 등 전통 신분을 부정하는 사회 변화상도 찾아볼 수 있다.

일곱째, 현존하는 자료를 중심으로 1910년 이전에 영남지역에서 간행된 문집의 전체 목록을 작성하여 본 저서의 부록으로 제시하고자 한다.

이상과 관련하여 영남지역의 문집을 문헌학적 방법으로 검증한다면 자료의 성격을 究明할 수 있을 것이다. 아울러 필자가 조사하여 부록으로 제시하고자 하는 '영남 간행 문집 목록'은 앞으로 한국문학은 물론 국학을 연구하는데 기초 자료로 활용할 수 있을 것이라고 판단한다.

II. 문집의 출판 현상과 특성

1. 문집의 개념과 편성 교정

(1) 문집의 개념

문집은 중국의 도서 분류법 '四部分類'를 따르면 經·史·子·集 중에서 集에 속한다. 集은 개인의 詩文을 모은 것이다. 문집의 유래를 살펴보면 梁나라 阮孝緖가 『七錄』[26]을 찬집할 때 「문집록」를 설정하여 분류 항목의 명칭으로 사용한데서 유래가 되었고,[27] 역대 「藝文志」에서도 일찍이 '集部'를 설정하고 개인의 시문집을 '別集'이라 하여 그 속에 분류하였다. 문집이라는 명칭을 최초로 사용한 것은 張融(南齊)의 『玉海集』인데, 『남제서』에 기록되어 있다.[28]

문집을 자료적 측면에서 살펴보면, 한 저자가 정치, 사회, 문화, 철학

---

26) 『七錄』의 내용을 세분하면 「經典錄」, 「紀傳錄」, 「子兵錄」, 「文集錄」, 「術技錄」, 「佛法錄」, 「仙道錄」 등이다.

27) 柳鐸一, 『嶺南地方 出版文化 論攷』(부산, 세종출판사, 2001), pp.378-379 참조. 『七略』으로 되어 있는데 『七錄』으로 바로잡아야 할 것이다.

28) 紀昀(淸) 等撰, 『欽定四庫全書總目』(영인본, 臺灣, 商務印書館), 권148, 22頁 「別集類 一」에 "集始於東漢荀況諸集 後人追題也 其自製名者則 始張融玉海集"이라 하였다. 따라서 '集'을 처음으로 사용한 것은 荀況의 여러 저서인데 이는 후인이 追題한 것이고, 스스로 문집이라고 이름 붙인 것은 張融의 「玉海集」이 시초인 것이다. 한편 林尹 등편, 『中文大辭典』(台北, 중국문화대학출판부, 1985)의 三卷 p.1483에 의하면 張融은 南齊人으로 字는 思光인데, 『南齊書』 권 41에 그의 문집 「玉海集」이 보인다고 하였다.

등 다방면에서 체험하여 느끼고 습득한 사실을 기록해 둔 것임을 알 수 있다. 그리고 대체로 후대 사람이 편집한 뒤 저자의 號를 붙여서 간행하였다.

우리나라 문집의 명칭은 다양하다. 저자가 처음 붙인 명칭은 대체로 ○稿, 謾錄, 漫稿, 雜稿, 集語, 集說,[29] 終始錄[30] 등인데, 이것을 편집하여 간행할 때에는 ○○稿, ○○遺稿, ○○逸稿, ○○文稿, ○○集, ○○遺集, ○○文集, ○○先生文集 등과 같이 이름을 붙였다. 저술을 많이 남긴 큰 학자의 경우 ○○全書,[31] ○子大全[32]과 같이 이름을 붙여서 간행하였다. 문집을 편집할 때 자료의 중요성 또는 선정의 우선 순위에 따라 原集, 外集, 續集, 別集 등과 같이 세분하기도 하지만 총칭하여 '集'이라 하였다. 여러 사람의 작품을 한 질로 묶은 것은 '總集'이라 하였고, 시문 내용을 선별해서 묶은 것을 '選集'이라 하였으며, 합집의 경우에는 ○○世稿,[33] ○○合稿, ○○聯稿, ○○聯芳集[34]이라 하였다.

---

29) 曺秉直(조선)의 문집 초고본은 『集說』로 붙였다.(계명대도서관 소장, 이811.081 조병직ㅈ)

30) 盧尙樞(1746-1829)의 문집 초고본을 『終始錄』이라 붙인 것도 있다.(계명대도서관 소장, 고811.081노상추ㅈ)

31) 필사본으로 전해지는 『退溪先生全書』의 번남본, 상계본 등과, 이이의 『栗谷先生全書』, 김장생의 『沙溪先生全書』 등이 있다.

32) 송나라 朱熹의 『朱子大全』이 있는데, 우리나라에서는 宋時烈의 『宋子大全』이 유일하다.

33) 父, 子, 孫 또는 그 이상 世代의 글을 모아서 편성한 문집이다. 예컨대 安承弼이 편한 『佳邱世稿』는 七世에 걸친 十二稿이다.

34) 연방집의 명칭은 조선초기에는 『鐵城聯芳集』처럼 世稿로 간행된 바 있으나, 조선 중기 이후에는 형제의 문집에도 사용하였다. 蔡先吉·蔡先見의 『邵城聯芳集』, 姜慶昇·姜顯昇의 『紫巖亭聯芳集』, 宋寅殼·宋寅濩의 『蘧觀聯芳集』, 尹秉顥·尹秉頤의 『菊槐聯芳集』, 姜周祜·姜周祐의 『玉泉聯芳稿』 등이다.

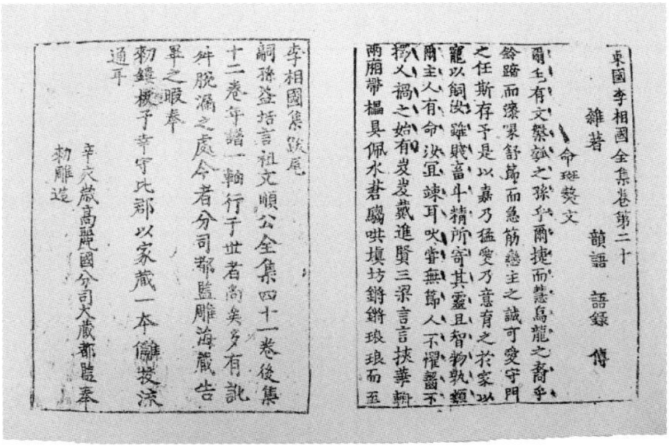

〈그림 1〉 1251년 간행 『동국이상국전집』(국립중앙도서관 소장)

문집 가운데 벼슬 이름을 붙인 책으로는 <그림 1>의 『東國李相國全集』을 포함하여 『參判公遺稿』, 『李評事集』 등이 있고, 저자가 자신을 낮추어서 잡초의 의미를 취한 겸칭의 『雜卉園集』이 있는데 <그림 2>와 같다. 한편 문집을 간행할 때 초고본의 서명을 그대로 사용한 듯한 『集語』가 있고,[35] 또 초고본에는 '實紀'라고 붙인 것을 간행할 당시에 '文集'이라고 고친 것도 있다.[36]

또 합집 가운데 鄭萬陽·鄭葵陽의 『壎篪兩先生文集』과 尹秉顥·尹秉頤의 『菊槐聯芳集』은 형제의 문집[37]으로 간행한 것이다. 『二皓先生遺集』

35) 黃麟秀(1847-?)의 문집명은 『集語』라 붙인 후, 1924년에 咸安 三戒書堂에서 木板本 6권5책으로 간행하였다.

36) 盧啓楨의 『竹月軒實紀』(초고본, 계명대도서관 소장)는 뒤에 『竹月軒文集』으로 출간하였다.

37) 송나라 학자 程顥·程頤 형제의 문집을 합집으로 간행하여 『二程全書』라 하였다. 우리나라 형제의 합집은 『이정전서』의 영향을 받았다고 본다.

은 서명으로 보아 한 사람의 문집으로 보인다. 그러나 曺振玉·曺相玉의 從兄弟가 그들 선생 정만양, 정규양이 호를 삼은 塤叟, 篪叟의 영향을 받고, 중국의 商山 사호[38]의 隱居정신을 취하여 兄晧, 弟晧로 자호한 바 있는데, 후대 사람들이 이 이름을 따서 합집으로 간행한 것이다.

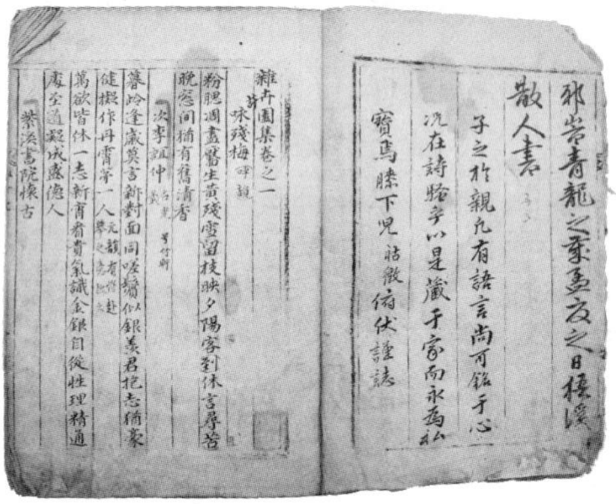

〈그림 2〉 『잡훼원집』의 권수 서명 부분

문집은 저자가 죽은 뒤에 편집·간행하는 것이 일반적이다. 『禮記』에서 말한 "그 선조에게 아름다움이 없는데도 찬양하는 것은 속이는 것이요, 착한 일이 있는데도 알지 못하는 것은 밝지 못한 것이요, 알고서도 전하지 않는 것은 어질지 못한 것이다. 이 세 경우는 군자가 부끄러워해야 할 것이다."[39]라 하였으니, 문집을 간행하는 주체는 대개 저자

38) 商山 四晧는 진시황 시대에 살았던 東園公, 綺里季, 甪里先生, 夏黃公 등 4인을 말한다.

39) 陳澔(元) 集說 『禮記』, 第二十五 「祭統」, "其先祖 無美而稱之 是誣也 有善而弗知 不明也 知而弗傳 不仁也 此三者 君子之所恥也."

의 아들이나 후손인데, 인척, 문인, 후학 등도 관여하였다. 또 문집은 가문의 자긍심을 갖게 하는데 중요한 자료가 될 뿐만 아니라 한편으로는 문집이 있어야 행세할 수 있다는 의식이 작용하여 저자의 자손들은 이를 간행하는데 최선을 다한 것이다.

문집의 편집자는 그 선조나 스승, 사숙 선배 등에게 추모하는 정성을 갖고 있는 후손, 제자, 후학 등이 일반적이다. 그래서 自費나 문중, 서원 등의 기금 또는 문인 후학들이 모금을 하여 문집을 간행하게 되는데, 간행 장소는 사찰이나 임시 장소를 빌려서 사용하였다. 그러나 후대에 오면 개인의 집을 포함하여 堂, 齋, 亭, 書堂, 精舍에서 刊役을 담당하는 경우도 있었다. 한편 타 지역 출신이 영남지역의 수령이나 방백에 부임하여 그들의 선조나 친인척, 스승 등의 文集을 官에서 간행하는 일도 있었다. 문집 간행의 주관자가 현직에 있던 수령, 방백임을 감안할 때 소용되는 자재와 용품, 刻板에 필요한 刻手와 인부 등이 징발되었을 것이므로, 이런 경우 私費로 출판했다고는 보기 어렵다. 官費에서 印工費가 충당된 출판이라 하겠다.

문집은 저자의 취향에 따라 사물에 대한 안목, 철학, 문장관, 윤리관, 역사관, 국가관, 인간미 등 당대의 현실인식을 후대에 제공해준다는 점에서 귀중한 문헌이 된다. 또 문집에는 시, 수필 같은 것이 들어 있어서 문학성을 구명할 수 있다.

그런데 문집이 편성·교정 과정에서 저자의 본래 의도와 달리 크게 변개된 것과 저자가 죽고 2-3백년 후에 최초로 편성·간행된 것이라면 그 가치는 그만큼 감소될 것이다. 이와 같은 문집은 비록 '문집' 명칭을 붙인다고 해도 내용에 신빙성 문제가 따르게 되고, 후손들이 그 조상을 찬양하기 위해 발간하는 實紀나 자료집의 수준을 벗어나기 어렵다. 그래서 문집은 최초 간본이 언제 나왔으며, 후대에 이를 간행하면서 어느 정도 변개시켰는가 하는 원전 비평적 고찰이 필요하다.

(2) 문집의 편성

문집의 저자는 본인 사후에 자신의 문집이 편성·출판되는 것으로 인식하였다. 그래서 작품 가운데 家藏에 필요한 시문이나 잡저류의 성격을 지닌 논설, 紀行, 傳, 日記 등[40]을 제외한 贈與詩, 書翰文, 記文, 狀碣文, 哀祭文, 상량문 등은 작품 원고를 간직하지 않는 것이 관례였다. 그리고 문자를 주고받은 사실을 후대의 편집자에게 전하고자 일기를 작성하는 자가 많았다.

문집의 편자는 저자의 자손이나 문인 가운데 주로 남자가 주관하였으나, 여성이 주관한 일도 있었다.

李熺(1663-?)의 『悠悠子稿』는 저자의 側室女가 수집하여 편성한 것을 1761년에 청도군에서 간행[41]한 <그림 3>과 같은 책이다. 이희의 측실녀는 당시 청도군수 金履健의 妾이었다.[42]

---

40) 이들 작품은 집안에 간직하여 후대에 전하고자 한 것이기에 자손이 원고를 가지고 있었다.

41) 李熺, 『悠悠子稿』(목판본, 淸道郡, 1761년), 趙德常 撰, 「悠悠子詩稿序」, 참조. 그리고 徐有榘, 『鏤板考』(京城, 大同出版社, 1941), p.258을 보면 "悠悠子稿 一卷, 李熺撰 肅宗時人 居黃驪江上 貧不治産業 棄稻田植芙藻 以騷韻自喜 有側室女 集其詩鋟版 淸道郡藏."이라 하였다.

42) 李熺는 3남 1녀를 두었는데 위의 側室女 외에 重師(1703-1757), 重恒(생졸년 미상), 重肯(1726-1790) 등, 아들 3명이 있었으나 遺稿의 編成 및 刊行에는 관여한 기록이 없다. 한편 金履安 編, 『安東金氏世譜』(목활자본, 1790년)을 보면 배우자의 경우 四配 이상 표기 되어 있으나, 측실녀 이씨는 신분이 미천하여 성명(姓氏)

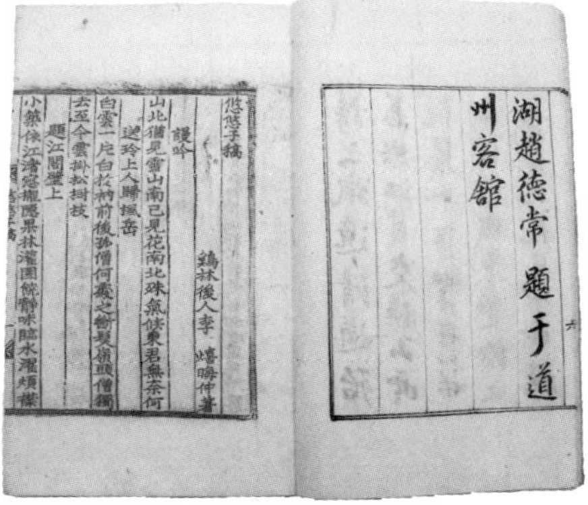

〈그림 3〉 李熺의 『유유자고』

또 徐其玉(1849-1894)의 『藍田詩稿』는 그녀의 딸 小桃가 편성한 것이다. 小桃는 유고를 모아서 당대의 문필가 李鑢永(東蓮), 李沂(海鶴), 殷憲杓(一樵), 蔡憲植(後潭) 등의 서문과 崔德林(石年)의 行狀을 붙여서 문집을 완성하였는데, 은헌표는 小桃를 일컬어 "小桃가 藍田의 재주를 능히 이어서 詞藻에 뛰어났다."[43]라고 평가하였다.

문집을 편집·간행함에 있어서 소임을 맡은 임원들은 해당 가문의 전통과 동문·동류의 의식을 존중하고, 출판을 위해 최선을 다하겠다는 마음을 갖고 임해야 한다. 이러한 의식이 반영된 문집의 출판과정을 간략하게 살펴보면 다음과 같다.

편집자는 저자가 남긴 자필 草稿[44]나 淨書한 원고를 수집하고, 지난

을 수록하지 않았고, 所生子(庶子)도 두지 않았음을 확인할 수 있다.

43) 徐其玉, 『藍田詩稿』(필사본, 계명대도서관 소장본), 殷一樵의 序에 의하면 "小桃克紹其志 工於詞藻 可謂蚌珠鳳毛"라 하였다.

44) 자필 草稿를 자필 稿本 또는 친필 手稿本이라고도 한다.

날 저자와 교유한 가문을 일일이 찾아가 주고받은 작품 원고를 베껴서 이것을 장르별로 假編輯하여 初稿本[45]을 만든다. 초고본을 중심으로 다시 수정, 교정 작업을 마친 후 때로는 中稿本이나 改稿本을 만드는 경우가 있으나, 아무튼 최종 교정을 마치고 정서하여 작성한 것이 定稿本이다. 정고본에는 교정에 참가한 사람들 중 명망 높은 대표적인 교정자의 서문을 받아서 책머리에 수록한다. 이렇게 되면 더 이상 개정할 필요가 없는 완성본이 되는 셈이다. 이 과정까지가 편집 완료인 동시에 출판의지를 보이는 시점이 된다. 목판본으로 인쇄할 경우에는 정고본을 중심으로 다시 얇은 종이에 먹으로 淸書한 登梓本(版下本)을 만들어서 출판을 의뢰한다. 한 자료를 인쇄에 부쳐서 교정을 마칠 때에 편집자의 발문을 책 말미에 넣어서 출판을 하게 되는데, 책에 발문을 넣었다는 것은 출판 완료를 의미한다.

인쇄 직전 단계에서 서문까지 받은 책이라도 자손의 성심부족, 인쇄비 미확보, 내용시비 등으로 인하여 간행되지 못한 것이 현재에도 많이 남아 있으며, 가끔 이것이 후대에 전해지는 과정에서 훼손, 망실되기도 하였다.

다음은 문집의 편성과정에서 문체를 어떻게 분류하였는가에 대해 알아보기로 한다.[46]

---

45) 조선조 이전의 文集은 저자가 직접 編成하는 것이 아니고, 저자가 죽은 뒤에 編者가 편성하여 출판하는 것이다. 따라서 문집의 初稿本이란 編者가 原著者의 자필 草稿를 깨끗하게 轉寫하거나, 원저자가 남긴 글을 수집하여 필사한 최초의 문집 稿本인 것이다.

46) 閔丙秀, 『韓國漢文學槪論』(서울, 태학사, 1996), p.322 및 金學主, 「韓國 古活字本 '文選' 硏究」(영남중국어문학회, 『中文學硏究』, 제8집, 1984), p.117 등에 정리된

먼저 徐居正 등이 成宗의 명을 받고 편성한 『東文選』의 문체 분류 체재를 살펴보기로 한다.

> 辭, 賦, 詩(詩體別), 詔勅, 教書, 制誥, 冊, 批答, 表箋, 啓, 狀, 露布, 檄書, 箴, 銘, 頌, 贊, 奏議, 箚子, 文, 書, 記, 序, 說, 論, 傳, 跋, 致語, 辨, 對, 志, 原, 牒, 議, 雜著, 上樑文, 祭文, 祝文, 疏, 道場文, 齋詞, 靑詞, 哀詞, 誄, 行狀, 碑銘, 墓誌

『동문선』의 분류 체재를 살펴보면 詩文, 조정에 올린 글, 箴銘, 贊頌, 書簡文, 記說, 論辨, 雜著, 哀祭, 道場과 관련 있는 글, 狀碣文 등으로 요약할 수 있는데 문체를 너무 세분하여 산만한 감이 있다.

뒤에 申用漑 등이 중종의 명을 받고 편성한 『續東文選』에서는 앞에서 밑줄 친 부분의 체재를 수용하였는데 앞부분의 시문과 뒷부분의 장갈문, 그리고 중간의 "書·記·序·說·論·傳·跋"은 그대로 따르고 있다. 그러나 그 외의 일부 문체는 순서가 바꾸어지기도 하였다.

중국의 주요 문체 분류는 다음과 같다.

① 陸機(晋) : 詩, 賦, 碑, 誄, 銘, 箴, 頌, 論, 奏, 說 등 10종.

② 劉勰(梁) : 明詩, 樂府, 詮賦, 頌賦, 祝盟, 箴銘, 誄碑, 哀弔, 雜文, 諧讔, 史傳, 諸子, 論說, 詔策, 檄移, 封禪, 章表, 奏啓, 議對, 書記 등 20類 『文心雕龍』에 등재.

③ 蕭統(梁) : 賦, 詩, 騷, 七, 詔, 冊, 令, 敎, 策文, 表, 上書, 啓, 彈事, 牋, 奏記, 書, 移, 檄, 難, 對問, 設論, 辭, 序, 頌, 贊, 符命, 史論, 史述贊, 論, 連珠, 箴, 銘, 誄, 哀, 碑文, 墓誌, 行狀, 弔文, 祭文 등 39類 『文選』에 등재.

이 밖에 鄭樵(宋)의 『通志』, 「藝文略」에는 21類, 徐師曾(明)의 『文體明辯』에는 백여 류, 姚鼐(淸)의 『古文辭類纂』에는 13류로 분류되어 있다. 이처럼 무분별성과 번잡함을 보여 준다.

다음으로 영남의 문집 가운데 이황의 『퇴계선생문집』의 문체 분류 체재를 살펴본다.

> 詩(著作年代順), 教, 疏, 箚, 講義, 啓議, 辭狀, 啓辭, 書契, 修答, 書, 雜著, 序, 記, 跋, 箴銘 表箋, 上樑文, 祝文, 祭文, 墓碣, 誌銘, 行狀

『퇴계선생문집』의 분류 체재는 詩(저작연대순), 朝廷에 올린 글, 書簡文, 雜著, 序·記·跋, 箴銘, 表箋, 上樑文, 祝文, 祭文, 狀碣文 등과 같이 분류하였다. 이 방법은 조목의 『월천선생문집』, 류성룡의 『서애선생문집』, 정구의 『한강선생문집』, 김우옹의 『동강선생문집』, 박승임의 『소고선생문집』 등 영남의 대표적 문집에서 수용하여 영남 문집의 편성 기준이 되고 있음을 알 수 있고, 후대에 나온 남인계 영남 문집에서도 대개 이러한 편성 형식을 적용하고 있다.[47]

노론계열의 영수가 되는 송시열의 『尤菴先生文集』을 보면 "賦, 詩(詩體別), 疏, 疏箚, 啓辭, 書啓, 獻議, 書, 雜著, 序, 記, 跋, 銘箴, 贊, 箋, 上樑文, 祝文, 祭文, 碑, 墓碣, 墓誌, 諡狀, 行狀, 遺事, 傳" 등과 같이 분류하여 『퇴계집』의 체재와 비슷하고, 소론의 영수가 되는 윤증의 『明齋先生文集』에서도 이와 비슷하게 나타난다. 다만 두 문집에서는 퇴계집에 비하여 詞賦를 먼저 수록하고 시는 詩體別로 분류한 것이 다르다. 후기에 나온 서인 계열의 문인이나 그 후손의 문집에서는 대체로 이 법을 수용하고 있다.

---

47) 한편 詩文에 있어서 張顯光의 『旅軒先生文集』에서는 『東文選』의 분류법인 '詞賦 詩(형식별)'의 형식을 취하였다. 그러나 나머지 문체에 대해서는 대개 『退溪先生文集』의 형식을 따르고 있다.

한편 1784년(정조 8년)에 丁酉字로 간행한 『奎章閣志』에 의하면 御製의 문체는 詩, 手書, 諭書, 封書, 論, 序引, 題跋, 記, 碑銘, 行狀, 行錄, 祭文, 雜著, 策問, 綸音, 傳敎, 備忘記, 批答, 判付, 經史講義, 日省錄, 日得錄 등 22目을 원칙으로 삼아서 편성하였다.[48] 저자가 임금이므로 특수한 내용이 많이 포함되어 일반인과는 다른 면이 있다. 그러나 이와 비슷한 시기 正祖의 명에 따라 1791년에 丁酉字로 간행한 梁誠之의 『訥齋集』을 보면 "奏議, 雜著, 詩"로 편성하고 雜著에 序, 記, 書, 箋, 頌 등의 문체를 통합하여 수록하고 있다. 이 법은 청나라 李之芳의 『文襄公集』의 예를 따른 것이다.

주요 문체의 편성 순서에서 詩는 대개 五·七言의 絶句, 律詩, 排律 등과 같은 시체별이거나 시체를 무시한 저작연대순으로 편성되었다. 그러나 김시습의 『매월당집』을 보면 詩를 더 세분하여 紀行, 述懷, 詠史, 動物, 食物, 投贈, 尋訪, 酬答(和次韻), 送別, 遊賞, 遊錄, 題詠, 疾病, 輓詞, 樂章, 樂府, 田園, 閒適, 卽事, 院廟, 堂宇, 隱逸, 仙道, 釋老, 節序, 器用, 集句, 時事, 雜詩 등과 같이 분류하였다.[49] 文의 경우 書翰文, 祭文, 狀碣文 등은 대체로 연령순 또는 尊卑法에 따라 편성하고 있음을 알 수 있다.

전통적인 문집의 경우 1책에는 대개 2권으로 편성하여 끈으로 묶었으며, 1책에서 장수(면수)는 100장 내외가 되는데, 반으로 나누어서 2권이 되도록 편철하였다. 그리고 작품의 장르에 따라 장수의 가감이 있었다. 또 본문의 내용을 기록함에 있어서는 대상자에 따라 擡頭法,[50] 空

---

48) 奎章閣(朝鮮) 受命編, 『奎章閣志』(丁酉字本, 1784년), 卷1, 19頁, 「會稡」 篇 참조.
49) 金時習, 『梅月堂集』(연활자본, 1927년), 21권6책.

格法,[51] 避諱法[52] 등의 존대법이 적용되기도 하였다.

문집을 편성·출판하고자 할 때는 먼저 고을과 門內에 通文을 내어 公論化한 뒤, 문집 편찬위원회와 같은 성격의 협의체를 구성하고, 도유사, 도청, 편집, 교정, 정서, 인쇄, 총무, 재무 등 임원을 선정하여 작업을 한다. 때로는 문집 편찬에 있어서 門人 간의 주도권 문제로 갈등을 드러내어 사회 문제가 되기도 하였다.[53]

(3) 문집의 교정

문집의 初稿가 그 자손이나 문인들에 의해 작성되면 바로 교정 작업이 이루어진다. 문집의 교정을 담당하는 사람은 대체로 당대에는 저자

---

50) 擡頭法은 王(今上, 聖上), 廟號, 國朝名(대개 朝鮮, 例: 我朝, 聖朝) 등이 나타나면 줄(行)을 바꾸어서 문장 시작 기준선 중심으로 한 字(單擡) 또는 두 字(雙擡)를 올려서 표기한 후, 내용을 이어가는 것이다. 이 때 上欄에 한 字 올려서 표기한 경우도 있다.

51) 空格法은 王, 廟號, 國朝名 등이 나타나면 그 바로 앞에 빈칸(한 字)을 두는 것이다.

52) 避諱法은 우리나라는 대개 고려시대에 이 법을 사용하였는데, 易字法과 缺劃法이 있다. 역자법이란 예컨대 고려 惠宗의 諱가 武이므로 '武王'을 표기할 때는 武字와 의미가 같은 虎字로 바꾸어서 '虎王'으로 표기하는 방법이다. 결획법이란 예컨대 고려 太祖의 諱가 建(王建)인데, 建字에 책받침 일부를 결획하는 방법이다.

53) 예컨대 근대 유학자 曺兢燮의 문집은 비슷한 시기에 2本이 간행되었는데, 문집을 편찬할 당시 門人 간의 갈등에서 비롯되었다고 한다. 1935년에 간행한 『深齋先生文集』 31卷14冊은 金在華, 金鉉東, 李秉灝, 李元教 등이 간행한 것으로 전해지고, 1939년에 간행한 『巖西先生文集』 37卷17冊은 成純永, 河性在 등이 간행한 것으로 전해진다. 특히 『巖西先生文集』의 경우에는 조선총독부의 檢閱(2322號, 1939年)을 거쳐서 간행할 당시의 初刷本에는 書名을 『巖棲先生文集』이라 되어 있었는데(국립중앙도서관 소장), 곧바로 내용 수정 없이 書名만을 『巖西先生文集』이라 고쳐서 간행하였다.

의 우인이나 문인이 중심이 되었고, 후대에는 저자의 후손이나 저자 가문의 가풍과 관련이 있는 명망 있는 학자들이 중심이 되었다.

교정자가 초고본이나 교정본을 교정할 때는 특정 문자(글자)나 교정부호를 사용 하였다.

계명대학교 동산도서관에 소장되어 있는 『溪山雜詠』 필사본은 이황의 친필본이다. 그 속에 저자가 직접 문구를 수정했던 교정부호가 나오는데, 이를 살펴보면 한 글자를 삭제할 때는 '…'와 같은 점 3개를 삭제할 글자 오른 쪽에 세워서 표기하였고, 또 상하 두 글자의 순서를 서로 바꾸어야 할 때는 'ㄱ'와 'ㄴ'의 부호를 바꿀 글자 오른 쪽에 상하로 나란히 표기하였다.[54)]

여러 문헌에 나타난 교정 방법을 살펴보면 대체로 서두의 干支와 予, 余, 吾, 不佞과 같은 자칭 대명사의 일부, 그리고 其, 而, 與, 於, 之, 夫, 何, 也, 哉, 云爾 등의 여러 가지 虛詞 가운데서 일부를 삭제하였다. 또 문장 속에 사용한 吏讀文과 문장 말미에 붙인 저자의 관직명과 성명 등도 대개 삭제하였다.

교정을 글자로 표시할 경우에는 해당하는 줄의 상단에 '○是○' 또는 '○當作○',[55)] '○恐作○'[56)] 등과 같이 표기하여 글자를 대체하고,

---

54) 李滉, 『溪山雜詠』(친필본, 계명대도서관 소장본)을 살펴보면 「和陶集移居」 2수 가운데 1수의 "我生五十年 今有半成屋宅"과 2수의 "獨酌一盃酒 閑詠如陶韋詩"는 각기 5언시의 제 1·2구인데 '屋'자와 '如'자가 잘못 들어가서 1자씩 삭제하였다. 또「和陶集飮酒」 20수에서 "轉輾徒失己"로 표기한 것은 '輾轉~'으로,「春日閑居次老杜六絶句」에서 "昨雲日垂地"로 표기한 것을 '~日雲~'으로 각각 상하의 글자를 바꾸었다. 한편 글자를 잘못 쓴 것에 대하여 종이를 오려붙여서 訂正한 것도 일부 발견된다. 이 점에 대해서는 이황이 직접 교정한 것이므로, 자료적 가치는 良好한 것이라고 본다.

'○字下入○'와 같이 표기하여 글자를 삽입시키며, '○字當刪'과 같이 표기하여 글자를 삭제하였다. 교정 표시를 취소할 때에는 표시했던 글귀에 동그라미를 쳤다.

교정할 때 사용하는 부호는 여러 가지인데 대표적인 것을 몇 가지를 들어보기로 한다.

① 한 편명 또는 제목 전체 삭제 : 편명 또는 제목 상단에 'ㄱ' 표시나 '丶' 또는 '拔'이나 '刪' 표기
② 한 글자나 한 구절을 없앨 때 : 그 부분에 동그라미를 치거나 ( )로 표시
③ 한 문장 속에 글자를 끼워 넣을 때 : 왼편에 원점(또는 圈點[57])을 작게 표기하고 그 끼워 넣고자 하는 줄 상단 또는 그 줄 우측(원점 표기한 지점)에 끼워 넣을 글자를 표시
④ 뒤쪽의 내용을 앞쪽의 내용과 순서를 바꾸고자 할 때 : 앞쪽의 편명 위에 '下'를, 뒤쪽의 편명 위에는 '上'을 표시
⑤ 하단의 문장을 원하고자 한 곳으로 옮길 때 : '乙'로 표시한 그 하단의 문장을 '◦' 표시한 곳으로 옮길 것 지시
⑥ 한 글자를 원하고자 한 곳으로 옮길 때 : 글자 우측에 '✓' 표시 하여 '◦' 표시한 곳으로 옮길 것 지시
⑦ '刪' 표시로 삭제한 내용을 그대로 두고자 할 때 : '刪'에 ( )로 묶거나, '刪'을 지우고 대신 '存'이나 '勿去' 등 표기
⑧ '丶' 표시로 삭제한 내용을 그대로 두고자 할 때 : 'キ'와 같이 그 부호 위에 두 줄을 긋는다.

---

55) '○當作○'은 當爲性의 입장에 의한 교정 방법임.
56) '○恐作○'은 推測性의 입장에 의한 교정 방법임.
57) 圈點의 경우 墨圈을 포함하여 황색의 黃圈, 청색의 靑圈, 붉은 색의 朱圈 등이 나타나기도 하였다.

⑨ 删改를 잠시 보류하고자 할 때 : 제목 상단에 '商' 표기
※ 뒤에 더 생각해본 후에 삭제하거나 그대로 두게 됨
⑩ '丶'로 삭제한 것을 취소한 후 다시 삭제할 때 : 'キ' 옆에 'ㄱ'을 표기 함
⑪ 내용의 상단에 籤紙를 사용하여 교정 지시를 하기도 함

문집 편집자가 교정을 거친 초고본을 교정자로부터 되돌려 받게 되면 그 편집자는 바로 定稿本을 만들어서 교정을 담당한 대표자에게 서문을 요청하게 된다. 그 후 서문을 받아 넣어서 문집 편성을 완료하는 것이다.

陶山書院에서 보존해온 이황의 퇴계집 稿本을 살펴보면 크게 3종으로, 初稿本(初草本), 中稿本(中草本), 定稿本(定草本) 등임을 확인할 수 있다.[58)]

<그림 4>의 초고본은 서명을 『退陶先生集』이라 하고, 每行 11行 21字로 편성하였는데, 현재 한국국학진흥원에 20책을 소장하고 있다.

이 책은 앞표지 뒷면에 '士純 校', '安道 校' 등과 같이 붓글씨로 표기하였으므로, 金誠一(1538-1593)과 퇴계의 손자 李安道(1541-1584)[59)]가 校正한 것임을 알 수 있다.

58) 이 부문을 포함하여 문집의 간행, 내용 변개 등에서 수록한 일부 내용 및 그림은 한국국학진흥원자료부 편, 『동아시아의 목판인쇄』(한국국학진흥원, 2008)에서 필자가 저술한 "제1장 「목판본 간행을 위한 준비」(pp.13-67)"중의 일부를 인용한 바 있음.
59) 權斗經 편, 『陶山及門諸賢錄』(목판본, 도산서원, 1854년), 권4, 33頁, '李安道' 篇에 "公蒐輯先生文集 草錄年譜"라 하였다.

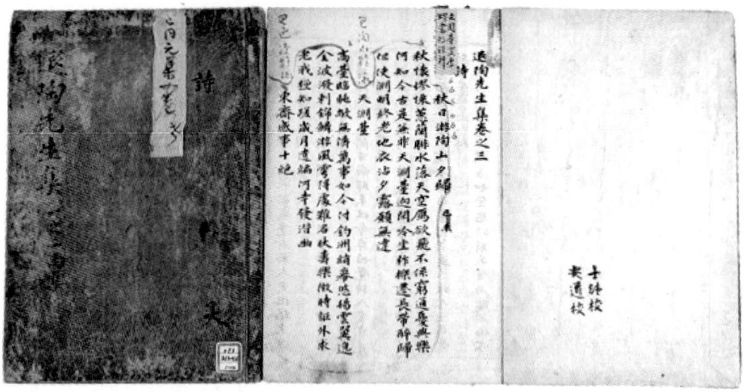

〈그림 4〉 **초고본 『퇴도선생집』**(한국국학진흥원 소장)

<그림 5>의 중고본은 서명을 『退溪先生集』이라 하고, 每張에 10行의 罫線을 쳐서 每行 18字로 편성하였는데, 현재 한국국학진흥원에 40책을 소장하고 있다.

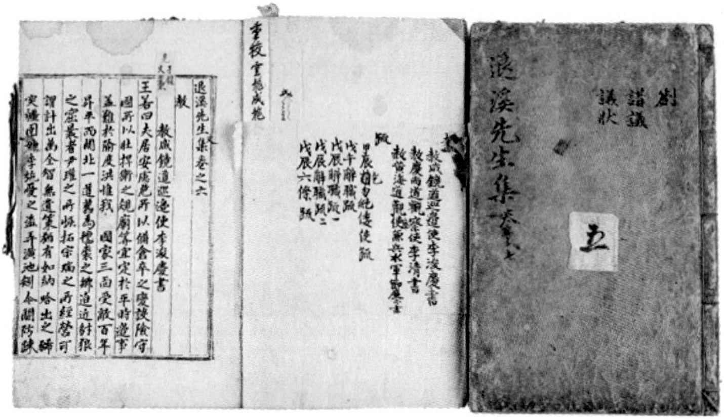

〈그림 5〉 **중고본 『퇴계선생집』**(한국국학진흥원 소장)

이 책은 앞표지 뒷면에 '重校 雲龍 成龍, 金垓'라는 付票를 달았으므로, 柳雲龍(1539-1601), 柳成龍(1542-1607), 金垓(1555-1593) 등이 重校하였음을 알 수 있다. 또 표지 뒷면을 보면 낱권 내용의 목록을 별지에 수록하여 붙였음을 확인할 수 있다.

1600년에 간행된 『退溪先生文集』 경자본의 底本이 된 <그림 6>의 정고본은 서명을 『退溪先生文集』이라 하고, 每張에 10行의 罫線을 쳐서 每行 18字로 편성하였는데, 현재 한국국학진흥원에 27책을 소장하고 있다. 이 책에 대해 체제와 내용을 살펴보면 경자본과 동일함을 알 수 있다.

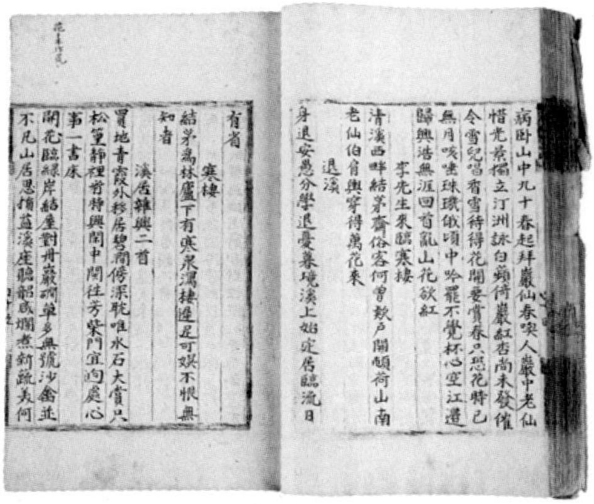

〈그림 6〉 정고본 『퇴계선생문집』(한국국학진흥원 소장)

위의 3종에서 살펴본 바와 같이 이황의 문집 명칭이 '退陶先生集' → '退溪先生集' → '退溪先生文集'으로 개칭되었음을 알 수 있다.

이러한 사본의 용어를 간략하게 정의하면 초고본(초초본)[60]은 편집자가 각처 흩어진 자료를 수집하여 최초로 편성한 것이고, 중고본(중초본)은 초고본을 중심으로 교정을 본 것을 다시 편성한 것이며, 정고본(정초본)은 다시 교정을 거쳐서 최종 편성한 것이다.

우리나라 문집의 초고본이나 정고본은 지금까지 여러 종이 전해지고 있다.

李玄逸의 『葛庵先生文集』 原稿本(1776-1800年 筆寫)은 국립중앙도서관에 소장되어 있는데, 이를 살펴보면 書寫한 사람과 校正에 참여한 사람이 <그림 7>과 같이 표기되어 있다. 書寫한 사람은 李宇魯를 비롯하여 金永著, 權信度, 權載經, 權纘度, 洪重恒, 李致明, 權思秉, 權緯度, 權宅度, 權思襄 등이 목록 1권과 원집 19권, 별집 2권, 부록 2권 등 총 24권 24책에 대하여 공동으로 작업에 참여하였다. 각 권의 말미에는 書寫한 사람의 성명이 표기되어 있다.

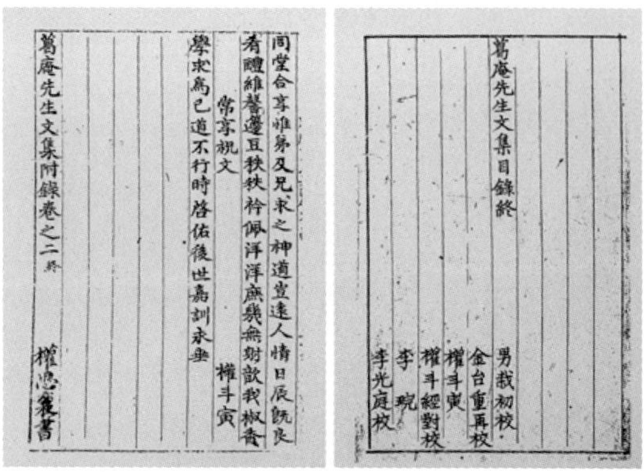

〈그림 7〉 『갈암선생문집』의 書寫者 및 교정자

60) 초고본과는 별도로 저자의 自筆 草本이 있을 수 있는데, 이는 저자 자신이 직접 편성해둔 원고본이라 하겠다.

또 이 책의 校正者를 살펴보면 初校는 아들 李栽가 하였고, 再校는 金台重이 하였으며, 對校는 權斗寅·權斗經·李琓이 참여 하였다. 이를 다시 교정한 사람은 李光庭이었다.

초고본, 중고본과 같은 문집에는 대체로 削除, 刪削, 刪改, 添加 등의 현상이 나타나고 있다.[61)]

2. 문집의 간행

(1) 논의와 파임

교정을 거쳐서 작성한 정고본을 간행본으로 출판하는 일은 정성과 경비가 따라야하므로 쉬운 일이 아니다. 선대 문집의 경우, 한 예로 정성은 지극하나 경비 조달이 어려운 후손이 있는가 하면, 재력은 있으나 정성이 부족한 후손이 있어 오랫동안 출판을 못하다가 원본 자체를 유실하는 경우가 많았다. 그래서 문집의 공은 저자가 가장 크겠지만 간행자도 그에 못지않다고 할 수 있다.

조선시대를 전후한 시기에 문집의 인쇄는 목판 인쇄법이나 활자 인쇄법을 사용하였지만, 주로 목판 인쇄법을 사용했으므로 이에 대하여 간략히 살펴본다.

문집을 간행할 때는 그 내용이 되는 登梓本(版下本)이 있어야 하고, 인쇄에 소용되는 종이, 먹물, 먹솔, 판각용 冊板, 粧頭木, 鐵釘, 燒木 등의 물품이 있어야 하며, 刻手, 木手, 小木匠, 冶匠 등의 인력이 필요하다.[62)] 본문의 인쇄를 마무리할 즈음에 편집자의 발문을 책 말미에 넣어

---

61) 용어에 대한 정의는 註 23) 참조.

서 출판을 완료하는 것이다.

문집의 간행은 저자의 성격에 따라 서원, 향교, 문중, 개인 등이 주관하게 되며, 간행 사업에 참여하는 자는 임무를 분담하였다.

주요 임원의 임무를 살펴보면 都監은 전체 사업을 대표하였고, 都廳은 간행사업의 실무를 총괄했으며, 校正은 교정자로서 널리 채집하고 넓게 찾아서 損益을 정당하게 하였고, 編輯은 내용을 편성하였으며, 掌財는 제반 비용의 출납을 맡았고, 監印은 인쇄할 때 밝고 정밀하게 살펴서 착오 없도록 하였으며, 正書(書寫)는 책을 베낄 때 지나치는 일이 없이 楷正하게 써야 하는 역할을 하였고, 頒帙은 成冊된 자료를 배부하는 일을 맡았으며, 直日은 하루의 당직을 맡은 사람이다. 이처럼 소임에 따라 책임을 다하게 되지만 간본을 살펴보면 削去, 補刻, 追刻, 補板 등과 같은 양상이 나타나기도 한다.[63]

문집의 간행과 관련하여 1843년에 필사한 <그림 8>의 『退溪先生文集重刊時日記』[64]가 현재 전하고 있는데 이를 살펴보기로 한다.

---

62) 慶尙監營 편, 『嶺營事例』(필사본, 1841년頃), 「刊役式例」 條(대구가톨릭대도서관 소장).

63) 용어에 대한 정의는 註 23) 참조.

64) 『退溪先生文集重刊時日記』, 影印本(서울대학교도서관, 『奎章閣』 2호, 1978년, pp.11-39 참조).

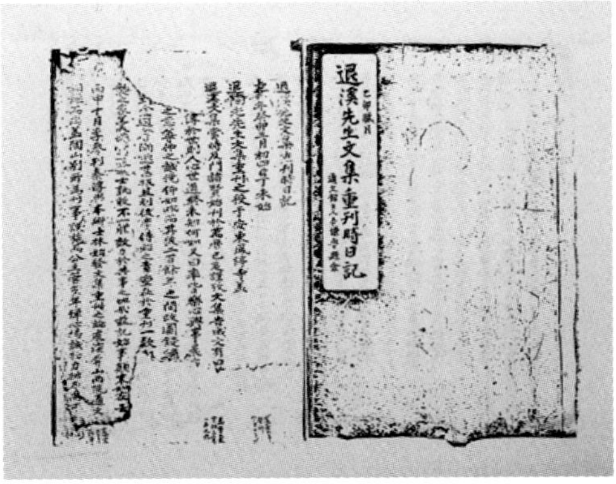

〈그림 8〉『**퇴계선생문집 중간시 일기**』(통문관 소장)

이 일기는『퇴계선생문집』의 교정본 32책을 간행할 때 기록이다. 내용을 보면 1836년 10월에 참판 李泰淳이 본 고을 士林과 논의한 후 준비 기간 6년간에 수차례의 통문을 각 처에 발송하고, 堂會, 鄕會, 道會 등을 20회 가까이 開座하여 발간 사업을 완수했던 것이다.

<그림 9>의 通文은 위의 일기와 관련이 있는 것으로,『퇴계선생문집』의 重刊 사업을 시작하던 정유년(1837) 1월에 작성한 것이다. 병산서원의 都有司 金道宗을 포함하여 齋有司인 金重載, 金性存과 會員 安爾鎮, 金在根, 李楨輔, 柳喆祚, 金重鼎, 柳泰睦, 柳聲祚, 柳厦祚, 李奎應 등 78인이 연명하여 도산서원으로 보낸 것임을 알 수 있다.

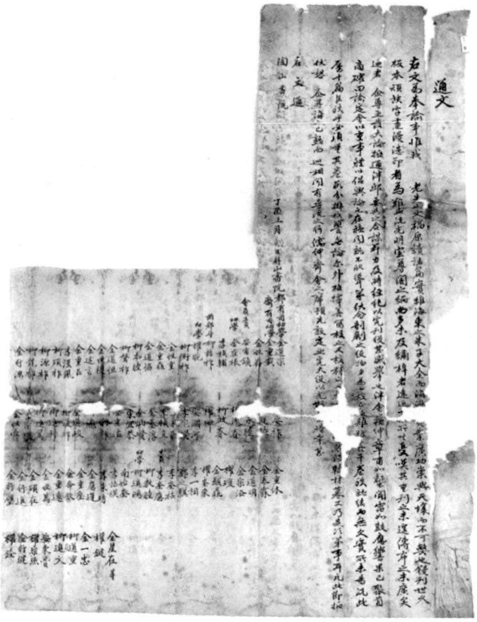

〈그림 9〉 **병산서원 통문**(한국국학진흥원 소장)

통문의 내용을 살펴보면 『퇴계선생문집』은 해동의 『朱子大全』이라 할 만한 것이나, 그간에 오래도록 간행하지 못했고, 남아 있는 책판도 자획이 많이 이지러져서 간행하는데 문제가 있으며, 문집에 등재하지 못한 글들도 많이 있어서 원근 유림들의 걱정거리라고 하였다. 그래서 시작하는 重刊 사업에 도산서원에서도 동참해줄 것을 바라고 있다.

또 중간 일기를 보면 그간에 陶山洞主는 柳台佐가 맡았으며, 간행의 총책임을 맡은 都都監의 경우는 柳相祚, 柳喆祚, 李彦淳 등과 같이 세 번이나 교체되었다. 책의 말미에는 朴箕寧의 後識가 붙어 있다.

인쇄 완료가 임박하던 계묘년(1843) 4월 5일의 내용을 보면 안동

鳳停寺의 德輝樓에서 開座하여 李奎應, 金鎭河를 書司에, 柳聲祚, 金養休 등을 公事員에 定出하고 派定 任員을 선임하였는데, 명단은 다음과 같다.

都都監(1) : 李彦淳 / 重刊사업의 총책임자(대표자)
都監(8) : 朴光錫, 李羲發, 申冕周, 李程淳, 李彙陽, 金在振, 李崇延, 趙櫶(木悳) / 중간사업 책임자
校正都監(18) : 鄭象晉, 柳致明, 李家淳, 姜必孝, 李大淳, 李楨輔, 鄭之洛, 鄭象履, 李漢膺, 金養休, 柳聲祚, 金鎭龜, 權載大, 柳進翼, 李彙寧, 鄭大永, 李淵祥, 金鎭華 / 교정 책임자(會校, 考校, 初校, 再校 등)
校正有司(88) : 李在嵩, 金璟燦 李老淳, 鄭藎, 柳泰睦, 李孚豹 외 87인 / 교정실무자
都廳(4) : 柳夏祚, 金驥壽, 鄭來任, 李彙絅 / 서무, 회계 등 실무 총괄자
運板(7) : 金道壽, 朴俊寧, 金行源, 金龍在, 柳淵祚, 韓明敎, 李挺邁 / 판목 운반 책임자(鳳停寺 藏置)
出板(8) : 朴聃寧, 鄭之觀, 南始發, 徐元模, 金光壽, 金範洛, 李珍儒, 李泰行 / 판목 반출 책임자
監寫(34) : 趙熙龍, 金永銶, 柳信祚, 金百行, 金性舜, 柳道宗 외 33인 / 필사 감독
監刻(88) : 金永獻, 金星袞, 鄭麟休, 裴翰周, 朴龍天, 金瑛燦 외 87인 / 판각 감독
監役(52) : 權奎度, 李彙玉, 李運協, 權 瓛, 金厚根, 金龍秉 외 51인 / 작업 감독
監印(86) : 崔雲錫, 李淵浩, 朴宗壽, 李邦淳, 趙述周, 李秉民 외 85인 / 인쇄 감독
直日(30) : 鄭昌德, 姜胄永, 權宅夏, 金宗泰, 李彙寅, 柳進璜 외 29인 / 당일 감독

총 인원수 : 424인

위 爬任錄에 수록된 명단 외에도 사업기간 중에 收錢都都廳을 두어 출판 자금을 확보하는데 주력하였고, 烹板有司를 두어 板刻 및 發刊작업을 원활하게 하였다. 그리고 작업 인력으로는 刻手(都刻手, 校正刻手 등), 木手, 鉅刀匠(粧頭木 제작), 印出匠, 粧黃匠(冊匠) 등을 두었다.

이 일기를 중심으로 인력을 살펴보면, 사업 기간 중 연인원 2,000명에 가까운 인력이 투입되었으며, 특히 간행작업이 본격화 되던 1843년 3월 1일 이후 윤7월 16일까지 간행지인 安東 鳳停寺에는 평균 25인 정도의 刊任이 묵었고, 66명의 刻手가 참여하였음을 알 수 있다.

당시 간행본은 <그림 10>과 같은 책인데, 전체 32책이고,[65] 版式은 四周雙邊에 半葉匡郭이 세로 19.1×가로 15.9㎝. 有界 10行 18字, 上下內向二葉花紋魚尾로 되어 있으며, 頭註가 있다.

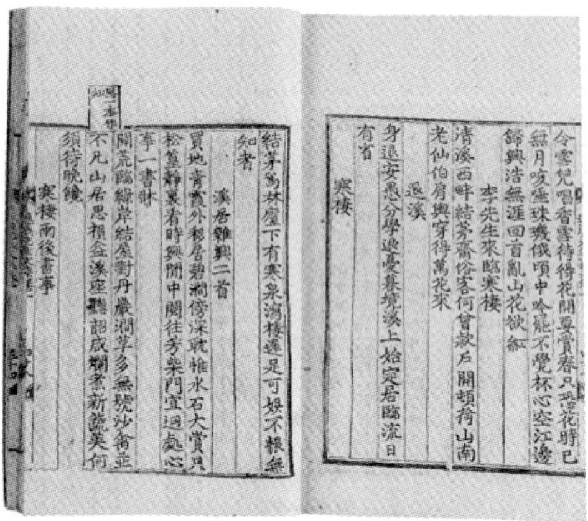

〈그림 10〉 1843년에 간행된 『퇴계선생문집』 교정본(한국국학진흥원 소장)

65) 原集 49권, 目錄 2권, 別集 1권, 外集 1권, 年譜 4권 등의 합집.

일기를 중심으로 퇴계선생문집 교정본의 발간 사업 일정을 재구성해 보면 다음과 같다.

문집 간행 發議 → 通文발송 → 黨會·鄕會·道會개최 → 爬任(任員薦出) → 印刷費의 收錢 論議(排錢, 加排錢, 助錢, 官錢 등) → 運板·烹板·出板 → 登梓本(板下本)에 善寫(淨書) 작업 → 刻手 동원 → 板刻(刻字) → 初校本 印出 → 初校 畢 → 再校本 印出 → 再校 畢 → 正本 印出 → 粧黃 畢(冊匠) → 11秩 印出(完)

한편, 다른 문헌에 의하면 위의 『退溪先生文集重刊時日記』에 수록되어 있는 임원 명칭 외에도 都辦, 寫本, 伐板, 粧續, 時到 등이 선임되었음을 알 수 있다.

(2) 간행비용 조달

간행비용은 문집의 저자와 혈연, 지연, 학연 등과 관련 있는 사람들에게 통문을 보낸 후 門會나 鄕會, 道會 등을 열어 간행문제를 논의하고, 간행비용에 대한 조달 방안을 모색하는데, 대개 3가지 조달 방안으로 요약할 수 있다.

① 혈연 중심일 때 : 문중의 인물인 경우 門會를 열어서 간행하는데, 간행비용은 대개 후손들이 부담하였다.
② 지연이나 학연 중심일 때 : 향회나 도회를 열어서 논의하고 간행비를 분배하여 간행하는데, 이때는 誠金錄, 出捐錄 등을 작성하기도 하고, 刊所에 따라서는 수입금 장부인 捧錢錄과 지출금 장부인 流用錄을 작성하여[66] 간행 작업을 하는 경우도 있다.
③ 官 중심일 때 : 나라에 공로가 있는 사람의 문집 간행 또는 명현의

문집을 왕명으로 간행할 경우이다. 다만 수령 방백이 자기의 조상 문집을 官에서 간행할 때 출판비 조달에 대한 기록은 남아 있지 않으나, 이것이 관판본이 분명하므로 官費(인력 포함)가 충당된 출판이라 하겠다.

『퇴계선생문집』의 경우는 위에서 언급한 『退溪先生文集重刊時日記』에 교정본의 重刊 사업에 대한 收支 결과가 실려 있다. 내용을 살펴보면 서원을 포함한 각 처에 할당된 排錢(排入錢)과 助錢의 수입액이 총 3,940냥(兩) 7錢 8分이고, 지출은 문집에 소요된 2,500板에 대한 出板·烹板·運板費로 462兩 7錢 5分, 刊役(板刻)·印出費로 3,220兩 3分 등 총 지출액이 3,682兩 7錢 8分이었다. 이 때 간행한 부수는 32책 분량의 11秩이며, 잔액은 258兩이었다. 그리고 잔액 258兩에 대해서는 廬江書院과 屛山書院에 나누어 印出하기로 하고, 罷會하였다.

이 때 각처에 할당된 간행비용은 주로 경상도에 소재하고 있는 각 書院을 중심으로 경비가 염출되었는데, 이황의 후손은 물론 각 문중에서 排錢과 助錢을 내고, 경상감영(監司 尹聲大)을 포함하여 각 고을에서도 助錢과 刻手 동원 등에 적극 협조하였다.

『퇴계선생문집』 교정본 2,500板에 대한 판각비와 32책의 11질에 대한 인쇄비는 얼마나 되는가? 19세기 초반의 경우 1兩은 쌀(米) 6 말(斗)이 되므로,[67] 금액을 쌀로 환산하면 22,097 말(斗)이 되고, 다시 현

---

66) 1889년에 許傳의 『性齋先生文集』 간행시 捧錢都錄과 流用都錄 등을 작성하여 작업한 바 있다.

67) 慶尙監營 편, 『嶺營事例』, '樂育齋 조'에 租와 牟의 한 섬(石)을 한 냥(兩)으로 표기하였다. 당시 1섬은 15말(斗)이고, 作米 條에 쌀(米)은 租의 40%로 환산하므로 6말이 되며, 6말은 1냥이 된다.

재의 시가(斗당 30,000원)로 환산하면 662,910,000원으로 추산할 수 있다. 그러나 조선 시대 국가의 주 세입원은 농산물이란 점과, 또 농산물은 기상조건에 따라 생산량이 증감되기도 한다는 시대적 상황을 감안할 때, 쌀(米)의 가치는 현재 환산가 보다는 훨씬 높게 평가해야 할 것이다.

한편 1807년에 편찬된『嶺營事例』에 의하면 목판에 필요한 책판용 나무는 바로 대패로 밀어서 판각하는 것이 아니고 소금물에 삶아서 가공을 하는데 이것을 烹板木이라 하였다. 팽판목은 한 가마솥에 冊板 5立, 木 2束, 鹽(소금) 1升 5合의 비율로 넣어 삶아서 사용하였는데, 이에 필요한 燒木의 가격은 每束當 4分이었다.

또 1835년경에 편찬된『嶺營冊板錄』을 보면 書冊의 印出에 관한 式例가 나타나 있다. 내용을 살펴보면 冊匠 1명의 日日 작업량은 白紙 6束인데, 每束當 松烟 5戔에 眞油 반(半) 夕[68]를 배정하였다. 그리고 冊子 1권당 空衣(표지)에 들어가는 내역을 보면 上褙한 다음에 厚紙 半張으로 草褙를 하고, 厚紙 半 張으로 面褙를 하며, 다시 厚紙 1張에 黃蜜 2分 7里, 休紙 6戔 9分 3里 3戶, 眞末 4夕 등을 배정하였다.[69] 한편 印出紙 100束에는 冊匠 4名에 4日料가 소요되는 외에 松烟 3斤, 眞油 2合, 細省 2柄 등을 배정하였다.[70]

---

68) 夕(사)는 勺이며, 한 움큼을 뜻하는 단위인데, 되(升)의 1/100에 해당하는 량이다.

69) 慶尙監營 편,『嶺營冊板錄』(필사본, 1835년경)의「空衣所入」條에 의거 冊子 100권당 空衣에 들어가는 내역을 살펴보면 上褙한 다음에 厚紙 2束 10張으로 草褙를 하고, 厚紙 2束 10張으로 面褙를 하며, 다시 厚紙 5束에 黃蜜 2兩 6戔 5分, 休紙 4斤 5兩, 眞末 4升, 眞絲(명주실) 5兩, 燒木 1束半, 槐花 5升, 冊匠 2名(一日 三時料) 등이 소요되었다.

『영영사례』에 수록된 내용 가운데는 목판을 판각하는데 소용되는 인건비의 기준이 제시되어 있는데, 이를 살펴보면 <표 1>과 같다.[71]

〈표 1〉 판각 작업 인건비 내역

<table>
<tr><th colspan="2">구 분</th><th>금 전</th><th>물 품</th><th>비 고</th></tr>
<tr><td rowspan="6">刻 手</td><td>料米</td><td></td><td>2升 7合</td><td rowspan="5">• 1人 1日 지급임
• 刻手功錢 : 大小字 막론하고, 매 100자당 錢 4分, 木 4寸 추가 또 刊役 마치면 포상</td></tr>
<tr><td>菜蔬價</td><td>3分</td><td></td></tr>
<tr><td>醬</td><td></td><td>3合</td></tr>
<tr><td>鹽</td><td></td><td>1合</td></tr>
<tr><td>藿</td><td></td><td>1兩</td></tr>
<tr><td>明太</td><td></td><td>3尾</td><td>• 俗人인 경우에만 지급</td></tr>
<tr><td>木 手</td><td>料功錢</td><td>3錢 3分</td><td></td><td></td></tr>
<tr><td>小木匠</td><td>料功錢</td><td>3錢 3分</td><td></td><td></td></tr>
<tr><td>冶 匠</td><td>料饌</td><td></td><td></td><td>• 실적에 따라 지급</td></tr>
</table>

<표 1>의 자료는 경상감영에서 지급한 내용이기는 하지만 儒家의 서원판이나 사가판의 인쇄에도 적용이 가능한 것이다.

순조 연간에 편성된 '作錢 例'를 보면 錢 1兩은 租 1石이나 牟 1石에 해당하였고, 이를 米로 환산하면 6斗에 해당하였다. 위의 '錢'이나 '分'은 '兩'의 1/10 또는 1/100이 되는 단위이다.

책판의 판각은 특히 정성이 요구되는 작업이므로 <표 1>에 의하면

70) 상게서, 「書冊印出式例」 條 참조.

71) 慶尙監營 편, 전게 『嶺營事例』(필사본, 1841년頃), 「刊役式例」 條 및 張仁鎭, 「朝鮮後期 慶尙監司考」(한국도서관협회, 『도협월보』, 제21-2호, 1980년 3월), p.10.

刻手에게는 비교적 좋은 대우를 해준 것이 분명하다. 각수에게 지급하는 1일 기본 인건비를 보면 현금보다는 쌀(米)·채소(菜蔬)·장(醬)·소금(鹽)·미역(藿)·명태(明太) 등 주로 물품으로 지급하였고, 능력급으로 刻字 100자당 錢 4푼(分)과 木綿 4치(寸)를 지급하였으며, 간행 작업을 마치면 포상하였다. 각수의 하루 총 인건비를 쌀로 환산한다면 1말(斗) 가량 되고, 이를 현재가로 환산한다면 30,000원 내외가 될 것이다. 그렇지만 위에서도 언급함과 같이 조선시대의 주 세입원이 농업임을 감안할 때 현재 쌀 가격을 기준으로 평가하는 것은 바르지 못한 방법이라 하겠다.

책판의 板刻 작업은 장기간에 걸쳐서 이루어지는 일이므로 출판경비 가운데서 가장 큰 비중을 차지한다. 경상감영의 경우 刻手의 職役은 대체로 승려들이 담당하였으며,[72] 승려가 아닌 俗人이 맡아서 일을 할 때에는 명태 3마리가 별도로 지급되었다.

3. 출판 현상

우리나라 인쇄문화의 현상을 살펴보면 통일신라시대에 목판본으로 인쇄된 『無垢淨光大陀羅尼經』이 현존 중 가장 오래된 것이다. 이로 보면 삼국시대에 이미 목판 인쇄술이 매우 발달했을 것으로 추정된다. 고려시대에는 2차의 대장경 雕造와 같은 목판 인쇄문화의 위업을 남겼다. 한편 활자 인쇄문화에 있어서도 1234년(고려 高宗 21)에 세계 최초

72) 상게 『嶺營事例』를 보면 경상감영의 책판을 판각하는데 필요한 供饋는 칠곡의 天柱寺 승려가 맡았다. 그러다가 1802년부터 隱跡庵의 승려가 이 일을 맡았다.

로 발명한 금속활자로 『古今詳定禮文』 50권을 발간하였으니, 우리 인쇄문화의 우월성을 입증하는 좋은 예라 할 수 있다.

우리나라 인쇄문화의 발달에 기여한 영남지역의 주요 현상을 살펴보면, 고려 전기에는 팔공산 부인사에서 초조대장경을 藏板하였고, 진주목 남해현에 분사대장도감을 설치하여 『宗鏡錄』, 『東國李相國全集』, 『金剛三昧經』 등을 비롯하여 재조대장경도 조판하였다. 고려 후기에는 계림부(慶州), 진주목, 福州牧(안동), 상주목 등에서 찍은 지방 관판과 진주, 경주, 안동 등지에서 찍은 사가판도 살펴볼 수 있어서 영남이 우리나라 인쇄문화 발전에 주도적인 역할을 해 왔음을 알 수 있다.

우리나라 성리학의 학문적 연원을 살펴보면, 주지하는 바와 같이 고려 말에 수용된 주자학이 조선왕조의 지배이념으로 확립되면서 두 왕조를 섬긴 鄭道傳, 權近 등의 연원을 계승한 관료적 성향의 학파와 불사이군의 충절을 지킨 鄭夢周, 吉再의 연원을 계승한 처사적 성향의 학파로 분화되었다. 그 후 길재의 학통을 이은 金宗直의 문하에서 영남 출신의 신진사류가 成宗 때에 대거 중앙에 진출하면서 '사림파'라는 용어가 공식화되었다. 이들 사림파는 16세기 중·후반에 이르게 되면 조선의 정계, 학계를 완전 장악하고 斯文에 功이 있는 사람을 崇仰하게 되었다. 朱子의 白鹿洞 고사에 따라 서원을 설립하여 이들을 享祀하면서 교육기능도 겸하여 수행하였는데 특히 『주자가례』와 『소학』 등 주자학적 실천윤리의 책을 강조하였다.

다시 17세기에 오면 인조반정과 병자호란을 계기로 崇明排淸 의식과 理氣論的 朱子一邊倒의 학문체계가 확립되는데, 이 시기 단종 복위, 사육신 신원 등의 분위기로 여말선초 충절파와 세조 집권을 반대한 인사가 숭앙되었다. 따라서 士族들은 가문의식을 보이면서 그들의 선조를 이러한 충절과 결부시켜 조정으로부터 포상을 받고자 하였으며, 兩大亂을 거치면서 선조의 문집, 실기나 족보를 편집 간행하였고, 비석의 설치나 서원, 祠宇를 활발하게 설립하였다. 그리고 師友관계도 지연이나 당색에 따라 계보화한 학맥을 형성하기도 했다.

사림이 주도한 서원의 설립은 영남이 가장 활발하였다. 임란 이전에 창건된 서원을 살펴보면 영천의 임고서원, 경주의 서악서원과 옥산서원, 성주의 천곡서원, 中和의 청량서원, 예안의 도산서원, 선산의 금오서원, 서천의 명곡서원 등 40여 개가 설립되었는데, 그 가운데 영남지역에서 31개의 서원이 창건되었다. 또 임란이후에는 철종 때까지 전국에 903개소의 書院과 祠宇가 창건되었다고 하는데, 영남의 경우 『嶠南誌』를 보면 祠宇를 제외한 순수 서원수가 325개소나 확인된다.[73)]

서원 출판과 관련하여 徐有榘의 『鏤板考』에 의하면 조선시대 書院板이 총 84개소에 184종으로 나타나고, 여기서 경상도 서원판은 54개소에 127종으로 확인되어 단연 수위였다. 그러나 이 책은 18세기 이전 간본을 주로 조사하여 수록한 것이므로 그 이후 간본에 대해서는 파악하기 어려운 문제가 있고, 또 18세기 이전 간본도 이 책에서 누락된 것이 많다. 그래서 필자가 서원철폐 이전까지의 경상도 서원간본을 대상으로 다시 조사해 보니, 총 104개 서원에서 278종으로 확인되었다.

서원판 278종 가운데는 문집이 72개 서원에서 138종이나 간행되어[74)] 전체 서원판의 49.6%를 점하고 있으므로 경상도 서원의 출판물은

---

73) 張仁鎭, 전게 「儒家의 출판문화」, 제3권, p.673.

74) 필자가 경상도 서원판 문집에 대하여 조사해보니 76개 서원에서 151종으로 조사

타 주제에 비해 문집간행에 집중되어 있었음을 알 수 있다.

서원판본 138종 중에서 일부 주요 인물의 문집을 들면 다음과 같다.

강　익 : 『개암선생문집』, 2권1책, 1686년, 함양, 남계서원
곽재우 : 『망우선생문집』, 5권3책, 1771년, 현풍, 예연서원
구봉령 : 『백담선생문집』, 10권4책, 1670년, 안동, 주계서원
권　구 : 『병곡선생문집』, 10권5책, 1797년, 안동, 병산서원
김성일 : 『학봉선생문집』, 8권4책, 1649년, 안동, 여강서원
김성일 : 『학봉선생문집』, 8권,속,부,7책, 1782년, 안동, 호계서원
김우옹 : 『동강선생문집』, 17권,부록,9책, 1755년, 성주, 청천서원
김응조 : 『학사선생문집』, 9권,외,부,6책, 1776년, 榮川, 의산서원
김일손 : 『탁영문집』, 4권1책, 1631년, 청도, 자천서원

<그림 11>

김종직 : 『점필재선생집』, 시8,문2,부,8책, 1869년, 밀양, 예림서원
남치리 : 『비지선생문집』, 4권1책, 1700년, 안동, 노림서원
노경임 : 『경암선생문집』, 7권3책, 1784년, 선산, 송산서원
노수신 : 『소재선생문집』, 10권,내,부,8책, 1771년, 상주, 도남서원
류운룡 : 『겸암선생일고』, 4권2책, 1742년, 안동, 노림서원
류　진 : 『수암선생문집』, 4권,부,3책, 1713년, 안동, 병산서원
박　성 : 『대암선생집』, 6권4책, 1679년, 현풍, 송담서원
박승임 : 『소고선생문집』, 4권2책, 1600년, 영주, 이산서원
박승임 : 『소고선생문집』, 4권,속,부,5책, 1781년, 영주, 구강서원
박　운 : 『용암선생문집』, 4권2책, 1778년, 선산, 낙봉서원
배상룡 : 『등암선생문집』, 6권4책, 1859년, 성주, 도천서원
송준길 : 『동춘당선생문집』, 28권,별,18책, 1768년, 상주, 흥암서원

되었다. 이를 분석해보니 당초 官板으로 간행하여 서원에 藏板한 것이 13종이나 되었다. 이 판본은 엄격히 말해서 서원판이라 할 수 없으므로 『고봉선생문집』을 포함한 13종의 관판 문집은 본통계에 포함하지 않았다.

오 건 : 『덕계선생문집』, 8권4책, 미상, 산청, 서계서원
이덕홍 : 『간재선생문집』, 8권4책, 1766년, 영주, 오계서원
이상정 : 『대산선생문집』, 52권27책, 1802년, 안동, 노림서원
이언적 : 『회재선생집』, 14권5책, 1624년, 경주, 옥산서원
이윤우 : 『석담선생문집』, 4권2책, 미상, 칠곡, 사양서원
이 정 : 『구암선생집』, 2권1책, 1641년, 사천, 구계서원
이 준 : 『창석선생문집』, 18권10책, 미상, 상주, 옥성서원
이 황 : 『퇴계선생문집』, 49권,외,별,27책, 1600년, 예안, 도산서원
임 운 : 『첨모당선생문집』, 3권2책, 1669년, 안의, 용문서원
임 훈 : 『갈천선생문집』, 4권2책, 1665년, 안의, 용문서원
장현광 : 『여헌선생문집』, 11권6책, 영조 조, 인동, 동락서원
장흥효 : 『경당선생문집』, 2권1책, 1693년, 안동, 경광서원
장흥효 : 『경당선생문집』, 2권1책, 미상, 안동, 노림서원
정경세 : 『우복선생문집』, 20권10책, 1657년, 상주, 도남서원
정경세 : 『우복선생문집』, 20권10책, 1844년, 상주, 우산서원
정 구 : 『한강선생문집』, 15권,별,속,10책, 1680년, 성주, 회연서원
정몽주 : 『포은선생집』, 3권1책, 1584년, 영천, 임고서원
정 온 : 『동계선생문집』, 4권4책, 1660년, 안의, 용문서원
정종로 : 『입재선생문집』, 48권24책, 미상, 상주, 우산서원
정 탁 : 『약포선생문집』, 7권,속,6책, 1818년, 예천, 도정서원
조 목 : 『월천선생문집』, 6권3책, 1666년, 예안, 도산서원
조 식 : 『남명선생문집』, 3권1책, 1606년, 진주, 덕천서원
조임도 : 『간송선생문집』, 5권,별,4책, 1744년, 함안, 송정서원
조호익 : 『지산선생문집』, 5권2책, 1647년, 영천, 지봉(도잠)서원
하수일 : 『송정선생문집』, 6권3책, 1788년, 진주, 대각서원
하 항 : 『각재하선생문집』, 3권1책, 1813년, 진주, 대각서원
황준량 : 『금계선생문집』, 내4,외9,합5책, 1755년, 풍기, 욱양서원

※ 서원판 138종은 부록 「영남 간행 문집목록」의 비고란에 '※○○書院板'으로 표기하였음.

이처럼 서원에서 간행한 문집을 살펴보면 노론계 문집 몇 종이 포함되어 있으나, 대부분이 영남학파의 중심이 되는 남인계 인물의 문집임을 알 수 있다.[75] 이 문집들이 영남학파의 형성 및 계승 발전에 크게 기여했을 것으로 본다.

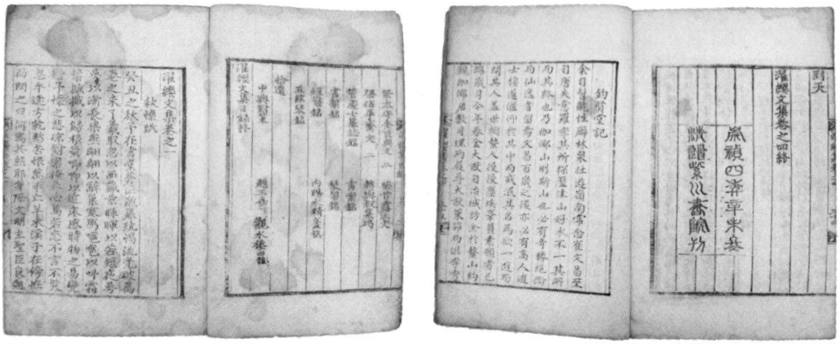

〈그림 11〉 清道의 紫川書院 간본 『탁영문집』

儒家의 사가출판 역시 서원출판에서 나타나고 있는 현상과 같이 선조의 문행이나 학행을 드러내어 집안을 빛내고 士族의 신분을 유지하려는 의도에서 성행하였다. 사가출판이 성행한 것은 가문의식이 반영된 것이라 하겠다.[76] 고려시대에 영남에서 간행한 사가판 문집을 살펴보면 白賁華의 『南陽先生詩集』이 1249년에 간행되어 해인사에 보존되어 왔고, 1370년에는 閔思平의 문인 李頤는 경상도안렴사가 되어 본도

75) 위에서 예시한 문집을 보면 주로 남인계 문집이다. 그러나 영남의 전역을 살펴보면 대구, 선산, 청도, 상주 등지에서 노론계 문집을 찾아볼 수 있다.

76) 가문의식을 중시했기에, 한 예로 金景霖(1700-1708)의 『杏堂寃稿』와 같은 것은 그 아버지가 8세가 되어 죽은 어린 아들을 위해 문집을 간행한 일도 있다.

에서 스승의 문집인 『及菴先生詩集』을 사비로 간행하였다. <그림 12>의 이 책은 귀중한 유일본이므로 보물 제708호로 지정되어 있다.

〈그림 12〉 『**급암선생시집**』(문화재청 자료)

또 1372년에는 偰遜의 『近思齋逸藁』가 그 손자들에 의하여 私財로 판각되었는데 진주에서 간행된 책이다. 李承休의 『動安居士集』도 그의 侄婿인 安克仁에 의하여 1356년에 경주에서 출판된 것이다. 끝으로 鄭誧의 『雪谷詩藁』는 아들 鄭樞가 1376년에 안동에서 간행한 것이다. 영남 사가판 문집은 고려 때부터 조선말까지 912종이 간행되었다.

또 영남 출간 문집 가운데는 주목할 만한 것은 감영이나 병영, 군현 등에서 간행된 관판본의 문집인데, 지금까지 총 163종을 확인할 수 있다.

이처럼 영남 문집을 13세기 이후로부터 1910년까지를 기준으로 파악해보면 서원판본 138종, 관판본 163종, 사가판본 912종 등 총 1,213종이 확인되고 있다.[77] 이 외에 필사본으로 전해지는 문집의 초고본이나 정고본도 상당수 있다.

영남 문집을 판종별로 간행 연대에 따라 구분하면 <표 2>와 같다.

〈표 2〉 간행 연대별 문집 종수

구 분		13 - 15C.	16C. 전반	16C. 후반	17C. 전반	17C. 후반	18C. 전반	18C. 후반	19C. 전반	19C. 후반	20C. 선말	미상	계
관 판	종수	7	1	10	25	36	41	26	9	5	2	1	163
	%	4.30	0.61	6.13	15.34	22.09	25.15	15.95	5.52	3.07	1.23	0.61	100
서원판	종수			4	10	17	21	43	19	13	1	10	138
	%			2.90	7.25	12.32	15.22	31.16	13.77	9.42	0.72	7.24	100
사가판	종수	11	8	5	8	12	22	48	149	317	239	93	912
	%	1.21	0.88	0.55	0.88	1.31	2.41	5.26	16.34	34.76	26.20	10.20	100
합 계	종수	18	9	19	43	65	84	117	177	335	242	104	1,213
	%	1.48	0.74	1.57	3.54	5.36	6.93	9.65	14.59	27.62	19.95	8.57	100

영남 문집은 앞에서도 밝힌 바와 같이 『남양선생시집』, 『동국이상국집』 등 2종이 13세기에 간행되었고, 14세기에는 『근사재일고』를 포함하여 총 6종이 간행된 것으로 파악되고 있다. 15세기에는 변계량의 『춘정선생문집』(1442), 정도전의 『삼봉선생집』(1465) 등을 포함하여 총 10종이 확인된다.

간본이 출판된 시대별 특징을 살펴보면 영남의 관판본은 17·18세기

77) 1,213종 가운데 목판본 935종, 활자본 278종으로 확인된다.

의 간본이 78.53%(128종)나 되고, 서원판은 18·19세기의 간본이 69.57%(96종)나 되며, 사가판본은 19세기 이후 1910년 조선멸망까지 110년간의 간본이 77.3%(705종)를 차지하고 있다.

서원판은 18세기 이후로 많은 서원이 설립된 시기에 서원마다 향사된 인물에 대하여 관심을 가졌음을 보여주고, 사가판은 士林의 가문에서 名祖를 받들고 동성촌을 형성하면서 樓亭을 짓는 외에 선조 문집에 대한 관심을 갖고 간행하는 출판의식이 후대로 오면서 더 강조되고 있음을 보여준다. 그러나 이처럼 사가판이 후기에 집중해서 간행된 것은 바람직한 현상이 아니다. 실제 문집을 보면 내용이 충실하지 못하거나 조상을 천양하는 實記的 성격으로 변질된 사실을 알 수 있기 때문이다.

관판본의 경우를 살펴보면 17세기를 전후하여 당쟁이 격화되던 시기에 이 지역에 수령·방백으로 와서 관직을 이용하여 그들의 친인척의 문집을 간행한 의도는 그들의 당파적 기반을 형성하고 그 세력을 확산하고자 하는 것과 무관하지 않을 것이다.

영남 관판본 문집 163종[78]에 대하여 저자와 책 이름별로 발행처를 들면 다음과 같다.

78) 관판 163종을 분류하면 감영판 57종, 우병영판 3종, 통영판 2종, 우수영판 1종 등 감영과 병영, 수영 등의 간본이 63종이고, 군현판이 100종이다. 군현판 가운데는 성주목 14종, 경주부 10종, 의성현 8종, 안동부 7종, 榮川郡 4종, 상주목 4종, 금산군, 영천군, 진주목, 청도군, 함양군, 합천군 등의 간본이 각 3종으로 나타나고 있다.

① 監營, 兵營, 水營, 統營 등의 간본

구사맹 :	『팔곡선생집』,	4권2책,	1632년,	통영
권 근 :	『양촌선생문집』,	40권10책,	1674년,	우병영
권상하 :	『한수재선생문집』,	34권16책,	1761년,	감영
김광현 :	『수북유고』,	4권2책,	1805년,	감영
김덕함 :	『성옹선생유고』,	4권2책,	1706년,	감영
김상용 :	『선원유고』,	4권,속,4책,	1767년,	감영
김상헌 :	『청음선생집』,	40권14책,	1861년,	감영
김수증 :	『곡운집』,	6권3책,	1711년,	감영
김종직 :	『점필재선생집』,	25권8책,	1649년,	감영
김지남 :	『용계유고』,	4권2책,	1697년,	감영
김진규 :	『죽천집』,	35권17책,	1773년,	감영
김창집 :	『몽와집』,	10권5책,	1859년,	감영
남용익 :	『호곡집』,	18권9책,	1695년,	감영
남유상 :	『태화자고』,	4권2책,	1736년,	감영
목대흠 :	『다산집』,	2권2책,	1685년,	우병영
민 업 :	『양호선생유고』,	1책,	1713년,	감영
민제인 :	『입암집』,	6권3책,	1669년,	감영
민제인 :	『입암집』,	6권3책,	1736년,	감영
박세채 :	『남계집』,	86권,외,속,56책,	1732년,	감영
박 은 :	『읍취헌유고』,[79]	4권1책,	1709년,	통영

79) 『挹翠軒遺稿』는 통영간본 1종을 확인할 수 있다. 그런데 『挹翠軒遺稿』의 增訂本(1795년) 4권2책을 영남감영 간행본이라고 주장한 논문이 있어서 살펴본다. 增訂本의 卷首, 「御製序」의 "是集之增訂 在予春邸時 尙留銅龍講筵 聞其後孫作宰嶺縣 用五山集印頒之近例 命道臣刊行"이란 문구에 의하면, 정조가 1759년에 王世孫으로 책봉된 뒤 世孫講書院에서 학습할 때 읍취헌의 후손이 嶺縣의 수령을 맡고 있던 사실을 알게 되었다. 『高靈朴氏世譜』를 살펴보면 「御製序」에서 말한 수령은 당시 평안도 殷栗縣監으로 있던 읍취헌의 8세손 朴敬鎭(1705-1770)

박장원 : 『구당선생집』,	20권11책,	1730년,	감영
박태한 : 『박정자유고』,	14권7책,	1730년,	감영
성여학 : 『학천선생집』,	2권2책,	1706년,	감영
송문흠 : 『한정당집』,	8권4책,	1788년,	감영
신　경 : 『직암집』,	20권10책,	1811년,	감영
신유한 : 『청천집』,	6권3책,	1770년,	감영
심광세 : 『휴옹집』,	5권5책,	1859년,	감영
심　열 : 『남파상국문집』,	6권3책,	1665년,	감영
안헌징 : 『구포집』,	4권2책,	1696년,	감영
유숙기 : 『겸산집』,	20권10책,	1775년,	감영
이　곡 : 『가정집』,	20권4책,	1635년,	감영
이단하 : 『외재집』,	11권6책,	영·정조,	감영
이명한 : 『백주집』,	20권9책,	17세기,	감영
이성중 : 『파곡유고』,	1책,	1640년,	감영
이세백 : 『우사집』,	10권3책,	1712년,	감영
이　여 : 『수곡선생집』,	19권10책,	1739년,	감영
이원익 : 『오리선생속집』,	2권,별,3책,	1705년,	감영

임을 알 수 있다. 그 후 왕위를 계승한 正祖는 1791년에 평안감사에게 명하여 차천로의 『五山集』을 간행하게 하였고, 그 印頒 例에 따라 이 『읍취헌유고』도 평안감사에게 간행하도록 지시하여 殷栗縣의 이웃 고을인 順川郡에서 출판하였다.(계명대도서관 '이811.081박은ㅇ'의 표제지를 보면 "增訂挹翠軒集 乙卯孟冬 順川增刊"이라 하였다.)

한편 정조가 世孫講書院에서 학습할 때 金元行(1702-1772)은 세손강서원의 관원으로 있었고, 박경진은 김원행에게 읍취헌의 「墓表」를 부탁할 정도로 잘 아는 사이였다. 이로 미루어 正祖가 世孫으로 있을 때 김원행을 통하여 읍취헌에게 관심을 둔 듯하다. 그러면 '嶺縣'은 어느 곳인가? 평안도 殷栗이 漢四郡이 설치된 낙랑 지역이고, 낙랑 동부도위 산하의 일곱 縣을 후대에서 '嶺東七縣'이라 칭한 것을 보면 '嶺縣'은 영남의 한 고을이 아니고, 평안도의 한 고을임을 알 수 있다. 따라서 정조가 이 책을 간행하도록 道臣에게 명한 그 대상자도 경상감사가 아닌 평안감사라 하겠다.

이 자 : 『음애선생집』, 4권2책, 1754년, 감영

이정구 : 『월사선생집』, 63권,부,20책, 1688년, 감영

이천보 : 『진암집』, 8권4책, 1781년, 감영

이 평 : 『운재유고』, 2권1책, 1770년, 감영

이항복 : 『백사선생집』, 10권8책, 1635년, 우병영

이항복 : 『백사선생집』, 23권,부,15책, 1726년, 감영

이현익 : 『정암집』, 20권10책, 1773년, 감영

임 전 : 『명고집』, 8권1책, 1704년, 감영

정도전 : 『삼봉집』, 14권7책, 1791년, 감영

정염 등 : 『북창고옥양선생시집』, 1책, 1785년, 감영

정희량 : 『허암유고』, 3권1책, 1621년, 감영

조기영 : 『생육신선생집』, 9권3책, 1833년, 감영

조광조 : 『정암선생문집』, 8권4책, 1685년, 감영

조 륜 : 『솔암유고』, 1책, 1739년, 감영

조석윤 : 『낙정선생문집』, 14권3책, 1670년, 감영

조유수 : 『후계집』, 8권4책, 미상, 감영

조종경 : 『독암유고』, 1책, 1760년, 감영

최석정 : 『명곡집』, 34권15책, 1721년, 감영

최치원 : 『계원필경집』, 20권4책, 헌종 조, 감영

최 항 : 『태허정문집』, 3권2책, 1569년, 우수영

홍 간 : 『홍애선생유고』, 1책, 1629년, 감영

홍명원 : 『해봉집』, 3권3책, 1656년, 감영

홍명원 : 『해봉집』, 5권2책, 1716년, 감영

홍성민 : 『졸옹집』, 10권4책, 1634년, 감영

홍수주 : 『호은집』, 6권2책, 1722년, 감영

황 혁 : 『독석집』, 1책, 1727년, 감영

② 郡縣의 간본

구사맹 : 『팔곡선생집』, 4권3책, 1648년, 榮川郡

구사맹 : 『팔곡잡고』 1책, 1763년, 성주목
권 근 : 『양촌선생문집』, 40권10책, 1718년, 거창부
권 벽 : 『습재선생시집』, 4권1책, 1653년, 성주목
권득기 : 『만회집』, 11권10책, 1712년, 경주부
권오복 : 『수헌선생시집』, 3권2책, 1585년, 대구부
기대승 : 『고봉선생문집』, 3권3책, 1629년, 선산부
김 구 : 『자암김선생문집』, 2권1책, 1659년, 의성현
김구용 : 『척약재학음집』, 2권2책, 1400년, 진주목
김길통 : 『문평공시집』, 4권2책, 1801년, 풍기군
김덕겸 : 『청륙집』, 6권3책, 1647년, 경주부
김만중 : 『서포선생집』, 10권2책, 1702년, 의성현
김상용 : 『선원유고』, 2권1책, 1640년, 상주목
김상정 : 『석당유고』, 6권3책, 1804년, 예천군
김순명 : 『월봉집』, 5권3책, 1697년, 성주목
김안국 : 『모재시문집』, 15권7책, 1574년, 의성현
김 유 : 『북저선생집』, 9권,별,3책, 1658년, 청송부
김익희 : 『창주선생유고』, 18권7책, 1901년, 상주목
김일손 : 『탁영선생문집』, 7권7책, 1903년, 의성현
김진상 : 『퇴어당유고』, 7권3책, 1805년, 함양군
김창협 : 『농암집』, 36권18책, 1754년, 안동부
김 흔 : 『안락당집』, 4권2책, 1516년, 榮川郡
남효온 : 『추강집』, 5권2책, 1577년, 성주목
노수신 : 『소재선생문집』, 10권,내,부,8책, 1624년, 성주목
노수신 : 『소재선생문집』, 10권,내,부,8책, 1665년, 봉화군
류성룡 : 『서애선생문집』, 20권,별,12책, 1633년, 합천군
민제인 : 『입암집』, 6권4책, 1610년, 흥해군
박세당 : 『서계선생집』, 20권10책, 18세기, 성주목
박인로 : 『영양역증』, 1책, 1690년, 永川郡
박태보 : 『정재후집』, 6권3책, 1892년, 성주목

변계량 : 『춘정선생문집』,	13권5책,	1442년,	밀양부
성석린 : 『독곡집』,	2권2책,	1460년,	진주목
성수침 : 『청송선생집』,	3권1책,	1806년,	풍기군
성 혼 : 『우계선생집』,	6권,속,6책,	1809년,	밀양부
송명흠 : 『역천선생문집』,	19권10책,	1805년,	성주목
송익필 : 『구봉선생집』,	11권5책,	1762년,	의성현
송 인 : 『이암선생유고』,	4권,속,별,4책,	1727년,	개령현
신숙주 : 『보한재집』,	17권4책,	1645년,	榮川郡
신숙주 : 『보한재집』,	17권5책,	1710년,	순흥부
심 유 : 『오탄집』,	14권7책,	1708년,	의성현
심희수 : 『일송선생집』,	8권4책,	1649년,	성주목
오 숙 : 『천파집』,	4권4책,	1646년,	진주목
오윤겸 : 『추탄선생집』,	3권2책,	1692년,	성주목
유 계 : 『시남선생문집』,	23권,부,11책,	1688년,	현풍현
윤봉조 : 『포암집』,	22권11책,	1769년,	예천군
윤섬 등 : 『삼절유고』,	10권3책,	1672년,	영산현
이 간 : 『외암유고』,	16권8책,	1761년,	경산현
이규보 : 『동국이상국집』,	53권14책,	1251년,	남해분사도감
이기설 : 『연봉선생문집』,	7권3책,	1710년,	함양군
이 달 : 『손곡집』,	6권1책,	1693년,	경주부
이덕형 : 『한음선생문고』,	8권4책,	1634년,	상주목
이 목 : 『이평사집』,	2권1책,	1631년,	청송부
이상의 : 『소릉선생집』,	3권1책,	1708년,	안동부
이석형 : 『저헌집』,	2권,후,별,2책,	1587년,	의흥현
이성중 : 『파곡유고』,	1책,	1879년,	영천군
이수광 : 『지봉선생집』,	31권10책,	1633년,	의춘현
이언적 : 『회재선생집』,	14권3책,	1600년,	경주부
이 우 : 『옥산시고』,	1책,	1680년,	경주부
이은상 : 『동리집』,	16권5책,	1702년,	의성현

이정구 : 『월사선생별집』, 7권2책, 1720년, 대구부
이제현 : 『익재난고』, 10권3책, 1600년, 경주부
이제현 : 『익재난고』, 10권3책, 1693년, 경주부
이존오 : 『석탄집』, 2권1책, 1734년, 고성현
이 증 : 『북애시고』, 1책, 1659년, 의성현
이지걸 : 『금호유고』, 5권1책, 1719년, 합천군
이지함 : 『토정선생유고』, 2권1책, 1720년, 경주부
이 집 : 『둔촌잡영』, 2권1책, 1451년, 상주목
이 첨 : 『쌍매당협장문집』, 25권13책? 태종 조, 청도군
이춘원 : 『구원선생집』, 4권2책, 1656년, 榮川군
이해수 : 『약포선생유고』, 7권3책, 1727년, 안동부
이 희 : 『유유자고』, 1책, 1761년, 청도군
임숙영 : 『소암선생집』, 6권3책, 1783년, 하양현
임 영 : 『창계선생집』, 27권14책, 1708년, 청도군
임 제 : 『임백호집』, 4권2책, 1621년, 함양군
장현광 : 『여헌선생문집』, 11권5책, 1642년, 인동부
전녹생 : 『야은선생일고』, 6권2책, 1738년, 칠곡부
정광필 : 『정문익공유고』, 1책, 1702년, 합천군
정도전 : 『삼봉선생집』, 7권4책, 1465년, 안동부
정몽주 : 『포은선생집』, 6권2책, 1659년, 봉화현
정사웅 : 『내암유고』, 2권1책, 1668년, 성주목 <그림 13>
정홍명 : 『기암집』, 10권4책, 1653년, 비안현
조구명 : 『동계집』, 12권6책, 1752년, 경주부
조 성 : 『양심당시집』, 1책, 1568년, 경산현
조 위 : 『매계선생문집』, 5권2책, 1718년, 금산군
조 익 : 『포저선생집』, 35권18책, 1688년, 선산부
조 준 : 『송당선생문집』, 4권2책, 1669년, 성주목
주세붕 : 『무릉잡고』, 12권6책, 1581년, 永川郡
채 수 : 『나재집』, 2권2책, 1568년, 칠원현

한원진 : 『남당선생문집』, 38권,습,22책, 1765년, 금산군
한태동 : 『시와유고』, 8권3책, 1739년, 성주목
한태동 : 『시와유고』, 8권3책, 1763년, 성주목
허 적 : 『수색집』, 8권4책, 1661년, 하양현
허초희 : 『난설헌시』, 1책, 1692년, 동래부
홍 간 : 『홍애선생유고』, 1책, 1688년, 안동부
홍서봉 : 『학곡집』, 8권3책, 1744년, 개령현
홍성민 : 『졸옹집』, 10권4책, 1631년, 안동부
홍인우 : 『치재선생유고』, 3권2책, 1639년, 안동부
홍태유 : 『내재집』, 5권3책, 1754년, 경주부
황종해 : 『후천선생집』, 8권4책, 1713년, 고성현
황 호 : 『만랑집』, 9권4책, 1669년, 금산군(감영 협조)

위의 문집을 살펴보면 책의 분량 면에서 5책 이상 23종, 10책 이상 26종 등 총 49종은 많은 분량으로 간행되었다.

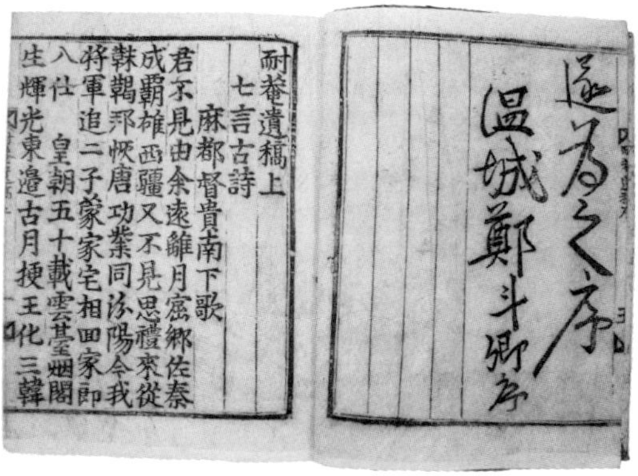

〈그림 13〉 星州牧에서 간행한 정사웅의 『내암유고』(계명대 소장)

당쟁이 격화되던 17세기 후반 이후에 출간된 문집을 중심으로 주목할 만한 관판본의 저자를 들어보면 宋翼弼(龜峯), 趙翼(浦渚), 鄭弘溟(畸庵), 李明漢(白洲), 兪棨(市南), 李殷相(東里), 金壽增(谷雲), 李端夏(畏齋), 南龍翼(壺谷), 李世白(雩沙), 金萬重(西浦), 權尙夏(寒水齋), 洪受疇(壺隱), 李畬(睡谷), 金昌集(夢窩), 金昌協(農巖), 金鎭圭(竹泉), 李柬(巍巖), 尹鳳朝(圃巖), 韓元震(南塘), 申暻(直菴), 南有常(太華子), 兪肅基(兼山), 李天輔(晉菴), 宋明欽(櫟泉), 宋文欽(閒靜堂) 등 서인 또는 노론계 인물, 朴世堂(西溪), 朴世采(南溪), 崔錫鼎(明谷), 韓泰東(是窩), 林泳(滄溪) 등 소론계 인물, 그리고 李元翼(梧里), 沈喜壽(一松), 李睟光(芝峯), 睦大欽(茶山) 등 近畿 남인계 인물이 포함되어 있다.

위의 관판본은 주로 노론계 인물의 문집임을 쉽게 알 수 있는데, 이러한 현상은 당시 현안 문제로 대두되어 영남 사족 출신의 문과 급제자 감소, 영남지역의 정치적 영향력 저하, 중앙관료와 지방 관료로의 진출 저하 등의 지역차별과 함께, 서인(노론) 주도로 정국이 운영되고 있음을 입증한 것이다. 한편 수령 방백들은 이러한 관판 문집을 이용하여 영남인들에게 당론 변경을 유도하거나 회유했을 것으로 추정해 본다.

문집은 저자 생전에 간행하는 일이 드물다. 또 저자 歿年을 기점으로 하여 30년 이전에 간행한 것이라면 문집의 내용면에서 비교적 좋은 편이라고 하겠다. 그런데 문집 간본을 살펴보면 60년, 100년 또는 2-300년 이후에 간행된 것도 흔히 찾아볼 수 있다. 출판물의 내용은 그 시대, 사회에 대한 현실인식이나 문풍 등 환경적인 영향을 받게 된다. 그러므로 문집을 간행할 때는 저자 몰년을 기준으로 하여 간행년도가 짧아야 좋으며 길어지면 내용의 變改가 심하여 자료로써 그 가치가 떨어진다.

따라서 <표 3>과 같이 저자 歿年을 기준으로 살펴보는 것도 자료의 성격을 파악하는데 도움이 될 것이다.

<표 3>에 의하면 전체 간행본 1,213종 가운데 저자 몰년을 기준으로 10년 이내에 간행한 것이 60종, 11-30년이 127종, 31-60년이 142종으로 60년 이내 간행한 것이 총 329종(27.13%)이다. 미상 자료 156종[80] 가운데는 연대가 오래된 책 또는 重刊된 책 몇 종류가 포함되어 있다. 그런데 2-300년이 지나서 간행된 것도 325종(26.79%)이나 된다.[81] 필자가 앞 장에서 지적한 바와 같이 이것을 연구 자료로 사용할 때는 세심한 주의가 필요하다.

〈표 3〉 저자 몰년 기준에 의한 문집 간행 분포

구 분		10년 이내	11-30년	31-60년	61-100년	101-150년	151-200년	201-250년	251-300년	300년 이상	미상	계
관 판	종수	15	31	36	28	14	9	13	5	11	1	163
	%	9.20	19.02	22.09	17.18	8.59	5.52	7.97	3.07	6.75	0.61	100
서원판	종수	1	6	11	18	19	33	25	6	8	11	138
	%	0.72	4.35	7.97	13.04	13.77	23.91	18.12	4.35	5.80	7.97	100
사가판	종수	44	90	95	69	96	117	98	99	60	144	912
	%	4.82	9.87	10.42	7.56	10.53	12.83	10.75	10.85	6.58	15.79	100
합계	종수	60	127	142	115	129	159	136	110	79	156	1,213
	%	4.95	10.47	11.71	9.48	10.63	13.11	11.21	9.07	6.51	12.86	100

80) <표 2>의 미상 자료 104종에서 합집 일부와 몰년 미상 저자의 문집이 포함되어 156종이 되었다.

81) 문집 325종 가운데는 重刊本도 포함되어 있다. 만약 초간본이 이 시기에 成編, 刊行된 것이라면 반드시 원전 비평적 작업이 따라야 한다.

여기서 판종별 특징을 살펴보면 먼저 관판본의 경우는 저자 몰후 100년 이내에 나온 간본이 67.49%(110종)를 차지하고 있다. 이점은 관판의 간행을 주관한 수령 방백들이 혈연·학연에 따른 대상 인물의 문집을 시의적절하게 출판하여 당세 확산 등 사회에 영향을 주고자 노력한 흔적이 엿보인다. 다음으로 서원판은 저자 몰후 101년 이상 300년 이내에 나온 간본이 60.15%(83종)를 차지하고 있다. 서원의 설립이 18세기 이후에 성행한 반면 배향된 인물은 고려 말 및 조선전기 사람이 많았기 때문이라고 본다. 그 다음으로 사가판은 저자 몰후 151-200년 사이에 나온 간본이 12.83%(117종)를 차지하고 있어서 사가판 중에서 다소 많은 편이다. 그러나 151-300년 이상 지나서 간행[82)]한 사가판이 전체 912종 가운데 41.01%(374종)가 포함되어 있다. 이점은 조선 전기에 내·외손을 함께 중시하던 풍토가 후기로 오면서 본손을 중시하는 풍토로 변화함에 따른 것으로, 조상을 추모하고 가문을 지키고자 한데서 나타난 출판 현상인데, 간본 가운데는 실기 성격을 지닌 것도 다수 포함되어 있어서 문헌적 가치는 떨어진다고 하겠다.

영남 문집 가운데서 신분과 관련된 특징 있는 자료로는 李全仁(1516-1568)의 『潛溪李先生遺稿』, 權應仁(1521-?)의 『松溪集』, 李槃(1686-1718)의 『潛窩散稿』,[83)] 權載運(1701-1776)의 『麗澤齋遺稿』, 崔天翼(1712-1779)의 『農叟遺稿』, 姜鳳文(1735-1815)의 『玉溪遺稿』, 黃瀞(1758-1804)의

82) 이 경우는 대개 5세손·10세손 이후의 먼 후손들이 주관하여 간행한 것임을 뜻함.

83) 이 책은 저자의 嫡侄 李復煥(1682-1727)이 1720년에 李浹의 序文을 받고, 다시 權斗經과 저자의 嫡兄 李栽의 跋文을 받아서 편성해 둔 것을 1973년에 從九代孫 李長浩가 初刊한 것이다.

『晩翠洞逸稿』<그림 14> 등을 들 수 있다.

이전인은 회재 이언적의 서자로 태어나서 오직 그 아버지를 위해 효심을 다했던 인물이었는데 뒤에 경주 章山書院에 향사되었고, 권응인은 명종 연간에 명망 높은 시인이었는데 신분이 庶孼이었지만, 유림 공론으로 성주 道巖祠에 향사된 사람이었다.

이반은 이현일의 서자로 태어났다. 이현일이 湖南의 光陽으로 유배되었을 때 이반이 겨우 12세의 나이로 찾아가서 좌우에서 모셨는데, 원근에서 수없이 오는 많은 서찰에 대해 붓을 잡고 적절하게 잘 정리하니 모든 사람들이 그의 숙성함에 놀랐다고 한다. 특히 그는 庶出이라는 처지를 조금도 개의치 않고 오로지 학문에 열중하여 선비의 처신에 조금도 모자람이 없었다고 하는데 천연두에 걸려 33세로 요절하였다. 문집 외에 『朱門善觀錄』, 『書經考疑』 등을 남겼다.

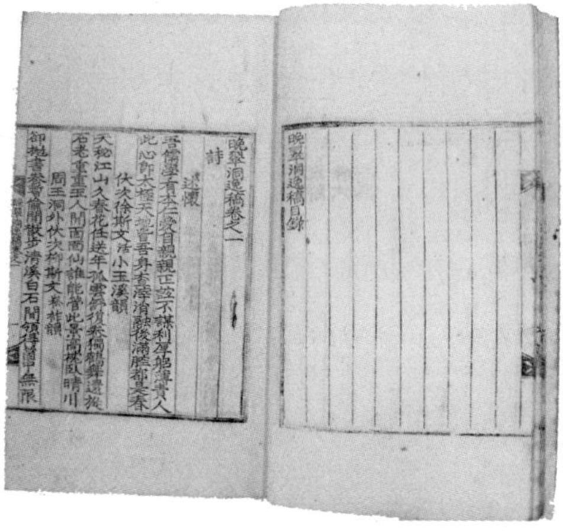

〈그림 14〉 黃澤의 『만취동일고』

권재운은 대대로 吏胥 출신을 지낸 집안에서 태어났다. 어려서 父祖의 役을 계승하다가 李榻을 찾아가 經書 중심으로 受學했는데 평생을 향리에 묻혀 학문에 힘썼다. 작품 가운데 「婚姻辨」은 딸의 결혼을 당하여 일어난 일을 기록한 것으로, 同姓이 아닌 먼 친척 간의 婚姻문제에 관하여 간략한 의견을 표명하고 있다. 최천익은 郡의 衙前 출신이었으며, 강봉문은 빈천한 농가 태생인데 뒤에 효행으로 이름이 높았고, 황학은 靑雲驛의 驛吏 가문의 출신이었다.

이들 문집의 저자들은 신분이 매우 낮았음에도 발분하여 儒業을 닦고 문집을 남겨서 儒林으로부터 주목을 받았으니 신분이 상승된 예라 하겠다.

三唐詩人의 한 사람인 李達의 『蓀谷集』(1693년, 경주부 간행)과 시인 申維翰(1681-1752)[84]의 『靑泉集』(1770년)도 작자의 신분은 낮았지만 당대로부터 주목받던 문집이었다.

한편 영남에서는 女性의 시문집에 대해서도 관심을 보였다. 일찍이 동래부에서 <그림 15>와 같은 許楚姬의 『蘭雪軒詩』(1692) 官板本이 나왔고, 그 후에 慶山에서 사가판으로 찍은 정정당 황씨의 『情靜堂逸稿』(1858)가 나왔는데, 이것은 관판의 수용이라 하겠다.

---

84) 申維翰은 김해김씨 삼현파의 한 庶派의 外孫임을 알 수 있다.

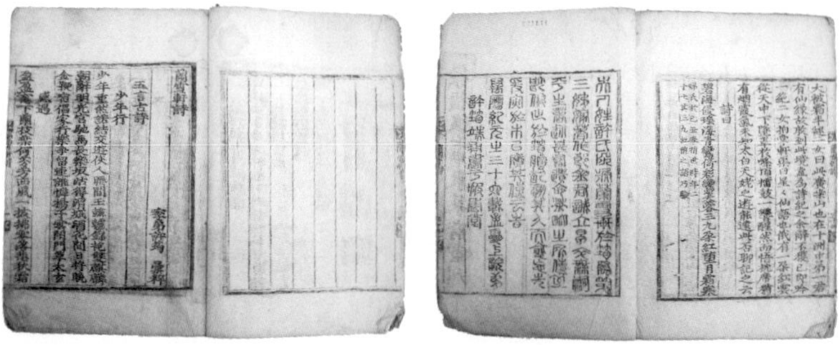

〈그림 15〉 東萊府에서 1692년에 重刊한 『蘭雪軒詩』

여성 관련 출판물은 그 뒤에도 『貞夫人安東張氏實紀』(1904), 此山 裵腆의 情人이었던 김해 기생 姜澹雲의 『只在堂稿』(목활자본)[85] 등이 간행되었다.[86]

경상도 의성 출신의 吳孝媛(1889-?)은 여성으로서 시문에 뛰어나 『小坡女史詩集』을 남겼는데, 이 책은 그 아버지 吳時善(夢今翁)의 서문을 받아서 출판한 것이다. 오효원은 10세가 되던 1898년에 그가 살던 의성 고을의 백일장에 참가하여 군수 徐公으로부터 크게 칭찬을 받은 바 있다.

이 때 감회를 적은 「登白日場」을 보기로 한다.

> 少娥十歲始尋章 : 계집아이 열 살에 글 배우기 시작하여
> 唐突能臨白日場 : 당돌하게도 백일장에 갈 수 있었네.

---

85) 이 문집은 情人인 此山 裵腆이 편성한 것인데, 강담운의 호와 합하면 '只在此山中'이란 문구가 성립되어 흥미롭다. 이 문구는 賈島(779-843)의 詩 「尋隱者不遇」의 "松下問童子 言師採藥去 只在此山中 雲深不知處."에도 보인다.

86) 張仁鎭, 전게 「儒家의 출판문화」, 제3권, p.696.

幸値徐公賢太守 : 다행히 어진 태수 서공을 만나
貫珠呼我壯元郎 : 글 잘 지었다고 나를 장원이라 하시네.[87)]

이처럼 오효원은 일찍부터 詩才가 뛰어난 神童임을 알 수 있다. 『소파여사시집』을 살펴보면 『蘭雪軒詩』의 편집 순서와 같이 지어진 「竹枝詞」, 「鞦韆詞」, 「宮詞」 등을 포함하여 「洞仙謠」, 「青樓曲」, 「少年行」, 「楊柳枝詞」, 「遊仙詞」 등이 있고, 「擬蘭雪軒韻」이란 작품까지 있어서 허난설헌의 영향을 받은 것이 분명하다.

한편 경상도 안동에서 편성한 金景霖(1700-1708)의 『杏堂寃稿』는 1784년에 편성한 것으로,[88)] 당시 명망이 높았던 영남의 학자 李象靖, 朴孫慶, 柳長源 등이 遺稿의 序·跋文을 남긴 어린이의 문집임을 알 수 있다.

또한 1910년 이전에 영남에서 간행한 승려의 문집도 여러 본을 확인할 수 있다. 戒悟(1773-1849)의 『伽山藁』(4권1책, 울주, 1852년)[89)]을 포함하여 曇卷(조선)이 편한 『魚山集』(1책, 동래, 1700년), 明眼(1646-1710)의 『百愚隨筆』(1책, 하동, 1722년), 明詧(1640-1708)의 『楓溪集』(3

---

87) 吳孝媛, 『小坡女史詩集』(연활자본, 1929년), 권1, 「登白日場」.

88) 김경림의 『행당원고』는 이상정이 1777년에 서문을, 박손경이 1776년에 발문을, 유장원이 1784년에 後序를 각기 지어서 편성해둔 것이다(계명대도서관 소장). 이 稿本을 저본으로 하여 1937년에 초간본, 1971년에 重刊本이 나왔다. 김경림은 당시 안동에 거주하였던 金弼衡(字 克夫)의 아들이다.

89) 朴相國 편, 『全國寺刹所藏木板集』(서울, 문화재관리국, 1987년), p.70에 의하면 울주 石南寺에 책판 51板이 소장되어 있다. 이 책을 보면 1979년부터 만 2년간 영남 지역 소재 사찰에 소장되어 있는 현존 책판을 조사하였는데, 그 가운데 『魚山集』은 梵魚寺에 30판, 『百愚隨筆』은 雙溪寺에 13판, 『楓溪集』과 『好隱集』은 해인사에 51판과 31판, 『四溟堂大師集』은 表忠寺에 38판, 『鏡巖集』은 碧松寺에 43판, 『鰲巖集』은 寶鏡寺에 30판, 『松桂大禪師文集』은 龍潭寺에 26판, 『涵弘堂集』은 孤雲寺에 36판, 『淸虛堂大師集』은 把溪寺에 38판 등이 소장되어 있다.

권1책, 합천, 1695년), 師誠(1836-?)의 『克庵集』(3권1책, 대구, 1909년), 時聖(1710-1776)의 『野雲大禪師文集』(3권1책, 문경, 1827년), 余取如(1720-1789)의 『括虛集』(2권1책, 문경, 1888년), 有璣(1707-?)의 『好隱集』(4권1책, 합천, 1785년), 惟政(1544-1610)의 『四溟堂大師集』(7권1책, 밀양, 1652년), 應允(조선)의 『鏡巖集』(1책, 함양, 1804년), 毅旻(조선)의 『鰲巖集』(1책, 영일, 1792년), 義沾(1746-1796)의 『仁嶽集』(3권1책, 대구, 1797년<그림 16>, 印悟(조선)의 『青梅集』(1책, 양산, 1636년), 懶湜(조선)의 『松桂大禪師文集』(2권1책, 안동, 1822년), 正訓(1751-1823)의 『澄月大師詩集』(3권1책, 1832년), 致能(1805-1878)의 『涵弘堂集』(2권1책, 의성, 1881년), 泓宥(1718-1774)의 『秋波集』(3권1책, 1780년), 休靜(1520-1604)의 『淸虛堂大師集』(2권1책, 대구 파계사) 등 18종이 조사되었다.[90)]

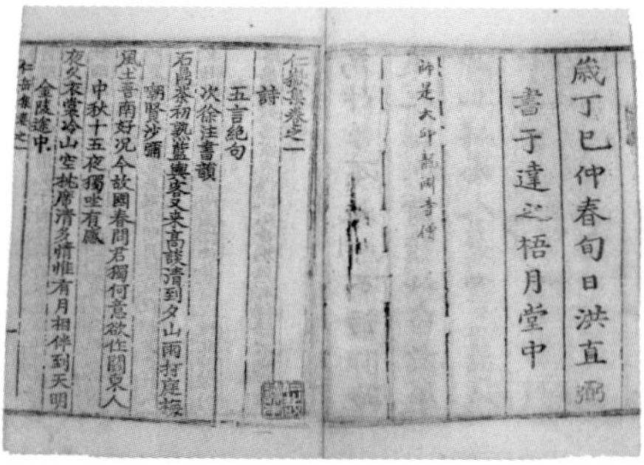

〈그림 16〉 義沾의 『인악집』

90) 승려의 문집은 조선시대 지방관청에서 책판을 조사하여 수록한 「冊板目錄」에 대부분 누락되어 있다. 따라서 전체 자료를 파악하기가 쉽지 않다. 이것은 특정 종교인의 문집으로 讀者가 한정되어 있고, 자료의 수도 많지 않아서 본고에서는 논외로 하였으며, 부록의 「영남 간행 문집 목록」에도 수록하지 않았다. 예시한 승려의 문집은 실질적 영남의 사찰판이라 하겠다.

위에서 살펴본 바와 같이 영남 문집의 저자는 문인, 학자, 사족 등의 상류층과 향리, 아전 등의 중인층, 그리고 서얼, 歌人, 妓生, 驛吏 등의 하류층과 여성, 어린이, 승려 등 다양하였다.

끝으로 영남 문집 가운데 合集으로 간행된 것을 살펴보기로 한다. 합집은 世稿 39종, 集(稿) 13종, 聯芳集(聯稿) 10종, 輯錄 1종 등, 전체 63종으로 확인되고 있다. 자료별로 등재된 문집의 저자[91]를 살펴보면 다음과 같다.[92]

『佳安세고』(3) : 全相元 편, 4권2책, 1892년 / 全仁(箕溪), 全夢井(暎蓮堂), 全纘(四友堂)

『溪山세고』(3) : 李中應 편, 6권3책, 1895년 / 李安道(蒙齋), **李守淵(靑壁)**, 李世靖(晩湖)

『光山세고』(4) : 李景裕 편, 4권2책, 1849년 / 李弘量(六一軒), 李蘭貴(瑟谷), 李蘭美(陽村), 李光彦(聾巖)

『光山卓氏세고』(4) : 卓楨周 편, 2권,[93] 속2권[94] 합2책, [高宗朝] / 卓光茂(景濂亭), 卓愼(竹亭), 卓中(竹林), 卓順昌(松庵)

『光州盧氏세고』(21) : 盧應禧 편, 18권, 속5권[95] 합6책, 1892년 / 盧善

91) 내용 중에서 실기류, 사적류 같은 것은 제외하고, '稿'나 '集'과 같이 문집의 성격을 지닌 것만 포함하였는데, 詩 1篇 뿐인 것을 逸稿라고 이름 붙인 것도 일부 나타나고 있다.

92) 아래 목록 가운데서 ( )부분은 문집의 數이다. 진하게 표시된 부분은 1910년 이전에 별도로 문집이 간행된 경우이고, 밑줄 친 부분은 여기 수록한 合集 가운데서 중복된 경우이다.

93) 원집의 卷1은 『景濂亭先生逸稿』, 卷2는 『竹亭先生逸稿』인데, 卓鼎運이 1789년에 목판으로 간행한 바 있다. 이 원집은 고종 조에 卓楨周가 『光山世稿續編』을 간행할 때 다시 板刻한 것이다.

94) 속집 2卷 가운데 卷1은 卓光茂, 卓愼의 遺稿 속집인 『景濂亭先生續稿』와 『竹亭先生續稿』의 합본이다.

卿(東岳), 盧遂(小庵), 盧欽(立齋), 盧偉(和庵), 盧克弘(沃村), 盧克誠(梅竹窩), 盧克復(月華堂), 盧世厚(月村), 盧垓(菊潭), 盧壎(四梅堂), 盧坫(望湖亭), 盧碩垕(松川), 盧碩賓(芳谷), 盧漢錫(海隱), 盧漢輔(松陰), 盧嶷(滄浪) / 盧文弼(噤谷), 盧振巘(樂齋), 盧思程(林庵), 盧禹壽(默窩), 盧奉文(道川)

『菊槐연방집』(2) : 윤병호 등저, 6권2책, 〔高宗朝〕 / 尹秉顥(菊窩), 尹秉頤(槐軒)

『琴湖세고』(3) : 許銈 편, 4권2책, 1770년 / **許稠(敬庵)**, 許詡(貞簡公), 許愷(修撰)

『岐陽세고』(3) : 柳長源 편, 4권2책, 〔1813년〕 / 柳義孫(檜軒), 柳夏起(岐峯), 柳友潛(陶軒)

『蘿山세고』(2) : 李挺仁 편, 2권1책, 1830년 / 李文興(蘿庵), 李構(蕪敬堂)

『南平세고』(3) : 文虎成 편, 4권2책, 1905년 / 文貫道(羈軒), 文希聖(止軒), 文希哲(筍齋)

『牟陽세고』(4) : 吳觀鎬 편, 4권2책, 1897년 / 吳碩福(三友堂), 吳彦毅(竹塢), 吳益煐(誠齋), 吳慶基(伊溪)

『文城세고』(2) : 柳章佑 편, 2권1책, 〔1846년〕 / 柳隰(靖菴), 柳漢禎(烏園)

『聞韶세고』(17) : 金鎭東 편, 32권11책, 1798년 / **金希參(七峯)**, **金宇宏(開巖)**, 金宇容(茅溪), 金得可(柱峯), 金瑮(天有堂), 金秋任(畏棲菴), 金秋吉(鶴汀), **金聲久(八吾軒)**, 金汝鍵(修撰), 金汝鎔(望道翁), 金景濲(松鶴), 金景溫(丹砂), 金景澈(西坡), 金景泌(鶴陰), 金必東(羅溪), 金宅東(一枝窩), 金瑞東(百懶軒)

『潘陽세고』(2) : 朴勝振 편, 6권2책, 1907년 / 朴尙衷(潘南), 朴訔(釣隱)

---

95) 속집 5권은 噤谷 盧文弼을 포함한 5인의 遺稿가 들어 있는데, 1897년에 盧相稷이 편찬하였다.

『北窓古玉兩先生시집』(2) : 鄭昌順 편, 1책, 1785년 / 鄭□(北窓), 鄭碏(古玉)

『三節유고』(3) : 尹以明 편, 10권3책, 1672년 / 尹暹(果齋), 尹啓(薪谷), 尹集(林溪)

『常華집』(2) : 鄭鎭國 편, 6권2책, 1900년 / 鄭好義(明溪), 鄭好信(三休)

『生六臣선생집』(6) : 趙基永 편, 9권3책, 1833년 / 李孟專(耕隱), **趙旅(漁溪)**, 元昊(觀瀾), 成聃壽(文斗), **金時習(梅月堂)**, **南孝溫(秋江)**

『西原세고』(3) : 郭仁英 편, 6권3책, 1872년 / 郭守智(浩齋), 郭龍佰(沙塢), 郭以楨(讓軒)

『西原세고』(9) : 鄭逑 편, 8권2책, 〔1607년〕 / **鄭誧(雪谷)**, 鄭樞(圓齋), 鄭摠(復齋) / 鄭瑎(章敬公), 鄭頫(雪軒), 鄭擢(春谷), 鄭孝文(判牧), 鄭枏(少尹), 鄭永通(寺正)

『星山세고』(5) : 呂成淵 편, 8권4책, 1899년 / 呂燦(石村), 呂焯(虎溪), **呂孝曾(西巖)**, 呂孝思(月潭), 呂文和(稼溪)

『邵城연방집』(2) : 蔡允復 편, 4권1책, 1809년 / 蔡先吉(琴灘),[96] **蔡先見(兩傳軒)**[97]

---

96) 「琴灘公逸稿」라고 되어 있다. 1901년경에 이 책을 다시 간행할 때는 己巳本(1809년)의 판목으로 後刷한 것이다. 다른 점을 든다면 「琴灘公逸稿」에서 '公逸稿'를 '文集'이라고 補刻하고, 詩 한두 편과 부록으로 행장, 묘갈명을 추가한 것이다.

97) 「兩傳軒公逸稿」라고 되어 있다. 그 후 이 문집은 1902년에 『소성연방집』 체제는 유지하면서 『양전헌문집』이라는 서명으로 새롭게 판각하여 金道和의 序文과 6世孫 蔡龜海의 跋文을 넣어 별도로 간행하였다.
1902년에 간행한 『양전헌문집』은 『소성연방집』의 重刊本으로 보기 어렵다. 그 이유는 『소성연방집』의 또 다른 내용인 「琴灘公逸稿」와 『양전헌문집』을 비교해 보면 1901년경에 「금탄문집」을 간행은 하였으나, 이 책은 『양전헌문집』처럼 새롭게 판각한 것이 아니고 『소성연방집』 己巳本(1809년)의 판목으로 後刷한 것임을 알 수 있다. 일반적으로 重刊本이란 전 책을 동일한 판식으로 간행해야 하는 것이다. 『양전헌문집』의 경우는 당시 『소성연방집』에서 독자적으로 간행한 문집이었다.

『壽瑞詩』(5) : 李楨 편, 2권1책, 〔仁祖朝〕/ 姜孟卿(晋山府院君), 鄭陟(知中樞), 安知歸(牧使), 趙孝仝(判官), 李淑瑊(左司經)

『新安세고』(8) : 南基榮 편, 8권, 속2권 합4책, 1869년 / 南隆達(懶齋), 南礏(由由軒), 南碤(无妄齋), 南滋(无悶堂), 南天漢(孤嵓), 南天澤(苔巖) / 南天祐(何有堂), 南宗衡(野塘)

『安溪세고』(4) : 李庭久 편, 4권1책, 1906년 / **李琛(蒙庵)**,[98] **李德玄(安齋)**,[99] 李德齊(醉軒), 李精中(禁窩)

『冶城세고』(19) : 宋祺善 편, 9권5책, 1898년 / **宋希奎(倻溪)**, 宋鉉(正字), 宋惟敬(省庵), **宋遠器(啞軒)**, 宋光廷(松磵), 宋光弘(雙溪), 宋光啓(龍溪), 宋時詠(砂田), 宋時準(遯窩), 宋時綱(存順齋), 宋世弼(丹邱), 宋世彬(晩悔亭), 宋熤(挹翠軒), 宋焞(益山郡守), 宋泰基(司藝), 宋命基(梅軒), 宋斗基(龍湖), 宋玄錫(僉樞), 宋履錫(南村)

『聯芳세고』(6) : 金龍普 편, 8권3책, 1785년 / 金璡(靑溪), 金克一(藥峰), 金守一(龜峰), 金明一(雲巖), **金誠一(鶴峯)**,[100] 金復一(南嶽)

『聯芳유고』(3) : 金裕壽 편, 6권3책, 1751년 / 金狃(浴潭), **金濩(陽灘)**, 金璟(灘翁)

『聯芳집록』(2) : 權鳳熙 편, 8권3책, 1895년 / 權準(默翁), 權濬(霜嵓)

『延城세고』(10) : 李鉉汶 편, 6권3책, 1900년 / 李崇元(忠簡公), 李民覰(聖巖), 李遂人(中峯), 李商林(訥齋), 李坰林(處士), 李敏性(鳳皐), 李止性(醉山), 李在均(鶴圃), 李鉉能(菊下), 李鉉珏(蓮湖)

『永嘉세고』(4) : 權周郁 편, 4권2책, 1890년 / 權漢功(一齋), 權仲和(東皐), 權克立(東峯), 權對(省齋)

---

98) 李琛, 『몽암선생문집』의 '續集'으로 표기되어 있음.

99) 李德玄, 『안재문집』의 '續集'으로 표기되어 있음.

100) 金誠一, 『학봉성생문집』의 '補遺'로 표기되어 있음.

『玉泉연방고』(2) : 姜鍾仁 편, 3권3책, 1895년 / 姜周祜(玉泉子), 姜周祐(不知翁)

『龍溪晩溪兩世유고』(2) : 沈祉澤 편, 2권1책, 1896년 / 沈以汶(龍溪), 沈達河(晩溪)[101)]

『龍山세고』(4) : 金範九 편, 6권3책, 1792년 / 金彦璣(惟一齋), 金得研(葛峯), 金得石肅(晩翠軒), 金光源(石塘)

『慵齋訥齋兩先生유고』(2) : 이종준 등저, 2권1책, 1824년 / 李宗準(慵齋), 李弘準(訥齋)

『龍川연고』(3) : 權周新 편, 3권1책, [1863년] / 權舜經(無窩), 權舜紀(藥溪), 權憬(梧軒)

『雲齋세고』(2) : 朴齊璜 편, 2권1책, [1880년] / 朴仲胤(洛涯), 朴烶(漂巖)

『六三연고』(2) : 朴勝振 편, 4권2책, 1906년 / 朴檜茂(六友堂), 朴樅茂(三樂堂)

『六先生유고』(6) : 朴崇古 편, 3권3책, 1658년 / 朴彭年(朴先生), 成三問(成先生), 李塏(李先生), **河緯地**(河先生), 柳誠源(柳先生), 兪應孚(兪先生)

『栗里세고』(7) : 申圭 편, 7권2책, [高宗朝] / 申經濟(雲溪), 申灝(鏡湖), 申履謙(陶原), 申履常(茁浦), 申履慶(六懼堂), 申望奎(松窩), 申以簡(三溪)

『二皓선생유집』(2) : 조진옥 등저, 4권2책, 1900년 / 曺振玉(兄皓), 曺相玉(弟皓)

『益陽연방집』(24) : 南泰鎭 편, 5권3책, 1907년 / 南慶薰(蘭皐), 南佶(安分堂), 南尙召(光溪), 南老明(晩翠軒), 南夏明(典籍), 南峻明(石川), 南漢明(生員), **南九明(寓庵)**, 南重明(生員), 南國翰(臥遊堂), 南國暹(玉淵), 南震萬(審安堂), 南彙萬(生員), 南丈萬(東濠), **南龍萬(活山)**, 南濟萬(正字), 南

101) 이 책 附錄의 '事實' 篇에 "公姓沈氏 諱之漢改禹纘又改齊河又改達河"라 하였다. 이처럼 沈達河는 여러 번 改名을 한 후 4번째의 이름이다.

大萬(忍窩), **南基萬(默山)**, 南景復(生員), 南景龍(小隱), 南景宅(進士), 南景采(桐崖), 南景魯(生員), **南景羲(癡庵)**

『一善세고』(3) : 金相發 편, 6권3책, 1863년 / 金蕃(梅墩), 金震讙(活溪), 金培(玩睡齋)

『紫巖亭연방집』(2) : 姜鳳海 편, 2권1책, 1880년 / 姜慶昇(紫巖), 姜顯昇(櫟翁)

『長溪二稿』(2) : 黃紐 편, 2권1책, 1813년 / 黃汝獻(柳村), 黃孝獻(畜翁)

『長皐세고』(8) : 김임 등저, 10권4책, 1890년 / 金恁(野庵), 金泰基(無爲堂), 金履基(一柳堂), 金鼎基(牧庵),[102] 金世欽(七灘), 金昌文(質齋), 金昌錫(月灘), 金世鎬(龜洲)

『全城세고』(7) : 李種杞 편, 9권6책, 1897년 / 李宗文(洛浦), 李之英(水月堂), 李之華(茶圃), 李之馨(積城縣監), 李球(隱窩), 李時格(江皐), 李益馝(霞翁)

『晋山세고』(3) : 姜希孟 편, 4권1책, 1473년 / 姜淮伯(通亭), 姜碩德(玩易齋), 姜希顔(仁齋)

『晋陽세고』(7) : 河大龍 편, 4권2책, 1906년 / 河楫(松軒), 河允源(苦軒), 河啓宗(郡事), 河滌(縣監), 河遵義(沃溪), 河潚(梅軒), 河碩徵(狂隱)

『晋陽연고』(5) : 河渾 편, 2권1책, 1608년 / 河楫(松軒), 河允源(苦軒), 河自宗(木翁), 河演(敬齋), 河友明(蓮塘)

『鐵城연방집』(2) : 李陸 편, 2권1책, 1476년 / 李岡(平齋), 李原(容軒)

『鐵城연방집』(3) : 李周楨 편, 3권3책, 1804년 / 李岡(平齋), 李原(容軒), 李胄(忘軒)

『靑己세고』(9) : 沈誠之 편, 2권2책, 1899년 / 沈淵(祗侯), 沈元符(典理), 沈天潤(令同正), 沈孝尙(石村), 沈太山(弄泉), 沈遜(月軒), 沈弼倫(秋塘), 沈鶴齡(道谷), 沈淸(碧節)

---

102) 이 책의 내용 저자 3인에 대한 字를 살펴보면 김태기는 安安, 김이기는 坦坦, 김정기는 正正으로 지어서 사용하고 있는 점이 독특하다.

『淸州세고』(3) : 楊膺奎 편, 7권4책, 〔高宗朝〕 / 楊許國(拙軒), 楊晅(漁村), 楊道南(無禁堂)

『坡山세고』(11) : 尹錫佑 편, 12권6책, 1908년 / 尹㮶(默窩), 尹炳九(小南), 尹炳來(丹厓), 尹炳殷(美南), 尹炳周(山石), 尹炳斅(華下), 尹炳旼(訥軒), 尹晋逵(攄軒), 尹翼逵(斗峯), 尹德逵(靜修), 尹英逵(美堂)

『巴山세록』(94) : 趙基永 편, 8권4책, 1906년 / 趙悅(琴隱), 趙承肅(德谷), **趙旅(漁溪)**, 趙昱(著作), 趙舜(玉峯), 趙績(判決事), 趙壽千(北溪), 趙淵(耐軒), 趙應卿(下鷗亭), 趙希嘏(說書), 趙堣(參判), 趙址(望雲亭), 趙墿(栗軒), 趙埴(立巖), 趙坦(參判), 趙希文(月溪), 趙埘(斗巖), **趙宗道(大笑軒)**, 趙信道(判書), 趙守道(新堂), **趙亨道(東溪)**, 趙顯道(都事), **趙遵道(方壺)**, 趙由道(德川), **趙任道(澗松堂)**, 趙宗岳(松浦), 趙善道(默谷), 趙英混(三白堂), 趙鎰(鰲潭), 趙英沂(主簿), 趙咸一(藥溪), 趙咸哲(德溪), **趙咸世(五宜軒)**, 趙咸抃(梅牕), 趙逢源(坡西), **趙徵天(道峯)**, 趙重璧(處士), 趙時琛(四談軒), 趙時瑗(晩翠), 趙重蘭(僕正), 趙岌(无窩), 趙嶹(松隱), 趙㞗(芝峯), 趙靈得(樂溪), 趙徽(如愚堂), 趙嵫(梅軒), 趙棡(洛浩齋), 趙崃(止悟), 趙景栻(芹村), 趙景桓(無心齋), 趙榮遂(參判), 趙後龍(新齋), 趙景洙(挹賢堂), 趙景松(忍齋), 趙泰益(梅塢), 趙德昇(兩全堂), 趙弘燁(松月軒), 趙大河(同樞), 趙景海(竹窩), 趙萬益(檀陰), 趙希孟(撫松堂), 趙惠玠(棄翁), 趙景泌(處士), 趙永輝(淸羲堂), 盧相抃(二可堂), 趙相普(安一堂), 趙春慶(升窩), 趙相彦(芝陽), 趙相憲(謹修齋), 趙相迪(淵冰齋), 趙相純(夏齋), 趙相震(玉井), 趙相天(玉峴), 趙相復(愼齋), 趙相絅(肯構窩), 趙相瑗(巴岑), 趙履慶(溪南), 趙相逑(動悔), 趙增彦(槐窩), 趙始燮(聾叟), 趙亮燮(通德郎), 趙毅燮(薇軒), 趙

憲燮(恒庵), 趙友燮(通德郎), 趙翼燮(永矢軒), 趙宅奎(芹庵), 趙觀煜(江北), 趙鎭玉(愼獨齋), 趙曾燮(後坡), 趙龜燮(芝南), 趙復鉉(愼默齋), 趙昌鉉(聾溪), 趙升奎(安窩), 趙基壽(面柳齋)

『八莒세고』(10) : 都右龍 편, 3권1책, 1910년 / 都膺(魯隱), 都明胤(進士), 都處中(佐郎), 都德澤(生員), 都命鼎(四噫窩), 都錫垕(松竹軒), 都成垕(惺齋), 都大籌(謙窩), 都秉籌(晩翠軒), 都鎭龜(芳村)

『咸從세고』(3) : 尹金孫 편, 10권3책, 1510년 / 魚變甲(綿谷), 魚孝瞻(龜川), 魚世謙(西川)

『玄厓세고』(5) : 趙奎震 편, 9권4책, 1897년 / 趙翼燮(永矢軒), 趙基壽(面柳齋), 趙觀祜(城圃), 趙泰祜(艮窩), 趙謙祜(默隱)

『花山세고』(8) : 權人夏 편, 5권2책, [1870년] / 權檥(野翁), 權檣(霽村), 權審言(居昌縣監), 權旭(梅堂), 權曇(咸溪), 權尙達(生員), 權鈗(霽谷), 權壽元(剡溪)

『花山세고』(6) : 權命熙 편, 8권2책, 1908년 / 權時敏(三槐堂), 權克經(德巖), 權鑑(砧淵), 權萬宜(竹菴), 權泰斗(梅谷), 權泰奎(菊軒)

『塤篪兩先生문집』(2) : 鄭台攝 편, 30권16책, 1809년 / 鄭萬陽(塤叟), 鄭葵陽(篪叟)

『塤篪兩先生속집』(2) : 鄭泰九 편, 6권3책, 1906년 / 鄭萬陽(塤叟), 鄭葵陽(篪叟)

합집 63종에 실려 있는 전체의 문집은 열거한 바와 같이 417종으로 확인된다. 417종의 문집에서 중복되는 저자는 9인이고, 또 1910년 이전에 별도로 간행이 되었던 문집의 저자는 28인으로 나타나는데, 이 인원을 제외하면 실제 문집의 저자 수는 380인이다. 그리고 63종의 문헌을 중심으로 간행년도를 살펴보면 19세기 이후에 출간된 것이 대부분임을 알 수 있다.

4. 판본 종류와 형태적 특성

우리나라 문집은 시대별로 크게 고려본, 조선본으로 구분할 수 있다. 다시 판종별로 세분하면 서원에서 간행한 書院版, 사찰에서 간행한 寺刹版,[103] 중앙관서나 지방관서에서 간행한 官版, 개인이나 집안에서 간행한 私家版, 상업성을 갖고 간행한 坊刻版 등으로 구분할 수 있다.

刊本別로 목판본, 활자본, 拓本, 石版本으로 구분이 되고, 다시 活字別로 목활자본, 금속활자본, 옹기(陶)활자본,[104] 바가지(匏)활자본 등으로 구분되기도 한다.

寫本別로 저자의 친필 草本이나 정서한 친필본, 저자 手定本, 저자 교감본 등 저자와 관련이 있는 원고본과 편집자가 어떤 저자의 원고를 수집하여 최초로 편집한 初稿本, 이 초고본의 내용을 완성하여 더 교정이 필요 없는 定稿本, 그리고 인쇄의 母本이 되는 登梓本(版下本) 등으로 구본 된다.

---

103) 사찰판의 경우, 官版이나 書院版과 같이 관아나 서원이라는 발행처의 의미를 지닌 판종이라기보다는 발행처의 요청을 받아 刻手(대개 승려)를 동원하여 판각을 하고, 藏板을 했던 지금의 인쇄소 역할을 수행한 경우가 많다. 따라서 영남의 사찰판은 註 90)의 승려 문집이라 하겠다.

104) 다른 말로 '오지활자'라고 하는데 질그릇 만드는 차진 흙을 빚어 만든다. 천혜봉의 「고인쇄」(『빛깔 있는 책들』 23, 서울, 대원사, 1996), p.102에 의하면 이 활자는 1729년을 전후한 시기에 황해병사 이재항이 해주에서 만든 것이라 하였다. 실물 몇 종이 현재 전해지고 있다.

저자의 친필본은 대개 저자가 손수 쓴 草書나 半草書로 된 원고본을 말하는데, 일정한 체재를 갖추지 않고 써둔 것이 대부분이다. 初稿本은 編者가 저자의 원고를 수집하여 일정한 체제에 따라 편성한 것인데, 이 본의 특징은 삭제·수정한 부분이 나타나는 것이다. 定稿本은 초고본과 같은 형식으로 되어 있으나 교정을 마친 것이므로 刪改한 부분이 나타나지 않는다. 이러한 정고본을 작성하고서도 실제 인쇄를 하는 과정에서 누락되는 작품도 있다. 이 외에 필사본이나 판본을 底本으로 해서 베낀 轉寫本, 影寫本, 模寫本, 抄本 등도 살펴볼 수가 있다.

다시 刊順別로 구분하면 初刊本, 重刊本, 목판본의 補刻本, 활자본의 補字本 등이 있고, 간본의 覆刻本(飜刻本), 목판본의 後刷本도 있다. 간순별 異本에 따라 변개된 양상을 살펴볼 수 있는데, 예를 들면 先行 간본에 비해 글자의 차이, 同音語 차이 외에 刻手의 부주의에 의한 書寫 착오, 誤脫字 등과 같은 무의식적 변개나 책판이 오래되어 파손, 虫蝕, 磨滅 등 物理的 변개가 나타나기도 한다. 이 경우에는 문헌적 관점에서 내용을 파악하는 데 어렵지 않다고 본다. 다만 恣意的으로 고친 補刻, 改刻, 改板, 覆刻(飜刻) 등이 있을 수 있으므로 이 경우를 확인하고자 하여 문헌적 고찰이 필요한 것이다.

이 밖에도 版型別로 대형본, 소형본, 袖珍本이 있고, 製冊別로는 束裝本, 線裝本, 折帖本, 卷子本 등이 있으며, 評價別로는 孤本, 秘本, 珍本, 貴重本 등이 있고, 流通別로는 內賜本, 進上本, 伏藏本,[105] 御覽本[106] 등이 있으며, 狀態別로는 完全本과 零落本, 섭치본 등이 있다.

---

105) 佛像의 가슴 속에 넣어 둔 책이다.
106) 임금이 열람한 책이다.

한편 관판본을 제외한 영남 간행 문집에 나타나고 있는 몇 가지 형태적인 특징을 출판된 자료를 중심으로 살펴보면 다음과 같다.

첫째, 대체로 종이의 질이 우수하고, 표지는 아름답게 물들인 뒤 능화문양을 넣어서 제책하였으므로 서책으로서 미적인 멋과 품위가 있다. 그리고 다른 책에 비하여 상업적 목적으로 출판한 경우가 적고, 가문을 중시함에 따른 보존의식이 강하게 작용한 경우가 많다.

둘째, 문집 첫머리에 수록하는 서문의 경우 남인계는 대체로 서문을 쓴 사람의 草書體의 자필을 그대로 板刻하고 있다.[107] 그런데 기호지방이나 노론계의 문집에서 수록된 서문을 보면 문집의 내용과 동일한 서체로 정서를 해서 판각하는 사례가 많이 있다.

셋째, 목록의 경우 남인계 문집에는 대개 총목록을 작성하여 책의 첫머리에 수록하고 있는 반면에 기호지방이나 노론계의 문집에는 대개 권별로 목록을 편성하여 각권에 수록하고 있다.

넷째, 판본의 경우 목활자본보다 목판본이 많다. 이러한 현상은 주로 영남의 남부지역보다는 북부지역에서, 후기의 간본보다는 전기의 간본에서, 지역 내 노론계 가문보다는 남인계 가문에서 많이 나타나고 있다.

다섯째, 문집에서 사용하는 연호를 살펴보면 주로 명나라 연호를 사용하고 있는데, 명나라가 망한 후에도 명의 마지막 연호인 '崇禎'을 고집하여 숭정 甲子, 숭정 再甲子, 숭정 三甲子 등과 같이 표기하였다. 숭

107) 序文의 친필 판각에 대해서는 대개 찬자가 직접 친필을 남긴 경우가 많다. 그러나 조선후기 이후 근대로 오면서 글을 지은 사람이 고령이어서 필력이 약하하다는 이유, 또는 서체가 좋지 못하다는 이유 등으로 代筆하는 경우가 있다.

정 연호는 대체로 일제 강점기까지 사용된 사실을 확인할 수 있는데, 특히 관아에서 편찬한 자료를 제외한 민간의 모든 인쇄물에서 공통적으로 나타나고 있는 현상이다.

Ⅲ. 영남 문집의 변개 양상과 요인

1. 문헌 검토

영남 문집을 문헌적으로 검토할 때, 크게 4가지 사항을 고려해야 한다.

첫째, 필사본, 간행본을 불문하고 한 자료만 남아 있어서 비교 대상이 없는 문집이다. 주요 판본 가운데 閔思平의 『及菴先生詩集』(1370년), 李詹의 『雙梅堂先生篋藏集』(세종 조), 成侃의 『眞逸遺藁』(1467년), 沈義의 『大觀齋亂稿』(1577년), 權文海의 『草澗先生文集』(1812년), 李行의 『騎牛先生文集』(1872년), 姜渾의 『木溪先生逸藁』(1910년) 등이 이런 경우에 해당 된다.

둘째, 초간본 문집이 1910년 이후에 간행한 것인데, 그 후에 다시 중간본이 나왔다고 하여도 비교가 무의미한 자료이다. 예컨대 朴而章의 『龍潭先生文集』(1911년), 表沿沫의 『藍溪先生文集』(1914년), 鄭汝昌의 『一蠹先生遺集』(1919년), 金富倫의 『雪月堂先生文集』(1940년) 등과 같은 책이다.

셋째, 한 저자의 문집이 같은 서명으로 2종 이상 간행된 것 가운데 후간본에서 선행 간본의 오탈자 교정만을 거친 것 또는 後刷 重印한 것인데 내용에 있어서 큰 문제가 없는 자료이다.

넷째, 편성·간행 당시 누군가가 의도적으로 변개시킨 문집이다. 변개 양상은 초고본대 초간본, 초간본대 중간본 등의 비교를 통하여 알 수 있다.

1910년 이전에 간행된 영남 문집이 위에서 살펴본 바와 같이 1,213종인데, 저자의 수는 1,093인[108]으로 확인된다. 그 가운데 63인의 문집은 동일한 책 이름으로 154종, 책 이름을 달리하여[109] 10종 등 총 164종이 간행되었고, 19인의 문집은 원집과 속집, 별집 등을 출판년도를 달리해서 38종[110]이 간행되었으며, 1,011인의 문집은 각 1종이 간행되었다. 그런데 위의 Ⅱ장의 출판 현상에서 살펴본 바와 같이 합집 63종의 내용에서 조사된 저자 수 380인과 遺稿 417종을 포함하면 전체 영남 문집의 간행본은 1,410인에 1,567종[111]이 된다고 하겠다.

그러면 문집이 2종 이상 간행된 63인에 대하여 다음과 같이 인명별로 문집 이름을 제시해 본다.

---

108) 문집의 저자는 1인이 원칙이다. 이 인원은 合集의 경우에도 대표 저자나 편자 1인을 대상으로 채기한 인원수이다.

109) 책 이름을 달리한 문집이란 당초 文集名 외에 逸稿, 雜稿, 續集, 別集 등의 명칭을 붙여서 2종 이상 간행한 경우이다.

110) 간재 이덕홍, 구사당 김낙행, 백담 구봉령, 병곡 권구, 서담 홍위, 성재 허전, 송암 권호문, 어계 조여, 오봉 신지제, 옥계 강봉문, 월사 이정구, 인재 최현, 입재 정종로, 정재 류치명, 창석 이준, 청천 신유한, 허백정 홍귀달, 호고와 류휘문, 훈지 정만양·정규양 등 문집이다.

111) 개인 문집 수 합계: 1,213종에서 합집 63종을 제외하면 1,150종이고, 여기서 합집의 내용에서 밝혀진 417종을 더하면 1,567종이 된다.
한편 저자의 수는 1,093인에서 합집의 편자 63인을 제외하면 1,030인이고, 다시 합집의 내용에서 밝혀진 417종의 저자 380인(중복되는 저자 37인 제외)을 더하면 1,410인이 됨.

곽재우 : 『망우선생문집』(2)
구사맹 : 『팔곡선생집』(2), 『팔곡잡고』(1)
권 근 : 『양촌선생문집』(2)
권 벌 : 『충재선생일고』(2), 『충재선생문집』(1)
권오복 : 『수헌선생시집』(1), 『수헌선생집』(1)
김상용 : 『선원유고』(2)
김상헌 : 『청음선생집』(2)
김성일 : 『학봉선생문집』(3)
김성탁 : 『제산선생문집』(2)
김시온 : 『표은선생문집』(2)
김 용 : 『운천선생문집』(2)
김우옹 : 『동강선생문집』(2)
김일손 : 『탁영문집』(6)
김종직 : 『점필재선생집』(3)
김충선 : 『모하당문집』(2)
노수신 : 『소재선생문집』(3)
류방선 : 『태재선생집』(2)
류성룡 : 『서애선생문집』(2)
류운룡 : 『겸암선생일고』(1), 『겸암선생문집』(1)
문경충 : 『사미선생유집』(1), 『호음선생유집』(1)
민제인 : 『입암집』(3)
박승임 : 『소고선생문집』(2)
박 영 : 『송당선생문집』(2)
박인로 : 『노계선생문집』(2), 『영양역증』(1)
박종우 : 『도곡선생문집』(2)
변계량 : 『춘정선생문집』(2)
서사원 : 『낙재선생문집』(2)
성안의 : 『부용당선생일고』(2)

신숙주 : 『보한재집』(2)
양희지 : 『대봉선생문집』(2)
윤　상 : 『별동선생집』(2)
이덕형 : 『한음선생문고』(2)
이민성 : 『경정집』(2)
이성중 : 『파곡유고』(2)
이언적 : 『회재선생집』(6)
이　우 : 『송재시집』(2)
이　육 : 『청파집』(2)
이육 편 : 『철성연방집』(2)
이　정 : 『구암선생집』(2)
이제현 : 『익재난고』(3)
이　채 : 『몽암선생문집』(3)
이　태 : 『월연선생문집』(2)
이항복 : 『백사선생집』(2)
이현일 : 『갈암선생문집』(2)
이　황 : 『퇴계선생문집』(4), 『퇴계선생속집』(1)
장현광 : 『여헌선생문집』(3)
장흥효 : 『경당선생문집』(2), 『경당선생속집』(1)
정경세 : 『우복선생문집』(2), 『우복선생별집』(2)
정　구 : 『한강선생문집』(3)
정도전 : 『삼봉선생집』(2)
정몽주 : 『포은선생집』(6)
정　온 : 『동계선생문집』(2)
조　식 : 『남명선생집』(8)
조호익 : 『지산선생문집』(3)
주세붕 : 『무릉잡고』(2)
최치원 : 『계원필경집』(3)
하　륜 : 『호정선생문집』(2)

하　진 : 『태계집』(3)
한태동 : 『시와유고』(2)
허　돈 : 『창주선생문집』(2)
홍　간 : 『홍애선생유고』(2)
홍명원 : 『해봉집』(2)
홍성민 : 『졸옹집』(2)

위에서 제시한 문집 가운데 주요 판본을 간략하게 살펴보기로 한다.

鄭夢周의 『圃隱先生文集』은 아들 鄭宗誠이 1439년에 간행한 초간본이 있으나 현재 전하지 않고, 그 후 현손 鄭世臣이 신계현령으로 부임하여 1533년에 간행한 新溪本, 명종·선조년간에 개성부에서 간행하였으나 현재 전하지 않는 開城本, 그리고 교서관에서 금속활자로 간행한 館本이 있다. 1584년에 선조의 명에 따라 류성룡이 신계본을 저본으로 하고, 개성본과 館本을 참고하여 문집을 校正하였는데 이것이 校正本이다. 교정본은 1585년에 영천 임고서원에서 일부 간행되었으나 책판은 임진왜란 때 소실되었다.[112] 그 후에 나온 『포은선생문집』의 영남 간행본을 중심으로 살펴보기로 한다.

1607년에 임고서원에서 <그림 17>과 같은 합 2책의 丁未本을 간행하였다.[113] 정미본은 교정본의 체제를 그대로 유지한 것인데, 다만

112) 국립중앙도서관 소장 『포은선생문집』(古3648-70-305)이 교정본으로 추정되는 책이다. 이 책은 '四周雙邊에 10行19字, 註雙行'으로 된 3권1책본인데, 本文 1板 1行의 卷首題는 '圃隱先生文集'으로 되어 있고, 2-4行에 걸쳐 "資憲大夫知中樞府事 兼 同知經筵春秋館事 弘文館提學五衛都摠府都摠管 臣 柳成龍 奉教校正"이라 표기되어 있다. 3권 말미에 遺墨이 들어 있다.

113) 鄭夢周, 『圃隱先生文集』(목판본, 임고서원, 1607년), 3권, 부록, 합2책(계명대도서관 소장, 고811.081정몽주포은서).

序文, 目錄 다음에 정몽주의 「遺像」이 추가되어 있고, 원집 3권 말미의 遺墨이 삭거된 대신 年譜攷異·行狀이 추가되어 있으며, 다시 鄭宗城의 詩集跋, 柳溥의 新溪開刊跋, 1607년에 쓴 曺好益의 重刊跋 등이 있다. 그리고 附錄의 말미에는 鄭琚가 쓴 「碑閣詠跋」, 黃汝一이 쓴 「圃隱先生碑閣重修記」 및 「圃隱先生墓碣陰」이 들어 있다.[114] 이 책에서는 특히 기존 판본과 대조하여 다른 점이 있을 경우에는 해당 篇名의 하단에 '校正'이라 표기한 뒤 '館本', '新本', '開本' 등과 같은 註를 달아서 그 변경된 사실을 표기하였다.

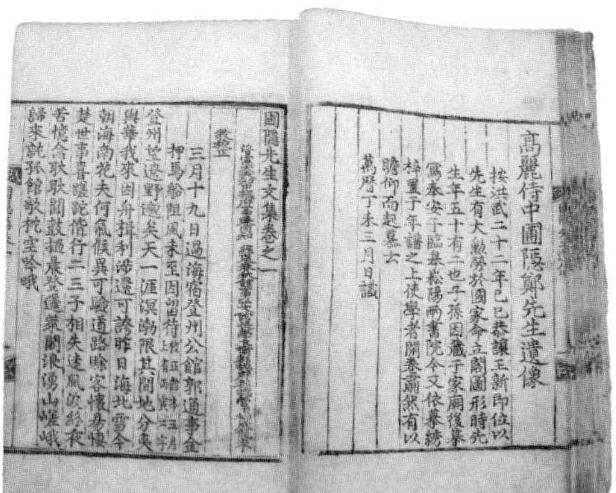

〈그림 17〉 1607년에 간행한 『포은선생문집』

114) 상게서의 版式을 살펴보면 四周雙邊에 半葉匡郭이 세로 22.4cm×가로 17.9cm이고, 界線이 있는데 行字數는 11行18字에 註雙行이며, 上下內向三葉花紋魚尾로 되어 있다. 그리고 曺好益의 重刊跋도 들어 있다. 목록에 遺墨이 표기되어 있으나, 문집 속에는 실려 있지 않았다.
한편 1607년에 임고서원에서 정몽주의 遺墨과 曺好益의 跋이 붙은 10行20字로 된 4권2책본도 간행되었다고 한다.(金圻彬, 「圃隱集 解題」 참조)

정미본이 간행된 직후 1614년에 吳澐(1540-1617)이 포은집의 내용을 보고 <그림 18>과 같이 誤字를 校正하여 임고서원에 문제를 제기하였다.[115]

吳澐이 지적한 오자 내용을 살펴보면, 卷首에 들어 있는 序文이 權採, 盧守愼, 卞季良, 河崙, 朴信 등과 같이 열거되어 있는데 변계량, 하륜, 박신, 권채, 노수신 등과 같은 순으로 바로잡아야 하고, 「遺像」에 판각된 정몽주의 나이 52세는 53세가 되어야 하며, 卷1의 「夢」 詩에서 '傅說'은 '傳說'로, 「宿盖州」에서 '相傅'는 '相傳'으로 되어야 하고, 卷2의 「次牧隱先生詩」에서 '王鞍'으로 된 것은 '玉鞍'이 되어야 한다고 지적하였다. 또 年譜의 12頁은 낙장[116]이 되어 있는데, 이 부분을 초간본을 구해서라도 보충하고, 부록 6頁에 있는 鄭琚의 「碑閣詠跋」은 권말의 柳漙의 발문에 이어서 수록할 것이며, 부록 9頁에 있는 「圃隱墓碣陰記」는 연보 말미의 공란에 넣어야 한다고 지적하였다.[117]

115) 吳澐, 『竹牖先生文集』(목판본, 1824년), 권4, 20頁, 「圃隱先生文集誤字校正」에 10餘條를 들고, 말미에 "萬曆甲寅(1614년)春二月壬子識 與臨皐書院"이라 하였다.

116) '十六年癸亥'와 '十七年甲子'의 내용이 落張되어 있다.

117) 吳澐이 지적한 내용은 뒤에 나온 丁巳重刊本(1677년)에서 '相傳'과 '玉案' 외에는 수용하지 않았음을 확인할 수 있다.

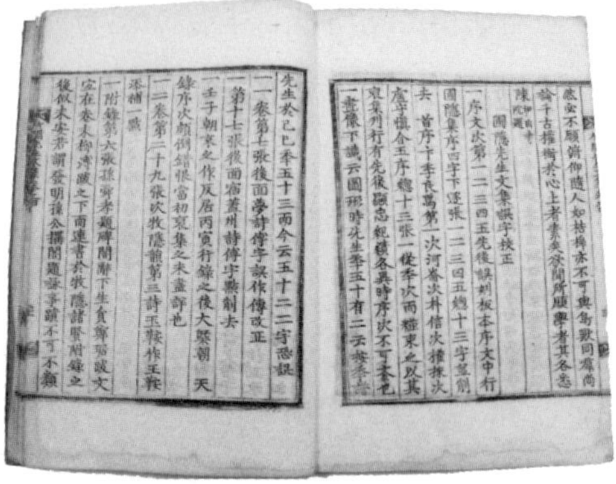

〈그림 18〉 吳澐의 『竹牖先生文集』에 나타난 校正 관련 기록

<그림 19>의 奉化本 『포은선생집』은 1659년에 후손 봉화현감 鄭雲翼이 6권2책으로 간행한 책인데,[118] 송시열이 「重刊序」를 지었고, 부록에 張顯光이 지은 「謁圃隱先生畵像詞」와 「臨皐書院廟宇上樑文」 두 편이 추가되어 있다.

118) 계명대학교 동산도서관에 零本 1책(권4-6)을 소장하고 있다(고811.081정몽주포으).
이 책을 보면 卷4의 제 1行에는 '圃隱先生集卷之四'로 되어 있다. 卷5의 경우에는 제 1行에 '圃隱先生集'이라고 板刻되어 있는데 그 아래에 연이어서 '卷之五'를 붓으로 표기하였다. 그리고 附錄이 수록되어 있는 卷6의 경우, 版心에 나타난 卷數의 표시와 張次를 보면 내용은 연결되고 있으나 판본의 순서별 편성에는 통일성이 없다. 즉 卷6 1-11張(頁)은 순서대로 되어있으나, 그 다음은 卷3의 1-8장까지, 다시 卷6의 9- 19장까지, 다시 卷3의 15-26장까지(15-19장 중복), 다시 卷6의 32-34(27-31 공란) 등으로 편성되어 있다. 그 다음은 발문, 榜目의 張次순이다.

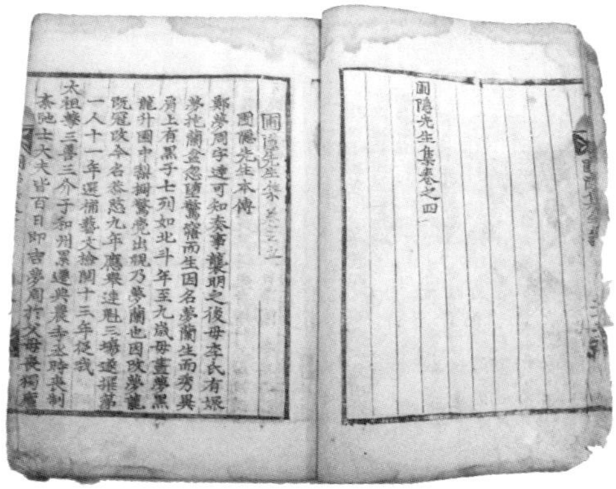

〈그림 19〉 奉化에서 간행한 『포은선생집』

다음은 1677에 나온 丁巳重刊本 『포은선생문집』인데, 부록에 송시열이 쓴 「圃隱先生神道碑銘」과 權尙夏가 쓴 「圃隱先生神道碑續記」가 추가되어 있는 9권2책본이다.[119] 1866년에는 정사중간본을 저본으로 柳厚祚의 발문을 붙여서 간행한 丙寅本이 있고, 1903년에 「年譜別本」과 범례를 넣고 李晩燾의 발문을 붙여서 14권5책으로 간행한 진주의 玉山齋本도 있다. 『포은선생문집』에는 내용 증보나 편차가 다른 점 외에는 변개가 없다.

權五福의 『睡軒先生集』은 1585년에 초간본이 나왔는데 1853년의 중간본과 대비하면 초간본에 빠진 「項羽不渡烏江賦」를 포함한 賦 3편이

119) 노론의 입장이 반영된 이 책은 卷7의 말미에 "謁畫像詞以下三篇 疑萬曆丁未重刊時新增"이라고 표기한 점으로 볼 때, 장현광이 지은 「圃隱先生謁畫像詞」, 「임고서원묘우상량문」 두 편과 鄭琚가 지은 「碑閣詠跋」 등 3편이 1607년에 나온 정미본에서 증보한 것이 아닌가 의문을 달고 있다. 그러나 필자가 조사해 보니 「비각영발」은 정미본에서, 장현광의 두 편은 봉화본에서 증보했음을 알 수 있다.

증보되었고, 金克儉이 지은 「二樂軒記」 1편은 부록에 추가되어 있음을 알 수 있다.

金馹孫의 『濯纓集』은 1519년에 2권1책으로 간행하였다고 전해지는데 판본을 살펴보면 序·跋文이 들어 있지 않다.[120] 이 초간본을 중심으로 大丘에서 1580년경에 覆刻한 판본이 있는데[121] 이 책은 현재 국립중앙도서관에 소장되어 있다.[122] 그 후에도 여러 본이 나왔는데, 우선 1631년에 청도 紫川書院(紫溪書院)에서 중간한 辛未本은 권수제를 『濯纓文集』이라 고치고, 4권1책으로 편성하였다. 권말에 "崇禎四年辛未春清道 紫川書院刊"이란 刊記가 또렷한데도 『탁영선생연보』에 기록되어 있지 않다.<그림 11 참조>

다음으로 頭註가 있는 5권2책으로 된 『濯纓文集』은 권말에 趙絅이 1649년에 중간할 당시 쓴 「節孝金先生孝門銘跋」이 붙어 있는 목판본이다. 신미본과 비교하면 10행 18자에 판목의 규격이 비슷하고 편성체제가 동일하다. 그러나 신미본 卷4에 있는 '습유' 편을 卷5로 옮겨서 추가된 시문을 실었다. 특히 이 판본으로 간행한 책에서는 1668년에 쓴 송시열의 서문이 들어 있기도 하고, 또는 없는 것이 있어서 頭註가 있

---

120) 경상도관찰사 김안국이 서문을 지었다고 하는데, 서문은 김안국의 『慕齋先生集』에도 들어있지 않아서 내용은 알 수 없다. 이 초간본은 계명대도서관에 소장(귀811.081김일손탁ㅇ)되어있다.

121) 1580년경에 나온 복각본을 초간본과 비교해보면 卷1의 38頁 앞면 9行 17-18字 부분이 초간본에는 검게 陰刻으로 지운 부분이 나타나는데 복각본에는 희게 空格으로 처리하였고, 卷2의 46板 뒷면 1行 1字의 '毛'字도 복각본에는 검게 陰刻으로 지운 흔적이 나타나고 있다.

122) 이 복각본은 국립중앙도서관에 소장(한貴古朝 46)되어 있는데, 卷末에 陰刻으로 '大丘刻手法(手決)'이라 새겨져 있고, "萬曆庚辰(1580)夏 在月城易之以米 來藏于迂○書堂 伊洞識"라는 藏書記가 있다.

는 판본이 1668년에 중간된 戊申本인지 알 수 없다.

그 다음으로 계명대학교에 동산도서관에 판식이 다른『탁영선생문집』목판본 1책(영본)이 소장되어 있는데 卷次는 3-5권이고, 권말에 몇 장의 낙장이 있다.[123] 이 책의 편성체재를 살펴보면 위의 두주본과 비슷하지만 판목의 규격이 크고 판식이 10행 20자로 되어 있다. 다만 卷3에 있던「籌邊樓記」와 권4에 있던「管處士墓誌銘」2편이 삭거된 대신, 卷3에「釣賢堂記」가 추가되어 있다. 또 卷5가 '拾遺' 편인데 여기서는 '拾遺' 표기를 지워서 卷5를 원집인 것처럼 하고, 여기에「平胡公墓碣銘」을 추가하였다. 또 전체 권책수가 5권 또는 6권2책으로 구성된 것으로 보이므로 위의 두주본이 나온 이후 바로 편성된 것으로 짐작된다. 하지만 零本이어서 좀 더 검토할 필요가 있다.

『탁영문집』의 戊申本(1668년)은 重刊할 때 서문 문제로 인하여 士林의 논란이 있었다. 이점에 대하여 李重慶의 글을 보면 당시 분위기를 알 수 있다.

> 지난 崇禎 신미년(1631)에 자계서원에서 탁영문집을 간행했는데 이제 거의 30년이 지나 판목에 새긴 글자가 닳아 없어지니 무신년(1668)에 重刊을 하였다. 일찍이 序跋이 없어서 한성을 왕래하는 사람으로 하여금 당세에 秉筆家를 찾아 序跋을 청하라고 하였는데, 宋尤齋(尤菴)에게 잘못 청탁하여 序文을 얻게 되었다. 우재는 곧 그 당시 사람들이 숭상하는 자였으나 그 행세하는 것은 자못 南人이 부끄럽게 생각하는 것이다. 글 또한 欠缺과 瑕疵가 많아서 책머리에 넣어서 후대에 남기는 것은 옳지 못하다.[124]

---

123) 金馹孫,『濯纓先生文集』(목판본), 1책, 계명대도서관 소장(이811.081김일손탁).

이 글은 이중경이 1669년 봄에 쓴 것인데, 당시 『탁영문집』 중간본의 幹事를 맡고 있던 친구 李光義에게 오언절구 2수를 지어 보내면서 자신의 심경을 토로한 내용이다. 인용문에 나타난 바와 같이 송시열의 서문 문제로 당시 청도 士林의 논란이 있었던 것이다. 그래서 후대에 와서도 두주본에서 나타난 것처럼 소장자에 따라 송시열의 서문을 취사한 것이 아닌가 생각해본다. 이중경은 李光義에게 보인 詩句에서도 서문 받은 사실을 강하게 비판하고 있다.[125)]

權橃의 『冲齋先生逸稿』를 살펴보면 1671년에 간행된 초간본에는 洪汝河의 서문이 있고, 이 본의 후쇄본에는 권수에 許穆의 「讀權忠定公逸稿」가 들어 있다. 그런데 1705년의 중간본에서는 초간본에 빠진 시문을 追補하여 '拾遺'에 넣었고, 부록을 증보하였다. 1752년에는 「堂後日記」, 「承宣日記」, 「朝天錄」 등을 넣고 책수를 늘려서 '逸稿'를 '文集'으로 명칭을 바꾸어 간행하였다.

李彦迪의 『晦齋先生集』은 1574년에 회재의 서손 李浚이 경주에서 10권4책으로 간행하였다. 1600년(庚子)에는 별집 4권을 증보하여 총 14권3책으로 경주에서 간행하였는데, <그림 20>과 같이 권말에 "萬曆庚

---

124) 李重慶, 『雜卉園集』(1667년, 著者手稿本), 卷2, "嘗在崇禎辛未 紫溪書院刊濯纓文集 今幾三十載 刓剝已盡 戊申重刊 而曾無序跋 令往來京洛之人 請于當世秉筆之手人也 誤托宋尤齋而得之尤齋乃時輩所尙 而其所行世 頗爲南人之所羞 文又欠缺多疵 不可弁首而遺後也."

125) 이중경이 보낸 2수의 시 가운데 1수를 보면 "時議分邪正 人情異西南 莫令尊道地 空被世喧談."이라 하였다. 당시 영남의 南人風 정서에 반하는 행위로 이해할 수 있다.
한편 무신본의 重刊 간사를 맡은 李光義는 20년 전인 1649년에 趙絅에게 「節孝金先生孝門銘」의 跋文을 청탁한 바 있어서 일찍부터 자계서원에 관여한 사람임을 알 수 있다.

子 月城重刊"이라는 간기가 있다.

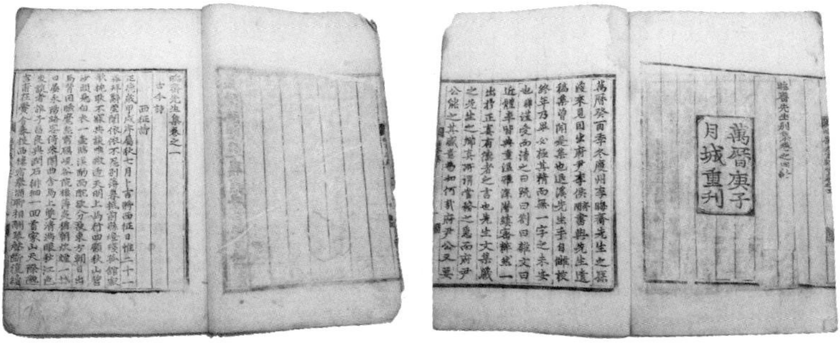

〈그림 20〉 1600년에 重刊한 『회재선생집』(계명대 소장)

그 후 옥산서원에서 여러 차례 문집을 개간을 하였다. 1624년에는 별집을 원집에 포함하고 부록을 넣어서 13권5책으로 간행하였다. 1631년에 간행한 신미본은 13권5책으로 편성되어 있는데, 경자본과 대비해 보면, 경자본 별집 1권의 詩를 4권말에 '拾遺' 篇을 두어 옮겼으나 말미에 「松堂輓詞」 1편이 추가되어 있다. 文의 경우 별집 2-4의 내용을 권 11-13의 '습유' 편에 편성하였는데, 다만 「訓導金君墓碣銘」, 「參奉崔君墓碣銘」, 「孺人金氏墓碣銘」 등 3편이 卷11에 추가되어 있다. 또 별집 말미에 들어 있던 「附獻進修八規疏」는 삭거되었으며, 책 말미에 "崇禎四年四月 玉山書院重刊"이란 간기가 있다. 1641년에도 개간한 바 있으며, 1744년(甲子)경에는 「世系圖」를 수정하고 전체 13권에 부록 1책을 합하여 5책본으로 편성한 후, 권말에 "甲子正月日 玉山書院重刊"의 간기를 넣어서 重刊하였다.[126)] 정조년간에는 앞의 갑자본에 1794년까지의 年譜 내용을 補刻하여 13권5책으로 간행하였다. 『회재선생문집』은 여러 차례 간행되었어도 내용의 산개는 없고 다만 작품이나 부록, 연보의 내용이 증보되어 개간된 것이다.

李滉의 『退溪先生文集』은 앞 장에서도 언급했음과 같이 1584년을 전후하여 趙穆, 琴應壎, 金誠一, 李安道 등이 도산서원에서 초고본을 편성·교정하였고, 이어 柳雲龍, 柳成龍, 金垓 등이 中草本을 편성·교정하였다. 그 후에 1600년에 간행된 庚子本의 저본이 되는 定稿本이 나왔다. 경자본은 趙穆의 주도로 간행된 것이다. 이후로 庚子補刻本, 擬庚子本, 庚子本覆刻本 등 庚子本類와 甲辰重刊本(1724)과 丁丑補刻本(1817) 등 중간본류, 그리고 校正本(1843)이 나왔다. 판본 내용을 살펴보면 다음과 같다.

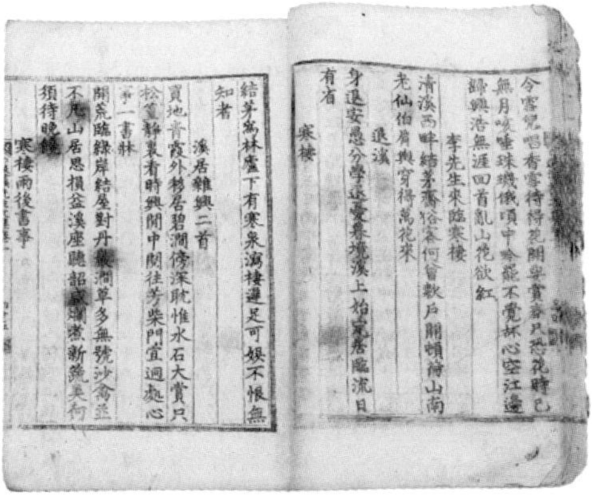

〈그림 21〉 경자본 『퇴계선생문집』(계명대 소장)

126) 李彦迪, 『晦齋先生文集』(목판본, 옥산서원, 1744년경), 13권, 부록, 합5책(계명대 도서관 : 이811.081이언적ㅎ). 이후에 나온 판본들은 卷首題를 『晦齋先生文集』이라 하였다.

<그림 21>은 1600년에 간행한 경자본이다. 이 책은 계명대학교 동산도서관에 영본 24책이 소장되어 있는데, 여러 책의 첫 장에 墨書로 '萬曆庚子 ○○書院上'이라 표기하고, 그 아래에 소장처의 인장이 날인되어 있어서 경자본임을 쉽게 알 수 있다. 위의 <그림 21>에 나타난 면은 卷1의 44판 뒷면과 45판 앞면인데, 판식이 대체로 10行에 18字[127]로 되어 있다. 한 예로 '退溪' 詩가 정고본에는 44판 뒷면의 9行에 실려 있으나[128] 경자본에서는 2행 앞당겨진 동일 面의 7行에 실려 있어서 이 책이 정고본을 저본으로 삼아서 간행한 것임을 쉽게 알 수 있다.

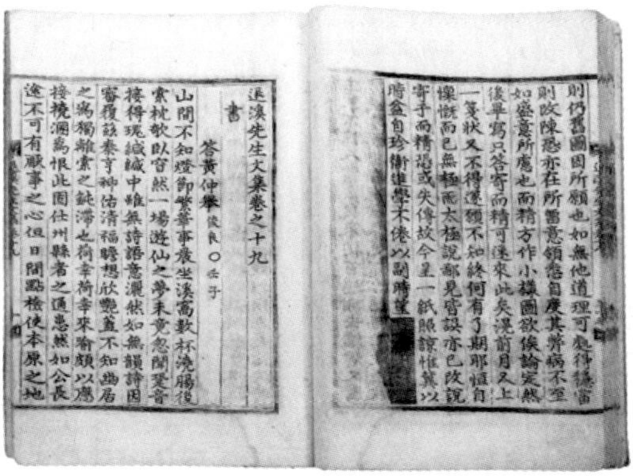
則仍舊圖固所願也如無他道理可[illegible]待[illegible]當
則改陳惡亦在所當意領會自度其辨病不至
如鄙意所處也而精古作小樣圖欲俟論定然
後早寫只答寄而精可謹來此矣滉前月又上
一箋狀又不得達領不知終何有了期耶恒自
懆憪而已無極而太極說鄙見嘗設亦已改說
寄子而精混或失傳故今呈一紙照諒惟冀以
時益自珍衛進學不倦以副所望

退溪先生文集卷之十九
書
答黃仲擧 俊良○壬子
山間不知燈節繁華事晨坐溪窩數杯澆腸復
索枕欹臥窅然一場遊仙之夢未覺忽聞跫音
接得瑰緘緘中雖無詩語意灑然如無韻詩因
審履茲春亨神佑清福暢想欣艷蓋不知幽居
之寫獨離索之鈍滯也荷幸荷幸來諭頗以應
接撓亂爲恨此固仕州縣者之通患然如公長
途不可有厭事之心但日間點檢使本原之地

〈그림 22〉 경자본 『퇴계선생문집』 卷18에 나타난 형식

127) 경자본의 판식을 살펴볼 때 대체로 行數 10行에 每行의 字數가 18字로 되어 있으나, 11行으로 판각된 것도 있고, 字數도 17, 19, 20, 21, 22字로 판각된 것도 있다.

128) 앞서 제시한 <그림 6> 참조.

이 경자본은 卷·冊으로서는 완전한 체제를 갖추지 못하고 간행하여 반질한 것이다. 그 이유는 <그림 22>의 卷18 末尾에 나타나는 것과 같이 반드시 표기해야할 '退溪先生文集 卷十八'을 표기하지 않았으므로, 18권을 마무리 하지 않고 비워둔 것임을 알 수 있다. 뿐만 아니라, 이 책의 낱권 말미에 <그림 22>와 같은 현상을 보인 것이 卷18을 포함하여 卷8, 卷9, 卷10, 卷11, 卷12, 卷13, 卷14, 卷15, 卷16, 卷17, 卷20, 卷24, 卷25, 卷26, 卷27 등, 총 16권으로 확인할 수 있다. 이점은 刊行 당시에 추가되는 내용을 연이어 달고자 했음인지 알 수 없다.

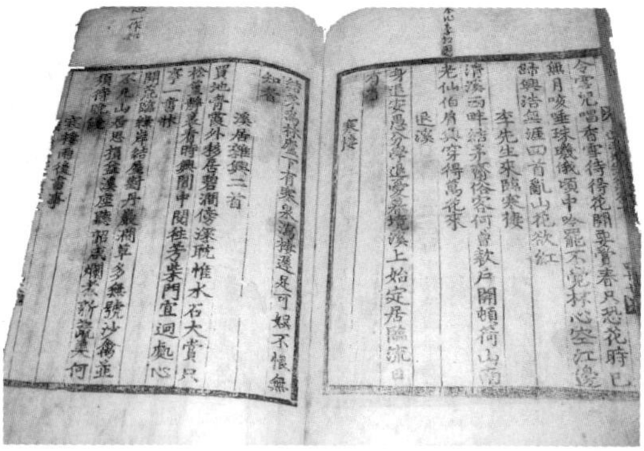

〈그림 23〉『퇴계선생문집』 경자본 이후의 刊行本(한국국학진흥원 소장)

그런데 한국국학진흥원에 소장된 <그림 23>의 『퇴계선생문집』은 原集 49권, 外集 1권, 別集 1권의 총 35책으로 묶은 것으로, 경자본이 간행된 후에 출판된 庚子本類의 도서임을 알 수 있다. 이 책의 특징은 경자본과 동일한 10行 18字의 판식을 유지하고 있음에도, 위에서 언급한 '退溪' 詩가 卷1의 47판 뒷면 7行에 실려 있다. 따라서 이 詩가 경자본에서는 44판 뒷면 7行에 실려 있는데, 이 책에서는 '退溪' 詩 앞부분에 무려 3板(60行)이 늘어났으므로, 후대에 와서 내용을 추가 조정한 것이라 하겠다.

曺植의 『南冥先生集』은 鄭仁弘의 주도로 1604년에 해인사에서 甲辰本이 간행되었으나 판목이 불타 없어져 현재 남아있는 最古本은 1606년에 간행된 <그림 24>와 같은 丙午本 2책(영본)이다.[129] 1609년에 己酉追刻本이 나왔는데, 이 책에서는 병오본의 「神明舍銘」에 대한 일부 주석 내용이 삭거되어 있다.[130]

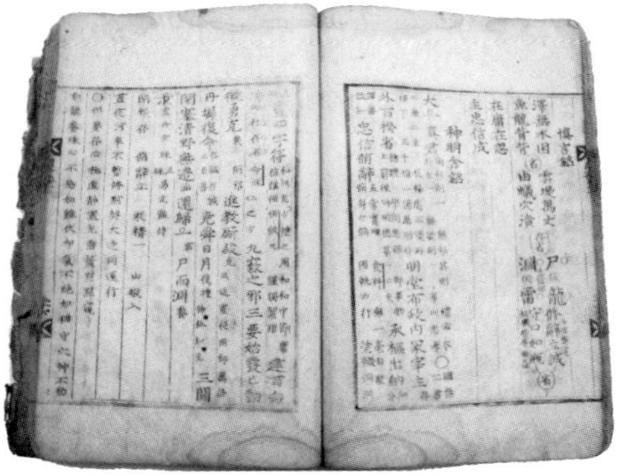

〈그림 24〉 『남명선생집』 병오본에 나타난 神明舍銘

129) 계명대학교 동산도서관에 1책(권1, 권3), 경상대 남명학연구소에 1책(卷2 : 46-88판) 소장.

130) 曺植, 『南冥先生集』(목판본, 陜川, 1606년), 卷1, 「神明舍銘」을 보면 내용이 총 26行인데, 후반부의 "汞 靈丹玄珠"에서 "國君死社稷 大夫死官守"까지 17行은 3년 뒤에 간행된 己酉本(1609년)에 삭거되어 있다. 老莊 문자의 비판의식이 반영된 것이라고 본다. 또 卷1의 4頁, b 2行의 "河公名宗岳字君礪"가 기유본에서는 "河公名天瑞"로 고쳐졌다. 이 외에 誤字를 바로잡은 부분도 기유본의 여러 곳에서 나타나고 있다.

1622년에 壬戌改校本이 나왔고, 1670년에는 庚戌修正本이 나왔는데 이 책에서는 정인홍과 관련이 있는 문자가 삭거됨에 따른 해당 책판의 제거와 보각이 있었다. 그 후 1707년경의 문집·별집 合刊本, 1764년의 甲申本, 1897년의 甲午계통의 全集本, 1905년경의 全集修正本 등이 나왔다. 『남명집』은 갑진본, 병오본, 합간본, 전집본, 전집수정본 등 크게 다섯 차례 간행된 외에, 부분 수정까지 합한다면 조선시대에 아홉 차례 이상의 간본이 나왔다고 본다.[131) 『남명집』에 대해서는 여러 사람이 판본에 대한 논문을 학계에 보고한 바 있다.[132)

李楨의 『龜巖先生集』은 1641년에 간행되었는데 1902년에 『속집』과 『별집』을 간행할 때 함께 묶어서 重刊하였다. 원집은 不分卷 1책으로 되어 있던 것을 중간본에는 2권1책이 되도록 하고, 원집의 부록에 해당하는 내용을 卷2로 옮겼다. 내용을 살펴보면 12頁의 「梁山路中巖上觀魚(壬戌)」이란 詩題는 「梁山觀魚」로 축약되어 있고, 25頁의 「贈安慶昌」은 「贈四耐翁」으로 되어 있다. 그 밖에 내용의 편차가 바뀐 것도 있다. 중간본에는 子孫錄의 일부 글자가 바뀐 것 외에는 특별히 변개된 내용이 없다.

具鳳齡의 『栢潭先生文集』은 1670년에 안동에서 원집 10권4책을 간행하였고, 1811년에는 속집 4권2책을 간행하였다. 원집의 경우 여러 차례 後刷本이 나왔는데, 한 예로 철·고종 조에 나온 간행본을 조사해보면 補板된 부분이 많이 나타나고 있다.[133)

---

131) 『南冥先生集』의 초간본(甲辰本)은 현존하지 않으므로 본 저서 부록의 「영남간본 문집목록」에 수록하지 않았다.

132) 註 19)-21) 참조.

具思孟의 『八谷先生集』의 경우, 1648년에 나온 간행본은 1632년 刊本에 비하여 對策, 表 등의 科文이 증보되어 있고, 부록이 추가되어 있다.

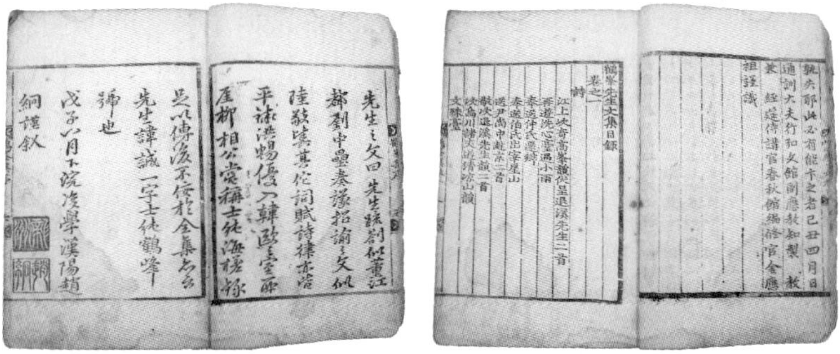

〈그림 25〉 『학봉선생문집』 초간본

金誠一의 『鶴峯先生文集』은 李弘祚, 南礏, 從孫 金是榲 등이 趙絅의 친필 서문과 金應祖의 서문[134]을 받아서 1649년에 廬江書院에서 간행된 것이 <그림 25>와 같은 초간본인데, 8권, 行狀을 합한 4책으로 구

133) 계명대도서관에 소장된 이 책은 10권4책으로 된 후쇄본이다.(이811.081구봉령ㅂ) 연보에 헌종 辛丑(1841년)의 내용까지 기록되어 있어서 철·고종조의 간본으로 보이는데, 그 내용을 보면 권1의 1板을 改板하여 「夜臥口號」의 詩에서 "萬籟作秋聲 中宵響虛壑 家山一片夢 起來望寥廓"으로 된 것을 제 2구에 '中宵響空壑'이라 하여 1자를 바꾸었다. 그리고 권1의 2판부터 후쇄가 계속되고, 권2의 6板, 권3의 3板, 권4의 27板, 권6의 15板과 36板, 권9의 35板과 36板, 연보의 16板 등이 補板되었고, 나머지는 원 板木을 사용하여 後刷한 것이다.

134) 金應祖의 「序文」은 3張으로 구성되어 있는데, 제2板의 版心을 보면 '鶴峯集序二'로 표기되어 있고, 趙絅의 序文 다음에 수록되어 있어서 당초에 서문으로 받은 것 같다. 그런데 뒤에 나온 '임천서원판'에는 跋文으로 표기되어 있다.

성되어 있다. 1726년에 李栽가 찬한 『학봉선생연보』가 나왔고, 1782년에 虎溪書院에서 『학봉선생속집』 5권3책을 간행할 때 원집은 초간본 책판을 그대로 後刷하고, 부록의 내용과 『연보』를 포함하여 총 8책으로 간행하였다.[135] 그런데 1851년에 臨川書院에서 간행한 10책본[136]에는 원집과 달리 詩 3권을 2권으로 통합하고, 서한문은 尊卑法에 따라 재편하였으며, 일부 내용은 편차를 조정하였다. 의문이 있는 문자는 頭註[137]를 사용하여 밝혔고, 편차가 바뀐 것은 작품 말미에 그 사실을 표기한 경우가 있다.

柳雲龍의 『謙菴先生逸稿』는 1742년에 4권2책으로 간행한 것인데, 1803년에 『謙菴先生文集』으로 개편한 후, 권수의 「世系圖」는 삭거하고, 권1에 「敬次退溪先生遊淸凉山韻」을 포함하여 10편을 증보하여 책 첫머리에 열거하였으며, 중간에 「輓金愼仲(富儀)」, 「輓金明甫(農)」, 「白雲洞築臺命名濯纓留題 二首」의 3편을 증보하는 등, 부록을 제외한 3권을 6권으로 늘려서 총 8권4책으로 간행하였다.

135) 『학봉선생속집』은 후손 金柱雲 金龍燦 등이 李象靖의 서문을 받아서 간행한 것으로, 권말에 "壬寅仲春 虎溪書院 開刊"이란 刊記가 있다.

136) 이 책은 후손 金鎭龜 등이 胄孫 金鎭華와 상의하여 원집 7권, 속집 5권, 부록 4권으로 구성한 10책본인데, 조경의 친필 序文은 代筆하여 넣었고, 책 말미에 柳致明의 重刊跋과 "辛亥五月 臨川書院 重刊"이란 刊記가 있다.

137) 柳致明의 「鶴峯先生文集重刊跋」에 "元續集板本 歲久刓缺…有可疑者 加頭標所以重其事也"라 하고, 頭註에 '○恐○' '○○當作○○'이라 표기하였다.

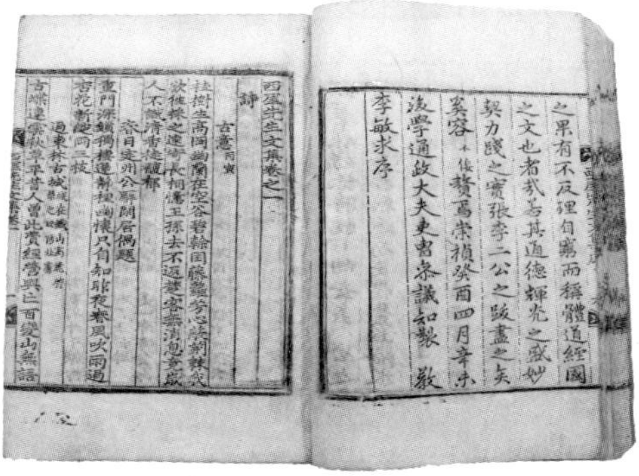

〈그림 26〉『서애선생문집』 초간본

柳成龍의 『西厓先生文集』은 1633년에 20권, 별집 4권의 합 12책본으로 初刊한 것이다. 이 초간본에는 <그림 26>과 같이 李敏求의 서문이 들어 있는데 1894년의 중간본에는 서문이 삭거되었다. 또 중간본을 보면 초간본에 들어 있던 「大司憲柳公(景深)行狀」을 삭거한 대신 동일인의 묘갈명이 추가되어 있다.

鄭逑의 『寒岡先生文集』 초간본은 1636년경에 12권5책으로 간행된 것인데, 간행할 당시 문인들이 張顯光에게 서문을 부탁했다고 하였으나, 현존하는 초간본에 빠져있고, 『여헌선생문집』에도 수록되지 않아 저작 여부조차 알 수 없다. 1680년에 許穆의 주도로 重刊한 문집의 경우는 원집 12권을 15권으로 재편하였는데, 「上退溪李先生」 6수를 추가한 외에는 내용에 큰 변개가 없다. 이 때 원집과 함께 『별집』 3권, 『속집』 6권 등 총 10책본으로 간행되고, 원집의 내용 가운데 缺文이 있는 시는 『별집』으로, 『속집』에 있던 「上退溪李先生」은 원집으로 옮겨서 중복 등재되기도 하였다.[138)] 1841년에 원집 15권, 『별집』 3권, 『속집』

9권[139] 등 합 11책본이 간행되었다. 『한강선생문집』은 내용의 증보로 인한 편성의 차이는 있으나 각 작품에 대한 변개는 없다고 하겠다.

曺好益의 『芝山先生文集』은 문인 제자들이 영천 芝峰書院에서 稿本을 편성했다 하겠으며, 1639년 5월에 영천 臨皐書院에서도 『芝山先生文集』과 『旅軒先生文集』을 유생 수십 인이 모여 謄寫했다는 기록이 보인다.[140] 초고본은 2책 분량으로 편성되어 있었는데, 1646년에 조호익의 문인 金堉이 訂定[141]한 후에 그가 지은 「芝山曺先生行狀」을 부록에 넣어 1647년에 영천 지봉서원에서 5권2책으로 간행한 것이 초간본(潛谷 訂定本)이다.[142] 이 책의 부록에는 1646년에 김육이 지은 行狀 외에, 1642년에 鄭蘊이 지은 神道碑銘, 1613년에 孫起陽이 지은 지봉서원 奉安文, 1613년에 李埈이 지은 春秋享 祝文 등이 들어 있다. 그러나 서문

138) 민족문화추진회, 『寒岡集』 해제 참조.

139) 『寒岡先生續集』은 15권으로 구성된 것으로, 정사년(1917)에 金容禧의 발문이 들어 있는 목판본도 보인다.

140) 『臨皐書院考往錄』(영인본, 경상북도 영천시, 2003), 제1책, 「己卯」 條, "己卯[1639년] 五月謄寫 旅軒先生文集及 芝山先生文集 儒生數十員來會 其時 義城縣令許厚 送眞玄十五笏"이라 하였다. 당시 院長은 조호익의 從孫으로서 張顯光의 門人이 되는 曺輈이었다.

141) 1646년 당시에 문인 제자들의 대표가 동문인 金堉을 찾아가서 『지산선생문집』의 초고본과 『가례고증』, 『심경질의고오』 등의 稿本을 보이고 교정을 요청한 것 같다. 이 때 金堉은 스승의 시문집인 『지산선생문집』을 訂定하고, 『가례고증』의 序文과 行狀을 짓게 된 것이다. 문집은 이듬해에 지봉서원에서 간행하였으나, 『가례고증』은 1650년에 경상감사 閔應協이 간행하였고, 『심경질의고오』는 1680년에 도잠서원에서 간행하였다.

142) 『道岑書院考往錄』의 1647년 2월 條에 "文集 上下卷 始刊"이라고 표기된 '文集'은 芝山의 文集을 지칭한다. 당시 지봉서원의 원장은 鄭好義였고, 문집의 鋟梓有司는 金以礪였다.(한국국학진흥원, 『지초향기 가득한데 문자향은 그윽하고』, 2007년, pp.186-188 참조)

과 발문은 없다.

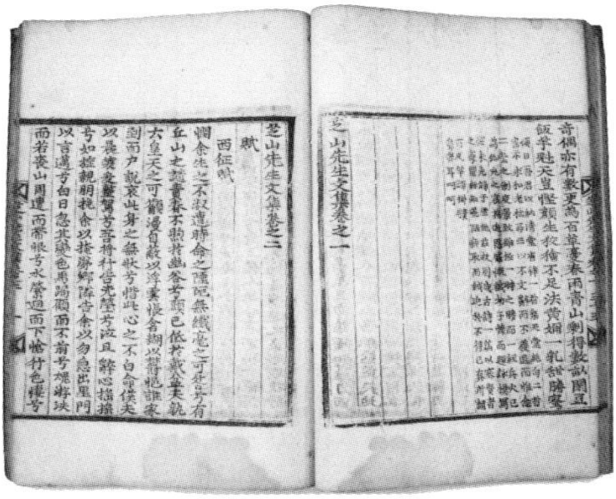

〈그림 27〉 『지산선생문집』의 추각본(1672년경 간행)

그러다가 鄭好仁이 1653년에 지은 廟宇移建上梁文과 移安文을 추가로 판각하여 1659년에 간행한 것이 초간본의 追刻本인데,[143] 이 추각본으로 1672년경에 <그림 27>과 같이 찍은 것도 있다.[144] 다시 지봉서

143) 상계서, 1659년 4월 條에 "廟宇上樑文追刊 先生遺稿追修 心經質疑考誤正書"라는 기록이 보인다. 追刻본은 이 때 始刊하여 초간본의 增補本이 나오게 되던 1727년까지 찍었다고 하겠다. 이 판본의 특징을 살펴보면 초간본 卷5의 경우 14板을 17판으로 늘였다. 그리고 14판 앞면까지는 그대로 사용하였으며, 뒷면 제 1行에 표기된 "府事八溪鄭蘊撰"도 그대로 두고 제2행에서 9행까지 표기된 것으로 추정되는 芝峰書院의 '奉安文'과 '春秋享祝文' 8행을 깎아낸 후 鄭好仁의 '廟宇移建上梁文'을 追刻하여 넣었으므로 14판 뒷면만 보아도 原板과 이은 부분의 판식규격이 다르다는 사실을 쉽게 알 수 있다. 이와 같이 追刻하여 16판 뒷면에는 앞서 깎아낸 '奉安文'과 '春秋享祝文'을 넣고 鄭好仁의 移安文을 추가한 후 17판 앞면의 제 1행에 "芝山先生文集卷之五"라고 새겨서 마무리 하였다.

144) 한편 1672년경에 찍은 5권 2책본의 追刻本이 현재 계명대학교 동산도서관에 소장되어 있다(고888.081조호익ㅈ-1-2=2). 계명대 소장본의 하권 뒷 표지 앞면

원이 道岑書院으로 賜額되면서 내려진 1678년의 賜額祭文과 許穆이 1681년에 지은 묘갈명을 追刻하여 1727년에 간행한 것이 초간본의 增補本이다.[145] 추각본, 증보본은 모두 5권2책으로 구성되어 있다. 그 후 1779년에 6세손 曺德臣이 원집에 누락된 詩, 書, 箋, 祭文, 易象說, 雜著 등을 추가하여 續集 4권으로 편성하고, 附錄을 만들어서 原集 5권과 함께 합 6책본으로 永川 道岑書院에서 간행하였는데, 권말에 李象靖의 발문을 실었다. 이 때 原集 5권은 초간본의 증보본을 그대로 後刷하였다.[146] 다시 1883년에 曺光復 등이 원집과 속집의 내용을 합하여 내용을 증보하고, 본집 6권과 부록 3권으로 再編한 후 李敦禹의 重刊跋을 넣어서 합 4책본으로 重刊하였다. 이 책의 내용을 살펴보면 원집의 卷2에 들어 있던 賦 2편을 卷1의 첫머리에 두어 詩 앞에 편성하였다. 卷1에 편성된 詩 가운데 篇名을 보면 「贈僧」을 「贈上人」으로 고쳤고, 贈詩나 輓詞에서 성명 또는 字를 표기한 것에 대해서는 字나 名, 官職名을 추가하였다.[147] 卷2부터는 문체를 書, 祝, 祭文, 墓誌, 箋, 序, 記믈, 跋,

---

에 첨부된 고문서에 "以淸風府院君 金[金堉의 아들 金佑明 지칭]請 伏次下問 伏不勝惶感之至 緣由詮次考課 向敎是事壬子[1672년]九月十六日 此准 曺壽昌"이라 되어 있다.

145) 曺好益, 『芝山先生文集』(중간본, 1883년), 「附錄」, 권1의 '年譜'에 "英宗大王五年丁未 刊行文集"이라는 기사가 보인다. 여기서 '英宗五年丁未'는 '英宗三年丁未[1727년]'의 誤記라 하겠다. 한편 年譜에서 1727년에 『芝山先生文集』을 刊行했다는 내용이 최초의 문집 간행의 기록이 되므로, 세상에서는 이 '초간본 증보본'을 '초간본'으로 잘못 인식하는 경우가 있다.

146) 이 때 나온 간행본은 판각한 시일이 오래되어 破落, 刓落한 부분이 많아서 곳곳에 補刻한 흔적이 보인다. 한편 『승정원일기』의 1781년 윤5월 19일 조를 보면 이 때 찍은 6책본을 奎章閣에 올린 일이 있다.(『道岑書院考往錄』에 의하면 영천의 유생 曺旭이 『지산선생문집』의 간행 사실을 경상감사 趙時俊에 보고하여 규장각에 올리게 된 것임)

雜著 등과 같은 순으로 편성하였는데, 일부 작품의 경우에는 고치고[148] 증보였으나 내용에 대한 변개는 없었다.

郭再祐의 『忘憂先生文集』 초간본은 1629년경에 從子 郭瀏, 郭瀓 등이 편성하여 2권1책으로 간행한 것인데 책판은 현풍 禮淵書院에 藏板하였다.[149] 1771년에 나온 중간본에는 누락된 시문을 찾아서 補輯하고 연보의 내용을 새롭게 하였으며, 조정의 褒崇文字와 제현의 詞章을 권말에 편차하여 5권3책으로 증보하였다.

張顯光의 『旅軒先生文集』은 아들 張應一과 문인 趙任道, 申悅道 등이 편성한 것을 중심으로 문인 金應祖가 인동부사로 와서 1642년에 11권5책으로 간행한 것이 초간본이다. 중간본은 영조 말년에 「세계도」[150]와 「연보」[151] 2권을 추가한 6책본으로 출간한 것인데, 원집은 <그림 28>과 같이 초간본의 책판을 후쇄한 것이다.[152]

---

147) 상게서 권1, 19頁의 「贈尹邑宰」는 원집에 「贈尹時忱」으로 되어 있다.

148) 상게서 권2의 書 가운데 「與柳西厓(成龍)」, 「答李梧里(元翼)」은 본래 「上柳西厓(成龍)」, 「上李梧里(元翼)」로 되어 있던 것을 平交의 格으로 낮추었고, 또 일부 書札 가운데 '某'로 표기한 것을 이 책에서는 '好益'으로 대체한 사실을 확인할 수 있다.

149) 立巖書院 편, 『立巖書院考往錄』(필사본, 1842년), '辛未(1751) 二月' 條에 "自玄風禮淵書院印送忘憂堂先生文集一卷."이란 기사가 보인다. 따라서 이 초간본의 冊板은 1674년에 건립된 禮淵書院에 보관하고, 필요할 때 책을 찍어서 永川 입암서원을 포함한 각처에 기증했음을 알 수 있다.

150) 「世系圖」에 등재된 인명 가운데는 '27세 胤宗'의 아들 '時杓'가 최연소로 기묘(1759년)생이다. 그래서 영조 말년 간본으로 추정할 수 있다.

151) 「연보」에 등재된 기록은 영조 12년 병진년(1736)에 동락서원 옆에 神道碑를 세운 내용이 최후의 記事이다.

152) 계명대학교 동산도서관 소장(이811.081장현광ㅇ).

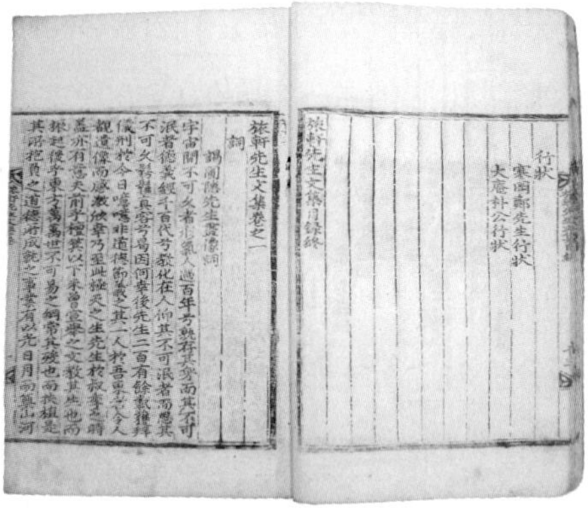

〈그림 28〉『여헌선생문집』의 영조연간 간행본

한편 19세기 이후 『여헌선생속집』 10권5책이 간행될 때 함께 간행된 원집은 내용 변화 없이 11권을 13권으로 재편하고, 卷1의 16頁에 있던 「서애류선생만장」 다음의 「無題」를 삭거한 대신 「盆蒲」를 추가한 차이를 보이고 있다. 이 때 원·속집을 합하여 12책이 간행되었다.

成安義의 『芙蓉堂先生逸稿』는 후손 成守魯, 成正魯, 成彦柾, 成彦楗 등이 편성하여 金熙周, 柳台佐의 서문과 李野淳, 李仁行, 경상도관찰사 李勉昇 등의 발문을 넣어서 1829년에 간행하였다. 이 책의 目錄에는 5권2책으로 編成되어 있는데, 刊本을 살펴보면 5권의 부록에 편성되어 있던 「世系」·「年譜」와 「芙蓉堂門人同榻錄契約」이라 이름 붙인 門人錄[153] 및 문인 楊許國의 序文을 목록 다음에 넣어서 4권2책으로 간행한

153) 이 책에서는 門人 40인이 수록되어 있다. 그런데 楊膺奎가 編한 『淸州世稿』 所載, 楊許國의 「拙軒遺稿」 附錄에 들어있는 '부용당 同門錄'에는 '金克輝'가 추가되어 41人으로 되어 있다.

것임을 알 수 있다. 한편 고종 조에 權璉夏의 발문을 넣어서 간행한 重刊本을 보면 목록을 체제를 4권2책으로 조정하였으며, 「芙蓉堂門人同榻錄契約」 가운데 40인의 문인 명단을 삭제하고 양허국의 契約序만 들어 있다. 또 권말에는 「次仲君精甫寄示韻」 1편이 增補되어 있다.

鄭蘊의 『桐溪先生文集』은 1660년에 손자 鄭岐壽가 趙絅의 서문과 許穆의 발문을 붙여서 4권4책으로 간행하였다. 이 초간본을 살펴보면 후일에 <그림 29>와 같이 卷2의 28-32頁을 追刻한[154] 추각본에 발문 5편이 들어있는데, 그 가운데서 4편[155]과 卷4의 말미에 補遺로 등재한 「處士郭公(訒)墓碣銘」 1편 등 총 5편을 1852년에 간행한 중간본에서는 삭거하였다.[156] 또 卷4의 「葛川林先生(薰)碣銘」은 銘의 내용이 중간본에서는 산개되어 있다.[157]

---

154) 이 초간본은 9行19字로 板刻한 것인데, 이 부분의 5板은 補刻한 관계로 9행18자에서 9행21자까지 일관성 없이 나타나고 있다.(계명대도서관 '고811.081정온도' 참조).

155) 『桐溪先生文集』 중간본에 삭거된 跋文은 「書外曾祖姜琴齋手筆童蒙須知後」, 「李子章所書己卯諸賢書帖跋」, 「追書學記類編跋後」, 「丁丑正月二十六日書葛川先生墓碣草後寄示諸兒」 등 4편이다.

156) 삭거된 5편은 뒤에 나온 『桐溪先生續集』에도 들어 있지 않다.

157) 초간본을 중심으로 중간본과 비교해보면 '屹彼德岳'을 '崇高德岳'으로, '鸞鳳之形'을 '鸞鵠之形'으로, '誠以接人'을 '誠以接物'로 고쳤고, '探討典墳' 다음의 '卷不釋手 老而猶勤'을 삭거하였으며, 또 末尾의 '白髮襄遲' 다음에 "婆娑丘壑 自怡則樂 斂而不感 爲時可惜 然而 先生之道 不以窮達損益 先生之風 不以存亡熾熄 山可移谷可變 先生名兮如昨"을 "吾何議乎 歸之於時 山移谷變 名不可夷"로 축약 대체하였다.

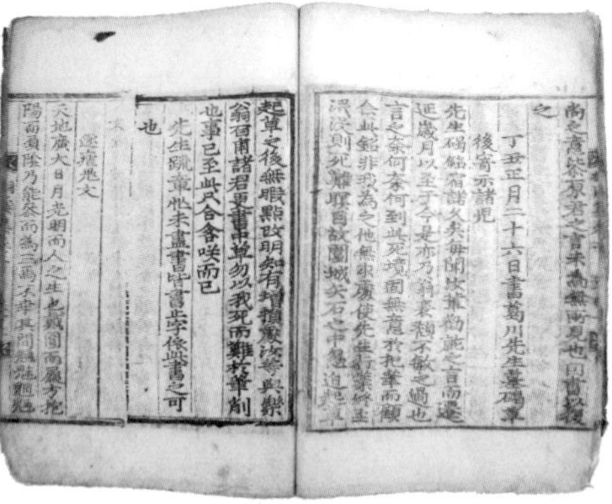

〈그림 29〉『동계선생문집』 초간본의 추각본

李民宬의 『敬亭集』은 1664년에 의성에서 목판본 13권4책으로 간행되었다. 정조연간에 의성 藏待書院에서 중간한 책을 보면 서명을 『경정선생집』으로 고치고 속집 4권[158]과 연보 2권을 증보하였다. 중간 당시 원집 13권의 경우는 제1권의 1판과 2판을 포함하여 마모된 일부의 판은 補板하여 교체하고 대부분의 책판을 그대로 사용하였다. 各 卷의 서명이 들어 있는 책판에는 서명을 『敬亭先生集』이라고 補刻하여 인쇄하였으므로 중간본에는 이 점만 다르고 내용의 변개는 없다.[159]

李玄逸의 『葛庵先生文集』은 아들 李栽가 初校하고, 金台重이 再校

158) 속집 4권의 말미에 '拾遺' 篇을 두고 「敎黃海道觀察使權帖書」를 포함하여 5편이 실려 있다.

159) 『경정선생집』은 1928년에 의성 冷泉亭에서 다시 중간본이 간행되었는데, 이 책은 정조연간 刊本의 續集에 들어 있는 拾遺의 내용(5편중 「文廟重修記」 제외)을 새로 편성한 別集에 수록하고, 다시 내용을 증보하여 총 21권10책으로 간행하였다. 원집 13권은 前本을 그대로 後刷 하였으며 이 책 말미에 李獻慶의 跋文을 補刻하여 넣었다.

를, 權斗寅, 權斗經 등이 對校를, 李琔, 李光庭 등이 교정을 하여 定稿하였다. 1810년경에 후손 李光振 등이 영해에서 정고본을 저본으로 해서 간행한 것이 초간본이다. 1909년에 重刊本이 나왔는데, 중간본은 초간본의 覆刻本임을 알 수 있다. 다만 내용 일부가 산거되어 있다.

한편 許穆의 문집 『記言』은 전라감사 李鳳徵이 1692년에 羅州에서 처음으로 간행하였으나,[160] 重刊本은 경상도 宜寧에서 1905년에 간행하였다. 중간본을 보면 초간본의 체제와 내용을 그대로 수용하였다. 그러나 卷39의 1頁에 青植의 '德山碑'를 보면 초간본에 수록되어 있던 鄭仁弘의 성명이 중간본에서는 삭거되어 있다.[161] 조선후기 영남의 정서가 반영된 것이라 하겠다. 그리고 卷67의 경우 「寫影自贊」, 「又自贊」, 「出林塢作不如嘿社誌八十有三言」, 「不如嘿田社老人十六戒」, 「喜怒之戒」 등 5편은 重刊本에 삭거되어 있다.[162]

두 차례 이상 동일한 서명으로 간행된 문집 가운데는 권근의 『陽村先生文集』, 김성탁의 『霽山先生文集』, 김용의 『雲川先生文集』, 김우옹의 『東岡先生文集』, 민제인의 『立巖集』, 박승임의 『嘯皐先生文集』, 신숙주의 『保閑齋集』, 양희지의 『大峯先生文集』, 윤상의 『別洞先生文集』,[163]

160) 민족문화추진회 편, 『韓國文集叢刊』, 98-99, 「記言」 해제 참조. 이 해제의 내용에는 중간본에 대한 언급이 없다.

161) 허목, 『記言』, 1905년 宜寧 刊行, 重刊本(67권 別集 26권, 합 21책), 권39, 3頁 참조(계명대동산도서관 고811.08허목ㄱ-6=2). 초간본에 "…疾病呼鄭仁弘金宇顒…"이라 되어 있는 것을 이 중간본에서는 "…疾病呼門人金宇顒等…"이라 되어 있다. 내용을 고쳐도 글자 수는 같다.

162) 따라서 卷67의 경우 초간본이 19板인데 重刊本에서는 1板이 줄어들어 18板이다.

163) 이 책은 3권1책으로 구성되어 있는데, 1900년에 속집과 함께 나온 원집의 판본

이성중의 『坡谷遺稿』, 이우의 『松齋詩集』, 이육의 『鐵城聯芳集』, 이채의 『蒙庵先生文集』, 이태의 『月淵先生文集』, 정경세의 『愚伏先生文集』, 허돈의 『滄洲先生文集』, 홍간의 『洪崖先生文集』 등이 있다. 이들 문집을 살펴보면 편차와 내용이 동일한 것, 각 卷의 첫머리에 붙어 있던 권별 목록을 총목록으로 묶어서 간행한 것, 책의 판식이나 편차를 다르게 재편했음에도 내용에 첨삭이 되지 않은 것, 훼손된 내용 부분을 補刻한 것 등이 있다. 그리고 부록의 내용을 追補한 것, 책판을 후쇄·重印한 것도 있다. 이 밖에 변개 양상이 있는 문집에 대해서는 다음 장에서 살펴보기로 한다.

수령·방백이 간행한 관판본은 대개 당쟁이 격화되던 시기에 나온 노론, 소론계의 문집이었으므로, 한 사건 또는 당파의 이해와 관련하여 중간할 때 내용을 追刻해서 옹호하거나 특정 당파의 뜻대로 수정되기도 하였다.[164)]

한편 각종 冊板의 목록에 수록되어 있는 藏板處는 그 책의 출판지역

은 1749년에 나온 峨山齋舍本의 후쇄본이다. 한편 김종직의 序와 1745년에 쓴 李光庭의 跋을 붙여서 2권1책으로 편성된 책이 있다(계명대: 이811.081윤상ㅂ). 그래서 異本으로 여기고 조사해보니 아산재사본과 동일 판식이어서 초간본으로 확인할 수 있는데, 다만 권수의 目錄에 권3의 내용 목차가 들어 있어서 초간 당시 2권만 간행한 것인지 결책을 잘못한 것인지 알 수 없다.

164) 한 예로 진주에서 鄭忠信이 1635년에 간행한 李恒福의 『白沙先生集』에서는 1589년 당시 崔永慶, 李潑 등 東人이 연루되어 처벌된 鄭汝立의 '己丑獄死'와 관련하여 이항복이 이 사건을 견문하여 기록해둔 「己丑記事」가 있었는데, 別集 권4에 실린 이 내용에서 기축옥사의 委官으로 참여한 西人 鄭澈을 옹호한 것이다. 이에 대해 남인 윤선도, 허목 등은 정철의 아들 鄭弘溟이 「기축기사」의 내용을 改作하고, 사건을 조작하여 온 세상을 속이려 한다고 강하게 반발하였다. 그 후 1726년에 이항복의 5대손 李宗城이 간행한 嶺營本은 허목, 윤선도 등 남인의 행위에 대해 더욱 부당함을 강조한 것이다.

정보를 제공해주고 있으나 분석해 보면 誤記가 나타나기도 한다. 예를 들면 책판 목록에 '淸道郡 藏板'으로 표기되어 있는 『梧灘集』(沈攸), 『東里集』(李殷相), 『泛翁集』(洪柱國), 『西浦先生集』(金萬重) 등[165]은 간행자를 살펴보면 의성의 수령들이 간행한 官板임을 알 수 있어서 '義城縣 藏板'이 되어야 마땅하다. 또 책판 목록에 金山板으로 표기된 『三節遺稿』(尹暹 等)[166]는 당시 영산현감 尹以明이 간행한 영산의 官板인데 金山板이라고 잘못 표기된 경우이다. 또 18세기 중엽에 편찬된 「完營冊板目錄」의 '星州' 篇에 "松谷集 白紙五束十丈 趙復陽 著"[167]라 되어 있는데 판본을 조사해 보니 誤記임을 알 수 있었다.

영남 서원판으로 알려진 것 중에서 『高峯先生文集』, 『生六臣先生集』, 『西厓先生文集』, 『仙源遺稿』, 『蓮峯先生文集』, 『梧里先生續集』, 『牛溪先生集』, 『訟齋亂稿』, 『佔畢齋先生集』, 『滄溪先生集』, 『聽松先生集』, 『耻齋先生遺稿』, 『漢陰先生文稿 』등 13종은 본래 官板인 것을 書院에 藏板한 것이다. 따라서 서원판이라 규정해서는 안 된다고 본다.

2. 변개 양상

문집은 家藏자료[168]인 원고본, 초고본, 정고본 등과 公器자료[169]인

---

165) 鄭亨愚, 尹炳泰 共編, 『韓國의 冊板目錄』(서울, 보경문화사, 1995), p.509, 607.

166) 상게서, p.640.

167) 상게서, p.606.

168) 家藏 자료(家藏本)는 한 저자가 직접 쓴 원고본이나 편집자가 저자의 원고에 따라 처음으로 작성해둔 초고본을 의미한다. 개별성과 특수성을 지니고 있는데, 이 자료를 보면 저자가 교유하면서 주고받았던 글 가운데 일부가 취사되기

인쇄본으로 대별할 수 있다. 가장자료는 문집 출간 이후에도 계속 후손이 보존하면서 참고하는 것이고, 공기자료는 실제 간행한 문집을 뜻하는데 개인뿐만 아니라 사회에 영향을 미치는 공공의 물건이라는 뜻에서 붙여진 이름이다. 그래서 변개 양상을 구명하고자 할 때에는 판본보다는 원고본, 초고본 등이 중요하고, 중간본보다는 초간본이 중요하다.

신라 최치원의 문집 『계원필경집』은 간행된 역사가 오래되었다. 이것의 경상도 간본을 살펴보면 임진란 직전에 김해에서 간행한 김해본, 17세기 후반에 경상감영에서 간행한 嶺營本. 1906년에 比安의 茅亭에서 목활자본으로 간행한 茅亭本[170], 1918년에 경주 伊山齋에서 간행한 伊山齋本 등이 있다.

『계원필경집』을 문헌학적으로 살펴보니 錯簡(편차가 뒤바뀐 것), 衍文(쓸데없는 글이 삽입된 것), 轉位(글자가 서로 자리 바뀌어 앉는 것), 同義語의 換置(비슷한 말을 바꾸어 넣는 것) 등이 나타나고 있다.[171] 이는 시대 변천에 따른 교정상의 문제가 나타난 것이라고 본다.

이황의 『溪山雜詠』은 저자가 자신의 작품 가운데 일부를 선정해서

도 하고, 내용에서 산삭이 이루어지기도 하였다. 따라서 가장본을 사회에 공개할 경우 이해 당사자 자손의 소원감, 알력, 분쟁 등이 발생할 수 있으므로, 소장 가문에서는 이 자료에 대하여 공개하기를 꺼려하는 것이 일반적이다.

169) 公器 자료란 공공의 그릇과 같이 서로 돌려가면서 읽을 수가 있으므로 출판된 인쇄본을 의미하는 것이다. 내용에 시대적, 사회적 영향을 받게 되므로 圓融性을 지니고자 删改를 시도한 것이다.

170) 이 책은 崔相鼎 등 19명이 編刊한 것인데 권말에 '崇禎紀元後五丙午三月 日 茅亭重刊'이란 刊記가 있다.

171) 柳鐸一, 전게 「桂苑筆耕集의 文獻學的 照明」, pp.379-392.

<그림 30>과 같이 친필로 기록하여 후대에 전한 책이다.[172]

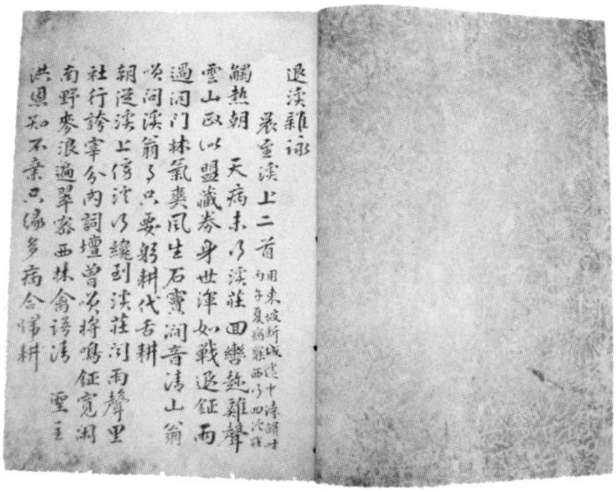

〈그림 30〉 이황의 친필본 『계산잡영』(계명대 소장)

이황이 이 책을 만들 때는 여러 번 교정을 보았을 것이라고 짐작되는데, 『퇴계선생문집』에는 字句를 다르게 표기한 부분이 많다.[173] 이로 미루어 보면 『퇴계선생문집』을 교정할 때 저자의 뜻을 바르게 수용했다고는 할 수 없다.

李元禎(1622-1680)의 『歸巖先生文集』 초고본은 12권6책으로 구성되어 있다.[174] 그 가운데 권11-12의 1책은 <그림 31>과 같은 「燕行錄」인

---

172) 『溪山雜詠』(친필본)을 보면 이황은 자신의 작품 가운데 「答李靑松公幹」은 2수 가운데 1수, 「林居四詠」은 十五詠 가운데 4수, 「壬戌立春」은 2수 가운데 1수, 「十七日寓感」은 5수 가운데 4수만을 취하여 친필로 수록하였다.

173) 상계서에 수록된 詩題는 『퇴계선생문집』의 庚子本에 등재된 詩題에 비하여 축약된 것이 많다. 『계산잡영』의 전체 구성 49장 가운데 남아 있는 친필 33장을 중심으로 살펴보면 내용에 있어서 자구가 바뀐 것이 60여 곳에서 확인되고 있다.

데, 저자가 중국에 사신으로 갔던 己亥年(1669) 11월 15일부터 경술년(1670) 10월 12일까지의 일기가 수록되어 있다. 그런데 1937년에 간행된 목활자본에는 전체가 누락되어 있다.

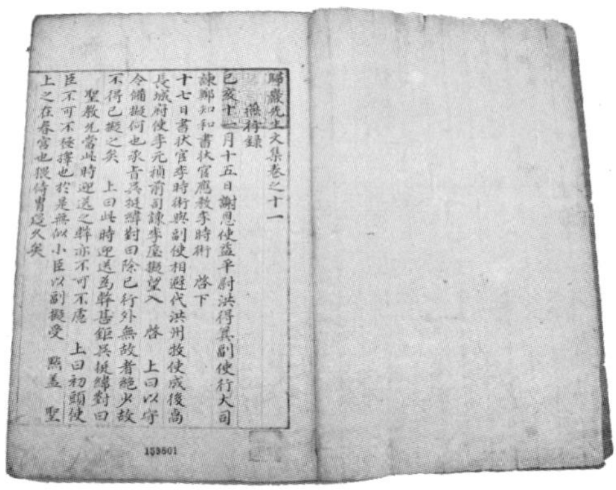
歸巖先生文集卷之十一
燕行錄
己亥十一月十五日謝恩使益平尉洪得箕副使行大司
諫鄭知和書狀官應教李時術 啓下
十七日書狀官李時術與副使相避代洪州牧使成後高
長城府使李元禎前司諫李屢擬望入 啓 上曰以守
令備擬何也承旨吳挺緯對曰除已行外無故者絶少故
不得已擬之矣 上曰此時迎送爲幹甚鉅吳挺緯對曰
聖教允當此時迎送之幹亦不可不慮 上曰初頭使
臣不可不揀擇也於是無似小臣以副擬受 點蓋 聖
上之在春宮也猥侍胄筵久矣

〈그림 31〉 李元禎의 「연행록」(계명대 소장)

한 문헌을 편찬, 간행함에 있어서는 책임이 있는 자의 편차와 교정을 거치게 되지만 역사성이 있는 기사를 의도적으로 누락한 것은 책 구성상의 변개가 되므로 문제가 있다.

문집의 의도적 산삭, 변개의 현상은 그 선조나 스승을 추모하려는 尊崇의 의식이 작용했거나 시대성, 사회성, 당파성 등이 작용한 것이라고 하겠다.

이 책에서 변개 양상을 구명하기 위해서는 먼저 비교가 가능한 간

174) 李元禎, 『歸巖先生文集』(초고본, 계명대도서관 소장, '고811.081이원정귀'), 12권6책.

행본의 고찰, 간본과 사본의 비교, 조선조 문헌과 1910년 이후의 문헌 비교, 1910년 이후에 편성된 특이 자료 고찰 등이 고려되어야 할 것이다.

이 점과 관련하여 여기서는 편성의 변개, 형식의 변개, 내용의 변개 등 3가지로 나누어 설명하고자 한다. 편성의 변개는 편명 중심으로 잘못된 편입, 체재 바꿈, 검열에 의한 삭제 등을 살펴보고, 형식의 변개에서는 서명 바꿈 현상, 물리적 변개 현상 등을 다루며, 내용의 변개에서는 내용을 중심으로 일부 변개, 삭제 등을 구명하기로 한다.

(1) 편성의 변개

『대관재난고』는 沈義(1475-?)의 문집인데 權應仁이 편성하였다.[175) 이 문집 속에는 다른 사람이 지은 글 2편이 들어 있다. 문집 첫머리에 수록된 「畵二牛賦」는 저자 沈義가 그의 仲氏 沈貞이 지은 것을 일부러 자기 문집에 넣은 것이고, 「擬月賦」는 그의 조카 沈思順이 지은 것이었다. 당시 권응인은 『대관재난고』를 편성하면서 <그림 32>의 내용과 같이 두 편을 실은 것이 잘못된 것이라 지적하였다.[176)]

175) 沈義, 『大觀齋亂稿』(목판본, 1577년), 1책(권1-2), 계명대도서관(이귀811.081심의ㄷ).

176) 權應仁, 『松溪集』, 卷四, 「漫錄」, "大觀集中 畵二牛賦 實則 其仲氏政丞所作 故載於其文集擬月賦 其侄承旨思順公所製 而此二篇 幷載於大觀集中者 謬矣 其從孫聽天相公 言之."

〈그림 32〉『송계집』의『대관재난고』관련 내용(계명대 소장)

李胄(?-1504)의 「忘軒先生集」[177]에 실려 있는 다음의 「通州」라는 詩도 문제가 있는 것으로 파악된다.

通州天下勝 : 통주는 천하의 명승지라
樓觀出雲霄 : 누각이 하늘까지 솟아올랐네.
市積金陵貨 : 저자에는 금릉의 재물이 쌓여 있고
江通楊子潮 : 강물은 양자강의 조수와 통해 있네.
層(寒)雲秋落渚 : 층층(찬) 구름은 가을에 물가에 떨어지고
獨鳥(鶴)暮歸遼 : 외로운 새(학) 날 저물녘에 요동 땅으로 돌아가네.
鞍馬身千里 : 말 위의 이내 몸 천리 밖에 있는데
登臨故國遙 : 높은 곳에 올라보니 고국은 멀기만 하네.[178]

---

177) 李周楨 편, 『鐵城聯芳集』(목판본, 花山, 伴鷗亭, 1804년), 권3, 「忘軒先生集」, 1책.

178) 상게서, 卷3, 「通州」.

위의 시는 중국 통주에서 그곳의 번창한 모습을 보면서 나그네의 향수를 읊은 작품이다.

그런데 이 시는 1718년에 목판본으로 간행한 曺偉(1454-1503)의 『梅溪先生文集』에도 「通州」라는 제목으로 실려 있다. 다만 내용을 살펴보면 위의 밑줄 친 2자가 괄호와 같이 되어 있으나[179] 한 사람의 작품이란 사실에는 의심이 없으므로, 누구의 작품인가 하는 저자 규명이 필요하다.

「통주」와 관련하여 살펴볼 때 『망헌선생집』의 초간본이 비록 1804년에 나왔으나 필사본은 이미 1571년에 張範이 편성하여 세상에 유포한 바 있고, 그와 유사한 필사본이 지금까지 여러 본 전해지고 있다. 그래서 이 시가 후대에도 이주의 작품으로 알려졌을 것이다. 또 이 시가 당시 중국 인사들에게 膾炙 傳誦되어 "날 저물녘에 요동 땅으로 돌아간 선생(暮歸遼先生)이라 칭송된"[180] 사실이 있으므로 「통주」는 일단 이주의 작품이라고 본다.

이처럼 문집의 내용을 살펴보면 남의 작품을 등재한 일도 있고, 당초와 다르게 편성한 것도 살펴볼 수 있다.

鄭希良(1469-1502)의 『虛庵遺藁』의 영남본은 辛酉年(1621년)에 從玄孫인 경상감사 鄭造에 의해 목활자본으로 간행되었다.[181] 이 신유본은 1511년에 강원감사 李堣가 간행한 초간본[182]에 의거하여 중간한 것이

179) 曺偉, 『梅溪先生文集』(민족문화추진회 편, 『한국문집총간본』, 소재), 권1, 「通州」.

180) 柳袗, 『臨汝齋先生文集』(목판본), 권4, 5頁, 「忘軒李公遺集序」, "通州一詩 膾炙中洲人士 口至以暮歸遼先生."

181) 鄭希良, 『虛庵遺藁』(목활자본, 1621년 辛酉本), 3권1책, 규장각 일사문고 소장.

182) 鄭希良, 『虛庵遺藁』(목판본, 1511년 초간본), 3권1책, 계명대도서관 소장.

다. 초간본의 「有懷」를 보면 13友 가운데 南袞(士華)을 첫 번째로<그림 33 왼쪽> 실었다. 1세기가 지나서 간행한 신유본(1621)에도 남곤을 첫 번째로 설정한 편성 체재에는 변함이 없었다.

我愛南士華 異體同骨肉 : 내 남곤을 아끼는 것은 몸은 다르나 한 骨肉 같기 때문이네

所學在正道 王覇甚分別(析) : 배운 것이 正道에 있으니 王道와 覇道를 잘 분별하였네.

虛庵香(烟)火社 止亭風雨夕 : 나는 인연 있어 맹세한 맺음이고 그대 옛일 생각하는 밤이네

連床吐懷抱 一笑相唯諾 : 서로 마주앉아 회포를 말하고 한바탕 웃으며 응낙하였네.

余時獨高議 子面浮喜色 : 내 때로 홀로 고상한 의론을 하면 그대 기쁜 낯빛을 지었네.

論交古人間 管鮑可無怍 : 옛사람 사이에서 사귐을 논하니 管鮑에 부끄럽지 않네.

정희량이 문과에 급제하고 관직에 나아간 20대 후반에 지은 것으로 보이는 詩이다. 당시 정희량이 남곤을 대하는 것을 보면 매우 정감이 있고 友情 넘치게 표현하고 있다.

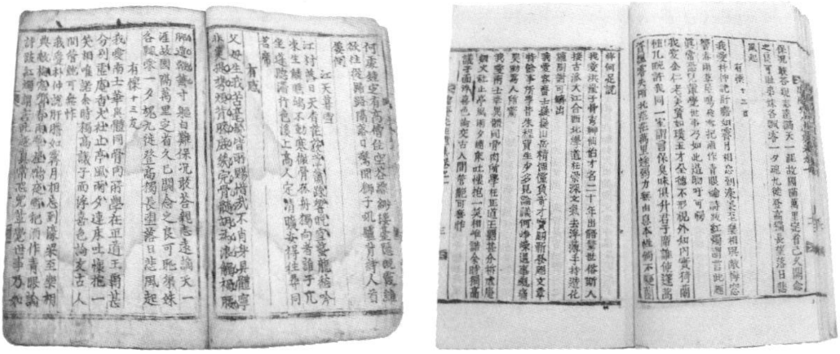

〈그림 33〉『허암유고』의 초간본(왼쪽)과 정유본의 내용

그런데 후손 鄭冕錫이 1897년에 간행한 丁酉本에서는 남곤보다 8년 연하인 朴誾(字: 仲說)을 첫 번째로 수록하고, 남곤을 다섯 번째로 조정<그림 33 오른쪽> 하였다. 그리고 괄호의 내용과 같이 두 글자를 산개하여 '分別'을 '分析'으로 고치고, 불교적 인연의 의미를 지닌 '香火'를 공동사회적 마을의 의미를 지닌 '烟火'로 고쳐서 뜻을 바꾸었다.[183)]

한편 남곤은 그 스승 김종직의『점필재집』을 간행할 때 序文을 쓴 바 있어서 당대에 명망 높던 문장가였음을 짐작할 수 있는데, 이처럼 편성 체제를 달리하여 내용을 산개한 사실을 보면 남곤의 소인으로서의 정치행위를 폄하하는 의식이 丁酉本의 바탕에 깔려 있음을 알 수 있다.

金就文(1509-1570)의『久庵集』을 살펴보기로 한다.『구암집』은 1791년 당시 2종의 간행본이 함께 나왔다. 하나는 京版本이라 할 수 있는

183) 鄭希良,『虛庵先生遺集』(목활자본, 1897년 丁酉本), 권1, 2頁,「有懷」.

芸閣活字本이고, 다른 하나는 嶺南本인 목판본이다. 경판본에는 金鍾秀의 서문과 吳載純 및 閔鍾顯의 발문이 들어 있고, 영남본에는 金鍾秀의 서문과 吳載純 및 崔光璧의 발문이 들어 있다. 2종의 편성체재를 살펴보면 동일한 것임을 확인할 수 있는데, 내용을 살펴보면 영남본이 경판본보다는 뒤에 출판한 것임을 알 수 있다.

「聾巖 李公(賢輔)에 대한 輓詞」는 경판본에 다음과 같이 오언율시, 칠언절구 각 1수씩 들어 있다.[184)]

德業四朝老 : 덕업으로 네 임금 섬긴 老臣인데
江湖自在人 : 江湖에서는 자유로운 사람이었네
竹書垂○蹟 : 역사서에 ○蹟 드리웠고
蘭玉照鄕隣 : 子弟들도 이웃고을까지 빛을 내었네.
語禮開愚俗 : 禮法 말하여 우매한 풍속 깨우쳤고
抗疏聳搢紳 : 상소 올림에 搢紳 가운데서도 우뚝했네.
空餘行樂地 : 부질없이 즐기며 놀던 곳 남았는데
處處泣遺民 : 곳곳의 덕 입은 백성이 흐느끼고 있네.

每恨平時相對稀 : 매양 평소 서로 드물게 만남 한스러워했는데
今聞凶訃淚沾衣 : 이제 흉한 부고 들으니 눈물이 옷깃 적시네.
安知棄世子先我 : 세상 버리길 그대가 나보다 먼저 할 줄 어찌 알았으리오?
一隔幽明也永違 : 한 번 이승과 저승으로 갈라서니 또한 영원히 헤어지게 되었네.

---

184) 金就文, 『久庵集』(운각활자본, 1791년), 권1, 2頁.

그런데 오언율시 제3구의 "竹書垂○蹟(역사서에 ○蹟 드리웠고)"을 영남본에서는 "功名光竹帛(功名이 역사서에 드리웠고)"이라 고치고, 칠언절구 1수는 수록하지도 않았다.[185] 또 아래의 「贈禹丹丘(伏龍)」는 반대로 경판본에는 없고, 영남본에만 실려 있다.

昔日丹丘子 : 옛날 신선들
長生幾百年 : 몇 백 년이나 오래 살았나?
今君有此號 : 지금 그대 이 이름(號)이 있으니
疑是舊時仙 : 아마도 옛날 신선이었던 모양이네.[186]

이처럼 교유와 관련 있는 輓詞나 贈詩를 보면 어떤 본에는 내용이 삭거되었고, 어떤 본에는 내용 일부가 수정되어 있는 것이다.

『구암집』의 또 다른 내용을 살펴보면 경판본의 詩題 「龍巖朴公雲挽」을 영남본에는 「輓龍巖朴先生雲」이라 고쳐서 朴雲을 높이고 있다. 이러한 현상은 「龍巖朴公墓誌」의 제목을 영남본에서 「龍巖朴先生墓誌」로 바꾼 사실에서도 입증된다. 또 啓, 書, 雜著 등의 글에서도 영남본에는 일부 수정한 것이 보인다.

『구암집』의 부록을 보면 첫째, 狀碣文의 경우 경판본에 있던 玄孫 金相玉이 편한 遺事가 영남본에는 삭거되고 대신 李獻慶이 지은 行狀이 추가되어 있다. 둘째, 久庵을 위한 제문의 경우 경판본에 없던 許曄의 제문이 영남본에 추가되어 있다. 셋째, 洛峰書院 봉안제문의 경우 경판본에서는 지은이를 밝히지 않고 있으나, 영남본에는 '荷塘 權斗寅'이

185) 金就文, 『久庵集』(목판본, 1791년), 권1, 2頁.
186) 상게서, 권1, 1頁, 「贈禹丹丘(伏龍)」.

지은 것이라고 補刻하여 끼웠음을 확인할 수 있다. 권두인은 남인 계열의 인물이다.

한편 『구암집』의 장갈문 등재 순서도 경판본에서는 노론계열의 李敏輔가 지은 行狀을 첫머리에 등재하였으나, 영남본에서는 남인 계열의 崔應龍이 지은 墓誌를 첫머리에 실었고, 이민보가 지은 행장은 이헌경의 행장 다음에 3번째로 등재하였다. 이처럼 영남본에서는 남인 계열의 인물을 중시한 출판 인식의 흔적이 엿보인다. 문집의 간행년도가 비슷하여도 師承관계나 黨色, 交遊 등에 영향을 받게 됨을 알 수 있다.

鄭逑(1543-1620)의 「寒岡先生文集」 초고본에 실려 있는 「代郭䞭祭南冥先生文」은 정구가 곽율의 이름으로 代作한 제문이다.[187] 즉 정구가 지은 글로써 곽율이 曺植에게 올린 제문이므로, 곽율의 文集에 등재해서는 안 되는 작품이다. 그런데 곽율의 「禮谷先生文集」을 보면 이 글이 실려 있다.[188] 편성에 있어서 잘못 등재된 것이다. 또 「한강선생문집」 초고본을 보면 「代徐行甫曾祖考通政大夫府君墓碣」[189] 및 「代徐行甫祖考處士徐府君墓碣」<그림 34>, 「代徐行甫顯考進士徐公墓碣文」, 「代徐行甫顯考長髻訓導徐公墓碣文」 등도 실려 있는데, 정구가 徐思遠

---

187) 鄭逑, 『寒岡先生文集』(초고본), 권15, 5頁, 「代郭율 祭南冥先生文」(계명대도서관 소장본).

188) 郭율(走+日), 『禮谷先生文集』(목판본, 1811년), 卷上, 4頁, 「祭南冥先生文」.

189) 鄭逑, 전게 『寒岡先生文集』(초고본), 권17, 19頁, 「代徐行甫曾祖考通政大夫府君墓碣」의 하단부에 “不肖孤思遠 不勝悲感 謹與庶堂叔暻曛曙暾時明及 諸兄弟思達思邈思述思進思建思選等 合力登刻 至其月日世系 備載王父處士府君墓碣 玆不復錄 萬曆壬子九月日.”이라 표기되어 있다.

(1550-1615)의 이름으로 代作하여 그에게 준 글이다.[190] 그런데 숙종 연간에 간행된 서사원의 「樂齋先生文集」을 보면 정구가 지은 이 4편 가운데 '曾祖考 墓碣' 및 '先考 進士公 墓碣文' 등 2편이 실려 있다.[191] 이 2편도 「낙재선생문집」에 잘못 편성된 것이다.

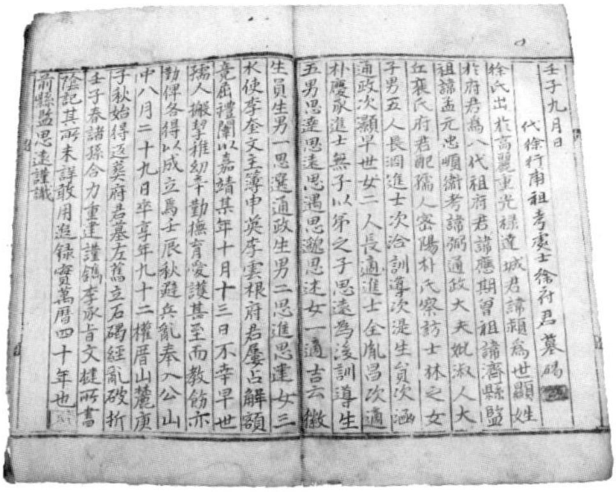
壬子九月日
代徐行甫祖考處士徐府君墓碣
徐氏出於高麗重光祿達城君諱頵爲世顯姓
於府君爲八代祖府君諱應期曾祖諱濟縣監
祖諱孟元忠順衛考諱溺通政大夫妣淑人大
丘裵氏府君配孺人密陽朴氏察訪士林之女
子男五人長泂進士次洽訓導次湜生員次涵
通政次灝早世女二人長適進士金胤昌次適
朴慶承進士無子以弟之子思遠爲後訓導生
五男思達思遠思遇思邈思述女一適吉云徵
生員生男一思選通政生男二思進思建女三
水使李奎文主簿申英李雲根府君屢占解額
竟厎禮闈以嘉靖某年十月十三日不幸早世
孺人攜挈稚幼辛勤撫育愛護甚至而教飭亦
勤俾各得以成立焉壬辰秋避兵亂奉入公山
中八月二十九日卒享年九十二權厝山麓庚
子秋始得返葬府君墓左舊立石碣經亂破折
壬子春諸孫合力重建謹鐫李承旨文楗所書
陰記其所未詳敢用追錄實萬曆四十年也
前縣監思遠謹識

〈그림 34〉 「한강선생문집」 초고본(계명대 소장)

曺好益(1545-1609)의 「芝山先生文集」은 위에서 살펴본 바와 같이 1647년에 5권2책의 목판본으로 간행되었고, 그후 1672년에 追刻本,[192]

---

190) 상게서, 권17, 19-23頁에 4편이 연이어 실려 있다. 한편 초고본에 실려 있는 이 작품은 『寒岡先生文集』을 포함한 『寒岡先生續集』, 『寒岡先生別集』 등 후대에 나온 간행본에는 수록되어 있지 않다.

191) 徐思遠, 『樂齋先生文集』(목판본, 肅宗年間), 권6, 1頁, 「曾祖直長府君墓碣」, 「先考進士府君墓碣文」. 이 묘갈문 2편은 1843년에 重刊된 『낙재선생문집』 권5에도 실려 있다.

192) 이 追刻本은 현재 계명대도서관에 소장되어 있다.(청구번호 : 고811.081조호익ㅈ-1-2=2)

1727년에 增補本 등이 나온 후로 1779년에 「芝山先生續集」을 간행할 때까지 이 판본을 그대로 후쇄하여 출판하였는데, 초간본의 추각본 내용 가운데 「挽朴萬戶」라는 輓詞 1수가 있다.

手有奇才胸有韜 : 손에는 검도와 궁술 가슴속엔 武略 있으니
陣雲宜服戰場勞 : 전운 감도는 전쟁터에서 수고로이 종사했네.
一時勳業干城壯 : 한 때의 공훈 업적은 干城처럼 장대하였고
八十春秋歲月高 : 팔십 세를 누린 춘추 세월에 높았네.
齒德自今鄉失老 : 향리에선 나이와 덕 높은 분 잃게 되고
門庭從古世生豪 : 집안에선 호걸스런 분 대대로 태어났네.
東風吹送蛟龍雨 : 동풍이 불어서 교룡의 비를 몰고 오는데
奠罷英靈竪鬢毛 : 영령께 전을 올리니 머리카락조차 곤두서네.[193]

이 詩는 篇名에 나타난 것과 같이 저자 조호익이 '박아무개 萬戶'를 위해 지은 만사이다.

朴仁老(1561-1642)는 武略이 있는 사람으로 임진란 당시 강개히 붓을 던지고 죽기를 맹세하여 전장에 참여하였으며, 1599년에 武科에 급제한 후 守門將, 宣傳官, 助羅浦萬戶 등의 벼슬을 역임하고 81세의 향수를 누린 사람이다. 박인로의 가문에서는 벼슬의 이름과 享壽가 부합되는 이 작품을 조호익이 박인로를 위해 지은 것이라고 확신한 것이다. 그래서 1831년에 「蘆溪先生文集」을 간행할 때 그 문집의 부록에는 위에서 인용한 만사를 실은 뒤, 지산 조호익이 지은 것이라고 표기하였다.[194]

193) 曺好益, 『芝山先生文集』(목판본, 1727년), 권1, 31頁, 「挽朴萬戶」.

1883년에 重刊한 「芝山先生文集」을 보면 目錄에서는 「挽朴萬戶」라 표기하였으나, 본문에서는 「挽朴萬戶德翁(仁老)」이라 한 후 위의 내용을 실었으므로 박인로를 위해 지은 것임을 명확히 하였다.[195] 『지산집』 중간본은 『노계집』이 간행된 이후에 나왔으므로 『노계집』의 영향을 받은 것이 분명하다.

그러나 輓詞라는 글은 죽은 사람을 애도하기 위하여 짓는 글임을 감안할 때, 저자 조호익은 1609년에 졸하였고 박인로는 1642년에 졸하였음을 확인할 수 있다. 저자가 졸한지 33년이나 지나서 졸한 사람을 위하여 이 글을 지었다는 것은 모순이 된다. 따라서 이 작품은 지산이 박인로를 위해 지은 것이 아닌데 『노계집』에 잘못 편성한 것이고, 『지산선생문집』의 중간본에서도 편명이 잘못 고쳐진 것이라 하겠다.

朴潤德(1759-1814)의 「珠巖集」 定稿本은 1926년에 완성한 것이다. 내용 가운데 「上通信使金判書(履喬)禮狀(代本倅)」은 1811년에 쓴 것으로, 박윤덕이 淸道郡守 鄭冕綏의 이름으로 代作한 것이다.[196] 그래서 이 글은 비록 박윤덕이 지은 글이지만 수수관계로 보면 청도군수 정면수가 통신사 김이교에게 올린 禮狀이 된다. 그런데 1976년에 이 정고본을 저본으로 해서 간행한 「珠巖集」 판본을 보면 「上通信使金判書(履喬)啓」로 되어 있다.[197] 이 판본에 따르면 '禮狀'을 '啓'로 고치고, '代本

194) 朴仁老, 『蘆溪先生文集』(목판본, 1904년), 권2, 부록, 28頁, 「輓詞」, '芝山 曺好益' 참조. 이 책은 崔이 編校하여 1831년에 간행한 판본의 후쇄본인데, 계명대도서관 소장본이다.

195) 曺好益, 전게, 『芝山先生文集』(중간본, 1883년), 권1, 42頁, 「挽朴萬戶德翁(仁老)」.

196) 朴潤德, 『珠巖集』(정고본, 1926년), 권1, 42頁, 「上通信使金判書(履喬)禮狀(代本倅)」.

倅'가 삭제되었으므로 정면수가 아닌 박윤덕이 직접 통신사 金履喬에게 啓를 올린 셈이 되어 편성이 잘못된 것이다.

崔天翼(1712-1779)의 『農叟遺稿』는 1784년에 목판본 1권1책으로 출판된 초간본이다.[198] 1896년에 간행된 중간본 『농수선생문집』은 2권2책으로 된 것인데,[199] 구체적으로 살펴보면 2권에는 증보된 내용이 수록되어 있다.

중간본 1권에는 초간본에 표기된 卷首題[200] 제2행의 '興海 崔天翼 晋叔 著'라는 저자사항과 卷末題[201]의 '農叟稿終'을 삭거하였고, 발문의 「題農叟稿後」를 「題農叟集後」로 바꾸었으며, 판심에 나타난 책 이름은 「農叟稿」에서 「農叟集」으로 고쳐져 있다. 1권의 내용은 초간본에 있는 그대로 판각하고 있으나, 다만 10頁의 1판을 추가하여 「挽先生耘窩蔡進士」, 「楓林申公焚黃韻」, 「瓢巖新居」, 「烏鳥」, 「重陽呈權侯」 등 5수가 더 실려 있어서 10板이 둘인 셈이다.[202] 중간본에 수록되어 있는 시 5수는 重刊 당시에 새로 편집한 제2권의 증보판에 추가하여 실으면 될 것을 이렇게 초간본의 내용을 변개한 것이다.

權克亮(1584-1631)의 『東山先生文集』은 경상도 丹城 香亭에서 찍은 己酉本(1909년)과 庚子本(1960년)이 있다. 기유본은 후손 權載圭가 金

197) 朴潤德, 『珠巖集』(석판본, 1976년), 권1, 41頁, 「上通信使金判書(履喬)啓」.

198) 崔天翼, 『農叟遺稿』(목판본, 興海, 1784년), 1책.

199) 崔天翼, 『農叟先生文集』(목판본, 1896년), 2권1책.

200) 고문헌에서 대개 序文, 目錄 다음에 나오는 本文의 첫 장인 '卷之一' 또는 '卷一'에 표기된 책 이름을 지칭한다. 異本을 판명하는데 기준이 됨.

201) 고문헌의 末尾에 나오는 책 이름인데 대개 '卷之○終'으로 표기된다.

202) 상게서, 권1의 版次를 보면 '十' 다음에 '次十'으로 표기되어 있다.

道和의 서문 및 傍7세손 權仁國의 발문을 받아서 간행한 것이고, 경자본은 9세손 權鵬容이 간행한 것이다.

> 石老千年月 : 돌은 천년 달빛 속에 늙고
> 舟輕十里風 : 배는 십리의 바람에 가볍네.
> 秋光描錦繡 : 가을빛이 수놓은 비단을 그리니
> 身在畵圖中 : 이내 몸이 그림 속에 있네.[203]

己酉本에 있던 위의 작품은 갑진년 9월에 從叔 權濬을 모시고 吳長(思湖), 朴文楧(龍湖) 등과 뱃놀이를 하면서 지었다는 일종의 交遊詩이다. 이 시는 당시 교유했던 사람의 후손들과도 世誼를 다질 수 있는 작품이다. 그런데 자세히 살펴보니 본래 박문영(1570-1623)의 작품을 『동산선생문집』에 잘못 등재한 것이었다.[204] 아마 추후에 이 사실을 알고 경자본에서 삭거한 것이 틀림없다.[205] 편성이 잘못된 것이다.

李彦迪(1491-1553)의 『회재선생별집』은 2종으로 구분할 수 있다. 하나는 만력 경자년(1600)에 옥산서원에서 『회재선생문집』을 간행할 때 그 속에 포함하였던 4권1책이며(庚子本), 또 다른 하나는 갑술년(1934)에 옥산서원에서 원집과는 별도로 간행한 5권2책본이다.

庚子本의 別集은 권1에 「到鳥嶺吟寄舍弟」를 포함한 詩가 있고, 권2

---

203) 權克亮, 『東山先生文集』(목판본, 丹城 香亭, 1909년), 권1, 1頁.

204) 朴文楧, 『龍湖先生文集』(연활자본, 1970년), 권1, 5頁에 "泛舟思川 呈諸益"이라 하고, 그 아래 註를 달기를 "思川卽思湖也 甲辰九月 與思湖及權公濬權丈克亮自鵝亭泛舟 向思湖有此作"이라 하였다.

205) 權克亮, 『東山先生文集』(목활자본, 1960년), 권1, 1頁을 보면 이 시를 삭거한 자리에는 앞의 詩인 「次李沆源韻」에 대하여 이항원 原詩를 附하여 실었다.

에 「大學章句補遺序」를 포함한 序, 傳, 祭文, 碑銘, 墓碣이 있으며, 권3에 「弘文館上疏」 1편, 권4에 「辛丑季夏十六日呈辭」를 포함한 狀, 箚, 啓 등이 있다. 그런데 경자본의 별집은 후대로 오면서 내용의 대부분을 원집에 포함하여 간행함에 따라 별집으로서의 성격을 크게 상실하였다.

甲戌本의 별집은 옥산서원 유생들이 편집하여 1934년에 간행한 것인데, 이 책 판권지에 의하면 발행자는 權赫世, 인쇄자는 權重壹로 되어 있다.[206] 내용을 살펴보면 卷1에 疏, 啓, 箚, 狀을 卷2에 筵說이 있으며, 卷3-5는 부록이다.

갑술본 별집을 보면 제목과 내용에 의도적으로 삭거한 부분이 나타나고 있다. 제1권에 나타난 내용을 들어보면 다음과 같다.

① 「論○○○○人搜括徵族啓」
② 「閔世良○○○貿人搜括徵債之事」
③ 「流亡者居多○○○○以官布推價而總計」
④ 「雖盡蕩其財産○○○○○○○○充其數矣」[207]

이처럼 내용 일부를 삭거하고 있는데, ○○○○ 부분에 대하여 문헌을 중심으로 재구성을 해보면 ①은 '倭物潛貿'이고, ②는 '倭物潛'이며, ③은 '倭物之數'이고, ④는 '割剝其肌膚 不足以'임을 알 수 있다. 주로 日本을 지칭하는 용어 가운데 卑稱이 되는 '倭'자가 삭거의 대상임을 쉽게 알 수 있다. 이 책은 옥산서원 유생들이 1933년에 조선총독부에

---

206) 李彦迪, 『晦齋先生別集』(목판본, 1934년), 5권2책.
207) 상게서, 권1, 20頁.

출판허가를 신청한 것인데, 조선총독부의 검열 과정에서 공란과 같이 삭제된 것이다.

조선총독부의 검열에 의한 삭제 현상은 李晩燾(1842-1910)의 『響山文集』에서도 나타난다. 『향산문집』은 1931년에 책 표지의 서명을 『直齋集』으로 붙여서 간행하고자 <그림 35>와 같이 조선총독부 경무국에 출판 신청을 하였는데, 이 때 내용 일부분을 삭제한 후 출판 허가를 받은 사실을 알 수 있다.[208] 내용을 살펴보면 '高宗'을 '聖上'으로 표시한 것과 '嶺軍'과 같은 군사 용어가 삭제의 대상이었다.

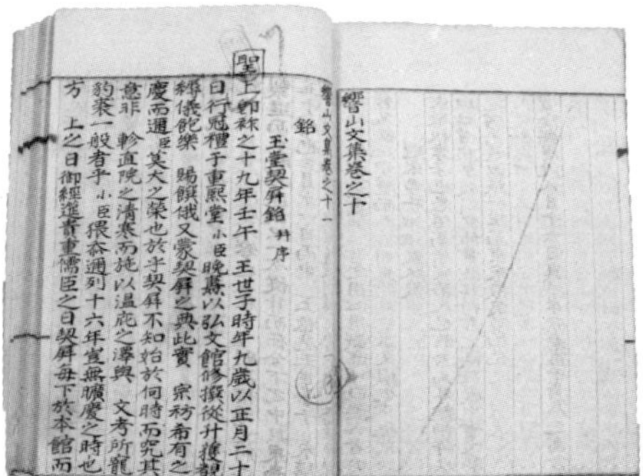
響山文集卷之十一
銘
玉堂契屛銘 幷序
聖上御極之十九年壬午 王世子時年九歲以正月二十
日行冠禮于重熙堂 小臣晩燾以弘文館修撰從升獲覩
稀儀飽樂 賜饌餞又蒙契屛之典此實 宗祊希有之
慶而遭 臣莫大之榮也於乎契屛不知始於何時而究其
意非 矜直院之清寒而拖以温庇之澤與 文考所寵
豹表一般者乎 小臣猥忝通列十六年寔無曠慶之時也
方 上之日御經筵賁重儒臣之日契屛每下於本館而

〈그림 35〉 『향산문집』의 조선총독부 검열 부분(계명대 소장)

또 洪宅夏(1752-1820)의 『睡軒文集』을 보면 이 문집은 1938년에 <그림 36>과 같이 조선총독부에서 출판허가를 받은 책인데, 내용 가운데 「賡和大報壇御製詩」라는 중국 황제와 관련이 있는 글과 명나라

---

208) 李晩燾, 『響山文集』(檢閱本, 1931년), 3책(零本), 계명대도서관 소장.

皇帝를 지칭하는 皇明, 皇恩 등에서 '皇'자를 삭제하도록 지적받았다.[209]

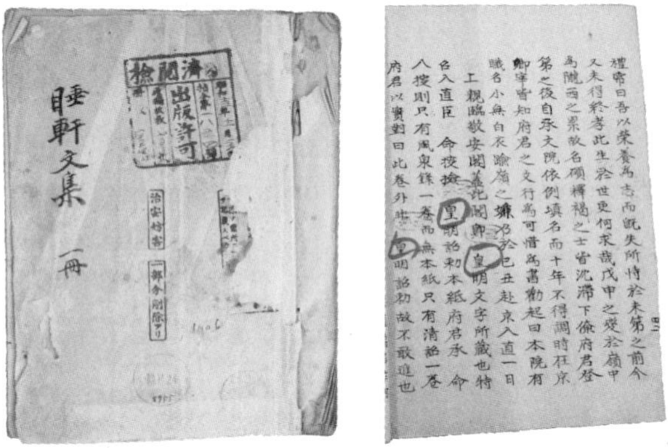

〈그림 36〉『수헌문집』의 조선총독부 검열 부분(계명대 소장)

그리고 文郁純의 『道齋遺稿』를 출판하고자 하여 그 자손이 1924년 조선총독부에 출판 허가를 신청한 稿本에서도 삭거현상이 나타나고 있다. 이 책에서는 조선을 상징하는 '本朝'를 '李朝'로 고칠 것을 지시한 외에, 문욱순이 지은 그 「九代祖考 醒狂府君遺事」에 "壬辰 倭寇猖獗" 이란 표기를 삭거하도록 해당 내용에 표기한 후에 출판허가를 한 것이다.[210]

이처럼 일본국 조선총독부에서는 출판물의 검열제를 통하여 일본의

---

209) 洪宅夏, 『睡軒文集』(檢閱本, 1938년), 「賡和大報壇御製詩」 및 洪宗涉 撰, 睡軒 「行狀」 참조.

210) 文郁純, 『道齋遺稿』(檢閱本, 1924년), 「七代祖考宣傳府君墓誌」 및 「九代祖考醒狂府君遺事」 참조.

卑稱이 되는 '倭'字, 조선 임금의 존칭인 '王'字, 중국 황제의 존칭이 되는 '皇'字와 '帝'字 등을 삭거하고 있는데, 이러한 행위는 당시 일본 천황만이 동북아에서 가장 높은 지위라는 상징성을 보임과 함께, 동북아를 통치하고자 한 야심을 드러낸 것이라고 본다.

검열상의 삭제는 저자의 의도와는 무관하게 강제로 고쳐진 것이므로 편성상의 변개라 하겠다.

(2) 형식의 변개

문집의 형식적 변개는 대체로 서명의 변개와 판목의 변개, 물리적 변개 등을 들 수 있다.

서명의 변개는 편성할 당시 초고본, 정고본의 서명이 간행될 때 또는 초간본의 서명이 중간될 때 변개된 명칭이다. 예컨대, 이중경의 手稿本『雜卉園集』[211]은 저자가 생전에 자신의 문집을 감수할 때 스스로 붙인 이름인데 뒤에『壽軒先生文集』으로 간행되었고, 尹秉顥·尹秉頤가 함께 지은 초고본『伯仲遺稿』[212]는 이들의 호 菊窩, 槐軒에서 첫 자를 취하여『菊槐聯芳集』으로 간행되었다. 또 黃德吉의 초고본『斗湖方言』[213]은 1917년에 昌原의 長山齋에서『下廬先生文集』으로 간행되었고, 盧相稷의 초고본『訥人俚語』[214]는 뒤에 密陽에서『小訥先生文集』으로 간행된 바 있다.

---

211) 계명대학교 동산도서관 소장(이귀811.081 이중경ㅈ).

212) 계명대학교 동산도서관 소장(고811.082윤병호ㅂ).

213) 계명대학교 동산도서관 소장(이811.081황덕길ㄷ). 부산대학교 도서관에도 소장되어 있다.

214) 부산대학교 도서관 소장.

간행본 가운데서도 李穆의 『李評事集』은 '評事'라는 벼슬 이름을 붙여서 1632년에 간행된 것인데 뒤에 호를 붙여서 『寒齋集』으로 간행되었다. 또 文敬忠의 『四美先生遺集』은 1853년에 堂號를 붙여 간행된 것인데 1909년에 또 다른 호를 붙여 『湖陰先生遺集』으로 간행된 바 있다.<그림 37>

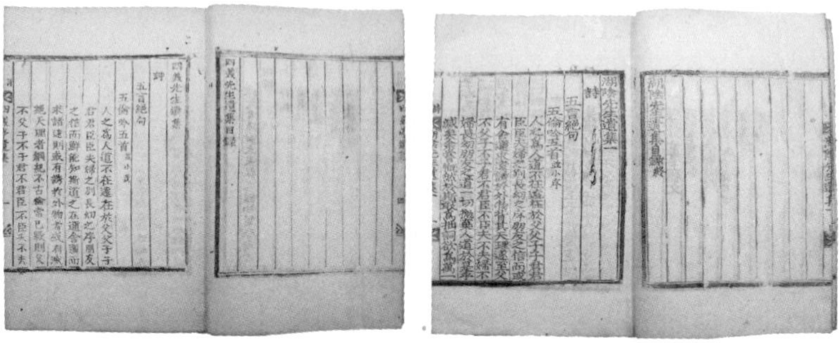

〈그림 37〉 문경충의 『사미선생유집』(왼쪽)과 『호음선생유집』

한편 서명의 변개에 나타난 일반적인 현상을 살펴보면 漫稿나 遺稿, 雜稿, 實紀 등을 '集'이나 '文集'으로, 集이나 문집을 '先生文集'으로, 선생문집을 '全書' 또는 '○子大全' 등과 같이 기존 문집의 서명을 고쳐서 간행하는 경우가 있다. 이는 후손이나 제자의 후손들이 그 선조와 선생을 높이고자 한 의도에서 고쳐진 현상이라 하겠다.

板木의 변개는 보존해 오던 판목이 마모되거나 어떤 사유가 발생함에 따라 판목을 補刻 또는 改刻하게 되는데, 대개 刻板 작업을 하는 과정에서 변개가 이루어진다. 이와 같이 변개된 출판물은 글씨체가 다르고 선명도가 강하여 육안으로 봐서 쉽게 알 수 있다.

물리적 변개는 판목을 오래 보관하면 자연적으로 마모와 탈자가 생기게 되는데, 이 판목을 탈자가 있는 상태 그대로 인쇄한 後刷本에서 나타난다. 따라서 初刷本의 인쇄 내용과 대비하면 변개된 사실을 알 수 있다. 그러나 보각이나 개각을 하지 않고 출판한다는 점에서 판목의 변개와는 다르다.

한 문헌을 연구하고자 할 때에는 이러한 형식적 변개에서 나타난 현상을 이해할 필요가 있다.

(3) 내용의 변개

내용의 변개는 일반적 교정과정에서 흔히 있을 수 있는 것은 논외로 하고, 의도적이거나 자의적으로 변개시킨 내용을 중심으로 살펴보기로 한다.

문집에는 다양한 장르가 있으나 여기서는 詩, 歌, 書翰文, 序記文, 哀祭文, 狀碣文, 雜著文 등 중심이 되는 7가지로 나누고, 잡저문 같은 장르에서는 呈疏文, 贊箴文을 포함한 기타 문체까지 포괄하여 고찰해보기로 한다.

1) 詩

김종직(1431-1492)의 『점필재집』 庚辰本(1520년)은 경상도 선산에서 康仲珍이 목판본으로 간행한 것인데 詩의 경우 23권에 1,700여 수가 실려 있다. 1649년에 경상도관찰사 李曼이 밀양 예림서원에서 이 책을 중간한 것이 己丑本인데 편성체재는 동일하다.

그 뒤 김종직의 13대손 金埴이 중간한 己巳本(1869년)을 보면 시집의 경우 23권을 8권으로 조정하여 1,100여 수만 싣고, 600여 수를 삭거하였다. 金聚東의 『佔畢齋金先生門徒錄添刊辨破錄』에 의하면 김식은 당시 그 선조의 문집을 중간할 때 「門徒錄」을 첨가한 일로, 사림으로부터 큰 비난을 받았다고 한다.[215] 이 때 삭거된 2수를 살펴본다.

絳羅深處幾潛身 : 붉은 비단 깊은 속에 얼마나 몸 숨겼나?
脫却裙取便露眞 : 비단 치마 벗고 나니 참 모습 드러내네.
造物從來客變幻 : 造物이 전부터 變幻에 의탁한 적 있다더니
世間還有二儀人 : 세상에 도리어 음양을 함께 가진 사람 두었네.

男女何煩問產婆 : 남녀를 어찌 번거로이 產婆에게 물으리오.
妖狐穴地敗人家 : 요사스런 여우 굴을 파니 남의 집 무너지네.
街頭喧誦河間傳 : 길거리에 시끄러운 소문 음탕한 여인 얘기인데
閨裡悲歌楊白華 : 규방 속에선 思慕歌인 楊白花歌 슬피 노래하네.[216]

당대 호사가로부터 관심의 대상이 된 「舍方知」의 詩이다. 사방지는 私賤이었는데, 어려서부터 그의 모친이 그에게 여아의 옷을 입히고 화장을 하고 옷 짓는 것을 가르쳤다. 그가 자라서 朝士의 집을 자주 드나들면서 많은 女侍들과 간통을 했다. 이때 선비 金九石의 아내 이씨가 과부로 지내면서 10년간 그를 끌어들여 사회 문제를 일으키므로 조정에서 사방지를 新昌縣으로 杖配하였다.

저자가 어떤 사건을 바탕으로 표현한 시 작품 중에는 당시 생활을

215) 본 己巳本은 士林으로부터 큰 비난을 받았지만, 그 후에 이 책을 底本으로 삼은 壬辰本(1892년)이 출간되기도 하였다.

216) 金宗直, 『佔畢齋集』(목판본, 1520년), 권3 9頁, 「舍方知」.

이해할 수 있는 것이 있다. 기사본에서 삭거한 600여 편의 시 가운데 「사방지」를 포함하여 음란한 부녀자를 주제로 한 「都要渚」 등 생활상과 관련된 것이 많이 있는데 후대에 와서 世教에 도움을 주지 못한 것으로 판단하여 삭거한 것 같다.

鄭希良(1469-1502)의 『虛庵遺藁』는 위에서도 살펴본 바와 같이 초간본(1511年刊) 외에 경상도관찰사 鄭造가 간행한 신유본(1621년)과 후손 鄭冕錫이 간행한 정유본(1897년)이 있다. 내용 가운데 「過梅溪有感」의 결구를 살펴보기로 한다.

> 辛酉本 ⇒ 獨向**梅溪**問放翁 : 홀로 梅溪를 찾아 放翁에 대해 묻다.[217)]
> 丁酉本 ⇒ 獨向**溪山**問放翁 : 홀로 溪山을 찾아 放翁에 대해 묻다.[218)]

放翁은 남송의 애국시인 陸游의 호이다. 梅溪는 曺偉의 호인데 평소 육유를 좋아하여 육방옹시에 대한 和, 次韻詩를 즐겨 짓기도 하였다.[219)] 1498년 무오사화가 일어났을 때 조위와 정희량은 의주에 유배되었는데 이곳에서 서로 만나게 되었으며, 정희량은 조위가 육유를 좋아함을 알고서 결구에 이같이 표현하고, 그의 육방옹에 대한 관심을 은연중에 나타내었다. 정유본에는 그와 같은 사실을 모르고 문구를 바꾸어서 수록한 것이다.[220)]

---

217) 鄭希良, 전게 『허암유고』, 신유본, 권3, 4頁, 「過梅溪有感」.

218) 鄭希良, 전게 『허암선생유집』, 정유본, 권3, 2頁, 「過梅溪有感」.

219) 장인진, 「조선조 文人의 陸放翁詩 受容에 대하여」(계명한문학회, 『漢文學研究』, 제6집, 1990), pp.193-194.

220) 鄭希良의 『虛庵遺藁』를 살펴보면 정유본 외에, 다른 選本에서도 刪改한 사실을 알 수 있다. 초간본과 신유본에 있는 '偶書'의 1, 2구에서 "누가 조물주 영웅심

조선 초기 육유의 詩에 대하여 관심을 보인 작가 가운데는 徐居正, 成俔 등이 유명하다. 서거정(1420-1488)의 『사가시집』에 보인 「題拙稿後」를 살펴본다.

> 文章體格似詼諧 : 文章의 體格이 실없는 농담 같아서
> 自愧才名價日低 : 才名이 날로 낮아짐을 스스로 부끄러워 하네.
> 老去放翁餘舊癖 : 늙어 갈수록 放翁의 옛 버릇이 남아서
> 愁來王粲有新題 : 王粲의 새 작품이 있을까 근심 하네.[221]
> (하략)

서거정은 평소 육유에게 관심에 두고 『육방옹시집』을 입수하여 學詩의 정칙으로 삼았으며,[222] 위의 詩는 그 수용의 한 예라 하겠다.<그림 38>

시기하게 하는가? 무수한 공훈 기록 교훈 삼기 게으르네(誰教造物忌英雄 勳業萬條覽鏡慵)."를 『箕雅』에서는 "십년 칼 갈아 오랑캐 평정하려 하였는데 무수한 공훈 기록 쑥대처럼 구르려 하네(十年磨劍志平戎勳業萬條欲轉蓬)." 라고 하였다.

221) 徐居正, 『四佳詩集』(목판본, 1705년), 권52, 10頁, 「題拙稿後」.

222) 상계서의 내용을 살펴보면 卷2의 「次韻李淸甫學士 三首」에서 "荒凉松逕陶元亮 落魄梅花陸放翁(황량한 소나무 오솔길은 陶元亮[陶潛]이고, 낙백한 매화는 육방옹이네)"을 비롯하여 卷10의 「次洪日休同年韻」에서 "誰識閑中味 翛然一放翁(누가 한가한 가운데의 맛을 알리오, 얽매이지 않았던 한 방옹일세)", 卷12의 「題姜景愚畵 八首」에서 "西湖已遠放翁逝 相對南窓我獨吟(서호는 이미 멀어졌고 방옹도 떠났는데, 남쪽 창을 마주하여 나 홀로 읊조리네)", 卷41의 「盧宣城宅梅花詩 四十首」의 "和靖瘦於工部瘦 後村狂似放翁狂(화정[林逋]의 파리함은 공부[杜甫]의 파리함 보다 더했고, 후촌[劉克莊]의 광기는 방옹의 광기와 흡사했네)", 卷51의 「自寬」에서 "慙無方朔三千牘 剩有放翁一萬篇(동방삭의 삼천의 牘 없음은 부끄러우나, 방옹의 일만편 詩는 남아 있네)" 등과 같이 육방옹과 관련이 있는 詩句가 더러 보인다.

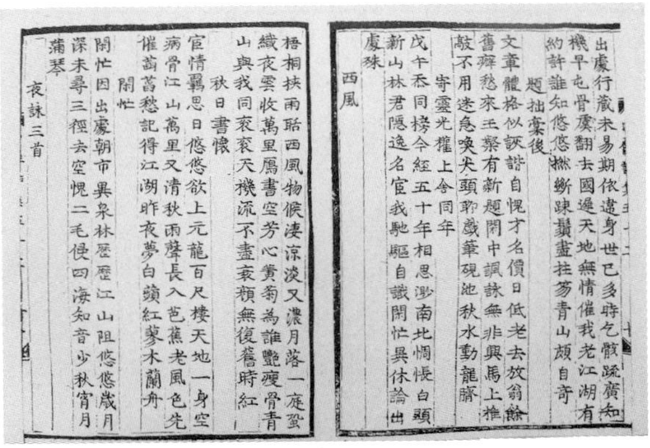

出處行藏未易期依違身世已多時乞骸疏廣知
機早乞骨虞翻去國遲天地無情催我老江湖有
約許誰知悠悠撚斷踈鬚盡拄笏青山頗自奇
題拙藁後
文章體格似詼諧自愧才名價日低老去放翁餘
舊癖愁來王粲有新題閑中諷詠無非興馬上推
敲不用迷急喚尖頭郭歲華硯池秋水動龍臍
寄靈光權上舍同年
戊午忝同榜今經五十年相思渺南北惆悵白頭
新山林君隱逸名宦我馳驅自識閑忙異休論出
處殊
西風

梧桐扶雨聒西風物候淒凉淡又濃月落一庭螢
織夜雲收萬里鴈書空芳心黃菊爲誰豔瘦骨青
山與我同袞袞天機流不盡衰顏無復舊時紅
秋日書懷
宦情羈思日悠悠欲上元龍百尺樓天地一身空
病骨江山萬里又清秋雨聲長入芭蕉老風色先
催菡萏愁記得江湖昨夜夢白蘋紅蓼木蘭舟
閑忙
閑忙因出處朝市異泉林歷歷江山阻悠悠歲月
深未尋三徑去空愧二毛侵四海知音少秋宵月
蒲琴
夜詠三首

〈그림 38〉『사가시집』에 실려 있는「제졸고후」

그래서 成任은『名公妙選陸放翁詩集』[223] 발문에서 "나의 벗 서강중[서거정 字]은 육방옹의 시를 가장 사랑하였다."라 하였고,[224] 성현(1439-1504)은 서거정의 시를 일컬어 "그의 시는 전적으로 韓陸의 體를 본받았다."[225] 라고 하였다. 여기서 말한 '韓'은 韓駒이고 '陸'은 陸游이었는데, 근래『용재총화』의 내용을 번역하는 과정에서 "專倣韓陸之體"를 원문까지 "專倣韓退之體"로 수정하여 서거정이 마치 韓退之(愈)의 시체를 정칙으로 삼은 것처럼 오류를 범하고 있다.[226]

文敬忠(1494-1555)의『四美先生遺集』은 1853년에 후손 文再奎가 李源祚의 서문을 받아서 목활자본으로 간행한 것이다. 이 책에 수록된 시는 총 65수이다. 그런데 1909년에 金道和의 서문과 張升澤의 발문을 붙

223) 陸游,『名公妙選陸放翁詩集』(목판본, 1465년), 8권1책.

224) 상게서 成任의 跋, "吾友 徐剛中[居正] 最愛此詩"

225) 成俔,「慵齋叢話」(조선고서간행회,『大東野乘』一卷, 明治 42), p.3.

226) 민족문화추진회 편,『국역대동야승』1집, p.560.

여서 간행한 목판본의 서명은 『湖陰先生遺集』[227]으로 되어 있고, 65수의 시 가운데 11수를 삭거하였다. 삭거된 11수를 살펴보면 「敬次濂溪先生太顚堂韻」, 「敬次橫渠先生聖心韻」 등 송나라 도학자와 관련된 시 2수와 「龍逢諫死」, 「蘇武守節」, 「孟宗泣竹」, 「王祥剖氷」 등 『삼강행실도』의 忠孝와 관련된 시 8수, 그리고 「水砧」 1수가 있다. 후기 간본에도 그대로 옮겨 싣는 것이 마땅한데, 무슨 이유에서 삭거했는지 알 수 없다. 삭거된 시 1수를 살펴본다.

> 不求於聖復何求 : 성인에게 구하지 않고 다시 어디서 구할까
> 養得眞心在我修 : 眞心을 기름은 내 닦는데 달렸다네.
> 知則知之揭是訓 : '알면 안다고 하는' 성현의 훈계 걸어두고
> 正蒙篇上學優遊 : '정몽' 편에서 우유함영을 배우네.[228]

이것은 「敬次橫渠先生聖心韻」이라는 송나라 도학자 張載의 「聖心韻」에 차운한 시인데 삭거한 것이다.

徐思遠(1550-1615)의 『樂齋先生文集』 초간본은 숙종 연간에 목판으로 찍은 것으로 보는데, 내용 중에 「奉和」라는 시 1수가 있다.

> 名以梅花便不村 : 이름은 매화촌인데 매화 없는 마을에
> 羣仙畢集倒芳樽 : 많은 신선들 모여서 좋은 술단지 기울였네.
> 先辭小子還忘去 : 먼저 하직한 소자가 돌아감을 잊어버리니
> 殘日暉暉已迫昏 : 해질 무렵 밝은 햇빛도 이미 서둘러 어두워 지네.[229]

---

227) 文敬忠, 『湖陰先生遺集』(목판본, 1909년), 3卷1冊.
228) 文敬忠, 『四美先生遺集』(목활자본, 1853년), 8頁.
229) 徐思遠, 『樂齋先生文集』(목판본, 숙종년간), 권1, 22頁, 「奉和」.

이 시가 1843년에 朴光錫의 重刊序를 붙여서 간행한 『樂齋先生文集』 重刊本에 의하면 「奉和」라는 시제에 「寒岡先生韻」을 추기하여 「奉和寒岡先生韻」이 되게 하였다. 또 중간본을 보면 제1권 말미에 다시 「敬次寒岡先生韻」 1수를 추가[230]하여 실었다. 아마 뒤에 수집된 이 시를 중심으로 師承관계를 부각시키고, 자료적 가치를 높이려는 뜻에서 原集에 추가한 것이라고 본다. 이러한 추가 수집 자료는 '보유' 편을 만들어서 편집해야 마땅하다.

『낙재선생문집』에는 서사원이 당시 교유하던 영남 선비들과 함께 읊은 '琴湖仙査'의 뱃놀이와 관련된 내용이 실려 있는데, 송나라 朱熹의 「漁艇詩」가 주목의 대상이었다.

> 出載長煙重 : 아침안개 가득 싣고 떠나갔다가
> 歸粧片月輕 : 조각달 싣고 가벼이 돌아오네.
> 千巖猿鶴友 : 벼랑에서 원숭이와 학과 벗할 제에
> 愁絶棹歌聲 : 구슬픈 뱃노래가 들려오네.[231]

금호선사의 뱃놀이에 참가한 사람은 총 23인이었고, 이들이 뱃놀이를 하면서 주희의 「어정시」를 分韻하여 시를 지었는데, 당시 사실을 담은 「琴湖仙査船遊圖」가 현재 전해진다.[232]

---

230) 徐思遠 『樂齋先生文集』(重刊本, 1843년)의 1卷末에 실려 있는 「敬次寒岡先生韻」 1수는 원冊板에 補刻한 것임을 확인할 수 있다.(계명대도서관 고811.081서사원낙ㅈ 참조)

231) 朱熹, 『朱子大全』(목판본, 完營, 1771년), 권9, 5頁, 「武夷精舍雜詠」, 「漁艇」.

232) 이 자료는 대구에 거주하고 있는 徐大敎 씨 소장품이다. 당시 참가한 23인은 徐思遠, 呂大老, 張顯光, 李天培, 郭大德, 李奎文, 宋後昌, 張乃範, 鄭四震, 李宗文, 鄭鏞, 徐思進, 都聖兪, 鄭錀, 鄭鍾, 都汝兪, 徐恒, 鄭鋌, 鄭銑, 徐思選, 李興雨,

「선유도」를 중심으로 관련자의 문집과 비교해 보면 『낙재선생문집』의 경우 초간본에는 낙재의 시 1수만 등재되어 있으나 중간본에는 이때 시를 지은 나머지 14인의 시도 함께 실어서 총 15수가 들어 있다.[233]

참가한 사람의 시 가운데는 「선유도」에 실려 있는 것과 다르게 기록된 문집도 발견된다. 「선유도」에 의하면 주자의 「어정시」 가운데 '聲'字의 分韻을 받은 자는 鄭銑(1579생)으로 되어 있는데 그 때는 시를 짓지 못했다. 그런데 鄭錡(1574-1612)의 『琴齋文集』을 보면 '聲'字 分韻의 시를 지은이는 鄭銑이 아닌 鄭錡로 되어 있고, 시 내용도 수록되어 있다.[234] 『금재문집』에서 이 詩에 대하여 주석한 내용을 보면 鄭錡가 당시 최연소로 참가했다고 쓰여 있으나, 23인 가운데 실제 최연소 참가자는 金克銘(1581생)이었다. 필자가 「선유도」에 대하여 자료 검토 및 전래 경위를 살펴본 바로는 진본으로 추정되므로, 『금재문집』에 실린 내용은 후대에 와서 잘못 실은 것이라 하겠다.

이중경(1599-1678)이 생전에 손수 편성한 『잡훼원집』(1667년) 2책이 후손의 집에 家藏되어 왔는데, 초간본 『壽軒先生文集』이 편성된 것은 1948년이고, 인쇄는 1959년에 이루어 졌다. 수고본에 시 860편과 단가 작품이 전해지고 있으나 9세손 李成魯가 曺秉善의 서문을 넣어서 간행할 당시 삭제와 산개를 많이 하여 詩의 경우 463편만 실려 있다. 삭제된 「謹次三足堂先生韻」 1수를 살펴본다.

朴曾孝, 金克銘 등이다. 이 중에서 20인이 韻字를 받았으나 15인만 시를 지었다.

233) 徐思遠, 전게 중간본, 권1, 4-7頁.

234) 鄭錡, 『琴齋逸稿』(목활자본, 1933년), 「泛舟琴湖分韻得聲字」, "採採芳洲暮 兩三款乃聲 儒仙千載後 悵望錦山城(하략)"

雲山疊疊水淵淵 : 운산은 첩첩하고 물은 깊고 깊어
山水兼人百代傳 : 산과 물과 사람(삼족당) 백대토록 전해오네
山水不盡傳不盡 : 산과 물 다함없으면 전해짐도 끊임없을 터
雲山無語水無言 : 운산은 말이 없고 저 물도 말이 없네.[235]

이 시는 金大有(三足堂)의 시에서 차운한 것이다. 여기서 사람은 김대유를 의미하고, 雲山과 水는 김대유가 기거하였던 청도의 雲門山과 東倉川을 지칭한다고 하겠다. 시에 첩자가 많고, 내용이 단조로운 감은 있으나 김대유의 우뚝한 정신을 후대에 길이 전하고자 한 뜻이 담겨 있다.

간행된 문집 가운데 삭제된 이중경의 「蜀兒子補網」이란 시를 살펴본다.

非文非武我無能 : 내 무능하여 문장도 못하고 무예도 못하니
有子將何父業承 : 너는 무엇으로 父業을 계승하려 하는가.
所事惟知魚網罟 : 일삼음이 오직 고기 잡는 그물만 알고 있으니
爾須治線補織罾 : 너는 고기 그물 고치는 일을 해야 할 것이네.[236]

초야에 사는 자신을 문장이나 무예의 능력도 없는 평범한 사람이라고 설정하고, 자식에게 출세의 길을 열어주지 못하는 그 자신에게 스스로 탄식하고 있다. 그러나 이중경의 아버지 李璣玉(1566-1604)이 鄭逑의 문인이었고, 그도 글을 배워서 시문에 뛰어난 사실을 보면 아들

235) 李重慶, 전게 『雜卉園集』, 권1, 3頁, 「謹次三足堂先生韻」.
236) 상게서, 권1, 38頁, 「蜀兒子補網」.

李祜徵, 李祐徵에게 학문을 가르쳐서 家業을 전수할 법한데 이렇게 표현하였으니 아마도 자식들은 학문에 뜻이 없는 듯하다. 자식이 능력이 없는데도 억지로 학문을 가르쳐서 유업을 닦도록 하는 것은 인재 양성에 있어서 바람직한 방법이 아닐 것이다. 이처럼 자식에게 어업을 돕도록 한 것을 보면서 저자가 지닌 참다운 선비의 풍모를 알 수 있게 한다.

文東道(1646-1699)의 『敬菴集』 초고본은 1749년에 후학 李萬權이 편성한 것이고, 목활자본은 1836년에 후손 文維世가 李秉遠의 서문을 받아서 간행한 것이다. 문집의 내용을 살펴보면 초고본에 있던 「來去詞」, 「讀退溪先生文集」 등 상당 부분의 작품이 목활자본[237]에는 수록되지 않았다.

來去詞

時去日來月又去 : 때가 가고 날이 오고 달이 또 가고
月去年來年又去 : 달이 가고 해가 오고 해가 또 가네.
來去衮衮無終去 : 오고 감이 도도해도 끝내 감이 없으니
心上哀哀共來去 : 마음속의 슬픔도 함께 오고 가네.[238]

讀退溪先生文集

鳳膏綺縠別般珍 : 鳳凰 기름, 비단 옷 특별히 진귀하나
菽粟布絹利用均 : 콩·조·베·비단은 이로움 두루 하네.
天下耕收因析土 : 천하의 농사는 토질에서 기인하나
大都衣食軆膚人 : 큰 도시 衣食은 작은 손재주에 달려 있네.[239]

---

237) 文東道, 『敬庵先生文集』(목활자본, 1836년), 5권3책.
238) 文東道, 『敬庵集』(초고본, 1721년), 권1, 8頁, 「來去詞」.

從知子子臣臣義 : 자식과 신하 도리 알면서
可漸熙熙皡皡春 : 和樂하고 여유로운 삶으로 나아가리.
一理工程誰得似 : 道理의 공부 길 누구와 같아야 하리
陶山百世挺儒眞 : 도산의 退溪 백세 眞儒로 빼어나네.[240)]

위의 「내거사」는 덧없는 인생살이를 자연스럽게 표현한 것인데 삭제하여 아쉽다. 아래 작품은 『퇴계선생문집』에 대한 독후감을 표현한 것으로 결구에서 이황을 크게 추숭하고 있는데 어떤 연유로 삭제하였는지 궁금하다.

蔡必勳(1759-1838)의 『琴窩遺稿』는 초고본에 있던 「偶題」를 비롯하여 상당한 부분이 간행본에 들어 있지 않다. 초고본은 증손 蔡熙東이 편성하였는데 1906년에 徐永坤이 쓴 발문이 들어있고, 간행본은 현손 蔡鳳基가 曺兢燮의 서문과 蔡星源의 발문을 넣어서 1927년에 『琴窩遺集』이라는 이름으로 출판한 목활자본이다. 「偶題」 한 편을 본다.

天地吾生晩 : 천지간에 내 태어남 늦으니
萬事一喟然 : 萬事가 오로지 탄식이라
歲月不與我 : 세월이 나에게 시간을 주지 않는데
已過志學年 : 이미 15세를 넘었네.
生也癡而訥 : 나면서 어리석고 어눌하여
奈吾氣質偏 : 내 기질 편벽되니 어찌할꼬?
明窓春晝永 : 밝은 창문에 봄날이 긴데

239) 위의 對偶句 중에서 '因析土'에 대가 되는 '軆膚人'은 번역하는데 어려운 점이 있다. 林尹 등편, 전게 『中文大辭典』, 七卷 p.1124에 보인 '膚'의 여러 뜻 가운데, 도시 생활과 가장 근접하다고 생각하는 "膚 四指也 側手也 與專通"을 취하였다.
240) 상게서, 권1, 54頁, 「讀退溪先生文集」.

日日只省愆 : 나날이 허물만을 살피네.
此心誰與語 : 이 마음 누구와 더불어 말할까?
愧對自警編 : 부끄러이 「自警編」을 마주하네.[241)]

이 작품은 초고본 첫머리에 등재되어 있던 것으로 작자 자신의 마음을 읊은 것인데 간행 당시 삭제한 것이 주목된다.

權俔(1723-1792)의 『南窓集』 초고본은 현손 權相德이 1899년에 편성한 것이고, 간행본은 현손 權相柱가 金麟燮의 서문을 넣어서 같은 해에 간행한 것이다. 두 본의 내용을 살펴보면 초고본에 있던 시 15편, 書 2편, 祭文 1편 등이 간행본[242)]에는 삭제되어 있다. 삭제된 자료를 살펴보면 다음과 같다.

秋社玄禽序屬歸 : 돌아갈 때 된 가을 사일(社日) 제비
群嘈亂語繞樑飛 : 무리 지어 시끄럽게 지저귀며 들보 돌며 나네.
若訴同棲離別意 : 같이 살다 이별하는 뜻을 하소연하는 듯 하여
主翁題贈後年期 : 주인이 글 지어 주며 다음 해 기약하네.[243)]

위의 시는 「謝送辭歸燕」이라고 붙인 것인데 제비가 봄에 와서 한 집에 살다가 가을에 헤어지는 것을 주제로 하였다. 특히 작자의 미물에 대한 애정이 잘 표현되어 있다.

---

241) 蔡必勳, 『琴窩遺稿』(초고본, 1906년), 권1, 1頁, 계명대도서관 소장(이811.081채필훈ㄱ).

242) 權俔, 『南窓集』(목활자본, 1899년), 3권1책.

243) 權俔, 『南窓集』(초고본, 1899년), 권1, 3頁, 「謝送辭歸燕」.

襁負浮黃任劬勞 : 부황 든 몸에 아이 업은 지친 여인
求棲乞飯到頭號 : 머물 곳 구하며 걸식하다 마침내 부르짖네.
霄來懷抱鶉衣掩 : 밤이 오자 품속을 헤진 옷으로 가리는 것은
或恐兒身露寸膚 : 혹 아이 몸이 들어날까 두려워서이네.[244]

위의 시는 「癸卯春道中見襁負女有感」이라고 붙인 것인데 궁핍한 환경에서 어린아이를 업고 걸식을 하면서도 자식을 보호하려는 母情이 잘 나타나 있다. 당시의 어려운 사회상을 엿볼 수 있게 한다.

自嘲
童頭裸體任猖狂 : 아이 머리, 벗은 몸으로 미친 듯하지만
翁本非狂老托狂 : 내 본시 미친 게 아니라 늙어 미친 데 가탁한 것이네
自棄自暴狂自逸 : 자포자기하여 미친 것을 스스로 편안히 여기니
若論其行甚眞狂 : 그 행실 논한다면 정말 심한 미치광이이네.[245]

無題
少可云爲老可休 : 젊어서 일할 만 하고 늙어선 쉴 만한데
腐儒七十更何求 : 썩은 선비 칠십에 다시 무엇을 구하리오.
自笑狂夫狂好事 : 우습다! 미친 사람 미친 듯 일 좋아하여
江頭已誓祖生舟 : 강 머리서 이미 祖逖처럼 나라 회복 맹세하네.[246]

두 작품에서 작자는 한 시대를 살면서 비록 狂人과 腐儒로 표현하고 있지만 결국은 늙어서도 나라를 위하는 모습을 미치광이로 가탁하여

244) 상게서, 권1, 10頁, 「癸卯春 道中見襁負女 有感」.
245) 상게서, 권1, 10頁, 「自嘲」.
246) 상게서, 권1, 10頁, 「無題」.

드러내고 있다.

이 밖에도 宋趾光의 시 3수와 盧允中의 편지 1수를 간행본에 싣지 않았다. 두 사람은 그가 살던 고을의 수령이었으므로 당대는 교유자로, 그 후대는 世誼 家門을 형성할 수 있는 자료로 활용할 문건인데 삭제한 것이 주목된다.

孫德升(1659-1725)이 지은 『梅湖集』의 <그림 39>와 같은 초고본과 목판본 『梅湖先生文集』[247]을 비교해 본다. 두 본 모두 서·발문이 없어서 정확한 편성 연대를 알지 못하겠으나, 金愚가 찬한 손덕승의 묘갈명에 의하면 9세손 孫榮翼이 목판본을 간행한 것으로 기록되어 있어서 초고본과 목판본 모두 20세기 초에 편성된 것이다.

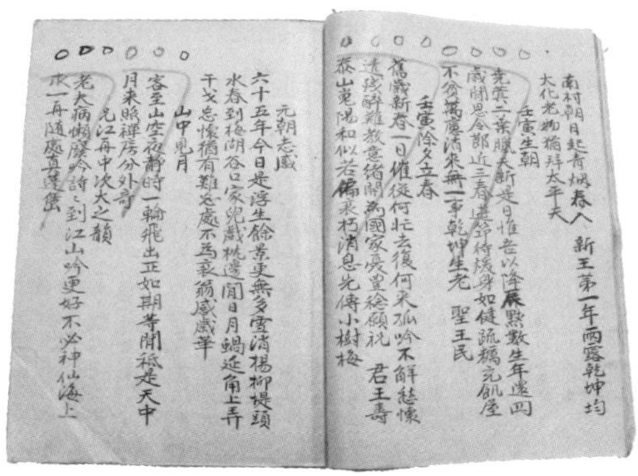

〈그림 39〉 孫德升의 『梅湖集』 초고본

247) 孫德升, 『梅湖先生文集』(목판본), 8권3책.

『매호집』 목판본을 보면 초고본에 있던 100여 수의 한시를 삭제한 사실을 알 수 있다. 삭제한 내용은 작자가 생활하면서 심경을 토로하거나 자연에 유람하면서 사물에 대한 감상을 나타낸 시가 대부분이다. 먼저 「漫題」라고 붙인 시 1수를 살펴본다.

> 飽喫但捫腹 : 실컷 먹고 다만 배 문지르고
> 據梧枯木形 : 책상에 의지하니 고목의 모습이네.
> 小堂更窈寂 : 작은 방이 더욱 그윽하고 고요하여
> 夜讀南華經 : 밤에 남화경(莊子)을 읽노라.[248]

일상생활에서 행동하면서 느낀 일을 표현한 것이다. 결구의 "밤에 남화경을 읽노라"에서 남화경은 莊周가 지은 노장사상을 담은 책이다. 따라서 이 대목은 정통 儒家에 반하는 학습이란 사실에 주목하고 삭제한 것 같다. 또 삭제한 「周王寺洞口溪上口呼」라는 작품을 살펴본다.

> 不見周王寺 : 주왕사는 보이지 않고
> 周王溪水流 : 절 시냇물만 흘러오는데
> 一溪山下路 : 한 시내는 산 아래로 길을 내었는데
> 山上白雲浮 : 산 위에는 흰 구름만 떠 있네.[249]

자연의 모습을 그대로 보고 즐기려는 작자의 산수 동경의 마음이 잘 드러나고 있다. 이 같이 세속을 떠난 은둔 생활이 행복한 삶을 영위한

---

248) 孫德升, 『梅湖集』(초고본), 권1, 「漫題」.
249) 상게서, 권1, 「周王寺洞口溪上口呼」.

다고는 생각하지 않음을 다음 시 「山中別友」에서 알 수 있다.

耳邊蕭瑟松風 : 귓가에는 솔바람 소슬하고
脚下潺湲流水 : 다리 아랜 졸졸 물 흐르네.
遊人去山鳥啼 : 노니는 사람 떠나니 산새는 울고
日暮小欄獨倚 : 날 저문 작은 난간에 홀로 기대네.[250)]

이처럼 산중을 찾아온 벗을 보내는 작자의 외로운 심사가 자연과 어울려 잘 표출되어 있다. 다음은 「丁酉元朝志感」을 음미해 본다.

喔喔龕雞已報晨 : 닭장의 닭 울어 이미 새벽 알리니
浮生五十九年春 : 뜬 구름 같은 인생 벌써 59세이네
一樽但可今朝醉 : 다만 오늘 아침 한 통 술에 취하고 싶은 것은
雙眼看稀去歲人 : 지난 해 사람 두 눈으로 보기 드물어서 이네.[251)]

세월의 빠름에 따라 늙어가며, 벗과 이별하게 되는 작자의 외로운 심사가 신년을 맞으면서 표출되니 취하고 싶은 심정이다. 다음은 「兄江舟中次大之韻」을 살펴본다.

老夫病懶廢吟詩 : 늙은 이 몸 게을러 시 읊기 폐했는데
詩到江山吟更好 : 江山에 이르러 시 읊으니 다시 좋네.
不必神仙海上求 : 神仙을 바다 위서 구할 필요 있으랴?
一舟隨處眞蓬島 : 배따라 닿는 곳 진실로 仙界인데.[252)]

---

250) 상게서, 권1, 「山中別友」.
251) 상게서, 권1, 「丁酉元朝志感」.
252) 상게서, 권1, 「兄江舟中 次大之韻」.

兄江에서 배를 타면서 읊은 次韻詩다. 늙은 작자는 몸이 게을러 시 읊기를 그만두고 있었는데, 배 타고 강산을 유람하니 詩興이 나서 다시 읊게 되어 좋다고 하였다. 신선이 따로 없고 배따라 닿는 곳이 곧 불사 영약이 있는 仙界(蓬萊山)라고 했으니 노장사상의 취향을 엿볼 수 있다. 이처럼 판본에 삭제한 시를 통하여 작자의 세계관을 살펴볼 수 있다.

韓山斗(1556-1627)는 경상도 豊基에 거주하던 사람이다.[253] 그 후손들이 18세기 이전에 『秋月堂遺稿』 초고본 1책을 작성하여 家藏하였고, 이 초고본을 저본으로 하여 1811년에 2권1책으로 된 『秋月堂先生文集』을 풍기에서 목판본으로 간행하였다.

한산두의 초고본 내용에는 작자의 「次龍宮叔主絶句」 1수가 실려 있는데, 뒤에 나온 목판본에는 제목이 고쳐져 있다.

瞻慕風儀日若年 : 우러러 사모한 멋진 풍채 날로 청년 같고
窮居無件更蕭然 : 궁하고 의지함 없어서 다시 쓸쓸 하였네
年來乞與寬心法 : 년래에 심법 너그러이 할 것을 권하니
讀盡南華第一篇 : 남화경(莊子) 제 1편을 다 읽었네.[254]

작자가 용궁현감을 역임한 叔父의 시에 차운한 것이다. 結句에 莊周가 지은 南華經(莊子)의 제 1편을 읽은 것이 문제가 되었음인지, 목판

253) 韓山斗의 字는 士瞻, 號는 秋月堂이다. 그의 家系는 충청도 淸州에 世居하였는데, 그 從祖父인 韓琦가 풍기군수가 되어 이황의 門人이 되었고, 그 부친인 韓日就가 黃俊良의 門人이 됨에 따라 충청도에서 풍기로 이거한 것이라고 본다.
254) 韓山斗, 『秋月堂逸稿』(초고본, 18세기 이전), 「次龍宮叔主絶句」.

본에는 이 시의 내용을 수록하면서도 詩題를 「次缺」[255)]이라 하여 숙부와 관련 있는 제목을 삭거하여 未詳인 것처럼 처리한 사실을 확인할 수 있다.

姜希孟(1424-1483)이 편한 『晋山世稿』의 목판본(1473년)에 실려 있는 姜淮伯(1357-1402)의 「次河淸風(子腫)韻」을 살펴본다.

華髮頻看鏡 : 흰 머리로 자주 거울보고
還山始卜居 : 산에 돌아와 비로소 거처를 정하네.
例多迷去就 : 대부분 거취에 미혹함이 많아
鮮克保終初 : 처음과 끝 보전하는 이 드무네
▸未有陶公傍 : 陶淵明의 근처에도 가지 못하는데
▸虛懷賈傅書 : 헛되이 賈誼의 글 생각하네.
相望唯涕淚 : 서로 바라보며 오직 눈물 흘리지만
天地一遽廬 : 천지가 잠시 머물다 가는 여관인걸.[256)]

『진산세고』가 간행되고 136년이 지난 1609년에 河渾이 해인사에서 『晋陽聯藁』 1책을 목판본으로 간행했는데,[257)] 이 때 인용문의 頸聯에서 밑줄 친 세 글자를 다음과 같이 바꾸어 실었다.

已有陶公策 : 이미 陶淵明의 계책 있는데
焉懷賈傅書 : 어찌 賈誼의 글 생각하리오.[258)]

---

255) 韓山斗, 『秋月堂先生文集』(목판본, 1811년), 卷1, 15頁, 「次缺」.

256) 姜希孟 편, 『晋山世稿』(영인본, 서울, 경인문화사, 1976), p.38, 「次河淸風韻」.

257) 河渾 편, 『晋陽聯藁』(목판본, 해인사, 1609년), 2권1책.

258) 상게서, 권1, 「次河淸風韻」 참조. 한편 이 시의 말미에 기록된 註를 보면 "見晋山世稿"라 하였다. 『진산세고』에서 인용한 후 글자를 바꾸어서 간행한 것임을

당초 “도연명의 근처에 가지 못하는데 헛되이 賈誼의 글 생각 하네.” 라고 되어 있는 것을 『진양연고』 에서는 “이미 도연명의 계책 있으니 어찌 가의의 글 생각하리오.”라고 고쳐져 있다. 의미가 달라진 것이다.

李曼勝(1590-1659)의 『槐堂先生文集』은 두 종이 보인다. 辛亥本(1851년)은 柳致明의 서문과 柳致皜의 발문이 들어 있는 책이고, 辛巳本(1941년)은 10세손 李泰植이 河謙鎭의 서문을 붙여서 간행한 것이다. 작품수를 살펴보면 신해본에는 賦 1, 詩 11, 疏 1, 書 4, 雜著 2, 祭文 2수 등 총 21편이 실려 있다. 그러나 신사본에서는 賦 1 외에 詩의 경우 신해본의 2수를 삭거하고 4수를 추가하여 13수가 되었고, 疏[259] 1, 書 6, 雜著 2, 祭文 4 등 총 27편이 들어 있다.

특히 신사본을 보면 류치명의 서문과 류치호의 발문이 함께 실려져 있어서 이 책이 신해본의 영향을 받았다고 하겠다. 그러나 내용을 보면 삭거, 첨가 외에 전반적인 산개가 있음을 확인할 수 있다.

신해본 ⇒ 登山<u>朝採蕨</u> : 산에 올라 아침에 고사리 캐고
臨水<u>夕釣魚</u> : 물에 임해 저녁에 고기 낚노라.
<u>興</u>味兼山水 : 흥미에 산수를 겸하고
優游送居諸 : 넉넉히 노닐며 세월을 보내노라.[260]

알 수 있다.

259) 상소문은 「應旨求言疏」인데, 辛巳本의 내용을 보면 「應旨進言疏」라 고친 후 말미에 ‘修君德’, ‘保民嵒’, ‘進君子 退小人’, ‘立三公’ ‘從諫如流’ ‘六卿 久任責成’, ‘方伯連帥 久任責成’ 등 7條目이 추가되어 있다.

260) 李曼勝, 『愧堂先生文集』(목판본, 1851년 신해본), 권1, 2頁, 「逢春述懷」, 其二.

신사본 ⇒ 朝採山西蕨 : 아침에 산 서쪽 고사리 캐고
夕釣水中魚 : 저녁에 물 속 고기 낚노라.
有味兼山水 : 맛있고 산수도 더했는데
何心淚滴裾 : 무슨 마음에 눈물이 옷깃을 적시나.[261)]

위의 시는 「逢春述懷」이다. 신해본에서는 제1구와 제2구에서 세 번째 이하의 글자를 對偶가 되도록 지었는데, 신사본에서는 제1-2자와 끝자를 대우가 되도록 바꾸었다. 또 제3구에서 1자를 고치고, 결구에서는 5자를 모두 고쳤다.

신해본에서 자연동화적이고 평온한 시적 분위기가 감돌고 있는데 비하여 신사본에서는 자연과 벗을 하면서도 인생의 무상감을 느끼며 애상에 잠기게 한다.

신해본 ⇒ 酷愛滄浪也自淸 : 몹시 사랑하는 창랑 또한 스스로 맑으니
於斯遊泳濯吾纓 : 이에 노닐고 수영하며 내 갓끈을 씻노라.
休言漁父終無賴 : 어부가 끝내 도움 없다 말하지 말라
他日能扶漢鼎傾 : 다른 날 기우는 나라 부축하여 세우리.[262)]

신사본 ⇒ 檻外滄浪水至淸 : 난간 밖 창랑의 물 지극히 맑으니
把竿終日自怡情 : 낚싯대 잡고 종일토록 스스로 즐겁네.
休言漁父終無賴 : 어부가 끝내 도움 없다 말하지 말라
一絲能扶漢鼎傾 : 한 낚싯줄로 기우는 나라 부축하여 세우리.[263)]

---

261) 李曼勝, 『愧堂先生文集』(목활자본, 1941년 신사본), 권1, 2頁, 「逢春述懷」.
262) 李曼勝, 전게 신해본, 권1, 4頁, 「釣魚謾吟」.
263) 李曼勝, 전게 신사본, 권1, 4頁, 「釣魚」.

위의 시는 「釣魚謾吟」이다. 제3구를 제외하고 모두 고쳐져 있다. 신해본에서는 굴원의 「어부사」를 수용한 것으로 기승전결이 전체적인 조화를 이루면서 애국의식을 담고 있는데 비하여, 변개된 신사본에서는 「어부사」와 강태공의 釣魚를 겸하여 도리어 의미전달을 약하게 하고 있다.

이만승이 병자호란을 겪은 후 한 友人이 「思母曲」 四韻詩를 지어서 보여준 일에 대하여 그 자신이 감동하여 지은 二十韻에서도 산개된 부분이 여러 곳에 나타난다.[264)]

한편 『괴당선생문집』 신해본의 부록을 보면 姜汝戶가 지은 「행장」과 李五秀가 지은 「묘지명」이 있었는데, 신사본에는 강여호의 「행장」이 없고 대신 曺善迪의 이름으로 된 「행장」이 들어 있다. 그러나 조선적의 「행장」 내용을 자세히 살펴보면 강여호의 「행장」을 중심으로 일부 수정한 동일인의 문체임을 쉽게 알 수 있다.

또 신사본을 간행할 때 李五秀의 「묘지명」은 삭거하고, 대신 이 때 다시 작성한 張升澤이 지은 「行錄」과 郭鍾錫이 지은 「묘갈명」, 鄭寅普가 지은 「묘지명」 등을 추가로 실었다. 또 부록에 실려 있는 당대인의 輓詞나 祭文도 대부분 산개하였다

책은 公器이다. 위에서 살펴본 신해본은 당대 영남의 유학자 류치명이 감수하여 간행한 것인데 후대 사람이 다시 수정하는 것은 원저자의 세계관을 왜곡하는 행위가 된다.

---

264) 李曼勝, 전게 신해본의 詩句를 신사본에서 바꾼 것을 살펴보면 親亡家破子無依 → 世亂家破哀此煢 / 無父無君禽獸如 → 無父無君孤露如 / 山河物色風景殊 → 風景不殊山河改 / 惰事不及河豚魚 → 情事不及河豚魚 등임을 알 수 있다.

李秉銓(1824-1891)의 초고본 『离皐遺稿』와 목활자본 『离皐文集』을 살펴보기로 한다. 초고본에는 서·발문이 없어서 정확한 편성 연대는 알 수 없지만 사후에 바로 편성한 것 같고, 목활자본은 아들 李承馥이 갑인년(1914)에 성주에서 간행한 것이다. 목활자본을 보면 초고본에 있던 시 234제 301수를 82제 143수로 축소하여 실었고, 내용 전반에 산개된 사실을 확인할 수 있다.

초고본의 「伊淵講堂儒稧所」라는 시를 갑인본에 「伊淵講堂」이라고 줄여서 표기한 시를 살펴본다.

초고본 ⇒ 伊淵活水發眞源 : 伊淵의 活水가 참 근원에서 시작하니
天爲先生闢院門 : 하늘은 선생 위해 서원을 열었네.
寶鑑千秋明月照 : 보배 거울은 천년에 밝은 달 비추는데
昆岡一夕烈風翻 : 昆岡은 하룻저녁에 매운바람 뒤집었네.
同修儒稧增懷久 : 같이 儒稧 결성하여 회포 더함 오래고
仍保講齋寓慕所 : 이에 강당 보존하니 思慕의 정 붙인 곳일세.
此地宮墻依舊樣 : 이 땅의 집과 담 옛 모습 그대로니
何人興感孚靈原 : 어느 누군들 감흥하여 마음에 미덥지 않으리오.[265)]

갑인본 ⇒ 伊淵活水發眞源 : 伊淵의 活水가 참 근원에서 시작하니
▸<u>**襟佩**蹌蹌**入德**</u>門 : 의관 갖춘 선비들 성대하게 德門에 들어서네.
寶鑑千秋明月照 : 보배 거울 천년에 밝은 달로 비추는데
昆岡一夕烈風翻 : 昆岡은 어느 날 밤 매운바람 뒤집었네.

265) 李秉銓, 『离皐遺稿』(초고본, 조선말기), 「伊淵講堂儒稧所」.

▸ **講堂頹廢興**懷久 : 강당 무너져 버려지니 회포 일어남 오래인데

▸ **儒案修成寓**慕存 : 儒案이 이루어져 思慕의 정 보존했네.

▸ **以古視今如昨日** : 옛날로 오늘 보면 어제인 듯하리

▸ **遺風餘韻警人昏** : 남은 기풍, 남은 운치 어두운 사람 깨우치네.[266)]

이연강당에 대한 회포를 읊은 시인데 총 다섯 구절을 산개하여 시적 분위기를 바꾸었다. 5, 6구의 頸聯에서는 회포의 시간적인 면과 강당의 공간적인 면에서 시사하는 것이 혼선을 주고 있다.

이 밖에도 詩의 제목을 표기함에 있어서 「謹和小學堂寒暄先生韻」이 「敬次板上韻」으로, 「宿崇山小學堂」이 「宿小學堂」으로 줄여서 표기했으므로, 원작자가 시를 지을 때 의도했던 구체적인 의미가 상실되고 있다.

李以豊(1768-1827)의 『九巖遺稿』 초고본과 1911년에 손자 李相奭이 간행한 목활자본 『구암문집』[267)]을 비교해 보면 산개된 현상이 더러 보인다. 그 가운데 시대상을 알 수 있는 5언시 330자나 되는 장편의 「警誡西學詩」를 삭제한 것이 주목된다.

有明朝鮮國 : 우리 조선의 나라는
禮樂自箕封 : 예악을 箕子 東來로 시작했네.
我朝德業盛 : 조선은 德業이 성하여
黎民盡時雍 : 백성들 모두 화락하네.

---

266) 李秉銓, 『禼皐文集』(목활자본, 1914년), 권1, 「伊淵講堂」.

267) 李以豊, 『九巖文集』(목활자본, 1911년), 4권2책.

五星聚奎躔 : 다섯 별 奎星의 궤도에 모이니
五賢迭擇中 : 다섯 현인 번갈아 나타났네.
陽九運正午 : 양의 운이 한창이니
陰六道自窮 : 음의 도가 쇠하였도다.
雅說入東國 : 바른 說 우리나라에 들어온 지
二百有餘年 : 200 여년이라
吾道盛如許 : 우리 도(儒道)가 저같이 盛하니
西教不敢傳 : 西教는 감히 전하지 못하네.
世遠人又亡 : 세대 멀어지고 사람 또한 없어지니
異端忽駸然 : 異端이 문득 빨리 성하는구나.[268)]
(하략)

작자는 시대의 흐름에 따라 전통 유학이 쇠퇴하고 이단으로 여기던 西學이 대두하고 있음을 목격하면서 이를 경계하고자 하여 장편의 시를 지어서 자신의 심회를 드러낸 것이다.

尹秉顥(1773-1837), 尹秉頤(1775-1843)가 함께 지은 초고본『伯仲遺稿』는 저자 사후에 바로 편성된 것이다. 간행본은 이 초고본을 저본으로 하여 1880년대에 두저자의 호 菊窩, 槐軒에서 첫 자를 취하여『菊槐聯芳集』[269)]으로 간행되었다.

간행본의 내용을 살펴보면 시에서 윤병이가 지은 太極, 西銘, 易, 書, 詩, 孟子, 論語, 大學, 中庸, 周禮, 春秋, 通史, 綱目 등 유학 경사에 관하여 감회를 읊은 시문이 모두 삭제되어 있다. 또 두 사람이 지은「陶山九曲」각 10수를 삭제한 사실을 주목할 수 있는데, 이 점에 대해서는 두 저자가 주희의「武夷九曲」이란 형식적 영향과 이황의 도학 사상에

268) 李以豊,『九巖遺稿』(초고본), 권1, 1頁,「警誡西學詩」.
269) 尹秉顥, 尹秉頤 공저,『菊槐聯芳集』(목판본), 6권2책.

서 영향을 받았다고 보기 때문이다. 윤병이가 지은 「도산구곡」의 한 대목을 살펴본다.

> 陶山遠接武夷靈 : 도산은 멀리 무이산 仙靈을 접하여
> 山氣秀明水氣淸 : 산 기세 빼어나고 수기도 맑았네.
> 鍾得大賢捿在此 : 정기 뭉친 대현(퇴계)을 이 곳에 살게 하니
> 至今東國擅英聲 : 지금에 와서도 동국의 영웅으로 명성 높네.[270)]

도산의 이황을 주희가 살았던 武夷와 연결하여 東國의 朱子로 설정하고, 도산 일대를 흠모하고 있음을 살펴볼 수 있다.

다음은 경상감영의 교육기관인 樂育齋에 선발되어 책을 읽었던 사람들의 시문을 살펴본다. 낙육재는 1721년에 경상감사 趙泰億이 설치한 감영의 직속 교육기관이다.[271)] 관찰사는 매년 백일장을 열어서 도내의 우수한 인재를 선발하는데, 考試에 앞서 儒生들의 庭揖禮를 받았고, 합격한 유생 15인에게는 낙육재에 鐘鼓樂隊를 불러 풍악을 크게 연주하고 기생으로 하여금 노래하고 춤추게 하였으며, 시험 등급에 따라 유생들에게 賞을 내렸다.[272)] 그리고 1년간 左·右齋에 기거하면서 독서·제술하도록 하였고, 齋生은 관찰사에게 강론하고 질문하였으므로[273)] 여

270) 尹秉顯, 尹秉頤 공저, 『伯仲遺稿』(초고본), 권1, 「陶山九曲」, '仲' 篇.

271) 張仁鎭, 「嶺南 樂育齋 攷」(대구시립도서관, 『大邱市立圖書館報』, 제3호, 1978) 및 張仁鎭, 「慶尙監營의 樂育齋 敎育에 대하여(계명한문학연구회, 『漢文學研究』, 제8집, 1992) 참조.

272) 영남문화연구원 편, 『嶺營日記·嶺營狀啓謄錄』(경북대학교 영남문화연구원, 2004), p.114, 乾隆 17년(1752) 2월 27일 條.

273) 崔興遠, 『百弗庵先生文集』(목판본), 권2, 31頁, 「與趙國老(昇慶)」, "一初는 과연 낙육재에 나아갔는지? 이미 입학한 뒤에는 꼭 製述 공부에 전력할 필요가 없고,

기에 선발된 일을 매우 영예롭게 여겼다. 경상감사가 때로는 재생을 중심으로 鄕飮禮를 주관하는[274] 등, 학습과 각종 행사를 병행하여 문풍을 진흥시켰다.[275]

全奎煥(1832-1893)의 문집 초고본은 『小心亭自說』로 되어 있다. 이 초고본을 저본으로 하여 三從侄 全錫允이 宋浚弼의 서문을 넣어서 목활자본으로 간행한 것이 『소심정문집』이다. 초고본에 나타난 「贈樂育僉座書」의 내용에 수록된 5언 절구 1수와 간행본에 실린 「與樂育齋諸益遊八公山」 1수를 살펴보기로 한다.

초고본 ⇒ 暮抵三樂舍 : 해질 무렵 낙육재 당도하여
悵望八公山 : 시름겹게 팔공산 바라보네
山深人不見 : 산 깊어 사람은 보이지 않으니
知是在雲間 : 바로 구름 사이에 있음을 알겠네.[276]

모름지기 고요하게 침잠하고 씩씩하게 공부하는 氣象으로 좋은 글을 보아 궁구하고, 의심나는 곳은 지적하여 표시했다가 때때로 方伯에게 강론하고 질문해야 합당할 것 같은데, 그 과연 이런 의사가 있는지?(一初果就樂育齋耶 旣入之後 不必專力於製工 須以沈靜莊敬氣象 看究好文字 指點疑處 有時講問於方伯似得 其果有如此意思否)"라는 기사를 보면 낙육재의 교과 과정과 학문 태도를 이해할 수 있다.

274) 향음례와 관련하여 尹仁錫의 『一庵集』, 「讀鄕飮禮有感」에 "嶠南鄕飮刱陶山 復得盤翁(註: 尹光顔 監司)啓此關"이라는 기록이 있다. 영남의 향음례가 陶山에서 처음 시작한 것이라 하였으므로 낙육재에서 행한 향음례는 이황의 영향을 받은 것이다.

275) 張仁鎭, 「경상감영의 낙육재 교육에 대하여」(계명한문학회, 『한문학연구』, 제8집, 1992. 12), pp.177-198.

276) 全奎煥, 『小心亭自說』(초고본), 「贈樂育僉座書」.

간행본 ⇒ 朝過三樂舍 : 아침에 낙육재를 지나서
午入八公山 : 점심 때 팔공산에 들어 갔네
吾儕十有五 : 우리 열 다섯 낙육재생들은
共與白雲間 : 다들 흰구름 사이에 있네.[277]

이 詩는 작자가 낙육재에서 독서를 마치고 귀향한 후 함께 居齋하였던 낙육재생들에게 서찰을 보내면서 지은 詩인데, 서찰의 내용은 지난 날 팔공산에 유람하면서 읊었던 시를 모아서 粧帖하고자 하는 뜻을 전한 것이다.

초고본에는 작자가 지난 날 낙육재 유생들과 함께 유람했던 팔공산을 시름겹게 바라보니 산이 깊어 사람은 보이지 않고 노닐었던 그 장소 또한 구름 속에 가려지고 있음을 보면서 회상에 잠긴 내용이다. 그런데 간행본에서는 낙육재 유생들에게 보낸 서찰을 삭제하고, 유생 15인이 아침에 출발한 후 점심 때 팔공산에 도착해서 실제로 팔공산을 유람하고 있는 사실을 형상화하고 있다. 내용도 단순하고 의미가 약화되었으므로 잘못 고쳐진 것이다.

또 초고본인 『소심정자설』에 나타난 「觀善堂偶吟」과 목활자본의 「觀善偶吟」을 비교해 보기로 한다.<그림 40>

초고본 ⇒ 今夜幽齋客 : 오늘 밤은 그윽한 낙육재의 손님
明日故鄕春 : 내일은 고향에서 봄을 맞겠지
莫言塵世事 : 티끌세상 일 말하지 말라
苦樂總由人 : 고락이 모두 사람에 달려있네

277) 全奎煥, 『小心亭文集』(목활자본, 1937년), 卷1, 11頁, 「贈樂育齋諸益遊八公山」.

一毫生萬變 : 작은 일에도 만 가지 변화 일어나니
世道正難行 : 세상 도리 진정 행하기 어렵네.
白石淸川上 : 흰 돌 위로 흐르는 맑은 물가에서
無如養性情 : 性情 기르는 것만 못하리.[278)]

간행본 ⇒ 今朝觀善客 : 오늘 아침은 善客과 노닐고 있지만[279)]
明日故鄕春 : 내일은 고향에서 봄을 맞겠지
莫言塵世苦 : 티끌세상 고생 말하지 말라
苦樂總由人 : 고생과 즐거움 모두 사람에 달려있으니.[280)]

觀善堂은 낙육재의 강당이다. 작자가 낙육재에 선발되어 1년간 독서하다가 居齋기간이 만료되어 고향으로 돌아갈 때 지은 시다. 초고본에서는 오언율시로 된 「觀善堂偶吟」이었는데, 간행본에서는 '堂'자를 빼고 「觀善偶吟」이라 고친 후 오언절구체로 축약하였다. 따라서 제 1구의 "오늘 밤은 그윽한 낙육재의 손님"이 "오늘 아침은 善客과 노닐고 있지만"으로 바뀌게 되었으므로, 작자가 낙육재에 선발되어 책을 읽었던 사실이 상실되고 만다.

278) 全圭煥, 『小心亭自說』(초고본), 「觀善堂偶吟」.
279) 산개된 句節을 초고본의 句節과 대비하면 "오늘 아침은 觀善(樂育齋)의 나그네"로 번역할 수 있다. 그런데 초고본과 대비하지 않고 간행본에 나타난 「觀善偶吟」이란 詩題를 주목하고, 이 시의 의미를 파악할 때는 '觀善'을 '樂育齋'로 보는 데 무리가 있다.
280) 全圭煥, 『小心亭文集』(목활자본, 1937년), 「觀善偶吟」.

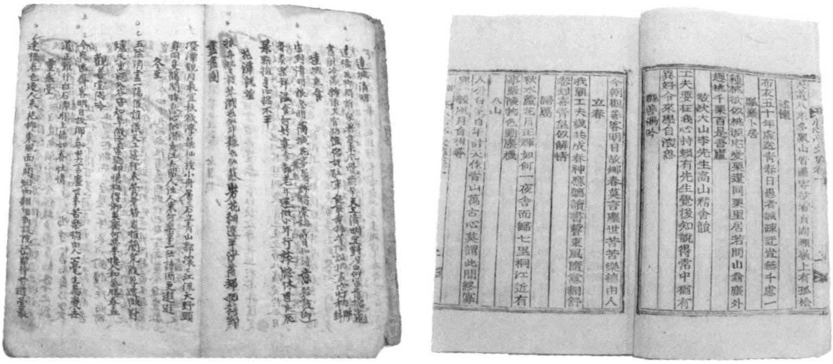

〈그림 40〉 전규환의 문집 초고본(왼쪽)과 목활자본의 내용

1852년 정월에 李敦榮이 경상감사로 부임한 직후의 낙육재에서는 1년간 거재를 마치고 귀향하는 낙육재생 15인이 있었다. 監司는 자신이 詩韻을 내고 이들과 수창한 15인의 송별시를 모아 『낙육재시첩』을 편성하였는데,[281] 그 시첩에는 許元栻(초명 栻: 1828-1891)의 시가 들어 있다.

> 名公有志下車初 : 이름 난 公께서 뜻 두고 부임한 때는
> 彬菀文風布化餘 : 興盛한 문풍으로 교화 펴던 시기이네.
> 淸榻幸蒙今日誨 : 맑은 자리에서 다행히 오늘의 가르침 받는데
> 英齋多讀古人書 : 英齋(낙육재)에서 옛 사람 책을 많이도 읽었네.
> (하략)

허원식의 아들 許容斗가 『삼원당문집』을 편집할 때 이 시를 미처 수집하지 못했던지 문집에 누락되어 있고, 『삼원당문집』의 부록에 있는

281) 李敦榮 편, 『樂育齋詩帖』(필사본), 1책(13張).

'연보'에도 허원식이 낙육재에 선발되었던 1850년에는 '以行義 被鄕薦道薦'이라고만 표기되어 있다.[282] 허원식이 낙육재에 선발, 거재하면서 느낀 위의 詩가 문집에 빠졌으므로 그에 대한 세계관의 전반을 다 알지는 못한 셈이 된다.

경상감영 소속의 낙육재에 선발된 유생들을 지역에서 영예롭게 여겼으므로 그 선발된 명단을 잘못 표기한 것도 있다, 崔廷翰(1845-1909)의 『晩悟集』을 보면 1887년에 낙육재에 선발된 유생 15인[283]이 모여서 창수한 시가 들어 있는데, 具然雨(1843-1914)의 『琴愚續集』에는 金進銖 대신에 具然雨가 수록되어 있다.[284] 어느 문집에 수록된 것이 실제 선발된 사람인지 알 수 없다. 영남 문집 가운데는 낙육재 출신 문인들이 남긴 시문이 더러 수록되어 있으므로 이들 작품을 모아서 종합적인 정리를 해둘 필요가 있다.

조선시대는 주자학을 중시하였으므로 시문 가운데 莊子와 같은 단어는 20세기에 들어와서도 문집 간행본에 표기하기를 꺼려하였다. 崔命熙(1864-1941)의 『曉堂集』 초고본에 있는 「挽正奎族侄鉉林」을 살펴보기로 한다.

---

282) 許元栻, 『三元堂文集』(목판본, 1915년), 卷3, 15頁.

283) 崔廷翰의 『晩悟集』(목활자본, 1928년)을 보면 낙육재에 선발된 유생 15명은 金學奎, 宋泰欽, 李舜性, 禹昌植, 具達書, 李貞和, 成壽鎭, 禹東軾, 呂昌會, 柳煥兢, 曺喜宇, 徐錫東, 金進銖, 徐載典, 崔廷翰 등이다.

284) 具然雨, 『琴愚續集』(석판본, 대구, 琴愚堂, 1999), 권2, 74頁, 「樂育齋同硏錄(丁亥試)」.

善述槐泉子 : 글 잘 짓기는 宋나라 王祜 같고
裕謨雲谷翁 : 넉넉한 계책은 朱子 같네.
儉師蕭相屋 : 검소하기는 蕭何 정승의 집 짓는 것 본받았고
經滿韋賢籠 : 經書는 韋賢의 바구니에 가득했네.
枕化迷莊子 : 베개 베고 잠잘 때는 莊子 꿈에 빠져들었고[285)]
樽盈慕孔融 : 술 단지 가득 채운 풍류는 孔融 사모한 것이었네.[286)]
能得箕疇之 : 箕子가 지은 五福을 얻었고
花松戒范公 : 벼슬 욕심내는 조카를 꽃과 소나무로 경계한 范質같은 분이었네.[287)]

밑줄 친 '莊子'를 간행본 『曉堂文集』에서는 '才老'[288)]로 대체하여[289)] 의미가 다르게 표현하였다.

다시 『효당집』 초고본에 수록되어 있는 「村居四時」의 秋篇을 살펴 보기로 한다.

---

285) 莊周, 『莊子』(再鑄甲寅字本), 권1, 33頁, 「齊物論」에 보이는 '蝴蝶夢'의 고사를 취한 것이다.

286) 林尹 등편, 전게 『中文大辭典』, 三卷 p.273의 '王融' 篇에 "嘗自謂座上客常滿樽中酒不空 吾無憂矣."라 하였다.

287) 崔命熙, 『曉堂集』(초고본, 조선총독부 검열본), 권1, 8頁, 「挽正奎族侄鉉林」.

288) 이 만사는 人名을 對句로 하여 지은 것이다. 따라서 才老는 송나라의 학자 吳棫의 字가 되므로 오역을 염두에 두고 고친 것이라 하겠다. 오역은 建安 사람으로, 『書裨傳』, 『詩補音』, 『楚辭釋音』, 『韻補』, 『字學補韻』 등 많은 韻書를 저술하였는데, 朱子가 평하기를 "근대의 訓釋學은 오로지 才老가 가장 낫다." 하였다.

289) 崔命熙, 『曉堂文集』(연활자본, 晋州, 1954년), 권1, 43頁, 「挽正奎族侄鉉林」.

葉落庭梧枕簟冷 : 뜰 오동나무 잎 떨어지니 누운 자리 차갑고
綠兮黃兮野噓秋 : 푸르고 누른 들 가을 기운이네
▸不覺之間耕種急 : 자신도 모르는 사이 밭 갈고 씨뿌리기 급하니
▸皆言無暇水田收 : 모두가 논 수확할 여가 없다고 하네.[290)]

간행본 『효당문집』을 보면 밑줄 친 제3, 4구의 내용을 다음과 같이 수정한 사실을 확인할 수 있다.

纔獲稻禾仍摘實 : 겨우 벼 거두자 이에 열매 따니
一年生養一時收 : 일년 자라 기른 것 일시에 거두네.[291)]

가을철에 농작물을 수확하는 내용인데, 표현에 있어서 역동성이 있는 초고본의 내용이 더 좋은 것 같다.

成世英(1885-1955)의 『祼翁小稿』 2권2책은 저자 사후에 바로 편집된 초고본이다. 이 초고본에는 詩 76題 101首, 文 32제 등 총 108제 133수가 실려 있는데, 성주출신 李鍾烈의 교정을 거친 후에 98제 122수를 취하여 1979년에 『나옹문집』으로 출판하였다.

초고본의 첫 머리에 게재되어 있는 한시 1수는 시제를 「송촌 지석영을 보내며」라고 되어 있다.

---

290) 崔命熙, 전게 초고본, 권1, 13頁, 「村居四時」 秋篇.
291) 崔命熙, 전게 연활자본, 권1, 42頁, 「村居四時」 秋篇.

津柳蒼蒼鶯亂囀 : 강나루 버들 무성하고 꾀꼬리 울음소리 시끄러울 때
送君西去日邊城 : 서쪽으로 서울(漢陽) 가는 그대 송별하네.
五老贐行劉子事 : 五老가 나와 詩文, 물품으로 송별한 것은 劉子의 일이고
長年爲客仲宣情 : 長年에 손님이 된 것은 仲宣[292]의 情일세.
草色連天征路暗 : 초색은 하늘과 연이어 나그네 길 어둡고
斜陽蘸水遠沙明 : 저녁 해 물에 잠기어 멀리 모래사장 밝네.
却有飛鴻能寄信 : 또 날아가는 기러기 있어 능히 소식 전하니
他時莫恨別愁生 : 이후 이별의 시름 생겨도 한하지 말아야 하리.[293]

초고본 맨 첫머리에 수록되어 있는 이 시는 성세영이 池錫永(1855-1935)을 송별하면서 지은 것이다.

그런데 1979년에 그 손자 成璣運이 李鍾烈의 서문을 받아서 간행한 판본을 보면 이 시의 내용은 그대로 두고 다만 제목을 <그림 41>과 같이 「백암 박은식을 보내며」라고 고쳐져 있다.[294] 지석영에게 보낸 시를 무슨 이유에서 朴殷植(1859-1925)에게 보낸 것으로 고치게 된 것인지 정확하게 알 수 없지만, 다음을 생각해 볼 수 있다.

---

292) 仲宣은 중국 삼국시대 魏나라 사람 王粲의 字이다. 『三國志』 권21에 의하면 그는 박학다식하였고, 文詞가 넉넉하였으며, 漢末에 荊州로 피난하여 劉表에게 의지하였는데 뜻을 스스로 얻지 못하여 돌아갈 생각으로 江陵城樓에 올라 「登樓賦」를 지었다. 뒤에 위나라에 벼슬하여 관직이 侍中에 이르렀다.

293) 成世英, 『裸翁小稿』(초고본), 卷1, 「送池松村錫永」.
* 이 책은 하양 감리교회 조원경 목사 소장본이다. 자료를 협조해주신 목사님께 감사드린다.

294) 成世英, 『裸翁文集』(석판본, 1979), 권1, 「送朴白巖殷植」.

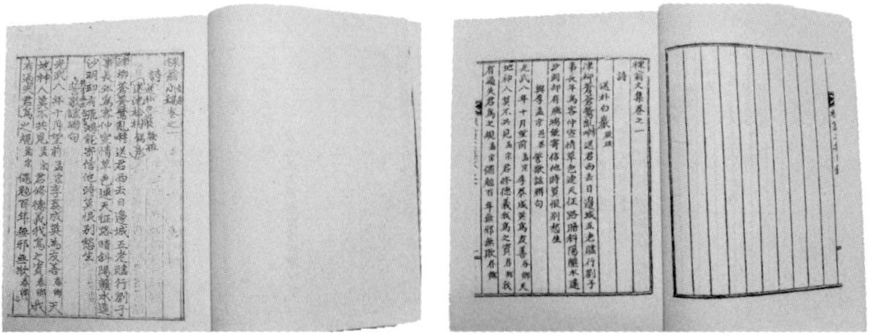

〈그림 41〉 成世英의 『나옹문집』 초고본(왼쪽)과 인쇄본

성세영은 成安義의 후손으로서 홍문관 교리 成起寅의 7세손이며, 대대로 문한이 끊이지 않은 영남의 전통 명문가 출신이었다. 어려서 재종숙 成大湜에게 배우고[295] 같은 고을의 학자 李貞基(1872-1945)를 존경하였으며,[296] 독립운동가로서 대종교 중진의 한 사람이었는데, 漢學을 잘하여 白凡 金九의 묘지명을 지었다.

이 책의 내용 산개와 관련하여 살펴볼 때 지석영은 의학자로서 국문학 보급에 힘쓴 사람이었고, 박은식은 민족사학자로서 독립운동가로서

295) 성세영의 문집 초고본의 行狀 篇에는 저자가 成大湜을 일컬어 「五峰先生成公行狀」이라 하고 그 존칭대명사로 '先生'이라 표기하여 師承의 관계가 있음을 밝혔으며, 행장 내용에서도 저자가 五峰에 대해 정신적으로 존모하는 문구가 더러 있다.
그런데 문집 간행본에서는 '再從叔 五峰公行狀' 이라 표기하고, 존칭대명사를 '公'이라 하여 다르게 표기하였으며, 五峰을 존모하는 문구도 일부 삭거하였다. 아마 李貞基의 門人임을 강조하기 위해 고친 것이라고 본다.

296) 성세영의 문집 초고본에는 李貞基(濟西)가 졸한 후 성세영이 지은 輓詞에서 '哭濟西李公'으로 표기되어 있는데, 문집 간행본에서는 '輓濟西李先生'으로 고쳐져 있다. 이로 보면 성세영이 13년 年上의 이정기를 같은 고을의 선배로 대접한 것인데, 문집을 간행할 때 門人으로 규정한 것이다. 이 문집을 간행할 때 교정한 사람은 이정기의 아들 李鍾烈이었다.

활동한 사람이다. 이 점을 감안할 때 『나옹문집』의 간행에 참여한 교정자 이종렬은 유가 출신이었으므로 그 문집 내용을 교정할 때 저자 성세영에 대해서도 실제 교유와는 상관없이 士族 신분에 걸 맞는 交遊를 엄격하게 적용했을 것이다. 이러한 주관적 판단에 따라 신분이 낮은 지석영을 박은식으로 대체한 것이라고 본다. 이렇게 될 때 작품의 내용 전반에는 문제가 있기 마련이다.

이 문집을 다시 살펴보면 저자 성세영이 지석영의 「춘몽시」에 차운한 「和池松村春夢詩韻」[297] 1수와 지석영이 졸하자 그를 위해 지은 제문[298] 1편도 남겼으나 간행본에는 삭제되어 지석영과 관련된 글은 모두 삭제된 셈이다.

또 정인홍과 관련 있는 7언 장편의 「萊庵歌」[299] 1수도 실려 있었으나, 간행본에는 삭제되었는데 내용을 살펴본다.

> 明宣之世尙文治 : 명종·선조 대에는 문치를 숭상하니
> 文純文貞起南維 : 이퇴계와 조남명이 남방에서 일어났네.
> 文貞門下有萊庵 : 남명 문하에 내암 정인홍이 있었으니

---

297) 『裸翁小稿』(필사본), 권1, 「和池松村春夢詩韻」, "草堂春日正遲遲 蝴蝶翩翩夢裡隨 白水渡來衣不濕 青山踏去脚無疲 烟雲花石依依際 臺榭園林歷歷時 十二街頭行未盡 忽驚窓外數聲鸝."

298) 상게서, 「祭松村池公文」, "慶尙有深齋公 京畿有松村公 天下士固多 藏形晦迹優遊山水 獨善其身者 察其行 或有不及焉 天下士固多 揚眉吐氣 攀龍附鳳 自謂高者 論其世 有過誤焉 … 深齋公文章魁傑 如蘇東坡 松村公文章雅正 如韓昌黎 深齋公 如神龍 在天雲行 而雨施 松村公 如麗日 騰空瑞靄 或爲掩暎 二公 皆能祖述聖賢 … 深齋公卒 哭而無文 今以哭松村公者 兼哭深齋公也."

299) 정인홍의 號가 세상에 '來庵'으로 알려져 있고, 그의 문집 이름도 『來庵先生文集』으로 되어 있다. 그런데 성세영은 '萊庵', '乃庵'으로 잘못 알고 있는 듯하다.

虎頭重瞳奇男兒 : 범 머리에 겹 눈동자로 기이한 남아였네.
英風不下關雲長 : 영명한 풍모는 관운장 못지않고
聖學欲希文宣王 : 성학을 중시하여 공자의 학문 배우고자 하였네.
龍蛇之亂國步艱 : 임진왜란으로 나라가 위급할 때
白面赤手衛一方 : 백면서생의 충적한 마음으로 일방을 방어했네.
文章道德復勳功 : 문장과 도덕에 다시 훈공을 더하니
睨視萬古凡儒空 : 만고를 흘겨보아도 이만한 선비 없었네
(중략)
昏朝政局多風雨 : 광해군 시대 어려운 정국에 풍우조차 많아지니
廢母殺弟不忍語 : 인목대비 폐모와 영창대군 동생 살해, 차마 말 못하겠네.
爾瞻之輩足奸凶 : 이이첨의 무리 간계 흉악한 짓거리
八十老翁復何預 : 80세의 늙은이 다시 무엇을 관여했으랴.
彰義門前金鼓震 : 창의문 앞의 큰 북소리 진동하니
昨日山林今塵土 : 어제의 산림처사 지금은 진토가 되었네.
可憐東城極刑時 : 가련하게도 동성에서 극형 당할 때
獨有高弟扶櫬歸 : 홀로 운구하여 돌아온 훌륭한 제자[300)]있었네.[301)]

이 작품은 조식의 문하생으로 임진왜란에 훈공을 세우고 나이 89세가 되던 해에 피화된 정인홍의 파란만장한 삶을 재조명한 서사시이다.

정인홍은 임진왜란 당시에 의병활동을 하여 큰 공적을 남겼으나 광해군 때 이이첨 일당으로 지목되고 영창대군을 죽이는데 관여하여 인조반정으로 피화되었다. 정인홍 사후에는 그와 교분이 있던 여러 가문에서 장차 화가 미칠까 두려워하여 교유한 문자를 지우기에 급급하였

300) 桐溪 鄭蘊(1569-1641)을 가리킴.
301) 前揭『裸翁小稿』, 卷1, 「萊庵歌」(萊庵一作乃庵 光海朝相國 鄭仁弘之號).

다. 뿐만 아니라 후대 역사가나 문인 학자들이 그를 높게 평가하지 않았다. 성세영의 「내암가」 1편은 비록 조선왕조가 망한 시점에 지어진 것이긴 하지만 영남의 전통 유가출신 저자로서 이러한 글을 남긴 것은 주목할 만한 일이다.

한편 성세영의 초고본을 살펴보면 「卄二娘傳」, 「吉冶隱傳」, 「王嬌鸞傳」, 「芙蓉傳」, 「尙書令何生傳」 등과 같은 5편의 傳 작품이 있으나 인쇄본에는 삭제되었으므로 후대에 연구가 있어야 할 것이다.

끝으로 우리는 시문의 교정과 관련하여 생각할 부분이 있다. 교정자가 시문을 교정할 때는 오자나 탈자를 바로잡는 것으로 소임을 마쳐야 한다. 글귀를 첨삭하는 것은 교정자의 직분을 남용하는 것이고, 첨삭을 거친 작품은 원작이 아닌 개작이 되어 문헌정신을 훼손하게 된다. 한 예로 朴誾의 시 "春陰欲語鳥相語 老樹無情風自哀(봄날은 흐려 비올 듯이 새들 지저귀고. 늙은 나무 정 없는데 바람 홀로 슬퍼하네)"[302]라는 구절에 대하여 許筠과 申緯가 높이 평가하고, 그를 海東 江西派의 盟主로 인정한 바 있다.[303] 詩 한 구절이 이렇게 후대인에게 영향을 미치는데, 만약 교정이라는 명분으로 저자의 본뜻과 다르게 첨삭을 가한다면 어떻게 평가하고, 또 믿을 수 있겠는가를 생각해 본다.

302) 朴誾, 『挹翠軒遺稿』(목판본, 順川, 1795년), 卷3, 13頁, 「福靈寺」.

303) 許筠, 『許筠全集』, 「惺叟詩話」, "如春陰欲語鳥相語 老樹無情風自哀之句 學蘇黃而秀越者也." 및 申緯, 『警修堂集』, 「東人論詩絶句」, "海東亦有江西派 老樹春陰挹翠軒."

2) 歌

이황은 1565년에 이현보의 「어부가」와 자신의 작품 「도산십이곡」을 친필로 남겨두었으므로 그 친필이 목판에 판각되어 후대에 전해지게 되었다. 이에 후대 사림들은 시조와 가사 문학에 대해서도 주목하여 작품을 남기기도 하였다.

그러나 저자가 시조나 가사 작품을 남긴다 해도 文集을 간행할 때는 대부분 登載하지 않았다. 이러한 작품은 대개 稿本으로 家藏되어오다가 유실된 경우가 많았다.

심재완 박사의 『시조의 문헌적 연구』에 수록된 시조, 가사 작품 가운데 文集 속에서 나온 것을 살펴보면 다음과 같다.[304]

> 聾巖集(李賢輔) / 自菴集(金絿) / 武陵雜稿(周世鵬) / 東厓遺稿(許磁) / 松湖遺稿(許橿) / 青蓮集(李後白) / 介庵集(姜翼) / 棲霞堂遺稿(金成遠) / 杜谷集(高應陟) / 松巖續集(權好文) / 沙村集(張經世) / 寒碧堂文集(郭期壽) / 漆室遺稿(李德一) / 仙源續稿(金尙容) / 蘆溪集(朴仁老) / 金忠壯公遺事(金德齡) / 善迂堂逸稿(李蒔) / 松潭遺事(白受繪) / 仙石遺稿(辛啓榮) / 孤山遺稿(尹善道) / 枕肱集(枕肱大師) / 野村集(孫萬雄) / 松巖遺稿(李廷煥) / 兩葉齋散稿(安瑞羽) / 伴鷗翁遺事(申墀) / 無極集(梁周翊) / 明村遺稿(朴淳愚) / 頤齋亂稿(黃胤錫) / 勿欺齋集(姜膺煥) / 蘆沙集(奇正鎭) / 商山集(池德鵬)

시조나 가사 작품이 수록된 文集은 총 31종으로 파악되는데, 인용한 자료 가운데는 영남 문집이 아닌 것도 있고, 근년에 출판된 것도 있다.

---

304) 沈載完, 『時調의 文獻的 硏究』(서울, 세종문화사, 1972), pp.73-158.

여기서 박인로의 『蘆溪先生文集』에 수록된 「노계가사」의 경우, 최근에 박인로 작품이 수록된 『永陽歷贈』(목판본, 1690년 간행)[305] 1책이 발견되어 이 책과 비교해보면 『노계집』 판본에 수록된 「莎堤曲」, 「陋巷詞」 등에 많은 산개가 있었음을 알 수 있고, 또 「相思曲」, 「勸酒歌」 등이 문집에 삭제된 사실도 확인할 수 있다.[306]

그러나 위 31종의 문집에 등재된 작품들은 학계에 널리 알려져 있으므로 본 장에서 다시 살펴볼 필요는 없을 것 같아서 논외로 한다.

이 외에도 영남 문집 가운데는 朴善長(1555-1616)의 『水西先生文集』에 시조 「五倫歌」 8수[307]나 전해지고, 盧禛(1518-1578)의 『玉溪先生續集』에는 이미 『교본 역대시조전서』에 수록된 「御製歌」, 「萬壽山歌」[308]와 함께 「母夫人壽宴歌」, 「答壽宴歌」(母夫人), 「次壽宴歌」(門人 趙宗道) 등 총 5편[309]이 실려 있다.

위에서 언급한 이중경은 <그림 42>와 같은 「오대어부가」 20수를 남겼는데, 작품의 형식을 살펴보면 「漁父歌 九曲」의 9수와 「漁父詞 五章」의 5수, 그리고 「漁父別曲」 '前三章' 및 '後三章'의 6수로 구성되어 있는 시조 어부가임을 알 수 있다. 이 작품은 이중경이 생전에 편성해 둔 手稿本 『잡훼원집』(1667년)에서 한문체의 여러 작품과 함께 저작 연대순으로 편성되어 있다. 조선시대 한문체를 중시하던 선비들의 풍토

305) 金倉圭, 『蘆溪詩文學 原典資料 集成』(서울, 박이정, 2006), pp.1-33에 실려 있는 『永陽歷贈』 影印本 참조.

306) 金倉圭, 『蘆溪詩文學論考』(서울, 박이정, 2006), pp.43-59 및 pp.86-117 참조.

307) 朴善長, 『水西先生文集』(목판본, 1810년), 권4, 4頁.

308) 沈載完, 『校本 歷代時調全書』(서울, 세종문화사, 1972), 작품 977, 2249번.

309) 盧禛, 『玉溪先生續集』(목판본, 1873년), 권1, 34頁.

에 비추어 볼 때, 저자 이중경은 이 작품을 漢譯하지도 않았고, 권말에 따로 편성하지도 않았다는 점에서 특히 한글을 중시한 의식이 있는 사람이라 하겠다.[310)]

梧臺漁父歌 九曲

一曲 勝溪山의 (1)生涯ᄅᆞᆯ 브텨두고
漁樵을 일을삼아 百年을 보내리라
(2)어즈워 武夷九曲이 (3)예도 권가 ᄒᆞ노라

二曲 (4)釣漁舟ᄅᆞᆯ 碧波의 (5)ᄠᅴ워가쟈
(6)아ᄒᆡ야 놀저어라 石齒예 (7)걸릴셰라
(8)더우희 綠苔磯頭의 (9)白鷗ᄒᆞᆫᄃᆡ 가리라

三曲 一竿竹을 夕陽의 빗기들고
淸江을 구어보니 白魚도 (10)하고할샤
(11)이마솔 世上人間의 제 (12)뉘라셔 알리오

四曲 貫柳魚ᄅᆞᆯ (13)빅예담아 돌아오니
白沙 汀洲의 櫓聲이 (14)얼의엿다
아ᄒᆡ야 酒一盃브어라 (15)漁父詞ᄅᆞᆯ 브로리라

五曲 (16)任所如ᄒᆞ니 淸灘의 (17)흘리ᄠᅧ가
(18)ᄑᆞ래목 도라드러 (19)碧潭의 머믈거다

---

310) 그러나 이 책을 출판하고자 편성한 1940년대의 원고본에 의하면 「梧臺漁父歌 九曲」 아래에 "此以下 當在下卷之末"이라고 표기하여 「오대어부가」 20수를 권말에 수록하도록 교정지시를 하고 있다.

아희야 (20)놀저어내여라 (21)石屛下의 가쟈

六曲 如遺世ᄒᆞ니 (22)身心도 閑適ᄒᆞᆯ샤
(23)魚鰕를 버들삼고 水石을 (24)지블삼아
(25)늗기를 다 니즌후의 (26)놀고노쟈 ᄒᆞ노라

七曲 芙蓉石이 波中의 躍出[311]ᄒᆞ니
太華峯 玉井의 十丈花 (27)픠엿ᄂᆞᆫ듯
此間의 太乙眞人이 (28)蓮葉舟를 타인ᄂᆞᆫ듯

八曲 恣回沿ᄒᆞ니 江光이 (29)無際ᄒᆞᆫᄃᆡ
淸風 徐來ᄒᆞ니 水波不興 (30)ᄒᆞ엿도다
이 (31)ᄇᆡ를 中洲에 머므러 風景보기 죠해라

九曲 泝流光ᄒᆞ여 溪亭에 도라가쟈
滿江ᄒᆞᆫ 風月을 이 (32)ᄇᆡ예 시러시니
가다가 (33)뎌근ᄃᆞᆺ 머므러 다시놀고 그티쟈

漁父詞 五章
漁父 漁父들하 (34)네 내오 내 네로라
네 버지 내어니 내 (35)너를 모를소냐
此中의 閑暇ᄒᆞᆫ (36)生涯ᄂᆞᆫ 너와 나가 잇도다

白鷗 白鷗들하 (37)내 네오 네 내로다
내 버지 네어니 네 (38)나를 모를소냐
此中의 閑暇ᄒᆞᆫ 溪山의 나와 너와 (39)놀리라

---

311) 원본에는 '濯出'로 되어 있는데 誤記인 듯 하다.

靑山은 언제나며 綠水은 언제난고
前萬古 後萬古 져나히 언매언고
내 몸도 此中에 놀아 (40)를글주리 업세라

功名도 내몰래라 富貴도 내몰래라
虛浪ᄒᆞᆫ 人生이 世事도 내몰래라
아마도 이 江山 아니면 내 몸 (41)둘ᄃᆡ 업세라

前溪예 (42)고기낫고 後山의 (43)菜을키여
잇거나 업거나 굴머시나 머거시나
此生의 근심이 (44)업ᄉᆞ니 그ᄅᆞᆯ 즐겨 ᄒᆞ노라

漁父別曲 前三章

아이고 (45)애ᄃᆞᆯ올샤 아이고 (46)셜올셰고
罔極ᄒᆞᆫ (47)天地예 내 혼자 사라이셔
(48)네잇던 魚采ᄅᆞᆯ보니 내 (49)안 둘ᄃᆡ 업세라

처엄의 (50)못ᄉᆡᆼ각ᄒᆞ여 詩書을 일삼도다
中間의 妄녕되여 (51)名利ᄅᆞᆯ ᄇᆞ라도다
(52)物外예 風月江山이 내 분인가 ᄒᆞ노라

이런들 뉘 (53)올타ᄒᆞ며 (54)져러ᄒᆞᆫ들 뉘 외다ᄒᆞ료
올거나 외거나 나도 내 일 (55)모ᄅᆞ노라
世上이 (56)是非ᄅᆞᆯ마라 (57)漁父ㅣ 므슴 그ᄅᆞ리

漁父別曲 後三章

經綸을 내 아더냐 濟世ᄒᆞ리 (58)업슬러냐

(59)太平 時世는 언메나 머런는고
匹夫의 (60)爲國忠心을 내여뵐듸 업세라

내 나히 (61)만커니ᄯᅟᅡ나 머리도 (62)세거니ᄯᅟᅡ나
少年時 (63)ᄆᆞᄋᆞᆷ은 (64)ᄎᆞᆼ싱 아니 늘건노라
日日에 (65)兒戱를 ᄒᆞ니 (66)읡는줄을 모른다

蒼山은 놉고놉고 (67)流水는 길고길고
山高 水長ᄒᆞ니 (68)긔아니 죠흘소냐
山水間 一閑人되여 (69)허믈업시 사노라

우리나라 주요 「어부사」에 대하여 살펴보면 『악장가사』의 「어부가」나 이현보의 「어부가」가 7言의 漢詩句를 주로 하여 이루어진 독립적인 형태의 시가(체)임을 알 수 있다. 그러다가 윤선도가 지은 「어부사시사」는 7言 4句의 한시를 완전히 우리말로 바꾼 것으로 時調가 아닌 한국적 「어부사」로 창작한 것이다.[312)]

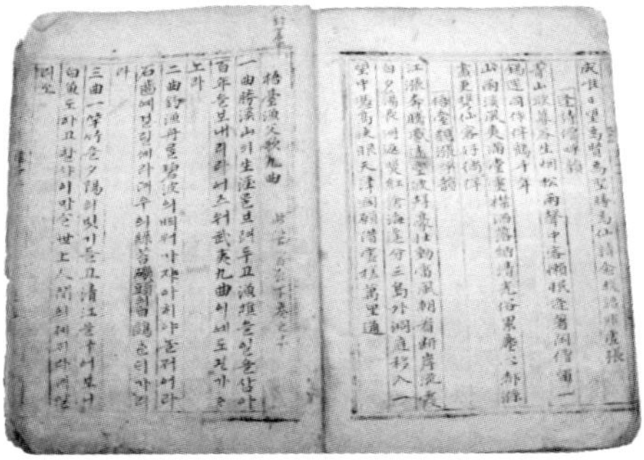

〈그림 42〉 이중경의 「오대어부가」

312) 尹榮玉, 「《漁父詞》 硏究」(영남대학교 민족문화연구소, 『민족문화논총』, 제2·3집, 1982), pp.69-72.

그런데 이중경의 「오대어부가」는 時調로 된 「어부가」이다. 이 작품은 주희의 「武夷九曲」에서 9곡을 취하여 송나라 주희의 의식을 본받았고, 이현보의 「어부장가」 9장과 단가 5장이라는 형식을 수용했으며, 이황의 「도산십이곡」의 前·後 六曲에서 그 반을 취하여 별곡 전·후 3장을 지었으므로 이황의 작품에서도 영향을 받은 것이다.[313] 또한 이 어부가는 이현보, 윤선도의 어부가와는 달리 완전한 시조의 형태를 갖춘 새로운 작품으로 평가되었다.[314]

이중경의 간행본 문집은 위에서 살펴본 바와 같이 『잡훼원집』이 완성되고 280년이 지난 1948년에 출판을 위한 편성이 완료되어 『수헌선생문집』으로 간행되었다. 위의 「오대어부가」를 간행본과 비교하면 글자가 다르게 표기된 부분이 많다.[315]

위의 인용문에서 ( )를 표시하고 일련번호를 부여한 밑줄 친 부분이 간행본에서 다르게 표기한 내용인데, 비교한 것을 옮기면 다음과 같다.

(1) 生涯를 브텨두고 → 生涯랄 브처두고
(2) 어즈워 → 어저워
(3) 예도 긘가 ᄒᆞ노라 → 에도 긴가 하노라
(4) 釣漁[316]舟를 → 釣漁舟랄

---

313) 張仁鎭, 「새로 발굴된 李重慶의 梧臺漁父歌」(한국도서관학회 편, 『圖書館學』, 제10집, 1983), pp.149-188 참조. 한편 이중경의 『雜卉園集』 卷下, 37頁을 보면 저자는 이황의 「陶山雜詠」 48수의 영향을 받고 「梧臺亭」 48詠을 지었다. 그러나 『잡훼원집』에 실린 작품수를 살펴보면 42수만 실려 있다.

314) 全在康, 「漁父歌系 時調 硏究」(경북대학교대학원, 석사학위 논문, 1985, 12), p.76.

315) 李重慶, 『壽軒先生文集』(연활자본, 漆谷, 1959년), 권4, 53-55頁, 「梧臺漁父歌」.

316) 물고기를 낚는다는 의미는 '釣魚'가 되겠는데, 원본에 '釣漁'로 표기된 것은

(5) ᄣᅵ워가쟈 → 띠워가자

(6) 아ᄒᆡ야 → 아해야[317]

(7) 걸릴셰라 → 걸릴세라

(8) 뎌우희 → 저우희

(9) 白鷗ᄒᆞᆫᄃᆡ → 白鷗한대

(10) 하고할샤 → 하고할사

(11) 이마ᄉᆞᆯ → <u>이만살</u>

(12) 뉘라셔 → 뉘라서

(13) ᄇᆡ예 → 배에

(14) 얼의엿다 → 얼리엿다

(15) 漁父詞ᄅᆞᆯ ᄇᆞ로리라 → 漁父詞를 부로리라

(16) 任所如ᄒᆞ니 → 任所如하니[318]

(17) 흘리ᄠᅧ가 → 홀리떠가

(18) ᄑᆞ래목 → 파래목

(19) 碧潭의 머믈거다 → <u>碧波</u>의 머믈것다

(20) 놀저어 → 놀져어

(21) 石屛下의 가쟈 → 石屛下에 가자

(22) 身心도 閑適ᄒᆞᆯ샤 → 心身도 閑適할사

(23) 魚鰕ᄅᆞᆯ 버ᄃᆞᆯ삼고 → 魚鰕를 버달삼고

(24) 지블 → 집을

(25) ᄂᆞᆰ기ᄅᆞᆯ 다 니ᄌᆞᆫ → 늙기를 다 이즌

(26) 놀고노쟈 → 놀고노자

(27) ᄑᆡ엿ᄂᆞᆫᄃᆞᆺ → 피엇난닷

(28) 蓮葉舟ᄅᆞᆯ 타인ᄂᆞᆫᄃᆞᆺ → 蓮葉舟를 타인는닷

(29) 無際ᄒᆞᆫᄃᆡ → 無際한대

誤記라고 본다.

317) 이하에서 보인 '아ᄒᆡ'는 모두 '아해'로 대체되었음.

318) 이하에서 보인 '~ᄒᆞ다'는 모두 '~하다'로 대체되었음.

(30) ᄒᆞ엿도다 → 하얏도다

(31) ᄇᆡᄅᆞᆯ → 배를

(32) ᄇᆡ예 → 배에

(33) 뎌근ᄃᆞᆺ 머므러 → 뎌근닷 머무려

(34) 네 내오 → 네 내노

(35) 너ᄅᆞᆯ 모ᄅᆞᆯ소냐 → 너를 모를소냐

(36) 生涯ᄂᆞᆫ 너와 나가 잇도다 → 生涯난 너와 나와 잇도다

(37) 내 네오 → 내 네노

(38) 나ᄅᆞᆯ 모ᄅᆞᆯ소냐 → 나를 모를소냐

(39) 놀리라 → 노리라

(40) 를글주리 업세라 → 늘글주리 업세리라

(41) 둘ᄃᆡ 업세라 → 둘대 업세리라

(42) 고기낫고 → 고기낙고

(43) 菜을ᄏᆡ여 → 菜을캐여

(44) 업ᄉᆞ니 그ᄅᆞᆯ 즐겨 → 없으니 글를 즐겨

(45) 애ᄃᆞᆯ올샤 → 애달읏사

(46) 셜올셰고 → 설읏세고

(47) 天地예 내 혼자 → 天地애 나 혼자

(48) 네잇던 魚采[319]ᄅᆞᆯ보니 → 네잇든 魚菜랄보니

(49) 안 둘ᄃᆡ → 마암 둘대

(50) 못ᄉᆡᇰ각 → 못생각

(51) 名利ᄅᆞᆯ ᄇᆞ라도다 → 名利랄 바라도다

(52) 物外예 → 物外애

(53) 올타ᄒᆞ며 → 을락하며

(54) 져러ᄒᆞᆫᄃᆞᆯ 뉘 외다ᄒᆞ료 → 저러한들 뉘 의타하료

(55) 모ᄅᆞ노라 → 모라노라

(56) 是非ᄅᆞᆯ 마라 → 是非를 마라

---

319) 원본에 '魚采'로 되어 있던 것을 간행본에서는 '魚菜'로 바로잡았다.

(57) 漁父ㅣ 므슴 그ᄅᆞ리 → 漁父 무슴 그라리
(58) 업슬러냐 → 업슬런냐
(59) 太平 時世ᄂᆞᆫ 언메나 머런ᄂᆞᆫ고 → 太平 時世난 언메나 머런난고
(60) 爲國忠心을 내여뵐ᄃᆡ → 爲國忠心 내여빌대
(61) 만커니ᄯᆞ나 → 만커니따라
(62) 셰거니ᄯᆞ나 → 세거니따라
(63) ᄆᆞᄋᆞᆷ → 마암
(64) ᄎᆞᄉᆡᆼ 아니 늘건노라 → 차성 안니 늘것노라
(65) 兒戱ᄅᆞᆯ → 兒戱랄
(66) 읫ᄂᆞᆫ줄을 모ᄅᆞᆫ다 → 읫난줄을 모란다
(67) 流水ᄂᆞᆫ → 流水난
(68) 긔아니 죠ᄒᆞᆯ → 긔안니 죠할
(69) 허믈 → <u>허울</u>

간행본을 살펴보면 '～ᄒᆞ다'는 '～하다'로 통일하여 표기하고 있으나 '～ᄅᆞᆯ'은 '～랄' 또는 '～를'로, 'ᄃᆞᆯ'은 '～달' 또는 '～들'로, '～ᄂᆞᆫ'은 '～난' 또는 '～는'으로, '～예'는 '～에' 또는 '～애'로, '～의'는 '～의' 또는 '～에'로 혼용하고 있음을 알 수 있다. 또한 밑줄 친 것과 같이 잘못 표기된 부분이 나타나는 등 통일성이 없으므로 당시 편자와 교정자가 자의적으로 표기했음을 알 수 있다.

이중경은 오대어부가 20수와 함께 <그림 43>과 같이 「藏拙窩歌」라고 이름 붙인 시조 1수를 더 남겼는데 간행본 『수헌선생문집』에는 삭제되어 있다.

窩는 내 집이오 拙은 내 병이라
내 집의 누어서 내 병으로 늘거시니
世上의 無病ᄒᆞᆫ 君子을 블올줄리 업세라.[320]

삭거된 이 시조를 보면 자신의 隱逸的 지조와 자연적 취향이 담겨져 있는데 왜 삭거했을까 하는 의문이 생긴다.

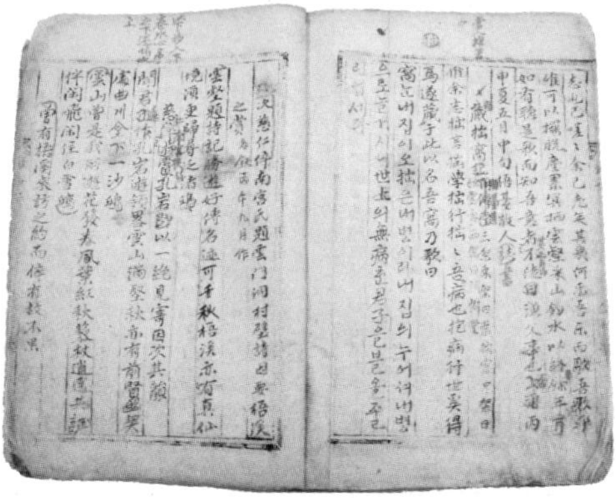

〈그림 43〉 이중경의 「藏拙窩」歌

조선중기 이후 영남의 학자나 문인들은 대개 이황의 영향을 받아 道學을 중시하였다. 일부 학자 가운데는 이중경의 경우처럼 이황의 도산 12곡의 저작 의식을 수용하여 한글 작품을 남기기도 하였고, 한편으로

320) 이 단가는 「藏拙窩記」의 한 내용이다. 원문을 옮기면 "惟余 志拙言拙學拙行拙 拙吾病也 抱病行世 奚得焉 遂藏于此 以名吾窩 乃歌曰."이라 하고, 이 단가를 지었다.

는 한글 단가로 자신의 뜻을 표출하기도 하였다.

鄭光天(1553-1594)은 대구 河濱에 거주하던 사람이다. 그 후손들이 1786년경에[321] 『洛涯先生遺稿』 定稿本 1책을 편성하여 家藏하였고, 이 정고본을 저본으로 하여 1933년에 大邱의 남평문씨 廣居堂에서 3권1책으로 간행하였다.

정광천의 정고본 내용을 살펴보면 <그림 44>와 같이 壬辰(1592년) 11월에 지은 「述懷歌」 6수와 癸巳(1593년) 2월에 지은 「病中述懷歌」 3수 등 총 9수의 가사를 남기고 있는데, 뒤에 나온 목활자본[322]에는 실려 있지 않다.

述懷歌

아화 셜운지고 太平은 언제러니
님곰은 어디ᄒᆞ고 老親을 엇디ᄒᆞ리
ᄎᆞ라리 자ᄂᆞᆫ더시 주거셔 아므란줄 몰오리라

셜울샤 셜울시고 민망홈이 그지업다

---

321) 鄭光天, 『洛涯先生遺稿』(定稿本, 1786년경), 1책.
이 책의 附錄에 있는 최후의 글은 鄭惟軾이 지은 「琴巖祠奉安文」이다. 『大丘府邑誌』(1832년본)의 學校 篇, 「琴巖書院」 條를 보면 琴巖祠는 1764년에 건립되고, 1786년에 정광천 父子를 腏享한 것으로 되어 있다. 또 申鉉求 편, 『達城郡誌』(1931년)에도 1786년에 書院이 된 것으로 표기되어 있다. 그런데 정고본을 저본으로 간행한 『洛涯先生文集』의 附錄을 보면 금암사가 1786년 당시 금암서원으로 승격되던 때에 崔興璧이 지은 「琴巖書院陞號告由文」이 추가되어 있고, 비슷한 시기에 7대손 鄭有民이 지은 「家狀」도 추가되어 있다. 이로 보면 이 정고본은 正祖 10년(1786)경에 편성된 것이 분명하다.

322) 鄭光天, 『洛涯先生文集』(목활자본, 達城, 廣居堂, 1933), 3권1책.

兵塵 漠漠ᄒᆞ니 갈기리 아독ᄒᆞ다
언저긔 收復故國ᄒᆞ야 君父편케 ᄒᆞ려뇨

셜울샤 민망홀샤 時變이 ᄀᆞ이업다
君父을 엇디ᄒᆞ며 妻子을 엇디ᄒᆞ리
우의 하ᄂᆞ리 계시니 待天命만 호리라

셜울샤 또 셜울샤 근심이 ᄀᆞ이업다
國破 家亡ᄒᆞ니 어드러 가려니고
ᄎᆞ라리 深山으로 들어가 採薇餓死 호리라

採薇ᄒᆞ고 餓死ᄒᆞᆫ들 老親을 어이ᄒᆞ리
高山의 迸跡ᄒᆞ여 樂以忘憂 호렷노라
小子들아 山田이나 ᄆᆡ야셔 養老홀일 ᄒᆞ여쓰라

小子들아 小子들아 養老홀일 힘써ᄒᆞ라
老親이나 보젼ᄒᆞ여 恢復을 블아노라
나죵애 君親保全ᄒᆞ면 므슴 근심 ᄒᆞ리요.[323)]

病中述懷歌

내 ᄠᅳ지 迂拙ᄒᆞ야 아ᄆᆡᄃᆡ도 맛디 아니ᄒᆞ니
功名에도 迂濶ᄒᆞ고 營産에도 迂濶ᄒᆞ니
다믄혼디 死生窮賤間 奉親終老옷 호려ᄒᆞ노라

養親을 ᄒᆞ렷더니 時變이 이려ᄒᆞᆫᄃᆡ
慮外예 병환은 엇디 보ᄎᆡᄂᆞ니

323) 鄭光天, 전게 『洛涯先生遺稿』(定稿本), 歌辭 篇, 「述懷歌」(壬辰十一月十五日).

다믄혼디 밋줍ᄂᆞᆫ 뜻은 彼蒼者 天을 밋ᄂᆡ이다

하ᄂᆞ님아 하ᄂᆞ님아 비ᄂᆞᆫ 뜻 아ᄋᆞᆸ쇼셔
惟一 老人을 救濟救濟 ᄒᆞᄋᆞᆸ쇼셔
언저긔 老人을 뫼시고 樂天終老 ᄒᆞ오려닛고.[324)]

「술회가」는 임진왜란이 발발하던 1592년 겨울에 지은 가사 작품이다. 작품의 내용에는 외침을 당한 서러움과 민망한 마음이 표출되면서 임금 생각과 늙은 부모 및 처자를 걱정하는 인간으로서의 고뇌가 나타난다. 후반부에는 山田을 갈아서 부모 봉양할 의지를 보이면서 나라가 회복되기를 기망하고 있다.

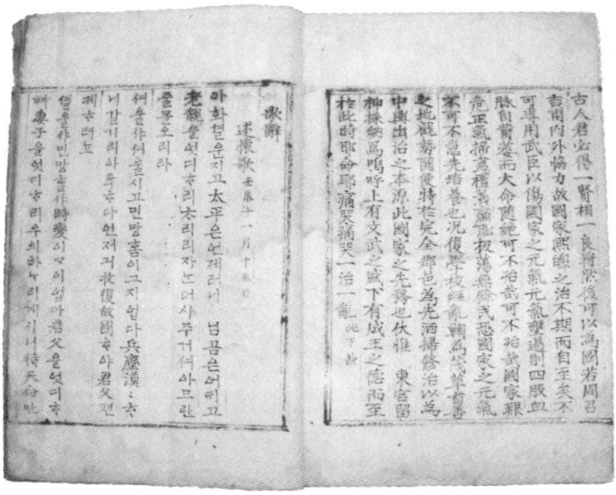

〈그림 44〉 정광천의 가사

정광천은 생원 鄭師哲의 아들로서 東平君 鄭種의 현손인데, 鄭逑의

324) 상게서, 歌辭 篇, 「病中述懷歌」(癸巳二月十九日).

문인이었다. 정광천의 「행장」을 살펴보면 그는 1590년 당시 아버지 정사철이 병든 중에 회갑을 맞았을 때 「延壽曲」 5闋을 지어서 여러 손자들에게 부르도록 하여 아버지를 기쁘게 한 일이 있다.[325] 또 임진왜란이 일어나자 아버지를 모시고 경상도 거창으로 피난을 갔는데 「병중술회가」는 1593년에 그가 천연두에 걸려서 아버지를 봉양하지 못할까 두려워하여 지은 것이다.

「병중술회가」를 보면 천연두로 인하여 병든 몸인데도 오직 아버지를 염려한 나머지 푸른 하늘에 의지하여 믿고 있는 모습과 노인 구제를 바라고자 하나님! 하나님! 하며 기원하는 모습이 儒家 사람으로서 보기 드문 행위이고, 표현에 있어서도 독창성이 있으므로 인상 깊다.

정광천의 이 가사 9수는 임진왜란 중에 지어진 것으로써 특히 윤리도덕의 중요성과 함께 심중에 있는 사실을 여과 없이 드러낸 것이므로 가치가 있는 작품이라 하겠다.[326]

趙任道(1585-1664)는 그 아버지 趙埴(1552-1607)을 추모하여 『추모록』 1책을 간행하였는데,[327] 내용을 살펴보면 아버지 조식이 지은 단가 4수를 실었다.

溪山之興
草堂의 할일업서 흔 낫대를 버들삼아

325) 상게서, 附錄의 蔡夢硯 撰, 「行狀」에 기록된 것인데, 현재 「延壽曲」 5闋은 전하지 않는다.

326) 상게서, 「行狀」을 보면 정광천이 이 「병중술회가」를 짓고 난 뒤에 바로 아버지가 염병에 걸려서 졸하였고, 이듬해에 그도 염병에 걸려서 42세의 나이로 졸하였다.

327) 趙任道, 『追慕錄』(목판본, 1612년), 1책(55張).

白石淸溪예 오면가면 ᄒᆞᆫ 뜻은
子陵의 넷낙던 고기를 낫가보랴 ᄒᆞ노라
草堂의 일이업서 棊局으로 消日ᄒᆞ며
時時로 낫대들고 巖曲으로 ᄂᆞ려가니
白鷗도 내 뜻을 아덧다 홈ᄭᅴ늙쟈 ᄒᆞᄂᆞ다[328)]

月影臺 海山歌
어제ᄂᆞᆫ 믈을보고 오ᄂᆞᆯ흔 뫼흘보니
檜原 됴흔 ᄡᅡ흘 다보고 가거니와
내 뜻의 未盡ᄒᆞ니 다시오랴 ᄒᆞ노라[329)]

武溪餞別歌
鱸魚ㅣ ᄉᆞᆯ뎌시니 秋興이 ᄀᆞ이업다
滄波 一葉舟에 님보내랴 와잇더니
白沙의 夜沉沉ᄒᆞ니 갈길 몰나 ᄒᆞ노라[330)]

조식은 평생 동안 자연을 매우 동경하였다. 첫째 편 2수는 홀로 溪山을 거닐면서 낚시를 즐기던 假漁翁의 모습을 보여주고 있다. 둘째 편은 창원의 士友들과 월영대에서 뱃놀이를 할 때 아쉬운 작별의 감회를 읊은 것이다. 셋째 편은 조식이 동생과 함께 감영의 科試에 赴擧했다가 돌아오는 길에 현풍현감 安敏學을 만났는데 이때 자신의 고을 수령이던 스승 鄭逑가 벼슬을 버리고 떠난다는 소문을 듣게 되고, 마침 배를 타고 현풍을 지나던 스승을 江頭에서 안민학과 함께 배알하였다. 이어

328) 상게서, 18頁.
329) 상게서, 20頁.
330) 상게서, 32頁.

배를 타고 가다가 배가 武溪에 이르자 날이 저물어서 안민학과 조식 형제가 함께 스승을 송별한 후 이 「무계전별가」를 지은 것이다.

위에서 언급했던 韓山斗(1556-1627)의 초고본 내용을 살펴보면 저자가 丙戌年(1586)에 경상도 소백산에 유람할 때 지은 것으로, 한문으로 된 「遊小白山錄」 1편과 한글로 된 「小白遊山歌」 1수 등 총 2편의 작품이 수록되어 있다. 그런데 1811년에 간행된 『추월당선생문집』에는 「유소백산록」 1편만 실려 있고, 한글 장문으로 된 「소백유산가」는 실려 있지 않다.

「小白遊山歌」는 가사체로 지은 것으로, 첫머리의 몇 구절을 옮겨보면 다음과 같다.

백운의 노ᄂᆞᆫ버지　　소백산 가쟈ᄒᆞᆯᄉᆡ
행장을 ᄎᆞᆯ이으니　　막대ᄒᆞ나 ᄲᅮᆫ이로다
聯袂 同行ᄒᆞ여　　澗邊으로 올나가니
多情 山鳥ᄂᆞᆫ　　온갖소ᄅᆡ 다ᄒᆞᄂᆞ다
蒼苔ᄂᆞᆫ 滿逕ᄒᆞ고　　綠水이 陰濃ᄒᆞᆫᄃᆡ
傍花 隨柳ᄒᆞ여　　閑暇히 가ᄂᆞᆫ양이 그리미나다○
洞門을 나아오니　　漸入佳境ᄒᆞ여 보ᄂᆞᆫ거시 다반갑다
旱庵골 드러ᄃᆞᆯ나　　古城을 비겨안자 녜일을 ᄉᆡᆼ각ᄒᆞ니
나라로 다ᄉᆞ랏다　　어엿부니 蒼生이로다
뎔압픠 다ᄃᆞᄅᆞ니　　偃蹇ᄒᆞᆫ 바회 믈ᄀᆞ의 셔ᄂᆞᆫ양은
望裡 青山의　　白雲이 니러난ᄃᆞᆺ
古寺애 드러가니　　僧 炊飯ᄒᆞ고
雲 滿庭ᄒᆞ니　　物外예 다완ᄂᆞᆫᄃᆞᆺ
鄭湖陰 어ᄃᆡ가니　　巨筆文章이 壁間의 쓰엿닷다
僧堂 伴宿ᄒᆞ며　　밤둥 만즘을 ᄉᆡ니

寒鍾 一聲이　　반가오미 그지업다
淸曉애 니러안자　　물써다가 눈을 싯고
禪窓을 열치오　　碧山을 마조보니
洒落 光風이　　四道로 모다온다
뒷골로 너머드러　　胎峯을 올아ᄒᆞ니
入望 諸山이　　새로오미 그지업다
神龍이 ᄂᆞ니ᄂᆞᆫ돗　　祥鳳이 춤추ᄂᆞᆫ돗[331)]
(하략)

한산두의 가사는 壬辰亂 이전에 지은 것으로 144句 72行의 장문으로 구성되어 있는데, 간행본에 삭거한 것이 아쉽다.

朴宗祐(1587-1654)가 지은 『丙子錄』은 후대에 간행된 『陶谷先生文集』에 실려 있는데, 『병자록』의 초고본[332)]과 1904년에 후손 朴啓東이 간행한 목판본 『도곡선생문집』[333)]의 내용을 비교해보기로 한다.

초고본은 서·발문이 없어서 정확한 편성 연대는 알 수 없지만 숙종 년간에 편성된 필사본으로 추정된다. 초고본은 뒤에 나온 목판본과 체재가 거의 같으므로 목판본의 底本이라 하겠다.

---

331) 韓山斗, 전게 『秋月堂遺稿』(초고본, 18세기 이전), 「小白遊山歌」.

332) 朴宗祐, 『丙子錄』(초고본, 숙종년간), 1책(75張).

333) 朴宗祐, 『陶谷先生文集』(목판본, 1904년), 5권2책.
이 책은 甲辰年(1904)에 10대손 朴啓東이 宋秉璿의 서문을 넣어서 간행한 것이다. 그리고 2년 뒤인 丙午年(1906)에 후손 朴憙東, 朴魯奎 등이 李中麟의 서문을 넣어서 목활자본으로 간행한 7권3책의 異本도 있다.
병오본을 보면 갑진본에 있던 「次甁梅古韻贈諸友」를 포함한 일부의 詩와 정인홍과 관련이 있는 「仁弘告絶書」 등이 삭거되고, 編次도 일부 달리하고 있다.

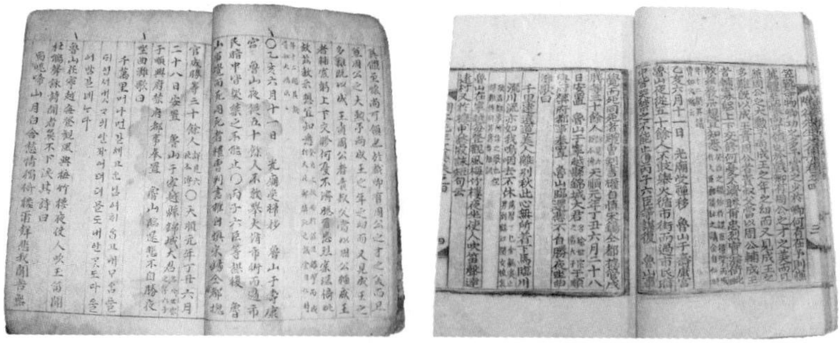

〈그림 45〉 『병자록』에 수록된 단가와 『도곡집』에 수록된 한문 작품

내용을 살펴보면 『병자록』의 서문은 당초 '監司 某'로 표기된 것을 초고본에서 먹으로 塗抹하였고, 뒤에 나온 목판본에는 自叙로 고쳤다. 또 노산군(단종)이 영월에 안치될 때 금부도사가 지은 단가 1수가 초고본에는 <그림 45>의 左와 같이 한글로 표기되어 있다.

千萬里 머나먼 길헤 고ᄋᆞᆫ님 여ᄒᆡᄋᆞᆸ고
내ᄆᆞᄋᆞᆷ 둘ᄃᆡ업서 냇ᄀᆞ의 안좌여뎌
뎌믈도 내안ᄀᆞᆺ도다 울어 밤길 녜ᄂᆞ다

그런데 이 내용이 목판본에는 다음과 같다.

千里遠遠道 : 천리 먼먼 길
美人離別秋 : 미인 이별할 때
此心無所着 : 이 마음 둘 데 없어
下馬臨川流 : 말에서 내려 물가에 이르니
川流亦如我 : 흐르는 냇물도 내 마음 같은가
嗚咽去不休 : 목메어 울어도 그침이 없구나.

이와 같이 5언 6구체의 한문으로 기록하고 말미에 註를 달기를 "萬曆 丁巳年(1577)에 龍溪 金止男이 錦江에 도달했을 때 젊은 여자가 구슬프게 부르는 노랫소리를 듣게 되었는데, 그것은 都事가 지은 노래였다. 한글로서는 전하기 어려워 그 뜻을 사용하여 短詞를 지었다."[334]고 하였다. 초고본에 한글로 표기한 것을 목판본에 한문으로 대체한 것은 후대로 오면서 선비들이 한문을 중시한 풍토에서 비롯된 것이라고 본다. 이러한 단가 경시풍은 이 책의 다른 대목에서도 나타난다.

초고본의 「朴先生傳」을 보면 세조가 영의정이 되어 府中에서 연회를 할 때 박팽년이 지은 漢詩[335] 1수가 있다고 하고, 이 시의 첫머리에 "일찍이 단가를 지은 것이 있다." 라고 표기하였다.

> 金生麗水이라 ᄒᆞᆫ둘 믈마다 金이 나며
> 玉出崑崗인둘 뫼마뎡 玉이 나랴
> 비로기 女必從夫인둘 님님마뎡 존니랴

초고본에 실려 있는 단가는 위와 같은데[336], 목판본에는 이 작품을 수록하지 않았다.

또 초고본에는 노산군(단종)의 비애 사실과 관련이 있는 李玉峰[337]의

---

334) 주석의 원문을 옮기면 다음과 같다. "萬曆丁巳 金龍溪止男 到錦江 聞女娘哀歌 盖都事所作之歌也 俚諺難傳 用其意 作短詞."

335) 이 시의 말미에 "光廟稱嘆 嘗懸板府中 公性沈潛寡默"이라고 주를 달았다.

336) 한편 沈載完의 『時調의 文獻的 硏究』(서울, 세종문화사, 1972), p.74에 의하면 이 시조의 출전은 『秋江集』으로 되어 있고, 내용은 "金生麗水라한달 믈마다 金이ᄂᆞ며 玉出崑崗이라ᄒᆞᆫ달뫼마다 옥이ᄂᆞ랴 아무리 女必從夫인달 임임마다 좃찰쇼냐."라 표기되어 있다.

337) 李玉峰은 僉知 趙瑗의 妾이다.

시 1수가 실려 있다.

二日長干三日越 : 이틀 길 긴 골짝을 사흘 걸려 당도하니
哀詞悽斷魯陵雲 : 슬픈 노래 너무 悽惋하여 노릉의 구름 속에 끊어지네.
妾身亦是王孫女 : 이 몸 또한 왕손의 딸이니
此地鵑聲不忍聞 : 이 땅에서 두견새 소리 차마 듣지 못하겠네.

이수광은 『지봉유설』에서 위의 시를 인용하면서 제1, 2句의 내용을 다음과 같이 기록하였다.

五日長關三日越 : 닷새 길 긴 산골을 사흘 걸려 당도하니
哀詞吟斷魯陵雲 : 슬픈 읊음이 노릉의 구름 속에 끊어지네.[338)]

두 문헌을 비교하면 『병자록』 초고본에는 작자가 魯陵이 있는 영월까지의 거리를 산골의 길로 이틀을 설정하고, 천천히 3일에 걸쳐서 당도한 것으로 표현하여 힘없이 걸어와서 슬픔을 다한 모습을 그리고 있다. 그러나 『지봉유설』에는 닷새 걸리는 거리를 빠르게 3일 만에 당도하여 슬픔을 표한 것으로 되어 있다.

그런데 목판본 『도곡선생문집』에 실려 있는 병자록을 보면 제1, 2句를 다시 다음과 같이 고쳐서 표현하였다.

七日長干三日越 : 이레 길 긴 골짝을 사흘 걸려 당도하니
哀詞悽斷魯陵雲 : 슬픈 노래 너무 悽惋하여 노릉의 구름 속에 끊어지네.

338) 李睟光, 『芝峯類說』(목판본), 卷十四, 文章部 七, 「妓妾」, "趙僉知瑗 妾李氏號玉峯 … 其魯山墓詩曰" 참조.

앞의 문헌보다 날짜를 더 늘려서 이레 걸리는 거리로 설정하고, 사흘 만에 당도하여 哀詞를 읊는 것으로 되어 있다. 7일이나 걸리는 산골의 길을 3일 만에 당도한다는 것은 당시 여자로서는 실행하기 어려운 일이다. 이는 노산군에 대한 사모의 정을 더욱 부각하고자 한 목적에서 산개한 것이라고 본다. 이처럼 동일한 내용인데도 문헌에 따라 후대로 오면서 슬픔의 정도를 더 부각하고 있는 것이다.

한편 『병자록』 초고본 「別傳」의 '金時習' 篇 다음에 항목을 달리하여 "韓明澮以太公釣魚圖及子陵圖 求詩題贈曰" 이라 하고 7언 절구 1수를 수록하였다.

> 風雨蕭蕭拂釣磯 : 비바람 소소히 낚시터 스치는데
> 渭川魚鳥識忘機 : 위수의 고기와 새가 욕심 잊은 늙은이 알아보네.
> 如何老作鷹揚將 : 어찌타 늘그막에 뛰어난 장수가 되어
> 空使夷齊餓採薇 : 공연히 백이 숙제처럼 고사리 캐게 하였나?

『도곡선생문집』 목판본을 보면 초고본과 같이 항목을 달리하여 편집했는데, 다만 시를 요구한 사람이 한명회로 되어 있던 것을 徐居正이 요구한 것처럼 고쳐져 있다. 두 본 모두 편집상 항목을 달리하여 마치 「別傳」의 '한명회' 편 또는 '서거정' 편과 같이 인식하도록 되어 있으나, 자세히 살펴보면 '김시습' 편과 연결된 내용임을 알 수 있다.

李濟臣의 『淸江先生詩話』를 보면 "金悅卿(時習)은 불우한 환경에 빠졌었으나 시문이 극히 고매하였다. 徐達城(居正)이 일찍이 한 차례 초대하여 「姜太公釣魚圖」를 내어놓고 畫題를 청하였더니 즉시 絶句 1수를 써서 주었다."고 한 그 絶句가 바로 위의 詩이다. 당시 서거정은 "아

무 말 없이 한참 동안 앉았다가 말하기를 자네의 詩는 바로 나의 罪案(범죄 기록)일세."[339] 라고 하였다. 본 내용의 편집은 김시습 편의 마지막 문장을 연결해서 표기해야 오해가 없을 것이다.

후대 문집의 편집자들은 단가를 경시하는 경향이 있었다. 조선후기 선비들은 대체로 한문을 중시하는 의식에 따라 설사 단가로 된 작품을 남기거나 작품이 남아 있다고 해도 문집을 편집할 때는 이를 고의로 누락시키거나 내용을 산개하여 권말에 별도로 편집하는 경우가 많았다. 李聃命(1646-1701)의 초고본 문집은 그의 벼슬 이름을 따서 『參判公遺稿』라 하였는데,[340] 후대에 그의 호를 취하여 『靜齋先生文集』이라 하고, 경상도 칠곡에서 목활자본으로 간행하였다.[341]

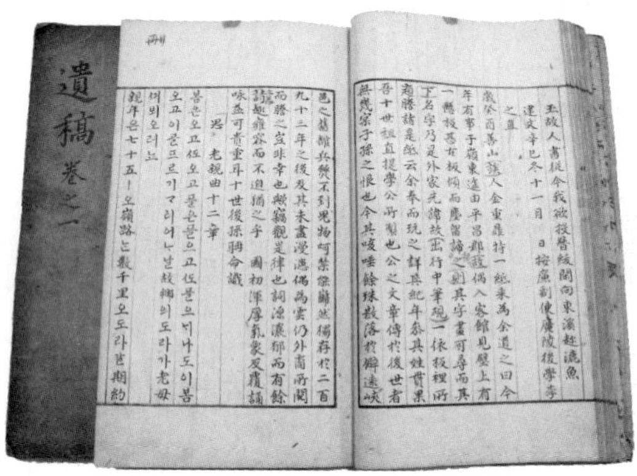

〈그림 46〉 이담명의 「思老親曲」(계명대 소장)

339) 李濟臣, 『淸江先生詩話』(조선고서간행회, 『大東野乘』, 京城, 明治 43년), 11권, p.208.

340) 李聃命, 『參判公遺稿』(초고본), 6권3책, 계명대도서관 소장(고811.081이담명ㅊ).

341) 李聃命, 『靜齋先生文集』(목활자본), 8권4책.

이담명의 초고본 문집의 내용을 살펴보면 <그림 46>과 같이 「思老親曲十二章」의 12수를 남기고 있는데, 定稿本 『參判公遺稿』[342]와 목활자본 문집에는 실려 있지 않다.

봄은 오고 쏘오고 플은 플으고 쏘플으닉
나도 이봄오고 이플 프르기ᄀ티
어ᄂ날 故鄕의 도라가 老母씌 뵈오려뇨

親年은 七十五ㅣ오 嶺路ᄂ 數千里오
도라갈 期約은 가디록 아득ᄒ다
아마도 줌업슨 中夜의 눈믈계워 셜웨라

길히 머다ᄒ나 나면아니 가랴터냐
믈이 파려ᄒ나 ᄐ면아니 녜랴터냐
가고 녠後ㅣ면 老母歸寧 훌일이딕
謚臻于衛언마ᄂ 不瑕有害라 이를저퍼 ᄒ노라

謫裏光陰은 四年이 볼셔되고 天外家鄕은 萬里예 아득ᄒ니
몸이 못가거든 奇別이나 드ᄅ디야
아ᄆ리 陟屺瞻望을 말랴흔들 어들손가

臨行密密縫 意恐遲遲歸 難將寸草心 報得三春暉[343]
人情이 懇切ᄒ니 鬼神인들 아니울가

342) 李聃命, 『參判公遺稿』(정고본), 6권3책, 계명대도서관 소장(고811.081이담명차).
343) 당나라 孟郊(751-814)의 「遊子吟」에 나오는 시의 구절을 인용한 것이다. "어머니는 손에 실을 드시고(慈母手中線), 길 떠날 아들의 옷을 짓는다(遊子身上衣), 먼 길에 해질까 촘촘히 기우시며, 행여 돌아옴이 늦어질까 걱정이시네. 한 줄기 풀 같은 작은 마음으로, 봄볕 같은 어머니 사랑을 어이 갚으랴."

至今의 이詩 이뜻은 읇흘소록 슬페이다

기럭이 아니ᄂᆞ니 片紙ᄅᆞᆯ 뉘傳ᄒᆞ리
시름이 ᄀᆞ득ᄒᆞ니 ᄭᅮᆷ인ᄃᆞᆯ 이룰손가
每日의 老親얼굴이 눈의森森 ᄒᆞ야라

東山의 올라보니 故國도 멀셔이고
太行이 어드메오 구룸이 머흐레라
갈ᄉᆞ록 愛日寸心이 如臨深淵 ᄒᆞ여라

天涯絶域의 새ᄒᆡᄅᆞᆯ 네 번보니
寸草深情은 니ᄅᆞ도 말려니와
아마도 鶴髮倚閭ᄅᆞᆯ 어이ᄒᆞ야 慰勞ᄒᆞᆯ고

有難赦罪難醫疾 爲不忠臣不孝男
蘇齋 이句ㅣ ᄅᆞᆯ 이제록 볼작시면
놈이 아니라 날을 니른 말이로쇠

내罪ᄅᆞᆯ 아옵거니 流竄이 薄罰이라
到處 聖恩을 어이ᄒᆞ야 갑ᄉᆞ올고
老親도 플려헤시고 하그려 마오쇼셔

하늘이 놉흐시나 ᄂᆞ즌ᄃᆡ를 드르시ᄂᆡ
日月이 갓가오샤 下土의 비최시ᄂᆡ
아ᄆᆞ리타 우리母子至情을 ᄉᆞᆯ피실제 업ᄉᆞ오랴

가치 울거나 거믜 ᄂᆞ리거나
燈花 열리거나 ○○○○○○
아마도 반가온 奇別을 어ᄂᆡᄣᅢ예 드ᄅᆞ려뇨[344]

위 작품은 이담명이 1694년에 갑술환국으로 평안도 昌城府로 귀양을 갔을 때 71세가 된 늙은 어머니 이씨[345]를 생각하여 지은 것인데, 孝心이 잘 나타나 있다. 마지막 장은 6자 정도의 缺字가 있으며, 내용에 한문 투가 많이 들어 있어서 한글 가사로서의 문학성은 떨어진다 하겠으나, 사대부 관료로서 悽惋한 심경을 한글로 표현했다는 점에서 주목할 만하다. 맏사위 姜楷가 지은 「靜齋公行狀」에서도 평안도 창성의 귀양지에서 「사노친곡」 12장을 지었다고 표기하여[346] 이 가사의 중요성을 시사하고 있는데, 후대에서 삭제한 것이 주목된다.

愼守彛(1688-1768)의 『黃皐集』은 증손 愼必祐가 定稿하여 1845년에 출판한 목판본이다. 신수이는 당초 언문 가사 4편 6수를 지었는데 문집을 편성할 때 아들 愼義明이 한문으로 번역하여 실었던 것이다. 목판본을 보면 제 1권 말미의 부록으로 '歌辭'라는 편명을 두고 註를 달기를 "本諺錄 子義明 翻文"이라 하였다. 4편 가운데 「浩歎歌」의 내용을 소개하면 다음과 같다. <그림 47>

天地大且大 : 천지가 크고 크니
山川多又多 : 산천이 많고 많도다.
此間億兆民 : 이 사이 억조 蒼生
何以致和平 : 어이하면 和平을 이루게 하리오?
要知聖德外 : 알리라 聖德 외에는
他無可爲事 : 다른 할 일 없음을.[347]

---

344) 李聃命, 전게 초고본, 권6, 雜著 篇, 「思老親曲 十二章」.
345) 浣亭 李彦英(1568-1639)의 따님.
346) 李聃命, 전게 목활자본, 권8, 29頁.

저자는 경상도 安義에 거주한 노론계였다. 남인 가문이 많은 영남에 살면서 당쟁이 격화되던 시대에 서로가 반목, 갈등하는 일을 목격하고 탄식하여 지은 작품이라고 본다. 본래 한글로 되어 있던 것을 이와 같이 한문으로 번역한 것은 당시 선비들의 한문 중시 풍토가 반영된 것이라고 본다.

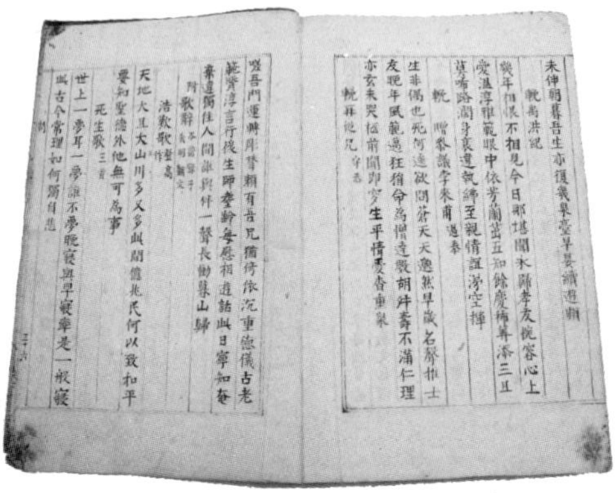

〈그림 47〉 愼守彝가 지은 「호탄가」

田性學은 延安君 田可植의 후손인데, 경상도 善山 출신이다. 저자의 생몰 연대는 알 수 없으나 문집의 내용을 통해보면 19세기 후반에 살았던 사람임을 알 수 있다. 그는 『龜巖詩集』[348] 3책을 남겼으나 간행되지 않았고 다만 定稿本만 전해지고 있다.

『구암시집』의 내용 가운데는 한글로 된 短歌 3수가 들어 있다.

347) 愼守彝, 『黃皐集』(목판본, 1845년), 권2, 「浩歎歌」.

348) 田性學, 『龜巖詩集』(定稿本, 조선말기), 3권3책, 계명대도서관 소장본.

洗心塘歌

졀머셔 貧賤을 팔야ᄒᆞ고 富貴權門 가랴ᄒᆞ니

洗心塘과 青松이 主人일흘가 근심ᄒᆞ더니

일릇톳 륵근얼굴 白髮된후어야

너와나와 써룰근심 다시 이실소냐

白髮歌

青松 綠竹아 사람마다

네의 푸르고 푸른 四時長春色을 사ᄅᆞᆼᄒᆞ거니와

너는 사름의 륵고 를거 白髮되믈 얼마나 우엇ᄂᆞᆫ뇨

石榴花[349]

窓밧긔 石榴花야 主人일흔 근심 모로고

눌위ᄒᆞ여 붕이붕이 피엿ᄂᆞᆫ뇨

잠잔회포 ᄉᆡ로와라 너ᄂᆞᆫ 우어동 나ᄂᆞᆫ울고져 ᄒᆞ노라

「세심당가」와 「백발가」는 자연을 동경하는 작자의 심경과 늙어감에 대한 무상함을 읊고 있다. 또 「석류화」는 작자의 아들이 살아 있을 때 심은 나무인데 이 나무를 보면서 자식에 대한 애틋한 정감을 표현하고 있다.

19세기 말에 편성되었던 작자미상의 『愚谷遺稿』 초고본을 보면 「先墓立石 短歌一曲」이란 短歌가 들어 있다.

349) 石榴花는 작자의 亡子가 手植한 나무였다.

불너보ᄌ 불너보ᄌ
노ᄅ 혼장 불너보ᄌ
어와 盧光璉ᄋ

과거 못히 설외ᄆᄅ
글잘혼ᄃ 이름ᄂ고
귀혼 친구 ᄆ이 두니
긔 ᄋ니 조흔일가

간난ᄐ 설워ᄆ라
셕물로 포묘ᄒ니
위 조션 사업이오
석진이 만당ᄒ니
위 ᄌ손 광식이ᄅ
긔 ᄋ니 즐거우냐

그러나
네 공인가 아지말고
부모은혀 잇지말ᄋ.[350)]

이 작품은 성주 출신의 愚谷[351)]이 1849년에 지은 것인데, 작자는 「先墓立石韻」의 7언 율시를 읊은 다음 말하기를 "시는 뜻을 말하는 것이

350) 『愚谷遺稿』(필사본, 조선후기), 권1, 「先墓立石 短歌一曲」, 계명대도서관 소장본.

351) 상계서를 중심으로 愚谷에 대하여 조사해 보았으나 성명이 나타나지 않고, 거주지는 星州였다. 그 6대조는 본래 善山에 世居하였으나 뒤에 후손들이 성주, 대구, 고령, 하양 및 慶山의 中庸洞, 新寧의 鵝村 등지에 흩어져 살고 있었다.

나 그 뜻을 말하는 것으로는 부족하여 단가 일곡으로 잇는다."[352] 라고 하였다. 삼강에 입각한 도덕적 윤리의식이 담겨져 있으며, 특히 단가에서 '선묘의 입석'을 주제로 하여 제목을 붙인 것이 독특하다.

李中麟(1838-1917)은 조선말기에 척사정신을 지니고 외세에 항쟁하였던 유학자였다. 을미사변 당시 예안 의병대장을 역임한 바 있으며, 1910년에 나라가 망하자 소백산 등지에 은거하였다. 저술은 『雲圃遺稿』 3권3책 외에 「입산가」, 「교녀가」 등이 있는데 후손가에 전해지고 있다.

이중린은 외척 민씨 일파가 국정을 전횡할 때, 흥선대원군 請還派로 지목된 관계로 1886년 봄에 함경도 明川에 유배되었고, 그해 7월에는 함경도 吉州로 移配되었다.[353] 유배지 吉州에서 그는 牧使 林淳憲[354]의 허락을 받고 1886년 9월 18일부터 9월 25일(음력)까지 明川縣의 七寶山을 유람한 후 장문으로 된 「遊七寶山日錄」을 지었다.[355]

---

352) 상계서 「先墓立石 短歌一曲」의 註를 보면 "詩言志 而言志不足 故繼之以短歌一曲"이라 하였다.

353) 李中麟, 『雲圃遺稿』(초고본, 1910년대), 권1, 22頁, 「七月初十日移配到吉州」에 "自明而向吉萬事從今吉 天使玉成之 吾知動忍吉"이라 하였다.

354) 길주목사 林淳憲은 忠州 丹月 출신의 忠愍公 林慶業의 8世冑孫이었다. 『吉州邑誌』에 의하면 그는 1886년 6월에 부임하여 1887년 11월 別營 騎士將으로 옮겼다.

355) 이중린은 귀양 오기 여러해 전인 壬申年(1872년)에 우연히 '칠보산'에 관한 꿈을 꾸게 되었다. 前揭 『운포유고』, 「遊七寶山日錄」의 序頭에서, 꿈 이야기를 다음과 같이 기록하였다. "칠보산에서 우뚝한 바위산을 다 유람을 하고 하산하려 할 때 放屎하고서 앉아 있던 바위에 눈비치는 거울 新匣이 보여서 열어보니 3개(三顆)의 옥거울(玉鏡)이 있었고 매우 빛이 났다. 1개의 거울(顆)에는 細書로 쓰여 진 四律 1수가 적혀 있는데, 내용은 잊어버려서 다 기억할 수 없지만, 그러나 대강은 '榮達의 語'가 있는 것으로 생각하였다. 꿈을 깬 후 분명한 것은

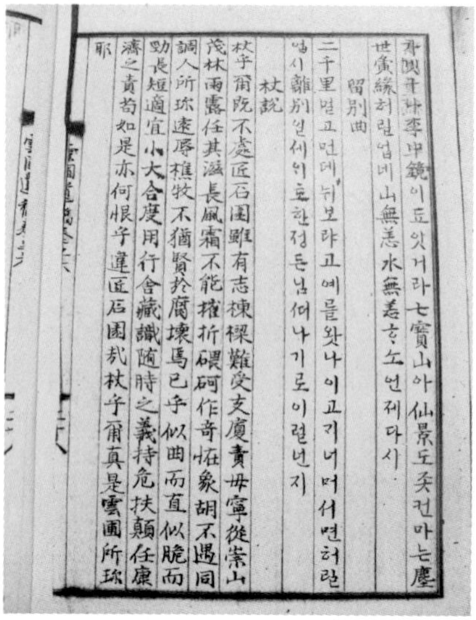

莊周子가 李中鏡이 되엿거라 七寶山아 仙景도 좃컨마는 塵
世僊緣 ᄒᆞ릴 업네 山無恙水無恙ᄒᆞ노 언제다시

留別曲

二千里 멀고 먼데 뉘보라고 예를 왓나 이고기 너머서면 허란
이시 離別 실세인 ᄒᆞᆫ정 든 님 여나기로 이련넌지

杖說

杖乎爾既不處匠石園雖有志棟樑難受支廈責毋寧從崇山
茂林雨露任其滋長風霜不能摧折磈砢作奇怪象胡不遇同
調人所珍遠辱樵牧不猶賢於腐壞焉已乎似曲而直似脆而
勁長短適宜小大合度用行舍藏識隨時之義持危扶顚任康
濟之責苟如是亦何恨乎違匠石園哉杖乎爾真是雲圃所珍
耶

〈그림 48〉 이중린의 『운포유고』에 수록된 단가

칠보산에 유람할 당시의 日錄 가운데는 이중린이 지은 단가 5편[356] 이 들어 있다.<그림 48>

마음으로 매우 기이하게 여겼으나, 다만 '칠보산'이 어디에 있는지 또 사람들에게 물어도 알지 못하다가 여러 해를 보냈다."(壬申年間 夢裡遊山 山名乃七寶也 石山嵯峨 遊歷殆盡 方欲下山因放屎 而坐巖間 適見眼鏡新匣…拾取開匣 匣中有三顆 玉鏡甚光明 一顆鏡則 細書四律一首 忘不盡記 然槩是榮達之語 覺來了然心甚異之 但不知七寶山之在於何處 對人輒問無由知得 其後許多年)라 하였다. 그래서 그가 이곳에 귀양와서 칠보산을 유람하게 되니 더욱 감회가 있었던 것이다. 한편 이 때 지은 「遊七寶山日錄」은 이중린이 귀양살이 하던 1886년에 흥선대원군에게 올려서 비평을 부탁한 일이 있다. 前揭 『운포유고』, 권2, 「上大院君書(丙戌)」 참조.

356) 이중린, 전게 『운포유고』, 권6, 27頁.

行路難

行路難ᄒᆞ니 修身도 亦是 行路難이오
行路難ᄒᆞ니 立志도 亦是 行路難이라
아마도 古今達士 行路難의 다늙난가
修身立志 아니ᄒᆞ고 어느길노 가잔말고

尋眞曲

李中鏡이 누귈넌지 七寶山이 어듸뫼냐
네싱기고 닋날젹의 머닷고 못맛닋랴
닋왓다 엿좌주소 童子야 신선님께

遊山曲

金剛峯 학이울고 會像臺 구름린다
人間의 謫降仙이 玉京香案 차자왓네
어혀 숢이로다 世上萬念 ○○○

下山曲

가겟구나 李中鏡이 됴잇거라 七寶山아
仙景도 좃컨마는 塵世棄緣 허릴업네
山無恙水 無恙ᄒᆞ소 언제다시 ○○○

留別曲

二千里 멀고먼데 뉘보랴고 예를왓나
이고기 너머서면 허릴업시 離別일세
익토한 정든님 써나기로 이럴넌지

구한말 일본을 비롯한 외세가 침략하는 시점에 저자는 위정척사를 주창하다가 이로 인해 함경도 길주에 유배된 신세이고 보면, 제 1편의 제목이 '세상에서 살아가는 과정이 험하고 어렵다'고 하였다. 그러나 내용에는 修身과 立志의 중요성을 역설하였다. 그리고 칠보산을 유람하면서 자연과 벗하며 유유자적한 모습을 그리고 있다. 심진곡과 하산곡에서 표기한 李中鏡은 李中麟의 자칭 대명사라는 사실을 「遊七寶山日錄」의 내용을 통하여 알 수 있다.

> 옛날 꿈속에서 칠보산을 유람할 때 下山하면서 3개의 거울(鏡)을 얻었는데, 금일 유배시에 칠보산을 찾아서 입산해서는 지난날 꿈에서 본 3개의 거울이 무엇을 뜻하는지 알 수 없었다. 이제 불상[357] 앞을 보니 이른 바 大圓鏡 3坐가 있다.… 드디어 이로써 생각을 얽어서 꿈의 뜻이라고 여기고, 또한 '中鏡'으로 改名하고자 한다.…'中麟'이란 이름은 刑配의 명부에 올랐으므로 천하기 막심하다.…다만 내가 멀리 있어서 (개명한 사실을) 家廟에 고유함을 얻지 못했으므로, 감히 급하게 행하지는 못하겠으나 잠시 解配되는 날을 기다렸다가 還鄕한 뒤에 행하고자 한다. 그러나 나는 이 山에 있으니 鏡字로써 꿈의 뜻을 용납하지 않을 수 없으므로, 短歌를 짓는데 있어서는 '中鏡'으로 쓴다.[358]

---

357) 開心寺 대웅전 앞의 불상.

358) 이중린, 전게 『운포유고』, 「遊七寶山日錄」, "昔夢遊之時 下山而得三鏡 今日窮探之時 入山而夢三鏡者 不知何意矣 今見佛像之前 有所謂大圓鏡者三坐…遂以是 構思而志夢 且欲改名中鏡…中麟之名 登於刑流之籍則 賤莫甚焉 但在遠而未得告廟則 不敢遽行 姑俟宥還後行之 而在此山則不容不以鏡字志夢故 作歌以中鏡書之."

위의 단가 5수 가운데 「行路難」, 「尋眞曲」, 「遊山曲」 등의 篇題에는 '三関'라고 註를 달고 있는데도 각기 1수뿐이어서 내용이 누락된 것 같고, 또 유산곡과 하산곡의 말미에도 '○○○'와 같이 누락된 부분이 나타나고 있음을 확인할 수 있다. 그리고 작품에서 그는 李中鏡으로 개명하였으나, 유배지에서 풀려난 후 의병활동, 知舊 간의 서신왕래 등에 본명이 나타나므로, 이때 바꾼 이름을 실제 사용하지는 않은 듯하다.

이중린은 1910년 나라가 망할 때 「입산가」를 지어서 항일 의식을 표출하였는데,[359] 몇 구절을 인용해본다.

> 토설이 방루하여 용신하기 어렵대도
> 왜셰상 고대광실 나인졔 부럽잔코
> 메조밥 나물국이 초박하여 못견대도
> 왜셰상 고량진미 나인졔 부럽잔코
> 바람이 셰들아도 왜바람의 더할손야
> 삼강이 업셧슨이 사유가 이슬손야
> 매국하는 역젹놈들 왜국기셰 비러쪄셔
> 임군도 위협하고 백성도 위협한의
> 의관문물 조흔나라 왜놈으게 쓰려밧쳐
> 호젹도 왜국호젹 짐슈도 왜국짐슈.[360]

---

359) 장인진 「운포 이중린의 척사정신과 의병항쟁」(경북대학교 영남문화연구원 편, 『영남학』 9호, 2006. 6), pp.273-275.

360) 이화여자대학교, 한국문화연구원 『논총』, 15집(1970년), 자료 편, p.423.

뿐만 아니라 이중린의 4녀 李似鎬(龍溪宅)도 長文의 「생조감구가」를 지은 바 있는데, 작품을 보면 친정아버지와 현실인식의 공통점이 발견된다.[361)]

경슐년 합방후의 호리난 은ᄉᆞ금을
뉘압히라 드리던고
엄칙ᄒᆞ여 물이시니 창검으로 위협ᄒᆞ나 종시불응
곰슈갓흔 야만종도 탄복ᄒᆞ고 도라간후
<u>입산가</u>를 지어시고 ᄎᆡ미가를 을퍼시며
ᄀᆡ산영슈 ᄎᆞ즈시니.[362)]
(중략)
가련한 조션민족 아조 야만 ᄌᆞ취ᄒᆞ고
불ᄉᆞ이군 모르고셔 인의예지 됴흔셩딜
친일파 의기양양 셰계각국 졍치자랑
ᄆᆡ관ᄆᆡ직 사ᄀᆡ하고 각ᄉᆡᆨ셰금 바다올려
ᄇᆡᆨ셩피를 다훌터서 말나죽개 하ᄂᆞᆫ요슐
원셩이 쳘쳥ᄒᆞ니 예의문물
우리나라 탈취ᄒᆞ여 솜인심도 아니하고
극흉극악 학졍ᄋᆞᆨ힝 그무어시 은덕이라
아유구용 협권쳠소 션왕풍속 반ᄃᆡ욕셜
ᄃᆡᄃᆡ로 바든국은 졔몸ᄋᆡ와 ᄇᆡ반ᄒᆞ고
셩현이 ᄇᆡ출하ᄉᆞ 삼강오륜 쎳쎳ᄒᆞ고
ᄀᆡᄌᆞ셩인 팔조목은 전연이 부지ᄒᆞ고
션셰유풍 젼부지가 상하등분 마음업고

361) 장인진·남상권, 「생조감구가의 작가 고증과 작가 가문의 항일운동」(반교어문학회, 『반교어문연구』, 20집, 2006. 2) 참조.

362) 이화여자대학교, 한국문화연구원 前揭 『논총』, 자료 편, p.413.

상한교제 습관되니 금슈되미 잠간이라
기화문명 ᄌ랑ᄒ니 이아니 통곡체냐.[363)]

위 이중린의 가사에 나타나듯이 그는 왜놈의 세상에 살기가 싫어서 통분한 끝에 한글로 「입산가」를 짓게 된 것이며, 또 「입산가」의 내용 가운데는 "금은화장 손에짚고 망혀를 들멘후에 / 사면을 살펴봐도 갈곳이 전혀 없네" 라고 志操를 드러낸 후, 소백산 아래의 天浮山에 들어간 것이다. 천부산은 망국 백성으로서 빈곤한 처지에 있던 그였기에 평온한 위안처가 될 수 있었다. 이곳에서 그는 주경야독을 하면서 마을의 학동을 교육시키고 계몽을 하였다.[364)]

그리고 이중린은 위 「생조감구가」의 내용과 같이 4녀 이사호에게도 우국 애민사상 및 항일의식을 심어준 것이다.

한편 단가 작품은 문집이 아닌 일반 문헌에서도 존재하고 있음을 알 수 있다. 경상도 고성현에서 편성된 필사본 『固城傳』에 의하면 통영의 「固城童謠」 1수가 전해지고 있다.

간다고 윗지마라 오며가며 몟히되리
구진도 닐연니오 젹양도 닐연니다
오는구시 더욱좃타 닐연만살고 환고향ᄒ시.[365)]

---

363) 상게 논총, 자료 편, p.415.

364) 상게 논총, 자료 편, 「입산가」 p.424의 내용 가운데는 "시시로 학동불너 성경현전 강논하고 / 셔황씩 조흔풍속 이약이로 일너듯겨 / 시속의 드무잔코 슈신독셔 씨긴후의 / 홍슈가 물너가고 칠야가 다시발가 / 예의지국 되온후의 과이망세 너무말고 / 다리고 나려와서 태평셰게 사라볼가"라는 구절이 있다.

365) 固城縣 편, 『固城傳』(필사본), 爲民緊事秩 篇, 「固城童謠」, 계명대도서관 소장.

중장의 내용 가운데 구진(舊鎭)은 옛 所非浦에 있던 鎭營인데 고성의 경계에 있었고, 적양(赤梁)은 남해의 경계에 있던 진영이었다. 두 진영은 나라가 세워진 이래 군역을 배치하였는데 鎭將은 서울에서 下送하는 것이 관례였다. 위의 내용을 보면 군역과 부역에 동원된 백성의 고된 삶의 모습과 고향을 그리워하는 마음이 담겨져 있다.

끝으로 崔南復(1759-1814)의 『陶窩遺稿』 정고본을 보면 「輓銘巖族大父(達文)」라는 만사가 실려 있는데, 뒤에 판각한 『도와선생문집』에는 내용 가운데 "時調與古體 無不極妙而(시조와 고체는 지극히 묘하지 않음이 없었네)"라는 구절이 삭제되어 있다. 삭제된 내용으로 미루어 볼 때 18세기에 살았던 최달문은 특히 시조와 고체를 짓는데 뛰어났으므로 시조 작품을 후대에 더러 남겼을 것으로 짐작되나, 최남두의 『명암문집』[366]과 그 附錄에 실려 있는 아들 최달문의 『小巖遺稿』에는 단 한 수의 시조도 실려 있지 않다. 문집을 간행할 당시까지 시조 작품이 전해지고 있었는지는 알 수 없지만, 아마도 한글에 대한 편집자의 인식이 낮아서 등재하지 않았을 것이라고 본다.

---

366) 『銘巖文集』에서 '銘巖'이 崔南斗(1674-1732)의 호인지 최남두의 아들 崔達文의 호인지 알 수 없다.
崔南復(1759-1814)은 명암을 족대부 崔達文(1703-1781)으로 칭하고 있고, 동시대 崔天翼(1712-1779)도 그의 문집 『農叟遺稿』에서 「寄崔銘巖達文書」라 하여 명암을 최달문으로 지칭하고 있다. 부자간에 같은 호가 있을 수 없다. 그런데 최남두의 6대손 최현규가 『명암문집』은 간행할 때, 명암이 최남두의 호라고 하고, 그 문집의 부록에 최달문의 유고를 『소암유고』 라고 이름을 붙여서 합본하여 간행한 것이다. 앞으로 문집의 내용을 더 검토하여 바로잡아야 할 것이다.

3) 書翰文

서한문은 교유한 사람을 중심으로 주고받았던 글인데 당시 사회적, 신분적 영향을 받아 일부가 삭제되기도 하였으며,[367] 삭제 내용에 가운데는 사생활 외에 정치, 사회, 문학, 철학 등에 대한 저자의 의식이 담긴 것도 있다.

조식의 『남명선생집』은 위에서 언급한 바와 같이 1604년에 해인사에서 갑진본이 간행된 이후 여러 차례 출판되었다. 『남명집』에 대해서는 지금까지 나온 여러 편의 논문에서 판본에 관한 연구가 활발하게 이루어졌으므로 구체적인 언급은 하지 않겠다. 다만 『남명집』의 간행을 최초로 주도한 사람은 鄭仁弘이었다. 정인홍이 인조반정으로 피화된 이후의 『남명집』을 살펴보면 내용의 일부가 산개되어 있음을 알 수 있다.

인조반정 이전에 간행된 『남명집』 가운데 현재 남아 있는 판본은 1606년의 병오본과 1609년의 기유본, 그리고 1622년의 임술본이다. 임술본도 내용이 다르게 표기된 것이 발견된다. 『남명집』 가운데 1670년에 간행한 庚戌本은 계명대학교 동산도서관에 영본 1책(권2)이 소장되어 있는데[368] 이 책은 송시열이 『남명집』에서 '鄭仁弘'의 이름을 삭제

367) 영남의 승려 戒悟의 『伽山稾』(목판본, 1852년), 권3, 18頁에 「奉候陶窩崔上舍南復書」는 '戒悟'가 '崔南復'에게 보낸 서찰이고, 이 글 다음에 「附答」이라 하여 최남복의 答書가 부기되어있다. 그러나 최남복이 전게 『陶窩先生文集』의 간행본에 실려 있지 않다. 또 위의 『가산고』에는 경주의 최림, 최옥 등에게 보낸 서찰과 답서가 실려 있는데, 두 사람의 문집인 『畏窩集』과 『近庵集』에 모두 실려 있지 않다. 교유 대상자가 누군가 따라 내용이 삭제되기도 하였다.

368) 曺植, 『南冥先生集』(목판본, 晋州, 1670년), 1책(권2), 계명대도서관(고811.081조

하도록 지시한 6조목의 지침에 따라 改板된 판본이다.[369] 이를 살펴보면 改板한 흔적이 뚜렷하다.

경술본은 1622년의 임술본 판목을 그대로 사용하여 찍었다. 그러나 「與子强子精書」의 경우 서찰 말미에 '仁弘 識'라고 붙인 李楨과 관련이 있는 정인홍의 글을 보면 改板한 흔적이 뚜렷하다. 임술본은 판각할 당시 10行 20字로 판각했는데, 위 서찰이 들어 있는 10板부터는 정인홍의 글 34行을 삭거한 관계로 판목을 10行 22字로 늘려서 판각하였다. 그래서 19板까지 2板을 의도적으로 삭거했으므로 경술본에서는 17板이 되었다. 그 가운데 14板은 임술본의 16板 판목을 그대로 사용하고 14板이라고 張次만 고친 것이다. 또 17板은 조식이 '成大谷(成運)에게 보낸 書翰'인데 내용 가운데 "去年 見鄭君仁弘…"이 "去年 見或人…"으로 산개되어 있다. 한편 84板의 「丁卯辭職承政院狀」이라 표기한 책판은 임술본의 86板을 그대로 사용하고, 다만 '辛未'로 표기했던 干支를 '丁卯'로 바꾸어서 補刻한 것이다.

朴東欽(1607-1678)의 『二友亭遺稿』에 실려 있는 「與仝有章」[370]이란 서한문과 전씨 가문에서 지금까지 간직하고 있는 박동흠의 친필 서한문을 중심으로 내용을 살펴본다.<그림 49>

> <u>정신이 혼미하여 禮를 생략합니다.</u> 여아의 사망은 꿈입니까? 진실입니까? 5개월 동안 오랜 병으로 마침내 일어나지 못하고 양가의 백

식남명ㅅ).

369) 김윤수, 전게 「남명집 책판 계통도」 참조.

370) 朴東欽, 「二友亭遺稿」(朴在洛 편, 『牟山世稿』, 목활자본, 淸道, 1952년), 3頁, 「與仝有章」. 편지의 원문 내용은 다음의 註에 수록한 친필 서한문 참조.

발 부모로 하여금 간장을 끊는 슬픔을 주었으니 인간으로서 불효가 어찌 이보다 더 하겠습니까? **죽을 날을 앞에 두고 지하에서 만나볼 날이 멀지 않으니 혹 마음을 너그럽게 가질 수 있으나 차마 잊지 못할 것은 重病으로 고통을 참지 못하던 모습이 항상 눈앞에 아련하여 더욱 참담하였습니다. 여아가 살아있을 때 婿君이 병을 고쳐주려고 하던 정성을 역력히 보았기에 죽은 뒤에도 잊지 못할 정경을 가히 알 수 있으니 어찌 차마 눈물을 삼키는 처량한 모습을 보이겠습니까?** 兄의 회포나 弟의 회포가 다를 바 없지만 그러나 **弟의 마음보다는 조금 나을 것입니다.** 속담에 "살아 있는 사람은 괜찮으나 죽은 사람만 불쌍하다" 하였으니 형은 다시 新婦를 맞이하면 며느리를 갖추게 되니 인정은 자연히 너그러워지겠으나 弟의 경우는 다시금 볼 길이 없으니 말이 여기에 이르면 심신이 병들 것 같습니다. 좌우의 이웃에서 홍역이 만연하여 겨우 成服을 지낸 후에도 곡성을 내지 못하니 가슴이 답답함을 풀 수가 없습니다. 내일은 節祀를 지내야 하므로, 형세가 이와 같아서 비록 제사를 차려서 禮를 이룰 수 없으나, 死生의 정은 끝이 없다고 생각되어 사람과 말을 보내니 아드님을 보내 주실 수 없겠습니까? 여름 동안에 만나서 회포를 열어 보지 못할 것 같으면 어찌 가을까지 견디고 기다리겠습니까? **심사가 현란하여 이만 갖추지 못하니 형은 굽어 살피시어 심중을 알아주소서. 절을 하고 올립니다. 무신오월사일 사제 복인 박동흠 장상.**[371]

---

371) 全尙烈 등편, 『沃川全氏杏亭世蹟』(대구, 대보사, 1994) 하권, p.223, "昏茫除式 女兒之逝 夢耶眞耶 五朔沉痼 竟不能起 使兩處鶴髮之親 割此寸腸 人間不孝 孰加於斯 墓門當前 地下之見未久 庶或寬念 而所不忍者 病重苦苦難堪之狀 常目在之 而尤可慘然者 歷見壻郎 生前救病之誠 可知其死後難忘之情 何忍見飮泣凄凉之狀乎 兄之懷與弟無間 而然且少愈於弟 諺云 生者晉矣 死者可哀 兄有更見新婦則 子婦具矣 人情之所以自寬 而弟則無復見之路 言之至此 心神欲潰 左右籬底 紅疫遍滿 纔經成服之後 未出哭泣之聲 胸中鬱結 亦未能解 明日乃節祀而形勢如此 雖不得設饌成禮 死生之情 想必無涯故 委送人馬 未可命送賢胤耶 夏間 若未得奉敍開懷 則何堪待秋耶 心事眩亂 謹此不具 伏惟 兄下諒 拜狀上. 戊申五月四日 查弟 服人 朴東欽 狀上."

저자가 시집보낸 딸의 죽음을 맞이한 1668년에 사돈인 全有章(1612-1675)에게 보낸 서한문이다. 편지 내용을 보면 딸에 대한 애절한 사랑과 슬픔 정감이 지면 곳곳에 배여 있다. 밑줄 친 부분은 원본에서 삭제된 부분인데 슬픔을 당한 작자의 진솔하고도 솔직한 심사가 들어 있다.[372] 딸의 죽음에 대하여 "弟(본인)의 마음보다는 조금 나을 것입니다."라는 말로써 심경을 토로하고 있지만 간행본에는 삭제되었다. 속담에 "살아 있는 사람은 괜찮으나 죽은 사람이 불쌍하다."라는 말은 인간사에 있어서 고금의 진리라 할 것이다.

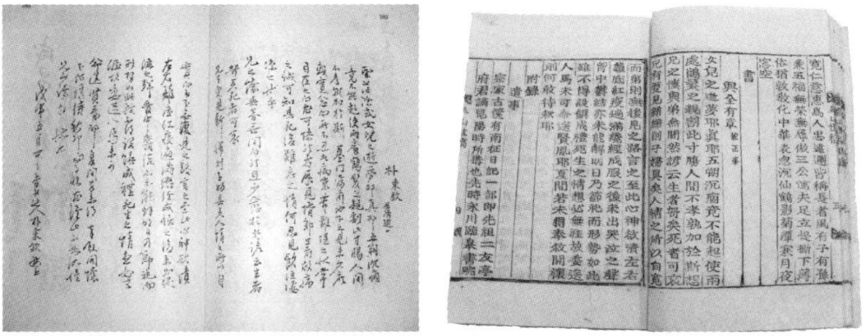

〈그림 49〉 박동흠이 全有章에게 보낸 서한문 친필(왼쪽)**과 문집 내용**

한문체의 서한문에는 대체로 위 인용문과 같이 序頭에 나오는 "정신이 혼미하여 禮를 생략합니다."와 같은 인사를 겸한 글귀와 말미에 나오는 "형은 굽어 살피시어 심중을 알아주소서. 절하고 올립니다."(伏惟

372) 판본에 실려 있는 서한문은 박동흠의 후손 朴在洛이 편집한 것이다. 그런데 밑줄 친 부분과 같이 애절한 사랑과 슬픈 감정의 정도 차이는 당사자인 父女間이 가장 심할 것이고, 후대로 오면서 약화된다고 본다. 그러한 관점에서 후대의 후손이 일부의 내용을 삭제한 것 같다.

兄下諒 拜狀上)[373]와 같은 인사말, 그리고 작성년도, 보내는 사람의 이름 등이 들어 있는데, 문집을 간행할 때는 상투어이기에 삭제하는 경우가 많다.

許愈(1833-1904)의 『后山遺集』 초고본[374]은 저자 사후에 바로 편성한 것이고, 초간본이 되는 『후산선생문집』의 庚戌本은 1910년에 간행되었다.[375] 마침 초고본 1책이 전해져서 살펴보니 산개한 부분이 많았다.

초고본 본문의 「答李子剛(泰植)」은 허유가 지난 날 李泰植이 질의했던 '心經疑義'의 問目에 대하여 임인년(1902년) 8월 17일에 답한 내용이다. 경술본을 보면 편지의 서두에 "謹拜上 子剛座下"라고 시작하는 서한의 본문 전체를 삭제하고, 다만 『心經』의 의문점에 대한 18건 질의 가운데 12건만 수록하였다.[376] 삭제한 6건 가운데 몇 구절을 살펴본다.

먼저 人心이 道心에 앞선다는 "人心 先於道心 云云"이란 질의에 대하여 다음과 같이 답하였다.

> 그대가 보내온 학설이 옳다. 그러나 大要에 있어서는 事物이 있은 후에 法則이 있다.[377]

373) 서한문 말미의 인사말은 대개 "예를 갖추지 못 합니다."(餘不備禮), "이만 줄이니 굽어 살피소서. 삼가 절하고 편지 올립니다."(不宣 伏惟 下照 謹拜狀上), "이만 줄이니 노형은 굽어 살피소서. 삼가 답서 올립니다."(不宣 伏惟 老兄下照 拜謝狀上)와 같은 文句로 마무리 한다.

374) 許愈, 『后山遺集』(초고본), 1책, 계명대도서관 소장본.

375) 許愈, 『后山先生文集』(목판본, 1910년), 19권10책.

376) 상게서, 권9, 13-15頁.

377) 許愈, 전게 『后山遺集』(초고본), 「答李子剛(泰植)」, '心經疑義', "來說得是 然

다음으로 "虛靈知覺 云云"이란 질의에 대하여 그는 理氣의 관점을 들어서 다음과 같이 답하였다.

> 虛는 理이고 靈은 氣라는 說은 先儒들이 그르다고 한다.[378)]

이 내용은 『심경』의 「人心道心」 章에 보인다. 허령·지각에 대해서는 『大學』의 經 1장에 있는 「明明德」 편을 보면 朱熹가 "허령은 心의 본체이고 지각은 心의 작용이다."라고 주석을 달아서 설명하였다.

끝으로 "致敬操心 云云"에 대한 질의에서는 다음과 같이 답하였다.

> 아래의 句節은 옳지만 위의 구절은 錯誤가 있는 듯하다. 대개 공경하지 않으면 마음을 잡을 것이 없다.[379)]

儒學과 관련한 질의 답변의 내용은 아무리 작은 것이라도 의미를 부여할 수 있으므로 교정과정에서 일부 삭제하는 것은 바람직하지 않다고 본다.

李泰植은 『壽山集』 6책을 남기고 있으나, 내용 가운데 許愈에게 올린 서찰은 위에서 질의한 내용과 관계가 없는 2편만 수록되어 있다.[380)] 따라서 위의 질문에 있어서 '云云'이란 부분이 구체적으로 어떤 내용을 질의한 것인지 알 수 없다.

大要 有物然後有則."

378) 상게서, 同 '心經疑義', "虛理靈氣之說 先儒非之."

379) 상게서, 同 '心經疑義', "下句是 上句似錯 盖不敬 則無以操心."

380) 李泰植, 『壽山集』(연활자본, 1955년), 권3, 5頁에 「上許后山先生」 2편이 있는데, 庚子年과 壬寅年에 올린 것만 수록되어 있다.

한편 위에서 언급한 성세영의 『나옹소고』 정고본을 보면 「文」이라고 표시하고 한글로 단편의 글을 수록한 것이 15편이나 된다. 이 글은 대개 제목이 없고 다만 '與○○書'로 되어 있어서 서한문임을 알 수 있다. 손병희, 박은식, 정윤 등에게 보낸 것인데 1979년에 간행한 판본에는 모두 삭거되어 있다. 삭거된 글을 살펴보면 단편으로 쓰여진 문학작품의 성격을 지닌 것이 많다.

먼저 한말 독립운동가로서 3·1 운동 때 민족대표 33인의 대표를 지낸 손병희(1861-1922)에게 보낸 글을 살펴본다.

亂山深谷에 어우러진 것은 杜鵑花요
旅館寒燈에 呻吟하노니 病人이로다

오고가는 車쏘래는 彼此없이 消息일네
꿈속에 魂이 있어 東京城 다달으니 보이느니 烏鵲이라

죽기 前에 남은 생각
願一見之荊州로다

義理도 關重하거니와 殘命을 도라보온즉
病筆이 久支ᄒᆞ지 못하야 血로 써올리오.[381)]

위의 글은 난산 심곡의 두견화와 여관 寒燈에서 신음하는 병든 자신을 대비하면서 중국의 땅 삼국지의 고향이라 할 수 있는 荊州를 한번 가보는 것이 소원임을 말하고 있다. 결구를 보면 비록 병들고 나약한

381) 成世英, 전게 초고본, 권2, 「與孫義庵秉熙書」.

몸이지만 의리를 중히 여기는 강인한 모습을 그리고 있다. 서한문의 형식으로 편성되어 있으나 현대 시풍의 분위기가 감도는 글이다.

다음은 한말 민족사학자 및 독립운동가인 박은식(1859-1925)에게 보낸 글을 살펴본다.

날도 차고 달도 차오 그려
저 높드랗고 풀어검은 一張紙 空闊한中으로
疎星은 數點이오 鴈聲은 一隊로다
기력아 네 무삼일로 이 찬밤중에 나라든다

蘇中郎의 설은事情 傳하려왔는가
가거든 故人의 土담집도 依舊한줄로

사면 울타리 葉떨어지고
대추나무 까시만 남았다 할망정
싹이 있는以上에야 봄옵니다
부대 몸사랑하시고 기다리시오
이 추위가 옛날옛달이 아니오니.[382)]

이 글은 서두와 결구가 서한체로 되어 있다. 疎星과 鴈聲, 기러기와 蘇中郎, 울타리와 나무 잎, 대추나무와 가시, 추위와 봄 등을 삽입하여 어려운 현실에서도 미래의 희망을 암시해주고 있는 구성법이 돋보인다.

그 다음은 일우 정윤에게 보낸 글이다.

---

382) 상게서, 같은 권, 「與朴白庵殷植書」.

芝宇를 仰하지못하미 玆에 滿二月이오
華墨을 奉ᄒ지못하미 又已三十八日이로다
그러나 나는 兄의 言을 記憶하노라
正히 草木이 葉을 脫하고 根으로 歸할 時

今明兩日은 課業이 없는고로
兄과같이 逍遙하든 뒤園에 올라
저- 山村의 景色을 딱끈찢어내는 가을빛 엷은 속으로
풀어남은 잎, 눌어지는 잎, 붉어벌언 잎,
그 自然의 美를 賞하오니
洞口에 붙으는 牧童 언덕에 나리는 까치 모다 高麗로다

어대로서 오는 一氣壓
海外萬里밖 오날날도 이러한지

靑天의 白雲은 아우의 생각이오
黃花의 白衣는 故人의 音信인 듯

아- 今夜에 달이있을터이지 이달이 지기 前에
平安二字나 하자고 붓을잡고 健康을 祝하오.[383)]

한 편의 시를 감상하는 듯하다. 헤어진 지 2개월이 지났으나 편지도 전하지 못하다가 지난 날 일들을 회상하고 쓴 것이다. 지난 날 함께 오른 뒷동산의 아름다운 자연 현상을 찬양하면서 "正히 초목의 葉은 脫하고 根으로 歸할 時"에서 우인에게 정한 목표를 바르게 수행하기를

383) 상게서, 같은 권, 「與鄭一雨潤書」.

격려하고 있다. 결구에는 건강을 비는 축원의 인사를 붙였다. 하단부의 "청천의 백운은 아우의 생각이오, 황화의 백의는 고인의 음신인 듯"의 표현은 대우법으로 처리하여 정감을 살리고 있다.

그 다음은 김언림에게 보낸 글을 살펴본다.

> 남들은 過歲하였다 하나
> 百結先生 떡방아 듣는 날은
> 아즉 數日을 隔하였도다
>
> 허허
>
> 밤새도록 꿈만꾸고 理由없이 轉輾反側
> 새벽에 이러나 歲星을 보다니
> 釋迦佛의 悟道하든 때에 모다 束閣하고
> 오날 장 흥성할일이 急공사라 蘧蘧한 나로구나
>
> 그래 兄은[384]

한 해를 보내면서 백결선생의 떡방아 소리조차 듣기 어려운 가정의 어려운 형편을 드러내었다. 세모를 당하여 작자는 밤새 상념만 가득하여 잠 못 이루는 모습과 그 자신의 곤궁한 현실을 표현하고, 결구에서 상대방의 안부를 묻고 있다.

그 다음은 독립운동가인 박승익에게 보낸 글을 살펴본다.

---

384) 상게서, 같은 권, 「與金小亞彦林書」.

서리나리고 기럭이오고
밤따고 대초떨 그때올시다

殆天之未陰雨하야 저 桑土를 徹하여볼가
促織鳴에 놀낸가슴 失晨鷄라 嘲笑마오
오날서야 알았을 망정 오날얻은 知識은
오날붙어 斷行이라 月攘一鷄하오리까

하하 世上이 모다 이와같이 아니되야
걱정 七年病에 三年艾가 定말이오

君도 아시오니 綢繆牖戶 하여주오.[385)]

어느 가을날 쓴 것으로 보인다. 나라를 근심하는 작자의 모습이 잘 나타나 있는데 표현에 한문 투가 많이 들어 있다.

그 다음은 독립운동가이며 시인이었던 한용운(1879-1944)에게 답한 글을 살펴본다.

匪西岬의 아리따은 빰과같이
고은 紅桃花피는 槿域樂土
나의 搖籃으로붙어 運命의 逐出을 當한 몸이
무삼 朗朗聲을 發하여요

蒼耳의 棘과 白頭의 鬚가

385) 상게서, 같은 권, 「與朴貞齋勝益書」.

本能으로만 아심니까
圓則行 方則止가 自然 아닌가요
낸들 塚上柏大 몰을가마는
힘이 實ᄒᆞ지 못한 以上에야
魂去不須招 할 따름이지요
定말 想像보다 最大數 比이여요
아무쪼록 部分活하게 上帝께 저 伽藍보압고.[386)]

일제 강점기를 당하여 아름다운 우리 땅인 樂土에서 운명적으로 축출된 작자는 生에 있어서 즐거움이 없다. 우울한 심회를 한용운에게 토로하고 종교적인 힘에 구원을 요청하며 의존해보기도 한다.

그 다음은 제목을 「何何葉書」[387)]라고 붙인 글을 살펴본다.

날바리고 가시더니 발病이나 아니났오
병이나서 어찌하게 轍環天下 못하라고
허나 止於至善 하시랴면 凉藥을 자시얄걸

蓮보고 진흙속에 난다고만 말어주세요 설어워 참 못살겠오
이머리 飛蓬같하여도 膏沐이 없는 것은 아니올시다

그렇다고 나의 情節 八萬六千四百秒[388)] 잠들기로 泛然할가
其兩其兩하던 精誠 구구한꼴 몇번이오

386) 상게서, 같은 권, 「答韓上人龍雲書」.

387) 林尹 등편, 전게 『中文大辭典』, 一卷 p.895에 의하면 '何何'는 "何尊師答人之語"라 하였으므로, 성세영이 '어느 尊師에게 답장한 엽서'라 하겠다.

388) 24시간(하루)을 말함.

아- 先生님 쉬- 도라와 날 救援하서요
살어서 못다하면 죽어 結草하오.[389)]

마음이 답답하여 그 자신에게 자문자답한 형식의 글이다. 일제 강점기에 살면서 정신적으로 방황하고 있는 작자의 심중이 잘 나타나 있다. 이처럼 방황하고 있는 자신에게 정신적 구원을 요청해보지만 답답하기만 하다.

그 다음은 성세영 자신이 신년을 맞이하여 지은 글을 살펴본다.

새해가 왓도다 새해가 왓도다
해도 새로우리 나도 새로우리

扶桑에 돋든해 또다시 돋도다
사랑함도 새로우리 맵시롭도 새로우리
立春大吉 建陽多慶 萬事亨通 새로우리.[390)]

이 글은 아마 저자가 광복 이후에 지은 것으로 보인다. 비로소 암울했던 일제 강점기를 벗어나서 신년을 맞았으므로 새롭게 시작하고자 한 자신의 다짐과 나라의 역동적인 희망감을 느끼게 한다.

그 다음은 옛날의 '禮氏가 동명왕에게 올린 글'을 모방하여 지은 글을 살펴본다.<그림 50>

389) 상게서, 같은 권, 「何何葉書」.
390) 상게서, 같은 권, 「新年短札」.

사랑하시든 어머니는 죽었습니다
배였든 類利兒는 컸습니다
커서 찾어감니다 王의 血肉 王의 더운품에 품으시오

白牛店 저 息壤은 依舊한 齊姜이요
無窮花 情든꽃은 꽃좆아 젓벌이오
思慕하였습니다 사랑하고 保重하였습니다

公子의 冠은 公子의 公子에 冠하고
살도 살에게 反乎爾하오 따신바람은 모다 그便으로

河陽橋 通보낸後 남은 妾은
落葉이나 쓸고 어머니 무덤으로.[391)]

이 글은 동명왕과 첫째 부인 禮氏와 사이에 난 아들 유리왕이 부왕을 만나게 되는 고사를 취한 것이다. 동명왕 부자가 헤어진 상황을 나라 잃은 것으로 설정하고, 부자가 다시 만나는 상황을 그리고 있다. 작자가 국권을 회복하고자 하는 의식을 작품을 통하여 보여준 것이 아닌가 생각한다.

---

391) 상게서, 같은 권, 「擬禮氏上東明聖王書」.

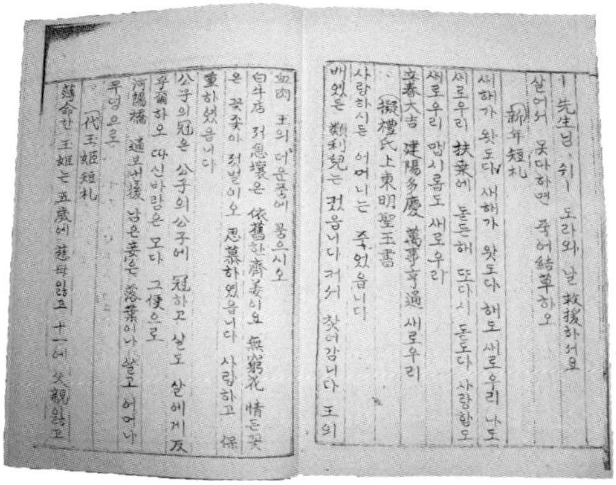

ㅣ先生님, 쉬ㅣ 도라와 날 救援하서요
살어서 못다하면 죽어結草하오
新年短札
새해가 왓도다 새해가 왓도다 해도 새로우리 나도
새로우리 扶桑에 돋든해 또다시 돋도다 사랑합오
새로우리 맵시롭도 새로우리
立春大吉 建陽多慶 萬事亨通 새로우리
擬禮氏上東明聖王書
사랑하시든 어머니는 죽었읍니다
배였든 類利兒는 컷읍니다 커서 찾어감니다 王의
血肉 王의 더운품에 품으시오
白牛店 저 息壤은 依舊한齊姜이요 無窮花 情든꽃
은 꽃잦이 정벌이오 思慕하였읍니다 사랑하고 保
重하였읍니다
公子의冠은 公子의公子에 冠하고 살도 살에게 反
[illegible]하오 대신바람은 모다 그便으로
河陽橋 通보냈後 남은잎은 落葉이나 쓸고 어머나
무덤으로
代玉姬短札
薄命한 玉姬는 五歲에 慈母잃고 十一에 父親잃고

〈그림 50〉 성세영의 『나옹문집』 정고본 내용

끝으로 옥희를 대신하여 지은 「代玉姬短札」을 살펴본다.

薄命한 玉姬는
五歲에 慈母잃고 十一에 父親 잃고
모진목숨이 죽지못한 罪로 天罰이 나리사
눈칫밥에 굵은 뼤 虎口에 들어있오
未納편지나마 한장 붗일 곧은 그곧밖게
이를 將且 어찌할지
가리나니 눈물이라
前程도 캄캄하구나[392)]

이 글에서 저자가 '옥희를 대신하여 지었다'는 그 옥희는 일제 강점기에 나라를 빼앗긴 우리 민족을 뜻한다고 볼 수 있다. 어릴 때 양 부모

392) 상게서, 같은 권, 「代玉姬短札」.

잃고 성장해서는 무참히 호랑이의 밥이 되려하니 얼마나 박명한가. 작품속의 옥희는 비록 죽지는 않았으나, 범의 입속에 있는 것처럼 위험한 상황을 비유한 것이다. 따라서 눈물도 흘려보지만 앞일이 더욱 어둡기만 하다.

이 밖에도 정윤, 박승익, 백용성, 권덕규 등과 성명 미상의 우인에게 보낸 것으로 총 5편의 글이 더 있다.[393] 내용은 저자의 우국충정을 보여주고 있으나 위의 인용문과 비슷하여 논외로 한다.

4) 序記文

서·발문과 기문은 어떠한 사실에 근거하여 서술한 문체이다. 서·발문은 대개 문헌의 앞뒤에 붙이고, 기문은 작품수에 따라서 별도의 항목을 두거나 잡저에 포함하기도 하는데, 모두 문학적으로 가치가 있다.

李陸(1438-1498)이 편한『철성연방집』은 1476년에 경상도 관찰사 尹壕가 고성에서 간행한 목판본인데, 책머리에는 <그림 51>과 같이 서거정의 친필로 판각한 서문[394]이 들어 있다.[395] 내용을 살펴본다.

> 이제 嗣孫 공조참의 陸이 二公의 시를 모아 한 질로 편집하고 나에게 보여주었다. 나의 **外祖父(外舅：丈人)**이신 陽村 權文忠公 近은 平

393) 상게서, 같은 권,「與鄭一雨書」,「與朴貞齋書」,「與白上人龍城書」,「與權悳奎書」,「答友人書」.

394) 1804년에 간행된『철성연방집』卷首에 수록된 서거정의「철성연방집서」제1행을 보면 "四佳手筆 甲子模刻."이란 註가 있어서 친필을 이해하는데 참고가 된다.

395) 序跋을 친필로 板刻하여 넣는 것은 撰者가 후대인에게 내용을 删改하지 말고 그대로 존중해달라는 뜻의 문헌정신이 담겨져 있는 것이다.

> 齋의 사위이다. **(따라서 鐵城은 나에게 外家가 되는 셈이며)** 나의 內兄 吉昌 權翼平公 擥은 容軒의 사위이다. 翼平이 일찍이 나에게 말하기를 "평재와 용헌의 詩法은 杏村 李文貞公에서 나왔다. 그리고 용헌 또한 어린 나이에 아버지를 잃고 陽村의 보살핌을 받으면서 자란 사람이라, 師友의 바른 연원을 얻었다. 따라서 詩가 평재와 용헌 二老에 이르면 또한 족히 不朽함이 있다."라고 하겠다.[396)]

서거정은 異姓 6촌 동생 李陸의 요청에 따라 그 外外家가 되는 철성(고성)이씨 가문의 『철성연방집』의 서문을 지을 때 李岡(平齋)은 자신의 外祖인 權近(陽村)의 장인이고, 외사촌 權擥(翼平公)은 이강의 아들인 李原(容軒)의 사위가 된다고 하였다. 또 이원이 일찍 고아가 되어 자형인 권근에게 보살핌을 받았으므로 師友 연원의 바름을 얻게 된 것이라 하였다.

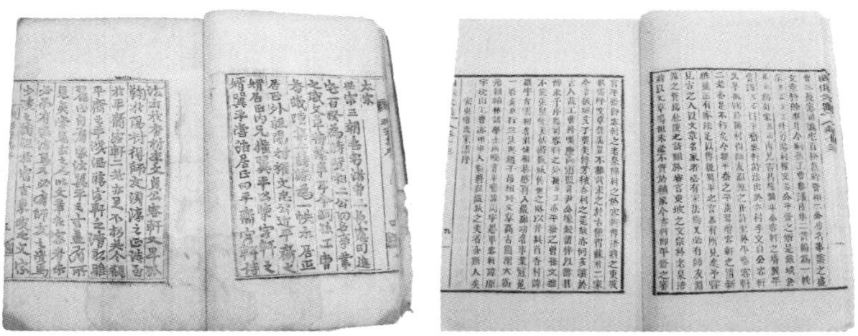

〈그림 51〉 서거정 친필 『철성연방집』 서문(왼쪽)과 『사가집』 목활자본

396) 李陸 편, 『鐵城聯芳集』(목판본, 1476년), 卷首, 徐居正 撰 「鐵城聯芳集序」, "今嗣孫工曹參議陸 集二詩 編爲一帙 示居正 居正外祖(舅)陽村權文忠公近 平齋之婿(是鐵城於居正 爲外家) 居正內兄(吉昌)權翼平公擥 容軒之婿 翼平嘗語居正曰 平齋 容軒詩法 出於杏村李文貞公 容軒又早孤鞠於陽村 得師友淵源之正 詩至於平齋 容軒二老 亦足不朽矣."

위 인용문에서 아무 표기 없는 상태가 원문이다. 『四佳集』 목활자본을 보면 양촌의 이름자 근(近)을 포함하여 밑줄 친 부분을 삭거한 대신 괄호의 내용을 보충하였다.[397) 『사가집』 목활자본에 나타난 내용을 그대로 옮기면 권근은 서거정의 장인이 되고, 內兄(외사촌형)인 권람 역시 처남이 되며, 철성 이씨는 外家가 되어서 가통에 오류를 범하고 있다.

또 서거정의 『사가집』 목활자본에는 「送忠淸道監司李公詩序」가 있다.

> 李公의 諱는 陸이고 字는 放翁이다. … 이제 관찰사로 선발되니 조정의 의론이 다 마땅하다고 여겨 시를 지어 전별하고, 나에게 서문을 부탁하였다. 이에 나는 다음과 같이 말하였다. "君의 증조 철성 李文敬公이 고려조에 벼슬하여 경상도 안찰사로 나갔다. … 군의 조부 相國 容軒이 이어서 관찰사가 되어 어진 정사를 했으니 지금 남도의 백성들이 두 공의 덕을 칭찬하여 마지 않았다. 放翁氏의 詩禮 家學이 관찰사의 일에 있어서도 또한 넉넉함이 있으니 어찌 나의 군더더기 같은 말을 기다리겠는가. … 증조와 조부의 풍도를 잇고 召公의 공적을 따르니 내가 방옹씨에게 다시 무엇을 바라겠는가." 정유년.[398)

이 글은 李陸이 충청감사로 부임할 때 송별시를 모아서 책으로 묶은 뒤, 서거정에게 서문을 요청함에 따라 지은 것이다.

---

397) 徐居正, 『四佳集』(高陽, 正觀齋, 목활자본, 1929년), 권13, 8頁, 「鐵城聯芳集序」.

398) 상게서, 권14, 3頁, 「送忠淸道監司李公詩序」, "李公諱陸 字放翁 … 今膺是選 朝議皆宜之 詩以爲別 屬居正序 予曰 君之曾祖鐵城李文敬公 仕高麗 出按慶尙道 … 君祖容軒相國 繼爲觀察使有遺愛 至今南民 稱二公之德不置 放翁氏詩禮箕裘 其於使事 亦綽乎有餘 奚待予贅 … 能繼二祖之風 遠紹召公之烈 則予於放翁氏 復何望哉. 丁酉."

먼저 서문의 저술연대가 정유년이라면 1477년이 되므로 이육의 나이 만 39세이고 서거정은 57세이다. 이 서문은 이육이 살아 있을 당시에 받은 것인데 죽은 자의 이름 앞에 붙이는 '諱'를 그 이름 앞에 표기한 것은 잘못이다. 다음으로 이육을 일컬어 '公', '氏', '君'이라는 3가지 敬稱을 혼용하고 있는데, 이육은 서거정의 18세 연하의 이성 6촌 동생인 동시에 문생이 되므로 여기서 '君'을 제외한 다른 칭호는 합당하지 않다고 본다.

許傳(1797-1886)의 『性齋先生文集』은 1891년에 경상도 丹城의 麗澤齋에서 간행한 목판본인데, 그 속에 <그림 52>와 같이 「明心寶鑑序」가 들어 있다. 이 글은 1866년에 김해부사로 재임하던 때에 지은 것인데, 서문의 내용에 의하면 명심보감은 고려 때 秋適(1246-1317)이 지은 것으로 되어 있다. 허전이 명심보감의 서문을 쓴 동기는 후손의 효심에 근거를 두었고, 내용은 예조판서 申錫愚가 지은 추적의 「신도비명」에서 취한 바가 많았다.

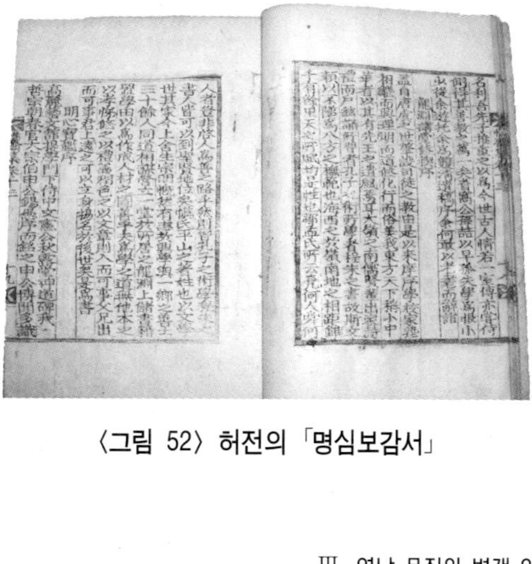

〈그림 52〉 허전의 「명심보감서」

허전은 近畿南人으로 당대 명망 있는 유학자였으므로 이 「明心寶鑑序」를 지은 후 영남의 명망 있던 남인 유학자들에게도 큰 영향을 미쳤다. 1868년에는 李源祚, 趙基升, 柳疇睦 등의 서문이 추가되었고, 1869년에는 申佐模, 李彙載 등의 발문이 추가되었으며, 이 글 외에도 일찍이 1550년에 지은 것으로 되어 있는 李珥의 서문과 발문까지 넣은 『명심보감』이 1869년에 대구 인흥재사에서 목판본으로 간행한 것이다.

서·발문은 작가평 또는 작품평을 하면서 문헌적 가치를 입증해주어야 할 문체이다. 어떤 책에 대한 서·발문을 지었다면 그 글에 대해서 책임을 져야 하는 것이다. 때문에 글을 지을 때는 역사적 사실을 고증하는 자세가 필요하다. 허전은 명심보감의 서문 말미에서 "家乘에 의거 짓는다."고 했는데, 문헌에 대한 전거가 부족하지 않았나 하는 생각을 다음 내용에서 살펴볼 수 있다.

『명심보감』에 실려 있는 허전의 서문에 "그의 학문에 있어서는 竹溪선생 安裕(1243-1306)에게 수학하여……." 라고 했다.[399] 그런데 허전의 『성재선생문집』에 실린 「명심보감서」에는 전문의 내용은 같고, 다만 '죽계선생 안유'를 '易東先生 禹倬'이라고 하여 '우탁에게 수학한 것'으로 기록되어 있다.[400]

허전의 『성재선생문집』은 朴致馥, 金鎭祜, 尹冑夏, 許元栻 등 영남의

---

399) 秋適 편, 『明心寶鑑』(목판본, 대구, 仁興齋舍, 1869년), 卷首, 許傳 撰 「明心寶鑑序」, "其學問則 受學於竹溪先生安裕 云云."

400) 許傳, 『性齋先生文集』(목판본, 丹城, 1890년), 권13, 19頁, 「明心寶鑑序」, "其學問則 受學於易東先生禹倬 云云."

여러 학자가 교정을 한 후에 간행한 것이다. 성재선생 문집의 내용에 의거한다면 우탁은 실제 1263년에 출생하여 1342년에 졸하였고, 추적은 1246년에 출생하여 민부상서와 예문관제학에 오른 사람이다. 17년 연하의 사람에게 수학했다는 점은 수긍하기 어려우므로, 성재선생 문집을 교정할 당시에 '죽계 안유'를 '역동 우탁'으로 잘못 본 것임을 알 수 있다.

또 李彙載(1795-1875)의 『雲山文集』에 실려 있는 「明心寶鑑跋」을 살펴본다.

> 율곡 李文成公이 서문과 발문을 지었다. … 율곡전서에 들어 있지 않아서 이 글은 반드시 율곡 少時에 지었을 것이다.[401]

위 인용문의 내용도 저자가 발문을 쓰기 전에 따져 보았어야 할 부분이다.[402] 율곡이 지은 것으로 되어 있는 서·발문 2편은 1550년으로 표기되어 있고, 그 내용에 율곡 자신이 性理說의 견해까지 밝히고 있는 비중 있는 글인데, 李珥의 나이 14세 때 지은 것이라고 한다면 납득하기 어렵다.[403]

---

401) 李彙載, 『雲山文集』(연활자본), 권7, 「明心寶鑑跋」, "栗谷李文成公 爲序爲跋… 不入於栗谷書中 則此必少時作也."

402) 이 부분은 秋適의 후손들이 당대 이름난 학자인 許傳, 李源祚, 趙基升, 柳疇睦, 申佐模 등의 序·跋文을 구비하여 편성한 『명심보감』의 稿本을 가지고 이휘재에게 다시 請文을 하는 과정에서 착오가 있었던 것이라고 본다. 즉 請文者가 율곡 이이의 글임을 주장한데서 운산 이휘재가 믿고 써준 것 같다.

403) 自編書인 경우는 혹 연소자라 하여도 序·跋文을 넣을 수 있겠으나, 타인의 저서에서 14세 나이로 이러한 서·발문을 짓는 것은 있기가 어려운 일이다.

최근 학계의 일부 연구자는 『명심보감』의 저자가 추적이 아니다 라는 주장과 함께 위의 인흥재사본이 명나라 范立本이 1393년에 지은 『명심보감』의 저본을 판각한 청주 간행본(1454년)의 抄略本이라고 하였다.[404] 이 점과 관련하여 살펴볼 때 범입본이 지은 『명심보감』은 추적이 졸한 후로부터 약 80년이 지난 시기에 편성된 것임을 확인할 수 있으므로, 이로 보면 추적의 인흥재사본은 범입본이 지은 책의 초략본이 될 수가 없는 것이다. 따라서 인흥재사본은 추적의 후손 가운데서 누군가가 편성해둔 것을 후대에 와서 추적이 지은 것으로 잘못 고증한 것이 아닌가 한다.[405]

鄭琢(1526-1605)의 『藥圃先生文集』은 영조 연간에 출판된 것인데, 내용 가운데는 「高坪洞契更定約文序」와 「洞契約條」, 「書約條後」 등 鄕約과 관련이 있는 3편의 글이 들어 있다.[406]

이 가운데 「洞契約條」를 살펴본다.

---

404) 李佑成, 『(淸州版)明心寶鑑』(서울, 亞細亞文化社, 1990), 「解題」 / 宋熹準, 「明心寶鑑의 諸問題」(계명한문학회 편, 『漢文學硏究』, 제14집, 1999. 12) pp.21-69. / 金東煥의 「明心寶鑑의 서지적 연구」(서지학회 편, 『書誌學硏究』, 제10집, 1994), pp.599-652. / 金東煥의 「明心寶鑑의 저자 문제」(서지학회 편, 『書誌學硏究』, 제21집, 2001), pp,59-77 등.

405) 필자는 여러 가문에서 家藏해왔던 稿本에 대하여 저자를 밝히고자 많은 자료를 살펴본 일이 있는데, 이러한 稿本은 저자나 편자를 표기하지 않은 것이 대부분이었다. 한편, 한 가문에서 家藏해왔던 稿本은 대개 출판할 당시에 후손을 포함한 후대 사람들이 내용을 검토하고 고증을 하여 저자나 편자를 명확히 하는 것이다.
명심보감 초략본은 인흥재사본 외에도 내용이 더 축약된 異本이 일제강점기에 이르기까지 20여종 넘게 간행된 사실도 확인할 수 있다.

406) 鄭琢, 『藥圃先生文集』(목판본, 영조년간), 권3, 35頁.

勸勉 條

충성 다하여 임금을 섬기며, 정성 다하여 부모를 섬기며, 자신 잊고 나라를 위해 목숨 바치며, 국난 당하면 창의하여 복수하며, 귀한사람 귀하게 여기고 높은 사람을 존경하며, 노인을 노인답게 여기고 어른을 어른답게 대접하며, 이웃과 화목하고 족친과 화평하며, 공익을 먼저 하고 사사로움을 뒤로하며, 삼가 세금을 납부하며, 의리를 위해서는 용감하게 행동하며, 개인의 은밀한 비밀은 숨겨야 한다.

오른 쪽의 조문은 계중에서 이것을 서로 권면하여 따르게 하고, 좇아서 받드는 일을 놓치지 않게 해야 할 것이다.[407)]

禁制 條

조정의 옳고 그름을 망녕되게 의논하는 것, 州縣의 득실을 가볍게 논하는 것, 젊은이가 어른을 업신여기는 것, 강한 자가 약한 자를 업신여기는 것, 친척 간에 화목하지 못하는 것, 이웃간에 화평하지 못하는 것, 관청의 명령을 어기고 범하는 것, 윗사람에게 거만스러운 몸가짐으로 업신여기는 것, 남의 어려운 일을 구하지 아니하는 것, 금지된 산림을 함부로 베는 것, 남의 묘소에서 함부로 나무 하는 것, 남의 밭 경계를 침범하여 점유하는 것, 곡식의 씨뿌린 곳에 짐승 놓아기르는 것, 남의 재산을 강제로 빼앗는 것, 몸을 가누지 못하도록 술 마시고 떠들며 다투는 것, 서로 때리고 싸우며 꾸짖고 욕하는 것, 기약한 모임에 늦게 도착하는 것, 연고 없이 참석을 하지 않는 것.

오른 쪽의 조문은 계중에서 서로 경계하여 범하지 않도록 해야 할 것이다.[408)]

---

407) 상게서, 권3, 36頁, 「洞契約條」, '勸勉條', "盡忠事君 至誠事親 忘身殉國 倡義復讎 貴貴尊尊老老長長 睦鄰和族 先公後私 愼納賦稅 勇於爲義 秘發陰私 右條契中以此相勸使之 遵奉勿失"

408) 상게서, 권3, 37頁, 「洞契約條」, '禁制條', "妄議朝廷是非 輕論州縣得失 以少凌

주지하는 바와 같이 우리나라 향약은 '呂氏鄕約'의 영향을 받아서 시행된 것인데, 규정하는 조목은 대개 비슷할 수 있지만 글의 내용이 같을 수는 없을 것이다. 그런데 朴善長(1555-1616)의 『水西先生文集』[409]에서도 「洞稧更定約文」, 「洞稧讀法文」, 「洞稧更定約文跋」 등이 있어서 살펴보니, 위의 인용문은 박선장의 「洞稧讀法文」과 내용이 동일하였다.[410] 뿐만 아니라 정탁의 「書約條後」와 박선장의 「洞稧更定約文跋」도 똑같은 내용임을 확인할 수 있었다.[411]

두 사람에 대한 연보를 살펴보면 정탁은 76세가 되던 1601년에 醴泉高坪坊의 洞約을 만들 때 쓴 것임을 알 수 있고, 박선장은 60세가 되던 1614년에 寧海 翼洞里의 고향으로 추정되는 곳의 洞約을 만들 때 지은 것이다. 박선장은 1605년에 정탁을 배알한 적이 있어서 그 당시 동약에 관한 논의가 있었을 것으로 보인다. 아마 문집에 수록할 당시 한 곳에서 착오가 있었는 듯하다.

張福樞(1815-1900)의 『四未軒懶一』 21책은 초고본인데 뒤에 『四未軒文集』으로 목판본 11권6책을 간행하였다. 초고본의 「百悔齋李公遺集序」를 살펴본다.

長 以彊凌弱親戚不睦 鄰里不和 違犯官令 侮慢長上 不救急難 擅伐禁林 擅樵丘墓 侵占田疆 放牧禾稼 攘奪人財 縱酒喧競 歐鬪罵詈 期會晚到 無緣不參 右條約中相戒 使勿犯之"

409) 朴善長의 전게 『水西先生文集』은 鄭宗魯, 金埅 등의 서문을 넣어서 1810년에 4권2책으로 된 목판본으로 간행하였다

410) 다만 禁制 條를 보면 총 18條인데 『수서선생문집』에는 '以賤凌貴'(천한 자가 귀한 자를 업신여기는 것)의 1條가 추가되어 총 19條가 되었다.

411) 상게서, 권4, 1頁.

> 그의 시문은 性氣에서 흘러나와 淸麗하고 深遠한 맛이 있으며 僻澁하거나 雕鏤한 태가 없다. 그의 百悔齋記 같은 것에는 본심을 잃지 않도록 착한 마음을 기르도록 한 것이 더욱 숭상할 만하다.[412)]

이처럼 李公의 詩文과 記文에 대한 작가의 評語가 들어 있어서 작품을 이해하는데 참고가 될 것인데 목판본에는 등재하지 않았다. 또『寒泉遺集』의 서문은 비록 목판본에 실려 있으나 다음과 같은 부분이 삭제되어 있다.

> 從遊한 사람은 趙澗松(任道), 辛澤隱(時望), 楊漁村(晅), 郭灌松(弘章), 黃梧堂(悏), 鄭晩洲(昌胄), 朴浣石(亨龍)과 같은 諸賢이고 시문으로 唱酬하였다.

한천 李涑(1606-1665)이 從遊한 사람들이다. 작가 연구에 필요한 내용이 될 것인데 삭제되어 있다. 문집은 서문을 받았다고 해서 다 간행되는 것은 아니다. 비록 발간되지 않았다고 하여도 이러한 서문을 통하여 작품의 개괄적 내용이나 교유한 사람의 이름과 號를 이해하게 되는 것이다.

한편 1509년에 영남에서 간행한『文選』에서 자필로 발문을 쓴 黃瑋은 그 자신의 관직을 발문 말미에 '校書館 校理'(종5품)를 겸한 것으로 표기 했는데,[413)] 1908년에 경상도 선산에서 간행한『橡亭逸稿』를 보면

---

412) 張福樞,『四未軒懶一』(초고본), 권5, "其詩文 流出性氣 有淸麗深遠之味 而無僻澁雕鏤之態至若百悔齋記 則所存所養 尤可尙焉."

413) 昭明太子 찬,『文選』(목판본, 1509년), 권말, 黃瑋 撰 跋文.

당시 교서관보다 더 영예롭게 여겼던 '弘文館 校理'(正5品)를 겸한 것으로 산개하였다.[414] 또 姜渾의 『木溪先生逸稿』의 서문에도 한 작품을 敬語法 위주로 첨삭한 사실을 살펴볼 수 있다.[415]

記文은 어떠한 사실에 근거하여 서술하는 글인데, 건물의 내력이나 號의 기록, 산천의 기행문 등이 이 문체로 지어졌다.

李崇仁(1347-1392)의 『도은선생집』은 태종의 명에 따라 卞季良이 編次하고, 權近의 서문을 붙여서 1406년에 5권1책으로 간행한 것이 <그림 53>의 초간본이다. 이 초간본은 계명대학교 동산도서관에 소장되어 있는데 보물 제1465호로 지정되어 있다.

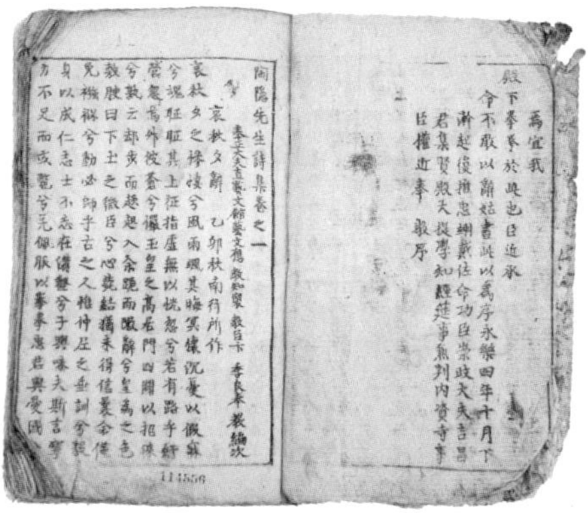

〈그림 53〉 『도은선생집』 초간본

초간본을 보면 「霜竹軒記」와 「驪興郡新勒寺大藏閣記」가 실려 있다.[416]

414) 黃璟, 『橡亭逸稿』(목활자본, 1908년), 권2, 「文選跋」.

415) 姜渾, 『木溪先生逸稿』(목판본, 1910년), 권1, 「青坡集序」.

신축년에 19세손 李圭衡이 성주 二樂亭에서 7권2책으로 찍은 『도은선생문집』을 보면 이 글이 본래 記文이었던 것을 여기서는 序文으로 고쳐서 「霜竹軒序」와 「驪興郡新勒寺大藏閣序」라 하였다.[417] 序文과 記文을 엄격히 구분하지 않았던가를 생각해 본다.

경상도 하양현에 있던 '萬古亭'의 記文은 하양현감 李源麟(1820-?)[418]이 1868년경에 지은 것이다. 이 정자는 李幹(1576-1637)이 금호강 屛巖 위에 세운 것이어서 기미년(1919)에 간행한 『乖庵先生逸稿』의 부록 편에 「萬古亭記」가 실려 있다.[419] 그런데 기묘년(1939)에 간행한 『괴암선생일고』 중간본에는 이 記文의 내용이 <그림 54>와 같이 산개되어 의미가 다르게 표현되고 있다.[420]

> <u>조선시대</u>(지난) 명종·선조연간에 治化가 隆洽하여 儒賢이 배출되었는데 영남을 蔚然히 鄒魯之邦이라 하였다. 당시 退溪선생이 태백산 남쪽에서 道學을 창도하고, **<u>南冥선생이 지리산 아래에서 德을 기르니</u>** 한 때의 名賢·達士가 **<u>兩 門</u>(門下)**에 와서 서로 도학을 연마하고, 몸에 덕성을 함양하고자 어깨를 다투면서 배우게 되었다. **<u>(梅巖 李선생은</u>**

---

416) 李崇仁, 『陶隱先生集』(목판본, 1406년), 권4, 2-5頁.

417) 李崇仁, 『陶隱先生文集』(목판본, 星州, 二樂齋, 신축년), 권4, 末尾.

418) 李源麟의 字는 宗瑞이며 龍仁人이다. 己未年(1859)에 生員에 입격한 뒤 1866년에 河陽縣監으로 부임하여 1871년까지 在任하였다.

419) 李幹, 『乖庵先生逸稿』(목판본, 1919년), 권2, 附錄 篇, 14頁, 「萬古亭記」: 縣宰 李源麟 撰.

420) 李幹, 『乖庵先生逸稿』(석판본, 慶山, 臨湖書堂, 1939년), 권2, 附錄 篇, 23頁, 「萬古亭重修記」: 縣宰 李源麟 撰.
己卯本에서는 「萬古亭重修記」라고 표기하였으나 己未本에 실려 있는 「萬古亭記」의 내용을 그대로 취하였다. 그러나 이 重修記를 보면 앞서 수록된 「만고정기」의 序頭에 표기된 70여 字가 削去된 사실을 확인할 수 있다.

> **퇴계의 高足弟子로 研經書院에서 講學을 하였는데)** 乖庵 이선생은 독실한 배움으로 **梅巖(先生)**의 문하에서 受業하였다. **이미 남명선생을 山海亭에서 배알한 바 있고, (또 鄭藥圃, 李鵝溪, 沈一松 등 여러 선생의 문하에 從遊하였고)** 물러나서는 暘溪, 陶村, 鶴巖과 더불어 道義로 講磨하여 서로가 이익이 있었다. (하략)[421]

중간본인 己卯本을 보면 밑줄 친 부분을 삭거하고 ( )속의 내용을 추가하였다. 그러면 내용을 중심으로 문제점을 살펴보기로 한다.

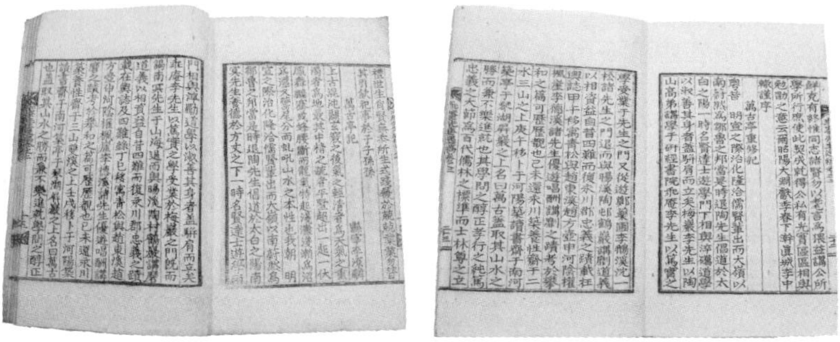

〈그림 54〉『괴암선생일고』에 수록된「萬古亭記」(왼쪽)와 중간본의 내용

먼저 己未本(초간본)에 실린 내용 가운데 주목할 만한 것은 이황과 조식을 함께 儒賢으로 추숭하면서 만고정의 주인인 이간은 李叔樑(1519-1592)의 문인이었을 뿐 아니라 조식을 배알하여 배웠다는 점을

421) "我朝(粤昔)明宣之際 治化隆洽 儒賢輩出 而大嶺以南 蔚然爲鄒魯之邦 當是時 退陶先生 倡道於太白之陽 南冥先生 養德於方丈之下 一時名賢達士 遊學兩門(門下) 相與淬勵道學 以淑善其身者 盖駢肩而立矣 (梅巖李先生 以陶山高弟 講學于研經書院) 乖庵李先生 以篤實之學 受業於梅巖(先生)之門 旣而謁南冥先生于山海 (又從遊鄭藥圃李鵝溪沈一松諸先生之門) 退而與暘溪陶村鶴巖 講磨道義 以相資益."

부각하고 있다.[422] 그러나 李榦은 1576년생이고 조식은 이미 1572년에 졸하였으므로 모순이 생긴다. 張錫龍이 찬한 「乖庵文集序」를 보면 "그의 학문은 퇴계와 남명을 私淑한 것이다"[423]라 하였으므로 실제 배우지는 않았음을 알 수 있다.

다음으로 기묘본(중간본)의 경우 崔鍾應의 발문을 보면 "지금 여러 후손들이 重刊하는 일에 汲汲한 것은 두 가지가 문제가 있기 때문이다. 하나는 원집에 산개할 부분이 있는데도 산개하지 않았던 것이고, 다른 하나는 부록에 添入할 것이 있는데도 첨입하지 않았기 때문이다."[424]라고 하였으므로, 20년 전에 간행한 기미본의 내용에 대하여 문제 인식을 갖고 重刊한 것임을 쉽게 알 수 있다. 이 책에서 주목할 만한 것은 조식을 배제한 후 이황 한 사람 만을 儒賢으로 추숭하였고,[425] 이간의 스승 이숙량[426]을 이황의 高弟로 설정하여 이간 역시 퇴계학의 정맥을 이은 사람이라고 높였으며, 이간이 鄭琢(1526-1605), 李山海(1538-1609), 沈喜壽(1548-1622) 등 諸賢의 문하에서도 從遊한 점을 강조하여 추가하

422) 李榦, 전게 『乖庵先生逸稿』 己未本의 附錄 篇, 「編年略」을 보면 괴암은 萬曆 4년 丙子年(1576)에 태어났고, 14세가 되던 己丑年(1589)에 "拜南冥曺先生 受詩書"라 표기되어 있다.

423) 張錫龍, 『遊軒先生文集』(목판본, 1925년), 권7, 26頁, 「乖庵文集序」, "其私淑學問則 退溪南冥也."

424) 李榦, 전게 『乖庵先生逸稿』, 己卯本, 崔鍾應 跋, "今諸孫之汲汲於重刊者 有其二焉 一則 原集之有可刪而未刪者 一則 附錄之有添入而未入者耳."

425) 張錫龍이 지은 序文 가운데 "其私淑學問則 退溪南冥也."라는 句節을 『乖庵先生逸稿』 重刊本에서는 "其私淑學問則 退陶也" 라고 고쳐서 卷首에 草書體로 써서 넣었다.

426) 李叔樑은 權斗經이 편한 『陶山及門諸賢錄』(목판본, 1854년)의 권1, 20頁에 '李叔樑' 篇이 있어서 퇴계선생 문인임을 알 수 있다.

였다.

그 다음으로 李源麟이 지은 원본의 내용이 어떠한가 하는 원본 검토 작업이 있어야 하는데 현재로서는 알 수 없는 문제가 있다.

이처럼 원본을 볼 수 없는 한계가 있는 가운데 『괴암집』의 초간본에서는 조식을 추숭한 나머지 私淑한 것을 직접 가르침을 받은 문인으로 설정한 오류가 보이고, 중간본에서는 조식에 대한 儒賢으로서의 位相과 학문에 대한 私淑을 부정하거나 배제한 현상을 살펴볼 수 있다. 또 양 본에서 사실에 대한 철저한 考證 없이 선조를 높이려는 점이 문제점으로 나타나고 있다. 그러므로 초간본이나 중간본 모두 문헌상으로 왜곡이 심하다는 사실을 확인할 수 있고, 한편으로는 퇴계학 일변도의 정서가 후기로 오면서 영남지역에 확산되고 있음을 짐작할 수 있다.

김일손의 『탁영문집』은 위에서 살펴본 바와 같이 신미본(1631)과 무신본(1668)에 수록되어 있던 「籌邊樓記」가 뒤에 나온 『탁영선생문집』[427]을 보면 삭거되고 그 대신 「釣賢堂記」가 추가되어 있다. 「주변루기」에 대하여 張維의 「谿谷先生漫筆」의 한 대목을 살펴보기로 한다.

> 『濯纓集』 속에 籌邊樓記라는 글이 있는데, 이것은 아마도 館閣에 몸담고 있을 때 課題用으로 지은 것인 듯하다. 그 글 가운데는 "平泉에 별장을 설치하고 그 안에다 높은 누각을 세웠다." 라고 하였는데, 이것은 洛陽에 있는 평천 별장을 蜀 땅에 있는 것으로 여기고는 그안에다 籌邊樓를 설치했다는 뜻이 된다. 그리고 그 글 말미에다 또 "隴西 李德裕는 기록한다." 고 하였으니, 이것은 또 이덕유의 字가 文饒이며, 趙郡李氏가 된다는 것을 알지 못하고 있는 것이다. 濯纓公으로

427) 金馹孫, 전게 『濯纓先生文集』, 계명대도서관 소장(이811.081김일손탁).

> 말하면 한 시대의 중한 文名을 지녔던 분인데, 소홀히 보아 넘긴 나머지 이런 실수를 저지르고 말았으니, 재주와 학문을 겸비한다는 것이 정말 어렵다는 것을 알겠다. 그리고 한편으로는 이 문집을 편집한 자 역시 제대로 교정을 보지 못한 책임을 나눠 가져야 하리라고 여겨진다.[428]

『탁영집』에 실려 있는 「주변루기」에 대하여 오류가 있음을 지적하고 있다. 주변루는 당나라 이덕유가 촉 땅의 서천절도사로 나갔을 때 세운 것이고, 평천의 별장은 낙양에 있는 이덕유의 별장이었다. 김일손의 글에서 "平泉에 별장을 설치하고 그 안에다 높은 누각을 세웠다."라고 한다면 이것은 洛陽 땅에 있는 평천 별장을 蜀 땅에 있는 것으로 여기고, 그 안에 籌邊樓를 설치했다는 뜻이 되는 것이다. 또 그 글의 말미에 "隴西 李德裕는 기록한다."고 한 것은 김일손이 李德裕의 本貫이나 字를 알지 못한데서 비롯된 것임을 지적하고 있다. 이와 관련하여 문집의 편집자가 교정을 보지 못한 책임을 질책하고 있다. 뒤에 『탁영집』에서 이 「주변루기」를 삭거한 것은 장유의 이러한 지적에서 비롯된 것임을 알겠다.

끝으로 李楨(1512-1571)이 편한 『景賢錄』 2권1책은 金立과 鄭崑壽가 함께 參訂하여 戊午年(1618년)에 간행한 책이다.[429] 내용을 살펴보면

---

428) 張維, 『谿谷先生漫筆』(한국문집총간본), 권1, 「濯纓集中籌邊樓記疏謬」, "濯纓集中有籌邊樓記似是館課所作 其文有曰 置莊於平泉而建高樓於其中 是以洛中平泉別業爲在蜀者 而籌邊樓建於其中也 篇末又曰 隴西李德裕記是 又不知文饒之爲趙郡李氏也 濯纓公文名重一時 而其疏謬乃爾 信乎才學之難於兼長也 編斯集者 不能刪定 亦當分其責焉."

429) 李楨 편, 『景賢錄』(목판본, 1618년), 2권1책, 계명대도서관 소장(이귀920.0513김굉필ㅇ).

상권에는 寒暄堂 金宏弼의 사적 31板, 하권에는 梅溪 曺偉의 사적 4板으로 편성되어 있다. 비록 상·하권으로 구성되어 있으나 하권에서는 조위의 간략한 행적 몇 줄 외에 「臨淸臺記」, 「臨淸臺碑陰」 등을 수록하고 있어서 상권의 '부록' 성격을 지니고 있다. 따라서 이 책이 당초부터 김굉필의 사적을 수록하기 위해 간행한 것임을 쉽게 알 수 있다. 『경현록』은 그 후에 士林의 의논을 거쳐서 한훤당의 실기로 재편하고, 기해년(1839)에 도동서원에서 6권3책으로 중간하였으며, 조위의 사적은 『梅溪先生文集』에 포함하여 숙종 무술년(1718년)에 金陵에서 5권2책으로 간행하였다.[430]

『매계선생문집』 무술본에 수록된 「임청대기」를 보면 『경현록』 무오본에 실려 있는 내용에 비해 오자가 많이 나타난다.[431]

또 『경현록』 무오본을 보면 전라도 순천의 臨淸臺는 김굉필과 조위가 귀양 살 때 '游憩之地'이고, 두 사람이 이곳에서 '游適'하였다고 李楨이 설명하였는데,[432] 『매계선생문집』 무술본에는 이 대목을 '游憩 講道之地'이고, '講磨游適'하였다.[433] 하고서는 몇 자를 첨가하여 조위 역시 道學에 뛰어났음을 은연중 표현하고 있다. 이 밖에도 『경현록』 무오

430) 曺偉, 전게 『梅溪先生文集』(1718년 戊戌本, 민족문화추진회 편, 『한국문집총간본』 소재).

431) 『경현록』 무오본을 중심으로 『매계집』 무술본에 표기된 「臨淸臺記」를 살펴보면 峻駛 → 駿駛 / 無奈 → 無乃 / 登皐 → 登高 / 遍遊 武昌寒溪 諸山 → 遍 武昌寒溪 諸山 / 玆溪之 不幸歟 → 玆溪之 幸耶 등과 같이 되어 있다.

432) 李楨 편, 전게 『경현록』, 권下, 3頁, 「臨淸臺記 追附」, "臨淸 乃二先生謫居時 所嘗遊憩之地…其相與遊適於此 亦可知矣"

433) 曺偉, 전게 『梅溪先生文集』, 권4, 「臨淸臺追刻錄」, 臨淸 乃二先生謫居時 所嘗遊憩講道之地…其相與講磨遊適於此 亦可知矣"

본에서 "寒暄金先生宏弼 梅溪曺參判偉 俱謫昇平"[434]으로 된 것을 『매계집』 무술본에는 "寒暄金先生 梅溪曺先生 俱謫昇平"[435]으로 고쳐서 조위를 '선생'으로 표기하였다. 뒤에 발간된 『매계선생문집』 무진본을 살펴보면 이 부분을 "梅溪曺先生 寒暄金先生 俱謫昇平"[436]이라 하여 다시 位次를 바꾼 사실을 알 수 있다.

5) 哀祭文

애제문은 남을 애도하는 글이다. 哀詞와 祭文이 있는데 주로 4언체의 운문으로 작성하였으며, 매우 정감이 들어 있는 문체이다.

崔南復(1759-1814)의 『陶窩遺稿』 초고본과 『陶窩先生文集』[437]의 목판본을 비교해 본다. 두 본 모두 서·발문이 없어서 정확한 편성 연대는 알 수 없으나 초고본과 목판본 모두 19세기에 편성된 것으로 보인다. 목판본을 보면 초고본에 있던 시 6권을 2권으로 축소하고 내용 전반에 산개한 사실이 확인된다.

師承관계에 있던 「輓大山李先生」을 보면 당초 5언 40구의 200자 進退格[438]으로 되어 있던 것을 목판본에는 5언 20구 100자로 산개하였다.<그림 55>

한 구절을 살펴보기로 한다.

---

434) 李楨 편, 전게 『경현록』, 卷下, 4頁, 「臨淸臺碑陰」.
435) 曺偉, 전게 『梅溪先生文集』, 권4, 「臨淸臺追刻錄」.
436) 曺偉, 『梅溪先生文集』(석판본, 1928년), 권5, 「臨淸臺追刻錄」.
437) 崔南復, 『陶窩先生文集』(목판본), 8권4책.
438) 進退格은 한시를 지을 때 押韻하는 방법의 하나인데, 한 편의 시에 두 가지 서로 가까운 韻을 교대로 사용하는 것이다.

紙價朝城貴 : 글 잘 지어 종이 값이 서울에서 치솟으니
文章世俗誇 : 문장은 세상에 자랑할 만 하였네.
切磋工亦大 : 절차탁마 공부도 크니
鑽仰義彌峩 : 탐구하고 우러름에 의가 더욱 높네.[439)]

이 대목은 당시 大山 李象靖(1710-1781)이 글을 잘 짓기 때문에 請文하는 자가 많아서 서울의 종이 값도 치솟는다는 時俗이 반영된 글귀가 되겠는데 삭거하였다.

또 「輓李(廷標)士極」은 篇名 하단에 '效放翁體'라고 註를 달았으므로 최남복이 李廷標의 만사를 지을 때 송나라 陸放翁(陸游)의 문체를 모방한 것임을 알 수 있다. 저자가 이 만사를 지을 때 육방옹의 어떤 문체를 모방한 것인가에 대해 연구할 필요성을 제기할 수 있는 단서가 되는데, 목판본에서는 이를 삭거한 것이다.

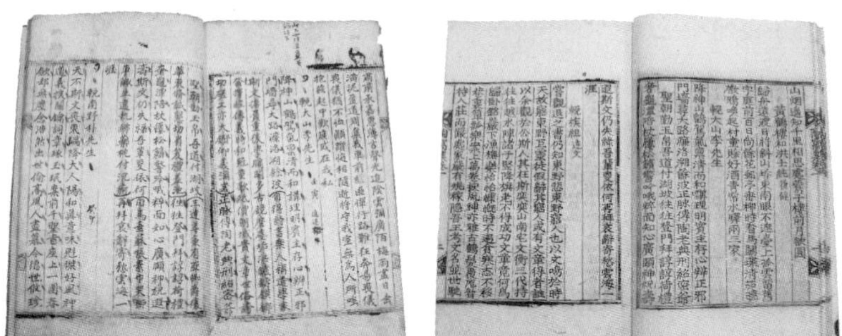

〈그림 55〉 『도와유고』 초고본(왼쪽)**과 목판본에 나타난 「輓大山李先生」**

---

439) 崔南復, 『陶窩遺稿』(초고본), 권2, 「輓大山李先生」, 계명대도서관 소장본.

朴孫慶(1713-1782)의 『南野先生文集』은 1802년에 鄭宗魯의 서문과 從姪 朴漢師의 발문을 넣어서 8권4책의 목판본으로 간행하였다. 이 판본에 등재된 「短招五闋」을 살펴본다.

木有枝兮草有蔓 : 나무에 가지가 있고, 풀에도 덩굴이 있구나.
望營丘兮雲一方 : 신선 사는 곳 바라보니, 구름 뜬 방향이어라.
君往殂兮於其趾 : 그대 세상 떠남이여! 아, 그 발치로다!
君欲返兮山川悠長 : 그대가 돌아가려함이여! 산천이 멀고도 길도다.
山川悠長兮莫低徊 : 산천이 멀고도 긺이여! 머물러 배회하지 말고
魂兮歸來 : 魂이여 돌아오라.

風蕭蕭兮鴈斷行 : 바람이 쓸쓸함이여! 기러기 낢이 끊어졌네
天渺渺兮雲獨翔 : 하늘이 아득함이여! 구름이 홀로 날으네
薄暮兮投店 : 저물녁이여! 객점에 투숙하고
登高兮望鄕 : 높은 곳에 오름이여! 고향을 바라보노라.
君何爲兮不知我哀 : 그대 어찌하여 내 슬픔 알지 못하는가?
魂兮歸來 : 혼이여! 돌아오라

朝發兮下渚 : 아침에 출발함이여! 아래 물가에서로다.
夕宿兮上洲 : 저녁에 누워 잠이여! 윗 물가에서로다.
臨河兮欲濟 : 강에 임함이여! 건너려 하도다.
君曾御兮河之舟 : 그대 일찍이 탔음이여! 강의 배를
魂兮歸來 : 혼이여! 돌아오라.
君何爲兮不重廻 : 그대는 어찌하여 다시 돌아오지 않는가?

親戚兮來迎 : 친척이여! 찾아와 마중하는데
鄕音兮薤歌 : 고향 소식이여! 상두군의 만가(輓歌)로다.
日崦嵫兮將下 : 해가 해 지는 곳으로 감이여! 장차 지리로다.

望北堂兮奈爾何 : 어머니 계신 곳 바라봄이여! 이를 어찌하리
君有知兮君寧自哀 : 그대 앎이 있다면 어찌 절로 슬프지 않으리?
魂兮歸來 : 혼이여! 돌아오라.

落照兮峴山 : 落照여! 현산에서로다.
山深兮白雲 : 산 깊음이여! 흰 구름 가득하도다.
人生兮不穀 : 인생이여! 좋지 못했음이여.
先從兮羨君 : 먼저 떠남이여! 그대를 부러워하네.
魂兮歸來 : 魂이여! 돌아오라.
君有知兮何樂哉 : 그대 앎이 있을진대 어찌 즐거우리.[440)]

저자가 從弟를 위하여 지은 輓歌이다. 星山에 있는 선산에 성묘가는 것을 약속하고 동행하다 종제가 죽게 되자 鰲山 아래에서 곡을 하면서 그의 혼백이 異鄕에서 飄散함을 슬퍼하여 읊은 것이다.

『南野先生文集』의 필사본 1책이 계명대학교 동산도서관에 소장되어 있는데,[441)] 이 필사본은 필사한 연대는 알 수 없으나 내용에 산개 표시 없이 편집체제가 동일하고 또 정종로의 서문까지 수록되어 있어서 후대에 목판본을 보고 베낀 것임을 알 수 있다. 이 필사본에도 인용한 만사가 수록되어 있는데 내용을 비교해보면 잘못 기록한 것이므로 지적하고자 한다.

계명대 소장 필사본에는 제1장 4句의 '山川悠長'을 포함하여 제5장 2句의 '山' 등, 글자의 누락과 함께 제2장 2句의 '雲獨翔'을 '雲猶翔'으

440) 朴孫慶, 『南野先生文集』(목판본, 1802년), 권2, 15頁, 「短招五闋」.
441) 朴孫慶, 『南野先生文集』(필사본), 권2, 「短招五闋」, 계명대도서관 소장(고811.081박손경나).

로, 제3장 6句의 '不重廻'를 '不重迴'으로 되어 있어서 誤字가 나타난다. 또 五闋이라 하여 전체가 5장으로 구성된 것임을 제목에서 밝히고 있으나, 이 필사본에는 제4장 전체가 누락되어 있다. 詩文에 밝지 못한 자가 필사해서 후대에 전한 것임을 알 수 있다.[442]

朴潤德(1759-1814)의 『珠巖公遺稿』 초고본은 구한말에 편성된 것인데 내용 가운데 「代族從輓(上同)」이라는 詩가 있다.[443] 이 글은 저자가 같은 집안의 어떤 사람에게 대신 써준 郭思彦을 위한 輓詞이다. 그런데 교정하는 과정에서 「輓再從叔東山翁(必龍)」이라 하여 재종숙인 朴必龍을 위한 輓詞로 고쳐진 것이다.[444] 한 집안의 양가 후손 간에 정의를 다지고자 산개한 것이라고 본다.

도학 師承과 관련하여 한 문집을 살펴보기로 한다.

都愼徵(1611-1678)은 대구부 鋤齋에 거주했던 지조 있는 선비였는데, 특히 성리학에 조예가 깊어 유림에서 덕망이 높았고, 禮制에 밝았다. 1674년(현종 15) 인선왕후가 죽자 자의대비 조씨의 복상문제가 일어나 大功說로 예론이 기울어질 때, 반대 상소를 올려 朞年說을 관철시키고 金壽興 등 서인일파를 몰아낸 남인 출신의 명유였다. 그는 『竹軒遺稿』

442) 朴孫慶, 전게 목판본 권1의 「花酒吟」을 보면 "黃花綠酒可淸秋 花酒今年苦未謀幾處有花還有酒 乞花沽酒作風流"라 하였는데, 필사본에서는 밑줄 친 부분 10자를 삭거하여 18자만 베낀 것으로 나타난다. 이 책은 오류가 많아서 문헌적 가치는 없다고 본다.

443) 朴潤德, 『珠巖公遺稿』(초고본), 권1, 10頁을 보면 「輓五鳳齋(郭思彦)」라는 만사 다음에 「代族從輓上同」이라 되어 있는 만사가 있는데, 이 작품을 「輓再從叔東山翁(必龍)」이라고 고쳐져 있다(대구화랑 김항회 씨 소장본).

444) 朴潤德, 전게 『珠巖集』(정고본, 1926년), 권1, 19頁을 보면 이 작품이 상게 초고본의 교정지시에 따라 「輓再從叔東山翁(必龍)」이라 고쳐진 사실을 확인할 수 있다(계명대도서관 '고811.081박윤덕주' 참조).

를 남겼다.

『죽헌유고』의 초고본은 5대 주손인 都必鎬가 편성하여 李家煥의 서문을 받은 것이고,[445] 간행본은 후손 都廷治, 都在浩 등이 이 초고본을 저본으로 하여 柳漨의 서문과 종8세손 都顯浩의 발문을 붙여서 1936년에 목판본으로 간행한 것이다.[446] 두 본의 내용을 살펴보면 초고본에는 「祭旅軒張先生文」이 수록되지 않았는데 목판본에는 등재되어 있다.

> 우리 선생은 道와 德을 온전하게 갖추셨으니 천년의 眞儒로 세상에서 君子로 命名했네. … 宋나라 濂洛의 연원과 五賢의 正脈을 이으니, 오묘한 학문은 寒岡과 합하고 아름다움 아우르고 덕을 이웃했네.[447]

편명과 내용에서 '先生'으로 표기하였으므로 儒家의 인식으로 볼 때 여헌 張顯光의 문인이 되는 증거 자료인 셈이다.

그런데 이 제문은 崔東集(1586-1661)의 『臺巖先生文集』에도 「祭旅軒先生文」이라 하여 똑같은 내용이 실려 있음을 확인할 수 있다.[448] 『대암집』은 종5세손 崔興璧이 鄭宗魯의 서문을 받아서 1811년에 간행한 것인데, 다만 위 내용에 있어서 '妙契寒岡 竝徽鄰德'을 『대암집』에서는 '妙契岡門 益勵眞實'로 표기한 것이 다르다. 또 문헌의 간행년도에 있

445) 都愼徵, 『竹軒遺稿』(초고본, 1832년), 2권1책.

446) 都愼徵, 『竹軒先生文集』(목판본, 達城, 龍湖齋, 1936년), 4권2책.

447) 상게서, 「祭旅軒張先生文」, "惟我先生 道全德備 千載眞儒 命世君子 … 濂洛淵源 五賢正脈妙契寒岡 竝徽鄰德."

448) 崔東集, 『臺巖先生文集』(목판본, 1811년), 권3, 1頁, 「祭旅軒先生文」.

어서도 『대암집』이 120여 년이나 먼저 간행된 것이다.

張基相이 편성하여 1922년에 간행한 『여헌선생속부록』의 「사림제문」 편에 이 제문이 실려 있는데, 제문을 올린 자를 '大邱校儒 최동집 도신징'이라 표기되어 있다.[449] 이를 중심으로 살펴보면 1637년 당시 장현광에게 제문을 올릴 때 최동집은 51세, 도신징은 26세이다. 연령으로 봐서 제문을 지은 자는 최동집이라 하겠다. 또 1916년에 간행한 『여헌선생급문제자록』[450]을 보면 최동집은 여헌의 문인으로 표기되어 있고 내용 가운데 이 제문을 요약하여 수록하였다.[451] 그러나 도신징은 문인록에 등재되어 있지 않다. 아마 도신징이 대구향교 유생으로 있을 때 최동집을 배종하여 올린 제문을 도신징 후손들이 잘못 인식하여 1936년에 『죽헌집』을 간행할 때 수록한 것이라고 본다.

한편 李晩燾의 『響山文集』 초고본 「附錄」에 실려 있는 내용 가운데 이만도의 문인 金道鉉이 지은 祭文이 실려 있다.

> 陶山之東 地名青邱 : 도산의 동쪽은 땅이름을 청구라 하였고,
> 陶山青邱 至善之地 : 도산과 청구는 '至極한 善'이 배어난 땅입니다.
> 國之亡兮 君子之死 : 나라가 망하게 되니 君子가 돌아가셨고,
> 師之歿兮 弟子之淚 : 스승이 돌아갔으니 제자는 눈물을 흘립니다.
> 不知者兮 謂我何哭 : 모르는 자는 나 때문에 어찌 곡할 것이며,
> 知我者兮 罔極之哀 : 나를 아는 자는 한없이 슬퍼할 것입니다.

---

449) 張基相 편, 『旅軒先生續附錄』(목활자본, 1922년), 권1, 士林祭文 篇, 21頁, '大邱校儒 崔東集都愼徵' 條.

450) 張基相 편, 『旅軒先生及門諸子錄』(목활자본, 1916년), 1책.

451) 상게서, 31頁, '崔東集' 條에 의하면 "祭先生文曰 惟我先生 道全德備 云云"이라 하였다.

華夏絶兮 天命何哉 : 文明이 단절된 것은 天命이니 어찌 할 것이며,
吾道亡兮 人類何哉 : 우리 儒道가 없어지게 되니 인류는 어찌 되겠습니까.
先生之義 小子知之 : 선생님의 의리는 소자가 알고 있습니다.
小子之情 先生知之 : 소자의 情도 선생님은 아시고 있을 것입니다.[452)]

1910년에 순국한 스승에게 제자가 올린 제문이다. 문장을 살펴보면 동일한 의미의 단어를 중복 사용하고 있어서 짜임새 있는 글이라기보다는 의리에 비중을 두고 있다. 따라서 향산의 가문과 애국정신, 유학을 숭상해온 우리나라 장래 걱정, 제자로서의 정감 등이 글 속에 잘 드러나 있다.

이 제문은 김도현이 본래 979자의 長文으로 지은 것인데, 문장 내용을 꼼꼼하게 살펴보니 교정과정에서 80자로 대폭 축약하였다. 후일『향산문집』의 부록을 간행할 때는 이같이 교정한 내용을 수록하고자 했을 것이다.

6) 狀碣文

장갈문은 개인의 일생을 기록한 것으로 한 인물을 연구하는데 중요한 글이다. 행장, 遺事, 묘갈명, 묘지명, 묘표, 신도비명, 유허비명 등을

452) 李晩燾,『響山全書』(影印本, 한국국학진흥원, 2007), 下卷, pp.193-194.
이 제문은 문장 곳곳에 ( )으로 삭제 표기하여 내용을 이해하는데 혼선을 주고 있다. "陶山靑邱 至善之地" 아래에 "先生之死 得其所哉"가 들어 있고, 그 아래의 長文이 삭제되어 있다. "先生之死 得其所哉"는 전후 내용상 의미가 중첩되어 필자가 인용하지 않았는데, 아마 교정자가 문장을 다시 검토하였다면 이 구절도 삭제에 포함하지 않았을까 생각해본다.

들 수 있다. 한편 傳은 사마천의 史記列傳에서 영향을 받아서 저술된 史傳이 되므로[453] 짧은 문장으로 된 행장이라 하겠다. 이 같은 글은 한 인물에 대한 행적을 기록한 史料가 되기 때문에 내용을 함부로 삭거하거나 刪改, 修訂하는 것은 온당하지 못하다.

金玄成(1532-1621)의 碑銘과 관련하여 김해김씨 족보의 내용을 살펴본다. 김현성의 신도비명은 그가 졸한지 얼마 되지 않았을 때 그 생질 成汝學이 芝峯 李睟光에게 請文하여 받은 것이다.[454]

이수광이 지은 김현성의 神道碑銘을 중심으로 그 선대의 世系를 살펴보면 다음과 같다.

金首露王 …… 繼善 - 仁孫 - 彦謙(원주목사) - 玄成(남창)

이처럼 김현성이 김해김씨로 수로왕의 후손이란 사실과, 그 증조 金繼善으로부터 그에 이르는 4대의 世系를 밝히고 있다. 그런데 김해김씨 족보에 의하면 金克一의 5세손으로 되어 있다. 이 점에 대해서는 김극일의 증손이 김현성의 조부 이름과 비슷한 '仁遜'과 '仁復'이 있어서 그렇게 된 것이라고 생각하는데, 이는 동명이인이다.[455]

또 신도비명을 보면 김현성은 2살 때 벽에 글자를 베껴 썼고, 5살 때

---

453) 曺壽鶴, 『傳文學 硏究』 - 韓國의 托傳 및 假傳을 中心으로 -(계명대학교 대학원, 박사학위논문, 1986. 6), pp.16-18에 의하면 '史傳'은 教訓性, 褒貶性, 傳達性의 3요소가 내포되고, 포폄성에는 表彰性이 강하며, 他人이 지어야 한다고 하였다.

454) 李睟光, 『芝峯先生集』(목판본, 宜春, 1633년), 卷23, 7-11頁, 「同知敦寧府事南窓金公神道碑銘」.

455) 張仁鎭, 「족보자료의 문헌학적 고찰」(계명한문학회, 『한문학연구』, 제 9집, 1994. 12).

소학을 읽고서 그 대략의 뜻을 알았다고 하며, 약관에 사마시와 문과에 올라 관직에 나아간 사실 등, 김현성의 행적에 대해 비교적 昭詳히 적고 있다.

신도비명과 족보의 내용이 다르게 표기된 점으로 인하여 김현성의 11세손 金在愿이 1905년에 『南窓集』을 목활자본으로 간행할 때 이수광이 지은 이 神道碑銘을 문집의 附錄에 수록하지 못하였다. 뿐만 아니라 1921년에 간행된 목판본에도 신도비명을 수록하지 못하였고, 다만 남창의 행장에서 내용 일부[456]만 인용하는데 그치고 말았다. 한 문헌의 내용 변개에서 비롯된 결과이다.

李玄逸(1627-1704)의 『葛庵先生文集』 초간본은 후손 李光振, 李相采 등이 1810년경에 영해에서 간행한 목판본인데, 원집 29권, 별집 6권, 부록 등 총 20책으로 구성되어 있다.[457] 초간본 부록에 실려 있는 「年譜」의 戊戌(1718년) 條를 보면 갈암 이현일이 "寧海 仁山書院에 奉安되었다."는 기사가 있는데 이것이 최후의 기록이다.

---

456) 이수광이 지은 남창의 신도비명은 『국조인물고』에도 수록되어 있다. 그런데 『남창선생문집』 목판본(1921년 간행, 목판본)에 실려 있는 남창의 행장(朴昇東 撰)을 보면 "國朝人物志曰先生生甫二歲 手摹壁上書字 云云."이라 하였다. 지봉 이수광이 쓴 것을 수용한 것이다.
한편 '남창 행장'의 경우, 목활자본(1905년 간행)에는 10세손 金景斗가 지은 行狀을 수록하였는데, 목판본(1921년 간행)에는 박승동이 지은 행장을 수록하였으며, 김경두의 행장은 '行錄'이라 篇名을 고치고 내용을 첨삭하여 실었다. 또 목활자본에 실려 있는 「孝睦洞校尉公(金遴秀)墓所壇石文」도 목판본에는 삭거되어 있다.

457) 李玄逸, 『葛庵先生文集』(목판본, 寧海, 1810년경), 29권, 別集 6권, 附錄, 합20책임. 이 때 찍은 초간본은 출판 당시 책판의 毁板과 책의 焚書로 인하여 판본이 매우 희귀하다. 현재 계명대학교 동산도서관에 零本 14책을 소장하고 있다(청구기호: 고811.081이현일가).

이현일은 남인으로서 당쟁이 격화되던 시기에 살았는데, 『갈암선생문집』이 처음으로 출간되자 노론 정가에 큰 파장이 일었다. 1810년 12월에 좌의정 金在瓚이 경상감사 金會淵의 장계를 중심으로 왕에게 보고한 내용을 보면, 이현일의 후손들이 『갈암집』을 私刊하면서 문집에 '先生'으로 칭한 점에 대해 '己巳年의 凶徒'라 표현하며 강도 높게 비판하고 있다. 당시 金會淵의 장계 내용 가운데는 『갈암선생문집』을 凶書로 규정하고 책판과 책을 모두 거두어 불태울 것, 간행한 首犯은 絶島로 遠配하고 나머지는 경중을 나누어서 刑配할 것, 이 책을 몰래 간직한 자가 뒤에 적발될 경우 首犯의 예에 따라 처리할 것 등을 조정에 요청하자 왕이 윤허하였다.[458] 그래서 문집을 간행한 이광진, 이상채 등이 유배되었는데, 갈암 문중에서는 이 사건을 '庚午板變'이라 하였다.[459] 이 사건으로 인해 『갈암선생문집』의 초간본은 지금까지 전해지는 것이 거의 없다.

『갈암선생문집』 초간본 부록에 실려 있는 「행장」에는 다음과 같은 기록이 있다.

> 당시 金益勳이란 사람이 있었는데 왕비(仁敬王后)와 친척이 되었으며, 파격적으로 廣州府尹에 제수되었다. 선생(葛庵)이 그 위인 됨을 비루하게 여겨서 파직할 것을 청하였다. 임금이 노하시자 어사대에 나

---

458) 국사편찬위원회 편, 『承政院日記』(서울, 국사편찬위원회,), '純祖十年庚午 十二月二十五日' 條. 한편 『순조실록』, 10년 12월 25일 기사에서도 "기사년의 흉도 이현일의 문집을 간행한 우두머리를 도신으로 하여금 엄히 형벌한 다음 섬으로 귀양보내고 흉서를 불태우라고 명하였는데, 大臣이 영남 도백 김회연의 장계로 인하여 아뢰었기 때문이었다." 하였다.

459) 李在崑 편, 『忠孝堂史』(영덕, 충효당, 1997), p.133.

아가 말씀하기를 '臣이 김익훈에 대해 파직을 청한 것은 民生을 위해서 한 것이고, 關防이 중요해서 한 것입니다.[460]

김익훈은 숙종의 國舅인 광성부원군 金萬基의 숙부가 되는 戚臣이었다. 조정에서 그를 파격적으로 광주부윤에 제수하자, 이현일이 이와 같이 부당하다는 글을 올려서 파직을 청한 것이다. 위의 인용문은 『갈암선생문집』 연보의 '戊午(1678년) 三月' 條에도 상세하게 기록되어 있다.[461]

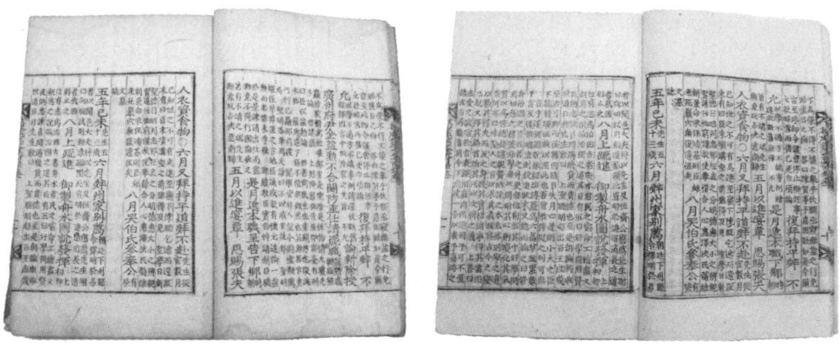

〈그림 56〉 『갈암선생문집』 초간본(왼쪽)과 중간본 내용

『갈암선생문집』 중간본은 1909년에 출간하였는데 책판의 판식을 보면 초간본의 편성 체재와 똑같은 형식의 覆刻本임을 알 수 있다. 그런

460) 李玄逸, 『葛庵先生文集』(목판본, 1810년경), 附錄 권2, 權斗寅 撰, 「行狀」, "時有金益勳者戚聯椒掖 驟除廣州府尹 先生鄙其爲人 論啓請罷 上怒 先生詣臺自列曰 臣論益勳者 爲民生也 爲關防也." 權斗寅의 『荷塘先生文集』(목판본, 1810년), 「葛庵李先生行狀」에도 내용이 실려 있다.

461) 상게서, 「附錄」 권1, 10頁, "論新除授廣州府尹金益勳 不合關防重任 請罷職."이라 主文을 달고, 그 아래에 註로써 6행이나 되는 사실을 상세하게 기록하였다.

데 위의 인용문과 관련하여 중간본의 「行狀」 해당 부분과 연보의 '戊午(1678년) 三月' 條를 찾아보니 두 곳에서 총 14행이나 되는 김익훈 기사가 모두 삭거되어 있었다.<그림 56>

따라서 『갈암선생문집』 초간본이 1810년에 '경오판변'으로 책판과 책이 수거·소각된 그 이면에는 1689년 기사환국으로 남인이 정권을 잡은 데 대해 노론 일파가 이현일을 일방적으로 '기사년의 흉도'[462]로 지목했던 사실 외에, 노론의 척신 김익훈을 '論啓請罷'한 사건도 크게 작용한 것으로 보이며, 또 갈암의 후손들도 이 점을 의식하여 중간본을 간행할 때 삭거한 것이라고 본다.[463]

정인홍(1535-1623)의 『내암선생문집』은 1911년에 목활자본으로 간행된 것이다. 내용 가운데 문장이 완전하지 않은 「主簿朴君墓誌銘」이 들어 있다.

> 이곳은 君의 유택이다. 嘉靖 경술년에 태어나서 萬曆 신해년에 돌아가니 향년이 62세이다. 君의 諱는 ○○(廷璠)이고, 字는 ○○(君信)이며, 고령현 사람이다. 고려 典農監事 吉召의 후손으로서 副倉正 還은 君에게 13代祖가 된다. 증조부 諱는 ○○(烱)이고, … 아버지의 諱는 ○○(溫)이다. 云云.[464]

---

462) 위에서 언급한 『순조실록』, 10년 12월 25일 기사의 말미에 "이현일은 영남사람으로 처음에 遺逸로 뽑혀 벼슬이 이조판서에 이르렀는데, 숙종 기사년(1689)에 스스로 욕하는 죄를 범해 죄가 윤리에 관계된 자이다."라고 평하였다. 한편 1689년 11월에 이현일이 대사헌이 되어 숙종을 인견한 자리에서는 노론대신 閔鼎重의 죄악을 力言한 바 있다.

463) 宋鎭夔 편, 『靑邱氏譜』(목판본, 1925년)의 「光山金氏」 편을 보면 '金益勳'의 직계 후손은 文科에 11명이나 급제하여 구한말까지 관계에 진출한 사실을 알 수 있다. 이 점도 작용했을 것이다.

주부 박군의 묘지명을 보면 '○○' 부분과 같이 空格을 두어 이름을 기록하지 않았다.<그림 57> 이 점은 저자 정인홍이 인조반정으로 피화된 사람이어서 대상자의 이름을 의도적으로 기록하지 않은 듯하다. 朴廷璠은 遺逸로 천거되어 禮賓寺主簿가 되었는데 호를 鶴巖이라 하였다. 이현일이 비문을 찬하였는데 족보의 내용과 비문을 중심으로 고찰하여 위 인용문의 괄호와 같이 완성할 수 있다.

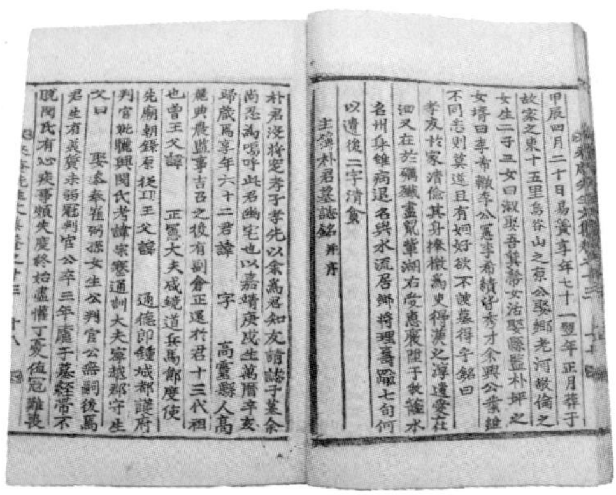
甲辰四月二十日易簀享年七十一翌年正月葬于
故家之東十五里烏谷山之原公娶鄕老河[illegible]倫之
女生二子三女曰淑娶[illegible]女浩娶縣監朴坪之
女壻曰李希[illegible]李公[illegible]李希績皆秀才余與公[illegible]
不同志則莫逆且有姻好欲不諛墓得乎銘曰
孝友於家清儉其身捧檄爲吏得漢之淳遺愛在
[illegible]又在於[illegible]盡[illegible]湖右受惠[illegible]于[illegible]
名州身雖病退名與水流居鄕將理壽躋七旬何
以遺後二字淸貧
主簿朴君墓誌銘 并序
朴君没將窆孝子孝先以余爲君知友請誌于墓余
尙忍爲嗚呼此君幽宅也以嘉靖庚戌生萬曆辛亥
歸藏焉享年六十二君諱　字　高靈縣人高
麗典農監事吉召之後有副倉正還於君十三代祖
也曾王父諱　正憲大夫咸鏡道兵馬節度使
先廟朝錄原從功王父諱　通德郎鍾城都護府
判官妣驪興閔氏考諱宗[illegible]通訓大夫寧越郡守生
父曰　娶參奉崔弼孫女生公判官公無嗣後爲
君生有美質未弱冠判官公卒三年廬于墓絰帶不
脫閔氏有心疾事頻失度終始盡懽丁[illegible][illegible]冠難喪

〈그림 57〉『내암문집』에 수록된 主簿 朴君 묘지명

---

464) 鄭仁弘,『來庵先生文集』(목활자본, 1911년), 권13, 17頁,「主簿朴君墓誌銘」, "此君幽宅也 以嘉靖庚戌生 萬曆辛亥歸藏焉 享年六十二 君諱○○(廷璠) 字○○(君信) 高靈縣人 高麗典農監事吉召之後 有副倉正還 於君十三代祖也 曾王父諱○○(炯) … 父諱○(溢) 云云."
한편 이 문집에 실려 있는「祭河君文(名缺)」에 "以君爲不壽也 今年七十三 以君爲壽也 今何棄我 而先柳車 今辰將欲何向 嗚呼哀哉 同一時 同鄕國 同志業 三同而姓不同 戊申昔日 一觸震威 死是其分 北望而行 云云"으로 되어 있는 제문이 있다. 이름을 알 수 없다고 하였으나 필자가 문헌에 의거 내용을 살펴보면 이 제문은 河渾(1548-1620)에게 보낸 것임을 알 수 있다.

鄭萬陽(1664-1730)·鄭葵陽(1667-1732)이 지은 『壎篪兩先生文集』에 정규양이 지은 「蘆溪朴公遺事」가 있다. 내용 가운데 한 대목을 살펴본다.

> 차남은 敬立인데 參奉이다. … 경립은 어질고 행실이 뛰어나 어버이 돌아가실 때는 시묘살이를 하였고, 仁祖가 붕어하실 때는 삼 년간 상례를 마치니 **"사람들이 다들 충성하고 효도하는 데는 씨(種)가 있다고 말하였다."**[465]

정규양이 박인로의 遺事에서 표기한 그 둘째 아들 朴敬立에 대한 評語이다. 그런데 밑줄 친 부분을 『노계집』의 부록에서는 "사람들이 충성과 효도의 傳함이 있다고 하였다."[466]라고 고쳐져 있다. 『노계집』을 편성할 당시에 산개의 대상은 '種'字라고 하겠다. 이 글자는 사람의 혈통을 卑下하여 이르는 말인데, '씨(種)' 외에도 '種子'나 '종내기' 등의 의미를 지니고 있어서 '種'자를 '傳'자로 대체한 것이라고 본다.

한편 문집에 기록된 비문의 내용과 실제 세워진 비문을 비교할 때에도 내용 변개가 나타나고 있다.

張福樞(1815-1900)의 『四未軒文集』 판본에 실려 있는 「侍講院輔德秀峯李公(汝翊)墓碣銘」을 살펴본다.

---

465) 鄭萬陽, 鄭葵陽 공저, 『壎篪兩先生文集』(목판본, 1809년), 권30, 19頁, 「蘆溪朴公遺事」, "次敬立參奉…敬立賢有行 爲親廬墓 爲仁廟方喪三年 人皆曰 忠孝有種也."

466) 朴仁老, 전게 『蘆溪先生文集』(목판본, 1904년), 권2, 부록, 28頁, 「行狀」, "人以謂忠孝有傳也."라 하였다. 정규양은 이 글을 지을 때 '遺事'라 하였는데, 이 책에는 '行狀'으로 되어 있다.

> 갑술년 6월에 親患이 있어서 벼슬을 버리고 귀향하였고, 翌年에 親喪을 당하자 여막에서 상기를 마쳤으며, **(丙子年에 남한산성에서 굴욕을 보인 소식을 듣고 눈물을 흘리며 식음을 폐하였고)** 무인년 봄에 예조정랑에 제수되었다. … 그 교유한 사람은 **金淸陰[尙憲]**, 李石潭[潤雨], 李澤堂[植], **郭太虛[弘址]**, 成溪西[以性], **李白江[敬輿]**, 姜寒沙[大遂], 蔡湖洲[裕後] 및 우리 7대조 聽天堂[張應一] 등 여러 현인이었다.[467)]

그런데 이 내용에 따라 세운 비문을 살펴보면 괄호 속의 내용을 추가하고 밑줄 친 내용을 삭거하였다.[468)] 추가한 부분은 병자호란 당시 인조가 남한산성의 성문을 나와 三田渡에 설치된 受降壇에서 청나라 태종에게 굴욕적인 항례를 했다는 소식을 듣고 주인공(秀峯)이 눈물을 흘리면서 식음을 폐하였다는 것이다. 어쩌면 이 비문의 핵심이 되는 사항이 될 것이다. 삭거된 부분은 곧 교유한 사람에 대하여 후대에서 취사선택한 경우인데, 아마 당색과 무관하지 않다고 본다. 또 표제의 '李公'을 '李先生'으로 표기하여 의도적으로 높이고 있다.

한편 당초에는 「묘갈명」으로 쓰여 진 것이 「신도비명」으로 바뀌어 세워진 것도 있다.[469)] 그 선조를 높이고자 하여 고친 것으로 보이는데

---

467) 張福樞, 『四未軒文集』(목판본), 권9, 「侍講院輔德 秀峯李公墓碣銘」, "甲戌六月以親癠遞歸翌年遭艱 居廬終制 (丙子聞下城之報 揮涕至廢食) 戊寅春 除禮曹正郎 … 其交遊則 金淸陰李石潭李澤堂郭太虛成溪西李白江姜寒沙蔡湖洲吾七代祖聽天堂諸賢也."

468) 경남 창녕군 창녕읍 옥천리에 소재한 이 비석은 전면의 표제를 '通政大夫侍講院輔德羅州牧使秀峯李先生之墓'라고 되어 있는데, 비문의 전문은 창녕문화원 편, 『昌寧金石文』(대구, 대보사, 1998), p.55에 실려 있다.

469) 李光庭, 『訥隱先生文集』(목판본), 권11의 묘갈명 편을 보면 「畏齋李公墓碣銘」

잘못한 것이다.

끝으로 장갈문 당사자의 자손록을 살펴보면 사실을 의도적으로 변개한 것이 무수히 많다.

장갈문의 내용은 한 문중이나 집안의 규범과 관련이 있다. 비록 내용에 변개사항이 있다 할지라도 한 가문의 계통 문제는 될 수 있으나 학술적으로 심도 있게 구명해야할 가치는 없다고 생각한다. 따라서 본고에는 이 부분에 대하여 일일이 열거하지 않겠다.[470)]

7) 雜著文

잡저문은 저자가 살면서 경험하고 상상한 여러 가지 일들을 기록한 것 가운데, 어떤 장르에 분류하기 어려운 것을 따로 묶은 문체이다. 가령 상급 기관 및 조정에 올린 呈文이나 上疏, 저자의 個性이 드러난 日記, 남을 칭송하는 贊頌이나 인생의 귀감이 되는 箴銘 같은 것은 문집에 따로 분류하여 편성하기도 하지만 이 문체가 모든 문집에서 다 들어 있는 것은 아니기 때문에 여기서는 잡저문에 포함하기로 한다.

먼저 呈文이나 상소류를 살펴본다.

金復一(1541-1591)의 「南嶽先生逸稿」는 金龍普가 편한 『聯芳世稿』에 수록되어 있다. 이 문집에 실려 있는 「廬江書院呈文」(甲戌) 1편은

과 「復齋李公墓碣銘」으로 되어 있는데 비석에는 「畏齋李先生神道碑銘」과 「復齋李先生神道碑銘」으로 되어 있다.

470) 李楨의 『龜巖先生集』(목판본, 泗川, 龜巖書院, 1641년)의 간본에 의하면 "鯤變進士 配河氏晉州大族別坐春年之女 生大一進士早沒無子 今皆有妾子孫云"으로 되어 있는데, 1902년 간본을 보면 "鯤變進士 配河氏 晉州大族別坐春年之女 四子曰大一 曰次一 曰協一 曰涵一"로 되어 있다. 이처럼 후기본에서 庶子表示를 삭제한 것은 조선조 신분제도를 허무는데 一助한 것이다.

2,581자나 되는 장문 서한인데, 김복일이 여강서원을 창건할 때 請額을 하고자 당시 府使이던 權文海에게 올린 글이다.

이와 똑 같은 글이 이 책보다 뒤에 간행된 金彦璣(1520-1588)의 실기 『惟一齋先生實紀』[471)]에도 실려 있다. 『유일재실기』에서 다른 점이 있다면 편명을 「上府伯權草澗(文海)」라 하고, 첫머리에 "萬曆二年十一月初二日 府民生員金彦璣等 誠惶誠恐 頓首再拜 謹上書 于府使閤下 伏以"라는 인사 상투어가 추가되어 있을 뿐이다.

呈文의 내용 전반에는 퇴계 이황의 盛德大業을 칭송하고 있는데 그 가운데 이런 글이 있다.

> 선생의 문하에 들어가서 오래도록 훈훈하고 지극한 가르침을 친히 받았다.[472)]

이황의 문하에서 가르침을 받은 것으로, 門人 증거가 되는 중요한 내용이다.

『연방세고』가 간행되자 김언기의 가문에서는 이 글이 김언기의 글이라고 김복일 집안에 문제를 제기하였고,[473)] 이에 『유일재선생실기』를 간행하자 김복일의 후손들이 다시 이 내용에 대한 『변파록』을 간행하였다.[474)] 『변파록』의 내용을 보면 여강서원을 건립할 때 士林에서 김복일에게 呈文을 짓게 한 것이고, 김언기는 다만 당시 서원의 首任 幹

471) 金正欽 편, 『惟一齋先生實紀』(목판본), 2권1책.

472) 金復一, 「南嶽先生逸稿」(金龍普 編, 『聯芳世稿』, 1785년 所載), 「廬江書院呈文」, "獲忝函丈久襲春風薰沐而親炙之"

473) 金彦璣 후손 편, 『南嶽先生呈文辨誣錄』(목활자본), 1책.

474) 金庭植 편, 『惟一齋先生實紀辨破錄』(목활자본), 2권1책.

事를 맡아서 營建하는 일에 힘을 다한 관계로 이름이 맨 처음 등재한 것이라고 반박하고 있다.

상소문 가운데 대책을 밝힌 한 대목을 살펴본다.

蔡無適(1500-1554)의 『僑軒先生文集』 초고본[475]은 편성한 연대가 미상이고, 간행본은 1912년에 후손 蔡奎模가 金道和의 서문을 넣어서 목활자본[476]으로 출판하였다. 양 본에 실려 있는 「天門條奏」는 주목되는 작품이다. 본래 50조를 上疏한 것으로 되어 있으나, 초고본에 47조만 실려 있고, 뒤에 나온 목활자본에는 다시 1조가 누락되어 총 46조만 실려 있다. 목활자본에 누락된 항목은 '卞貴賤' 條임을 알 수 있다.

내용을 요약해보면 "易曰 天尊地卑 乾坤定矣(易經에서 이르기를 하늘은 높고 땅은 낮으니 건괘와 곤괘가 정해진다)"라 전제하고, 여기서 天을 貴로, 地를 賤으로 설정하였으며, 尊과 卑에 대해서는 '父는 子의 尊이고 子는 父의 卑이다'처럼 2분법으로 규정하였다. 이 논리는 君과 臣, 夫와 婦, 兄과 弟, 朋과 友, 金銀珠玉과 瓦礫土石, 鳳凰麒麟과 鳥鳶犬豕의 대비 등, 천지 만물 모든 대상에 귀천과 존비의 적용이 가능하도록 전개하였으므로 사물의 평등성이 배제되어 있다. 후대 가치관의 변화에 따라 삭제한 것 같다.

또 '重文術' 條를 보면 저자의 문장 이론에 해당하는 "日月星辰은 天之文也, 山川草木은 地之文也, 詩書禮樂은 人之文也"라는 구절을 첫머리에 수록하였는데 판본에는 이 대목을 삭제하였다. 先儒가 이미 말한 바 있어서 삭제한 것 같다.[477]

---

475) 蔡無適, 『僑軒先生文集』(초고본), 2책, 계명대도서관 소장.

476) 蔡無適, 『僑軒先生文集』(목활자본, 1912년), 4권2책.

다음으로 贊頌과 箴言, 銘文에 대하여 살펴본다.

이 문체는 대개 짧은 문장으로 되어 있어서 교정할 때 첨삭은 가능하겠으나 문장 전체를 삭거하는 일은 거의 없다.

문집에 기록된 贊은 흔한 편이 아니다. 權俔(1723-1792)의 『南窓集』 초고본을 보면 「畵屛六贊」을 지었는데,[478] 이것을 병풍으로 만들어서 勸勉하고 鑑戒하는 자료로 삼고자 하였다.

초고본 내용을 살펴보면 『三綱行實圖』에 수록된 「天祥不屈」, 「丁蘭刻木」, 「伯姬逮火」와 『二倫行實圖』에 수록된 「思達義感」, 「范張死友」, 「陳氏羣食」 등 6인의 사실을 충·효·열 및 형제·붕우·종족의 대표적 인물로 수용하고 글을 지었다. 6인의 행적에 대해서는 『삼강행실도』 및 『이륜행실도』에 기록된 내용을 그대로 베껴 적었음을 알 수 있고, 각 행적의 끝에 자신의 贊을 붙였다.

이 보다 뒤에 편찬된 『남창집』 목활자본은 1899년에 간행된 책인데 초고본에 있던 6인의 행적은 모두 삭제하고 贊만 실었다.[479] 실천 윤리의 모범이 되는 행위를 구체적으로 전하고자 한 원저자의 뜻을 간행자가 소홀하게 취급한 듯하다.

이 「화병육찬」의 말미에는 신해년(1791)에 쓴 友人 李宇鎬의 발문이 있으므로 이 내용은 저자가 1730년을 전후하여 팔도의 감영에서 출판한 『삼강행실도』 및 『이륜행실도』의 영향을 받고 지은 것이 분명하다.

---

477) 鄭道傳, 『三峯集』(목)의 「陶隱文集序」에 "日月星辰天之文也 山川草木地之文也 詩書禮樂人之文也"라 하였다. 徐居正, 『四佳集』의 「御製狎鷗亭詩序」에도 이 구절이 보인다.

478) 權俔, 전게 『南窓集』 초고본, 「畵屛六贊」.

479) 權俔, 전게 『南窓集』 목활자본, 권2, 6頁, 「畵屛六贊」.

『삼강행실도』와 『오륜행실도』의 효행 편은 명나라 관판본 『孝順事實』의 영향을 받고 저술된 것인데, 『효순사실』의 내용이 보다 구체적으로 기록되어 있다.

尹秉顥(1773-1837)·尹秉頤(1775-1843)가 함께 지은 초고본 『伯仲遺稿』에는 윤병이의 「爐銘」, 「掃箕銘」 등 2편의 銘이 실려 있다. 이 초고본을 저본으로 편성한 간행본은 앞서 언급한 1880년대의 목판본인데, 서명이 『菊槐聯芳集』으로 되어 있고, 위의 두 銘 가운데 「노명」이 삭제되어 있다. 삭거된 「노명」을 살펴본다.

> 소홀히 하면 벗이 없어지고
> 가까이 하면 재앙을 초래하네.
> 類를 미루어 넉넉히 살펴보면
> 마땅히 너는 대인접물의 常道가 되리라.[480)]

화로에 대한 銘이다. 화로를 소홀히 하면 벗을 잃게 되고 또 너무 가까이 하면 화를 불러오는 것과 같이 사물을 적절하게 활용할 때 그 가치가 있음을 말하고 있다.

또 앞에서 언급한 장복추의 초고본 『四未軒懶一』을 보면 「竹皮扇銘」이 보인다.

> 오늘날 사람들은 꽃을 꾸미는 장식 제거하고
> 선조께서 草扇을 엮은 규범 준수할 지니
> 竹皮扇이 곧 여름철 바람을 일게 할 것이네.[481)]

---

480) 尹秉顥, 尹秉頤 공저, 전게 초고본, 권13, 「爐銘」, "疎爾則無朋 狎爾則招殃 觸類而長 宜爾爲待人接物之常."

죽피로 만든 부채에 銘을 새긴 것이며, 사물을 꾸미기 보다는 실용성을 강조한 것이다. 마음이 다스려지고 이것을 부치면 여름철 무더위도 이길 수 있다고 생각하여 지었을 것인데 목판본에서는 삭거되었다.

朴漢默(1859-1934)의 『華岡謾稿』는 1936년경에 2책으로 편성된 것인데,[482] 뒤에 나온 간행본까지 총 4종이 現傳하고 있다. 초고본에 실려 있는 「共進會時日記」를 중심으로, 초고본과 뒤에 편성된 중고본, 정고본 등을 비교해보면 『화강만고』의 정고본이 편성될 때까지 75% 가량의 내용이 삭제된 사실을 확인할 수 있다.

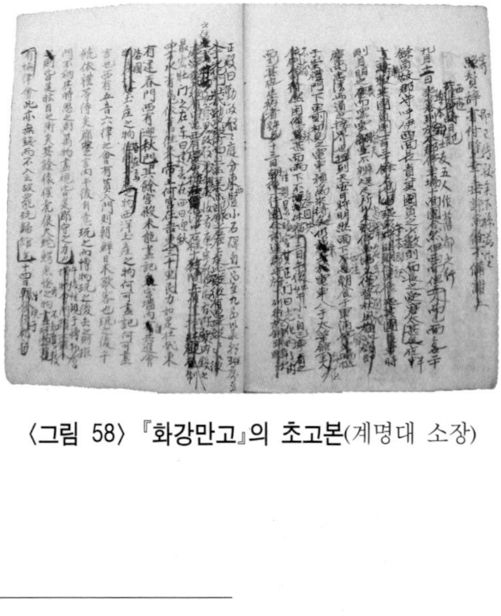

〈그림 58〉 『화강만고』의 초고본(계명대 소장)

481) 張福樞, 전게 초고본, 권5, 「竹皮扇銘」, "去今人繪花之飾 遵先祖編草(註: 先祖旅軒先生 有草扇 故云云)之規 是乃風行夏時."

482) 朴漢默, 『華岡謾稿』(초고본, 1936년경), 2권2책, 계명대도서관 소장(고811.081 박한묵ㅎ).

<그림 58>에 나타난 「共進會時日記」는 저자 박한묵이 1915년 9월 11일부터 16일까지 6일간 서울의 공진회에 관람하여 견문한 사실을 기록한 초고본의 일기이다. 共進會는 여러 가지 신기한 물건을 벌여놓고 모든 사람으로 하여금 구경하게 하는 '朝鮮 物産 共進會'를 말하며, 조선총독부에서 새로운 정치를 시행한 지 다섯 해 되던 기념으로 1915년 4월에 광화문 안의 경복궁에 개설한 것이다.

초고본에 기록된 이 日記는 漢字 1,618字로 쓴 것인데, 대강의 내용을 살펴보면 다음과 같다.

9월 11일, 저녁 무렵에 저자 거주지의 군수가 관내 각 면에 20여 명씩 團員을 배정하여 밤중에 기차 정거장에 모였으나, 저자가 거주하는 面에서는 5명만 참가하여 面長이 군수로부터 질책 받았다. 참가단원 130여 명이 승차하고 경상도, 충청도를 지나서 天安에 도착하니 날이 새려 하였으나, 비가 그치지 않아 軍浦驛에서 아침을 먹었다.

12일, 아침 숭례문에 하차하여 처음 본 電車를 타고 太華館에 들었는데, 비가 내려 휴식하였으며, 밤에 살펴보니 生病난 사람이 허다하였다.

13일, 朝食 후에 일행 단합하여 郡守 깃발 아래 모인 후 줄지어 서서 다니며 종로와 장엄한 광화문을 거쳐 勤政殿과 그 앞의 品階石, 思政殿, 康寧殿, 慶會樓 등 궁궐 내를 둘러보고, 공진회를 관람하는데, 진열품은 팔도 토산물, 서양을 비롯한 타국 토산물 등이 많아서 다 기록할 수 없다. 서쪽에서 벌이는 조선, 일본의 歌客이 五音六律의 공연을 하는 것을 보고, 또 관람이 어려운 곳에는 郡守의 힘으로 萬物을 볼 수 있었다. 박물회 문에 들어가는데 6錢씩 내었는데 가보니 모두가 눈이 빙빙 돌게 하였으며, 원숭이, 범, 이리, 큰 뱀, 악어 등 奇怪한 것이 부지기수였다. 그리고 協律會는 무료 관람이나 들어갈 수 없어서 태화관으로 돌아오게 되었다.

14일, 조식 마치고 군수가 나간 후에 일일이 調査를 받고 옛 대궐인 昌德殿 관람 차 나왔는데 그 앞의 敦化門은 광화문 보다 좋았다. 창덕전은 관람이 금지되어 담장 밖에서 놀았으며, 內殿 뒤로는 첩첩 奇峰이고, 위에는 수목 송림이 잇닿아 있으며, 峰內에 聚奎亭이 있는데 이 정자는 春塘臺로 들어가는 길가의 정자다. 그 밖의 亭閣도 허다하게 보이는데 어지럽다. 逍遙亭 뒤에는 翠寒亭, 그 앞에는 玉流川인데 이곳은 絶壁處였다. 石壁 위에는 "飛流三百尺 遙落九天來 看是白虹起 翻成萬壑雷(저 높은 곳 폭포수가 먼 하늘에서 떨어지고, 흰 무지개 일으키며 깊은 골짜기로 뇌성 울리네)"라는 絶句가 쓰여 있어서 내가 탄식하며 말하기를 이 모두가 先王의 遺蹟이다 하였다. 數里 아래로 내려오니 군수가 점심을 마련해 두어서 먹었다. 오후에 동물원에 들어가니 코끼리, 호랑이, 사슴, 노루, 낙타, 西洋 火鷄 鸚鵡새 등 千獸萬鳥라 어찌 다 기록하겠으며, 주변에 있는 古殿에 들어가 보니 신라의 석불, 고려의 古物, 조선의 문장 서화가 있어서 살펴보았다. 남쪽에 總督府가 있으니 군수가 문 앞으로 영솔하여 늠름한 어조로 통지해서 그 곳을 관람하였고,[483] 돌아오는 길에 家庭博物會에 들어가 보니 염라국과 같아서 生者半 死者半에 鬼形怪物들이니 다 기록할 수 없다.

483) 허영섭, 『일본, 조선총독부를 세우다』(서울, 채륜, 2010)에 의하면 경북궁 앞의 조선총독부 건물은 1916년 7월에 건립 공사를 시작하여 1926년 1월에 완공한 것으로 되어 있다. 그런데 박한묵의 이 일기를 보면 경복궁의 '물산 공진회' 남쪽에 총독부가 있는 것으로 되어 있어서 1915년 9월에는 경북궁 내에 한 건물을 사용하여 조선총독부 업무를 본 것이 아닌가 한다.

15일, 조식 마치고 인천 水族觀을 관람하고자 해서 남대문 밖에서 승차하여 용산, 노량진, 영동, 오류동, 소사, 부평, 주안, 典洞 등을 지나서 仁川에서 하차하였다. 나루에 가서 배를 타고 水中으로 나가니 동편에 큰 火輪船이 있고, 해중에는 돌 깨는 소리가 진동하였으며, 화륜선은 兵物의 器械였으며, 앞에는 大砲가 있고, 그 다음에는 처음 보는 魚形砲가 있었다. 어형포는 어떤 것인가? 주변에 물어보니 水中으로 가서 軍艦을 파괴하는 것이라 하였다. 관람을 마치고 水族觀은 어디 있는가? 물으니 이 모든 것이 수족관이라 하였다. 인천으로 돌아오니 군수는 오지 않았으며, 李敬元 집에서 마련한 오찬을 마치고 共進 장소에 들어가 보니 전시한 것은 해변의 물품이라서 다 기록하지 못하겠고, 서편의 池塘에는 어떤 동물이 있어서 물어보니 海狗라 하였는데 물고기를 먹는다고 하였다. 동편에 五音六律, 서쪽에 일본 歌舞를 다 보고 오후에 차를 타고 남대문으로 돌아와 태화관에서 숙박하고자 도착했으나, 마침 安東, 延日 두 郡의 사람들이 들어와서 부득이 다른 館으로 옮겨 숙박하다.

16일, 卯時에 승차하여 용산, 영등포, 안양, 군포, 수원, 병영, 유산, 서정리, 대전, 옥천, 추풍령, 김천, 금오산, 약목, 대구, 경산, 청도 등의 정거장을 거치고, 해가 저물어 집에 도착하였다.

일제 강점기에 살았던 저자는 경복궁에서 마련한 공진회에 참가한 후 관람한 사실을 비교적 상세하게 기술한 것이다.

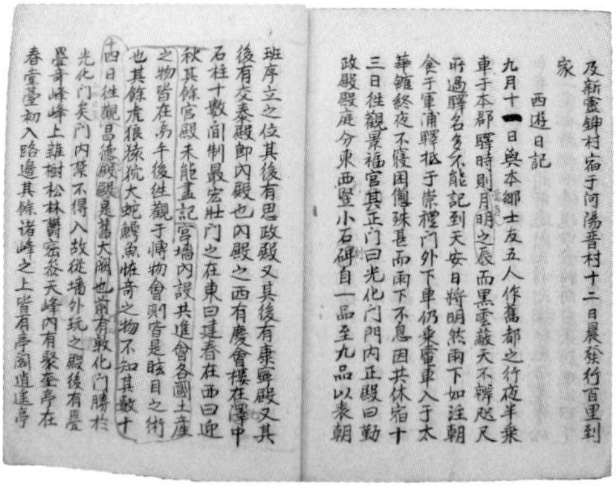
及新豊鍾村宿于河陽晋村十二日晨發行百里到
家
西遊日記
九月十一日與本郷士友五人作舊都之行夜半乘
車于本郡驛時則月明之辰而黑雲蔽天不辨咫尺
所過驛名多不能記到天安日將明然雨下如注朝
食于軍浦驛抵于崇禮門外下車仍乘電車入于太
華館終夜不寢困憊殊甚而雨下不息因共休宿十
三日往觀景福宮其正門曰光化門門內正殿曰勤
政殿殿庭分東西竪小石碑自一品至九品以表朝
班序立之位其後有思政殿又其後有康寧殿又其
後有交泰殿卽內殿也內殿之西有慶會樓在澤中
石柱十數間制最宏壯門之在東曰建春在西曰迎
秋其餘宮殿未能盡記宮墻內設共進會各國土產
之物皆在焉午後往觀于博物會則皆是眩目之術
也其餘虎狼猿狁大蛇鱷魚怪奇之物不知其數十
四日往觀昌德殿殿是舊大闕也前有敦化門勝於
光化門矣門內禁不得入故從墻外玩之殿後有疊
疊奇峰峰上雜樹松林鬱密簇天峰內有聚奎亭在
春塘臺初入路邊其餘諸峰之上皆有亭閣逍遙亭

〈그림 59〉『화강만고』의 교정내용을 수용한 중고본

그런데 초고본을 중심으로 교정을 본 후에 3책으로 편성한 『華岡謾稿』의 중고본에서는 서명을 『華岡遺稿』로 개칭하였다.[484] 위 일기의 내용 1,618자에 대해서는 곳곳에 글자를 고친 후 朱書로 845자를 삭제하여 <그림 59>와 같이 773자로 정비하였고, 제목도 「共進會時日記」를 「西遊日記」로 바꾸었음을 알 수 있다. 이 책은 1943년경에 편성한 것이라고 본다.[485]

위 중고본을 중심으로 다시 교정하여 2책으로 편성한 『華岡遺稿』의 정고본에서는 <그림 60>과 같이 중고본의 773자에서 또 다시 365자를 삭제하여 408字로 정비하였다.[486] 이 책은 광복 직후에 편성한 것으

---

484) 朴漢默, 『華岡遺稿』(중고본), 3권3책, 계명대도서관 소장(고811.081박한묵화).

485) 『화강유고』 정고본의 책머리에 1943년에 쓴 鄭寅普의 서문이 들어 있는데, 서문의 내용에서 처음으로 '화강유고'라 지칭한 점, 이 책의 내용을 깨끗하게 淨書한 점 등으로 미루어 볼 때, 이 중고본은 1943년경에 편성한 것으로 추정한다.

486) 朴漢默, 『華岡遺稿』(정고본, 1945년경), 2권2책, 계명대도서관 소장(고811.081

로 보이는데, 특히 두 번에 걸쳐서 삭제한 내용(75%)을 살펴보면 필자가 위에서 예시한 초고본의 일기 내용 가운데 밑줄 친 부분이다.

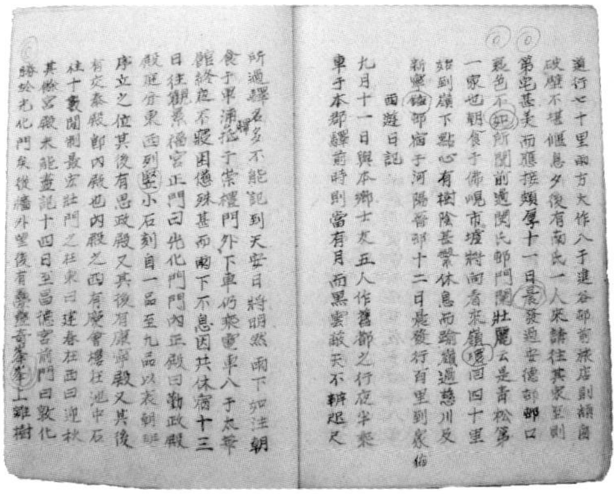

〈그림 60〉 중고본 『화강유고』에서 교정 내용을 수용한 정고본

『화강유고』의 초고본, 중고본을 중심으로 정고본에서 최종 삭제한 주요 내용을 다시 정리해 보면 다음과 같다.

① 거주지 郡守가 서울의 공진회 관람자를 동원한 일
② 참가인원이 저조하여 面長이 군수로부터 질책 받은 일
③ 군수 깃발 아래서 동원된 130여 명이 줄지어 서서 다니며 입장한 일
④ 공진회의 진열품 관람 및 조선과 일본 歌客의 공연 관람
⑤ 군수의 힘으로 萬物 관람 및 박물회에서 奇怪한 동물 관람한 일들
⑥ 朝食을 마치고 군수가 나간 후에 일일이 調査 받던 일
⑦ 군수가 마련한 점심을 먹던 일

박한묵호).

⑧ 군수의 주선(힘)으로 조선총독부를 관람한 일
⑨ 家庭博物會 들어가서 鬼形 괴물을 관람한 일
⑩ 15일 날짜 및 인천 수족관 관람차 승차하여 경유한 驛名 기록
⑪ 인천 부두에 나아가 火輪船, 大砲, 魚形砲(어뢰) 등 兵器를 관람한 일
⑫ 해변의 共進品 관람 및 歌舞 관람한 일들
⑬ 安東, 延日 두 郡 사람들이 관람 차 동원되어 太華館에 숙박한 일
⑭ 태화관에서 부득이 다른 館으로 옮겨서 숙박한 일
⑮ 열차편으로 내려올 때 경유한 驛名을 기록한 일

이로 보면 저자가 일본의 강압에 의해 서울의 '물산 공진회'에 관람한 일을 정고본에서는 5명이 자발적으로 여행한 것으로 되어 있고,[487] 篇名도 공진회에 유람한 내용을 다루었으므로 '共進會時 日記'라고 한 것인데, '西遊日記'라고 고쳐서 모호하게 처리 하였다. 西遊란 서쪽의 유람을 뜻하는 말로, 멀리는 西洋을, 가까이는 충청남·북도의 湖西나 평안도, 황해도의 關西를 의미하기 때문이다. 또 내용을 너무 刪削하다 보니 일기의 15일자분이 통째로 빠져서 내용적 가치를 잃고 있다.

---

487) 위 초고본의 9월 11일자 일기의 주요 내용을 삭제한 대신 "본 고을 士友 5인과 함께 옛 首都(서울)에 가기로 하여 밤중에 본 군의 역 앞에서 승차하였다(與本鄕士友五人 作舊都之行夜半乘車 于本郡驛前)"로 대체하였다. 즉 5인이 자발적으로 서울에 간 것으로 표현한 것이다.
초고본 일기의 75% 정도를 중고본, 정고본에서 삭제한 후, 추가 대체한 내용을 보면 이처럼 5인이 자발적으로 유람한 것에 초점을 맞추었다. 고친 내용도 문장 연결의 수준 외에는 큰 의미를 부여할 수 없으므로, 간행본에서 변개된 내용은 생략한다.

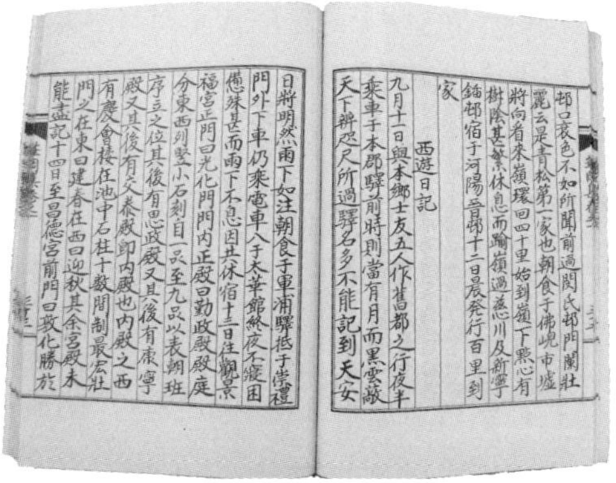

邨口衰色不如所聞前過閔氏邨門闌壯
麗云是青松第一家也朝食于佛峴市墟
將向看來嶺環回四十里始到嶺下點心有
樹陰甚繁休息而踰嶺過慈悲川及新寧
鋪邨宿于河陽音邨十二日晨發行百里到
家

西遊日記
九月十一日與本鄉士友五人作舊都之行夜半
乘車于本郡驛前時則當有月而黑雲蔽
天下辨咫尺所過驛名多不能記到天安

日將明然雨下如注朝食于軍浦驛抵于崇禮
門外下車仍乘電車入于太華館終夜不寢困
憊殊甚而雨下不息因共休宿十三日往觀景
福宮正門曰光化門門內正殿曰勤政殿殿庭
分東西列竪小石刻自一品至九品以表朝班
序立之位其後有思政殿又其後有康寧
殿又其後有交泰殿即內殿也內殿之西
有慶會樓在池中石柱十數間制最宏壯
門之在東曰建春在西曰迎秋其余宮殿未
能盡記十四日至昌德宮前門曰敦化勝於

〈그림 61〉 정고본의 내용이 반영된 간행본 『화강집』

『화강유고』는 1983년에 간행본이 나왔다. 이 刊本을 살펴보면 책머리에 1943년에 쓴 鄭寅普의 서문과 1977년에 쓴 曺圭喆의 서문을 넣어서 2권1책으로 출판한 것이다. 이 책에서는 <그림 61>과 같이 정고본의 내용은 그대로 수용하여 「西遊日記」라고 하였으나,[488] 서명은 『華岡集』이라고 고쳤음을 알 수 있다.

이처럼 화강의 稿本과 刊本을 통하여 변개 양상을 확인할 수 있는데 이러한 내용의 변개는 일제 강점기의 시대상이 반영된 것이라 하겠다.

그 다음으로 잡저에 포함되어 있는 「劇談」의 한 문장을 살펴본다.

이육의 『청파집』은 중종 임신년(1512)에 경상도 고성에서 간행되었다. 문집 속에 「청파극담」이 실려 있는데 전체 96편으로 구성되어 있으며, 사회 문화와 관련된 이야기가 많이 있다. 『청파집』 중간본은 철종 계축년(1853)에 진주에서 간행되었다.[489] 중간본에도 「청파극담」의 내

488) 朴漢默, 『華岡集』(석판본, 1983년), 卷1, 32頁, 「西遊日記」 참조.

용은 실려 있으나 전체 96편 가운데 15편이 삭거되었고, 취한 81편 중 내용을 산개한 것이 29편이나 되므로 과반수가 변개된 셈이다.[490)]

임신본의 내용 가운데 權擥과 韓明澮의 방탕한 행위를 기록한 것이 있는데, 그 내용은 권람의 집에 鍾이라고 하는 예쁜 계집종이 있었으나 夫人이 무서워 감히 가까이 하지 못했다. 이 사실을 알고 한명회가 계책을 세웠다. 즉 한명회는 권람의 병을 고친다는 구실로 그를 남의 집에 나가 있게 하고서는 槐花湯을 그의 몸에 발라 황달에 걸린 것처럼 꾸몄다. 그리고 권람의 집에 찾아가 병의 내력을 말하고 鍾의 어미를 설득하여 뜻을 이루게 했다는 이야기다. 임신본의 한 대목을 인용하여 계축본과 비교해 본다.

> 韓(明澮)이 들어가 權(擥)을 보고 나와서 鍾의 어미에게 울며 말하기를, **"내 친구는 죽겠구나." 하니, 종의 어미 또한 우는지라, 한이 말하기를, "내가 병을 낫게 하는 약을 알고는 있지만 감히 말할 수는 없다." 하니, 종의 어미가 말하기를, "나의 주인께서 살아만 난다면 무슨 약이든 쓰지 않겠습니까." 하므로 한이 말하기를,** "이 병은 다른 병이 아니라, 종을 생각만 하고 가까이할 수 없으므로 그 勞證이 되어 맥이 가늘고 힘이 약해졌으니 얼마 안가서 죽을 것이다. 어미는 어찌 딸자식만 생각하고 부인에게 이야기하여 주인의 생명을 살리지 않는가." 하고는, **다시 눈물을 흘리며 탄식하다가 이어 말하기를, "모름지기 같이 자지 않고** 다만 보기만 해도 족히 心中에 맺힌 원한을 풀 수 있으리라." 하니, 어미가 **오랫동안 잠자코 있다가** 말하기를, "형편이

489) 李陸, 『靑坡李先生文集』(목판본, 晋陽, 1853년), 2권1책.

490) 張仁鎭, 「청파극담 연구」(계명한문학회, 『한문학연구』, 제4집, 1987. 2), pp.250-268.

이렇게 되었으니 어찌할꼬." 하고는 드디어 부인에게 고하고 서로 의논한 후 **좋은 날을 가리어** 권람의 처소에 종을 보내게 되었다.[491]

임신본에는 한명회가 계책을 달성하고자 鍾의 어미에게 울면서까지 대화하는 모습은 물론, 士族으로서 신분이나 체면을 생각하지 않고 저속한 언동도 서슴없이 하는 모습을 그대로 표현하였다.

그런데 계축본에는 밑줄 친 부분과 같이 한명회가 鍾의 어미에게 탄식하며 대화하는 내용이나 저속한 말들이 삭거되었다. 또 택일하여 보냈다는 기록도 삭거되었으므로 조선후기의 풍속이 전기보다 노비의 신분이 한층 더 비하된 사실을 알 수 있다. 한편 권문해의 『대동운부군옥』에는 이 대목을 다음과 같이 요약하여 설명하고 있다.

> 韓이 문병을 하고 울면서 말하기를 "내 친구는 죽겠구나. 맥이 가늘고 힘이 약해졌으니 얼마 안 가서 죽을 것이다. 부인께서는 어찌 한 여자로서 주인의 생명을 살리지 않습니까." 하니 부인은 드디어 좋은 날을 가리어 婢로 하여금 그를 구하게 하였다.[492]

인용문에 의하면 한명회의 대화 상대자는 鍾의 어미가 아닌 夫人이 되므로 신분상 동격으로 올린 셈이다. 권문해는 이황의 문인이므로 '文

491) 李陸, 『靑坡集』(목판본, 固城, 1512년), 「劇談」, "韓入見權 出而泣謂鍾母曰 吾友亡矣夫 鍾母亦泣 韓曰吾知所以已病之藥 但未敢言耳 鍾母曰苟吾主得生 何藥之不可施也 韓曰此病無他 以念鍾而不得親 有此勞證 脉微氣弱 朝夕當絶 母何愛一女子 不以告夫人 以活乃主之命乎 復揮泣太息因曰 不須同寢 只可使之相見 足解心中結滯耳 母嘿然良久曰 事勢至此 爲之奈何 遂告於夫人相與定議 擇吉送鍾於權所."

492) 權文海, 『大東韻府羣玉』(목판본), 권6, 65頁, "韓問病泣曰 吾友亡矣 脉微氣弱 朝夕當絶 夫人何爲一女子 不活乃主之命乎 夫人遂擇吉 婢以求之."

以載道'적 문학관의 입장에서 기술한 것이라고 본다. 이러한 현상은 詞章 위주의 문풍에서 道學 위주의 문풍으로 이행되던 16·17세기 이후의 시대상이 반영된 것이다.

실학사상을 담고 있는 내용이 한 잡저문에 들어 있는데 이를 살펴보기로 한다.

丁志宬(1718-1801)이 지은 『漆室空談』은 1800년에 저술된 것으로 정지성의 실학사상을 나타낸 초고본이다.[493] 이 책의 말미를 보면 저자는 "칠실이란 憂世를 뜻하고 空談이란 무익한 말이다."라고 하여 서명을 붙인 뜻을 밝혔다. 이 자료의 내용 구성은 주인과 객의 문답형식으로 되어 있는데, 단독으로 출판하지 않고 후손 丁周燮 등이 『文巖集』을 편성할 때 그 내용에 포함하여 1881년에 金騏獻의 서문을 받아서 간행하였다.[494]

『칠실공담』의 초고본은 1961년에 李家源이 발문을 지었는데, 그 내용에 "이 책은 위로 星湖 李瀷의 藿憂之緒를 계승하고 아래로 茶山 丁若鏞의 牧民經世의 여러 편을 열었으니 더욱 보배로운 책이다"라 하고, "그러나 두 선생의 말씀은 사람들이 많이 읽어서 잘 알려져 있으나 문암 정지성의 이 책은 알고 있는 자가 극히 드물고 또 발간된 문집 속에 실려 있으나 내용의 산삭이 많다."라고 지적하였다. 그래서 이 초고본을 간행본 문집의 내용과 비교해 보면 많은 부분에서 산개가 나타난다.

科擧의 폐단을 지적한 내용은 다음과 같다.

---

493) 丁志宬, 『漆室空談』(초고본, 1800년), 1책, 계명대도서관 소장본.

494) 丁志宬, 『文巖集』(목활자본, 1881년), 3권1책.

> 대저 四民 가운데 어째서 선비라고 일컫는가? 옛 사람의 책을 읽고 옛 사람의 도를 배우기 때문에 선비라고 한다. … 만약 선비가 안으로 마음에 두어 지키지 않고 명리에 급급하면서 **'비루하고 패악한 행위를 부끄러워하지 않고 한다면'** 어찌 선비라고 말 하겠는가?[495)]

인용문을 보면 밑줄 친 부분을 삭거하여 선비의 행동규범을 약화하고 있다.

끝으로 이중경의 초고본 『잡훼원집』에 의하면 경상도 청도의 자계서원과 관련이 있는 「紫溪書院祠宇重創上樑文」 1수가 들어 있는데, 이 글은 1648년에 지은 것이다.

> 서원을 설치하고 사당을 세우는 데 있어서 규모는 斯文의 전통에서 나왔고, 옛것을 고쳐서 새롭게 창건하여 경영하는 것은 앞 사람들의 자취보다 백배 더했도다. 제사를 지내는 천년 동안에 三賢[496)]을 제사 지내게 되었는데, 가만히 생각하면 우리 고을 先儒들은 실로 우리 道의 準的이 되었다. … 祖孫이 서로 이어 가문에 충효의 명성을 전하고, 叔姪이 연이어 대대로 의리의 緖業을 계승하니 鄕邦은 이로부터 훌륭함을 드러내고 문헌은 이에 밝게 징험하였다.[497)]

---

495) 丁志夜, 전게 『漆室空談』, 「科弊」 條, "夫四民之中 何以謂之士也 爲其讀古人書學古人道也 … 若內無所操守而汲汲於名利 而鄙陋駭悖之事 不恥爲之 則夫豈曰士之云乎."

496) 자계서원에 享祀하던 金克一, 金馹孫, 金大有 등 3인을 가리킴.

497) 李重慶, 전게 『雜卉園集』, 「紫溪書院祠宇重創上樑文」, "設院立廟 規模一出於斯文 革舊創新經營百倍於前武 烝嘗千載 俎豆三賢 竊惟我鄕儒先 實是吾道準的 … 祖孫相繼 家傳忠孝之聲 叔姪連仍 世承義理之緖 鄕邦自是而著勝 文獻在玆而明徵."

자계서원은 金克一(節孝), 金馹孫(濯纓), 金大有(三足堂) 등 祖孫, 叔侄 관계에 있던 3인을 향사한 서원이다.

이러한 祠宇 중창 상량문은 자계서원의 중요 역사자료가 될 것이다. 그런데 『자계서원지』[498]를 포함하여 김일손의 『탁영선생문집』[499]의 부록 및 『탁영선생연보』,[500] 김대유의 『삼족당선생일고』[501]의 부록 등에 수록되어 있지 않다.

이처럼 이중경의 글이 있음에도 흔적을 없앤 이유는 알 수 없지만, 아마도 자계서원에서 1668년에 『탁영문집』을 중간할 때 송시열의 서문 받은 사실을 두고 이중경이 有司에게 질책[502]한 것이 후대까지 갈등 요인으로 작용하여 빠진 것이 아닌가 생각해 본다.

3. 변개의 요인

(1) 문풍과 사회적 변화

문헌의 내용을 변개 시키는 이유나 그 要因을 찾고자 하면 우선 당시 문풍이 어떠한가를 살펴볼 필요가 있다.

문집을 출판할 때에는 그 시대의 사회적 영향을 받기 때문에 편성·교정자는 내용에 모가 나지 않도록 圓融性을 취하면서 산개하였다. 그

498) 金峻坤 편, 『紫溪書院誌』(연활자본, 1926년), 1책.

499) 金馹孫, 『濯纓先生文集』(민족문화추진회, 『한국문집총간본』) 및 1994년에 자계서원에서 간행한 『濯纓先生文集』의 양장본 등.

500) 金昌潤 增編, 『濯纓先生年譜』(목활자본, 1874년), 2권2책.

501) 金大有, 『三足堂先生逸稿』(목활자본, 1963년), 3권1책.

502) 위의 註 124), 125) 참조.

런데 편성·교정자가 그 사회 문풍의 변화에 대한 인식의 정도나 작자의 본뜻을 오판하여 임의로 산개하거나, 의도적으로 삭제하는 것은 분명 잘못된 것이다.

조선 전기의 선비들은 문학, 철학, 역사 등 넓은 의미의 유학[博儒]을 학습한데 비해 조선 중기부터는 주자학적 도학 중심의 純儒 학습으로 사풍이 전환된 사실을 알 수 있다.

송나라 쇠퇴기가 되는 남송 때 도학의 대가 주희(1130-1200)와 문학의 대가 陸游(1125-1209)가 같은 시대에 살았는데 전자는 도학 중심으로, 후자는 문학 중심으로 애국을 주창한[503] 사실이 있다.

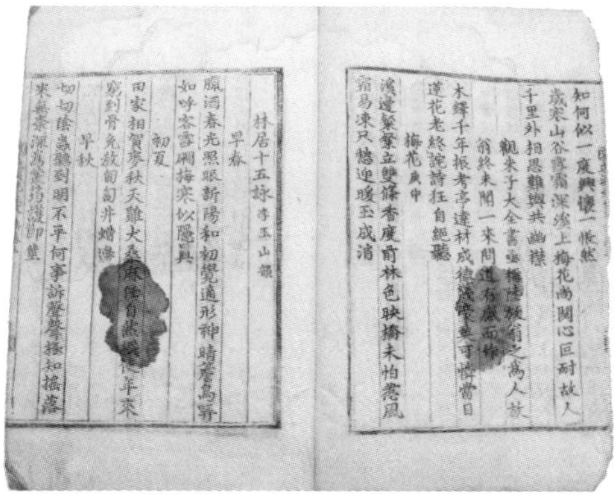

〈그림 62〉『퇴계선생문집』에 수록된 육방옹 관련 詩

그런데 이황(1501-1570)의 시 가운데 "『주자대전』을 보니 陸放翁(游)의 사람됨을 여러 차례 칭찬하고 있는데 방옹은 끝내 한 번 내방하여

503) 張仁鎭, 전게 「朝鮮朝 文人의 陸放翁詩 受容에 대하여」 참조.

道를 물었다는 것을 아직 듣지 못하였으므로 감회가 있어서 시를 짓는다."라는 <그림 62>의 시제가 있다. 이황이 보인 육유에 대한 인식은 조선 중기의 문풍 변화의 일단을 엿볼 수 있는 대목이다.

木鐸千年振考亭 : 孔夫子 가르침 천년에 朱子를 떨쳐 일어나게 하니
達材成德幾豪英 : 통달한 재주 지니며 德을 이룬 영웅호걸 몇이던가?
可憐當日蓮花老 : 가련 하도다, 당시의 육방옹은
終詑詩狂自絶聽 : 끝내 詩狂을 자랑하여 스스로 道 듣는 것을 끊어버렸구나.[504]

이와 같은 道本文末的 인식이 작용하였으므로 조선 중기 이후에 문집을 편성·간행할 때, 만약 세상의 풍속 교화에 도움이 되지 못한다고 판단되는 내용이 있으면 산삭한 것이다. 위에서 언급하였던「청파극담」 내용의 변개 사실을 보면 입증이 된다.

또 문집을 간행할 때 저자 死後를 기준으로 계산하여 그 간행한 시점이 후대로 올수록 자료적 가치가 떨어지는 것이다. 이 경우 편자나 교정자가 문풍의 변화에 둔감하여 고의 아닌 변개가 이루어지기도 하였다.

한편 사회적 변화나 남녀에 대한 인식 변화 등은 족보내용에서 살펴볼 수 있다. 조선초기에는 족보 편성에 있어서 '從年次法'을 적용하는 등의 남녀평등 및 혈통을 중시하고 족보에 외손계열의 세대를 무제한 수록하는 외에 외손봉사가 허용되었다.[505] 그런데 17세기 후반에 오면

---

504) 李滉,『退溪先生文集』(목판본, 1600년), 卷2, 2頁,「觀朱子大全書 亟稱陸放翁之爲人 放翁終未聞一來問道 有感而作」.

가문의 계통을 중시하여 양자제도가 활성화되고 아들 항렬의 양자가 없을 경우 손자 항렬의 系孫法이나 증손 항렬의 系曾孫法을 수용한 일도 있다.[506] 그리고 外孫奉祀[507] 관행도 점차 사라지고, 족보의 편성에 남녀차별의 '先男後女法'이 적용되고, 외손도 2대 또는 3대로 한정하여 표기하였다.

이원정(1622-1680)의 『귀암선생문집』 초고본에는 당시 문자에 사용하였던 異姓親(姻戚)의 호칭 일부가 표기되어 있는데,[508] 후대인의 관점에서 고쳐진 호칭을 살펴보면 다음과 같다.

---

505) 우리나라 현존 족보 가운데 最古本으로 평가되는 『安東權氏世譜』(成化譜)는 權擎이 編成한 것을 徐居正의 序文을 넣어서 1476년에 安東에서 간행하였다. 안동권씨 성화보의 내용을 살펴보면 자녀를 표기할 때 남녀 출생순(남녀평등)으로 편성하는 從年次法을 적용하였고, 딸에게 改嫁를 허용하여 족보에 '後夫' 표기를 하였으며, 絶孫으로 인한 '無後'표기를 하여 養子의 不存在를 확인할 수 있고, 가문 전승에 있어서는 혈통을 중시했으므로 본손 계통의 자녀와 외손 계통의 자녀를 代數 무제한으로 표기하여 外孫奉祀를 할 수 있는 명분을 주고 있다.

한편 남녀 출생순의 '종년차법'으로 편성한 족보 가운데 일부를 살펴보면 柳希潛 편한 『文化柳氏世譜』(嘉靖譜: 1565년), 河渾이 편한 『晉陽河氏世譜』(1606년), 李尙逸이 편한 『星州碧珍李氏世譜』(1652년), 姜碩老가 편한 『晉山姜氏世譜』(1685년), 曺孝昌이 편한 『昌寧曺氏族譜』(1693년) 등이 있다. 또 창녕성씨와 청송심씨, 여산송씨 등 일부 가문에서 18세기 초반까지 이 법을 수용하고 있으나 외손은 代數를 한정하여 표기하였다.

506) 祝穆 편, 『新編古今事文類聚後集』(木板本, 嶺營, 1831년), 권7, 4頁, "白樂天無子以姪孫阿新爲之後"라 하였는데, 이 같은 香山 白樂天의 故事에 의거하여 후대 사람들이 系孫 뿐만이 아니라 系曾孫, 系玄孫 같은 것을 행하기도 하였다.

507) 실제로 壬亂 이전에 살았던 부계홍씨 洪彦忠, 창녕조씨 曺世唐 등은 지금도 외손가에서 奉祀를 행하고 있다.

508) 李元禎, 전게 『歸巖先生文集』(초고본, 계명대도서관 소장) 참조.

聘君 ⇒ 我公, 外舅
聘母 ⇒ 外姑
姊兄 ⇒ 姊夫
吾叔 ⇒ 吾公
叔 ⇒ 公
從姪 ⇒ ( )
羣從 ⇒ 中表(內外從의 뜻)
從祖 蔡都事 ⇒ ( ) 蔡都事
從弟 金都事 ⇒ 內弟 金都事
親爲叔姪 ⇒ 義爲親戚

처부모의 지칭어 '聘君·聘母'를 '外舅·外姑'로 대체하여 내·외 척분이 있는 것으로 구분하였다. 외가나 고모의 집에 대해서도 친족과 같은 뜻의 '叔·從祖·從弟·從姪'을 '公'으로 대체하거나 ( )와 같이 삭제하였다.[509] 누나의 남편인 '姊兄'도 형제와 같은 정의가 담겨 있던 것을 '姊夫'라는 관계어로 대체하였다. 또 異姓의 조카 항렬을 '親爲叔姪'로 표기하여 '親'의 의미를 강조하고 있는데 반하여 '義爲親戚'으로 고쳐서 '義'를 강조하고 있다. 이 호칭법을 보면 17세기 중엽까지는 내·외족 구분 없이 혈통 중시풍의 친밀성이 유지되고 있었던 것이다. 그런데 후대로 오면서 본손 중시풍으로 바뀌고 있음을 알 수 있다.<그림 63>

509) 이러한 현상은 이원정의 아들인 李聃命의 전게 『參判公遺稿』(초고본, 계명대도서관 소장)에서도 나타나고 있다.

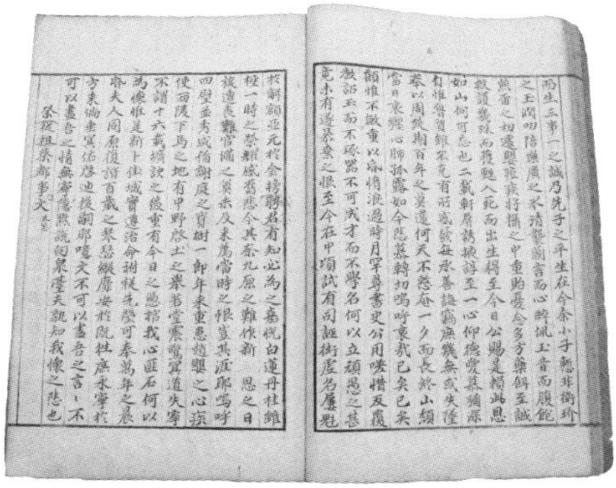

〈그림 63〉 『귀암선생문집』 초고본에서 '聘君'과 '從祖'를 교정한 내용

이러한 사회 윤리 의식 변화에 따라 남아 선호풍과 養子제도가 남용되고, 본손 중심에 입각한 조상 추모 풍토가 성행하였는데, 후기로 오면서 이러한 풍토가 더 강하였다. 선조의 문집의 간행도 추모의식이 반영되었음인지 사가판 문집은 후기로 올수록 간행본이 급격하게 증가하였다. 그래서 추모지심이 너무 작용하여 내용의 변개가 성행한 것이 아닌가 추단해 본다. 윤리 의식에 따른 문집의 변개 내용은 대개 가계, 벼슬, 행적, 사승 관계, 교유 인물, 妾을 妻로 삼은 일(以妾爲妻) 등과 같은 부분에서 이루어졌다.

한편 정통 유가에 반하는 내용에 대해서도 삭거의 대상이 되었다. 이원정의 『귀암선생문집』 초고본에 「關王廟移建開基祝文」이 있었으나 목활자본에는 삭제되었다. 촉나라의 관우를 모시고자 해서 지은 祠堂에 대한 儒林의 인식이 후대에 와서 낮아진 것이라고 본다.

(2) 간행 주체의 변화

조선 전기에서는 朱木되는 문집을 살펴보면 지방 관아에서 간행하는 것이 많았다. 이러한 관판본은 대개 간행에 참여한 관원의 이름을 책의 말미에 列名하고, 刻手의 이름까지 표기하였다. 그래서 관청의 간행은 책임 있는 자들이 교정 작업을 철저히 하였으므로, 의도적인 산개를 지양했다고 하겠다.

조선 전기에 官刊하였던 주요 문집을 살펴보자. 김구용의 『척약재학음집』은 1400년에 진주목에서 간행하였고, 이첨의 『쌍매당선생협장문집』은 태종 조에 청도군에서 간행하였으며, 변계량의 『춘정선생문집』은 세종의 명에 따라 집현전에서 柳義孫·金瑞陳이 讎校하여 繕寫한 후 경상도관찰사 權孟孫이 1442년에 경상도 밀양에서 간행하였다. 이 책의 말미를 보면 출판에 참여한 여러 관원의 이름과 '密陽府 開刊'이란 간기가 있다. 이집의 『둔촌잡영』은 1451년에 상주목에서 간행하였고, 성석린의 『독곡집』은 1460년에 진주목에서 간행하였으며, 정도전의 『삼봉선생집』은 1465년에 안동부에서 간행하였다. 이 밖에 중앙에서는 서거정의 『사가집』이 1483년에 성종의 명에 의해 저자가 손수 30권으로 편차한 것을, 서거정이 졸한 직후인 1488년에 나머지 유고를 수집하여 교서관에서 甲辰字로 간행하였고, 이석형의 『저헌집』은 성종의 명에 따라 교서관에서 금속활자로 간행하였으며, 김시습의 『매월당집』도 1583년에 선조가 교서관에 명하여 改鑄甲寅字로 간행하였다.

그런데 17세기 이후로 오면서 간행의 주체에 상당한 변화를 보였다. 먼저 관아에서 문집을 간행하는 일은 지속되어 영남에서도 앞 장의

<표 2>와 같이 17세기 이후에 나온 관판본이 전체 163종 가운데 144종이나 되었다. 이들 관판본 문집을 살펴보면 간행자의 조상이나 친인척, 스승 등 집안 및 당파와 관련이 있는 자료가 많아서 官刊이면서도 私的인 의사가 개입된 것이라고 본다. 다음으로는 조선후기에 주로 설립된 서원에서 학맥에 따른 儒林이 주체가 되어 문집을 간행한 경우인데 公議를 거쳐 출간하였다. 영남 서원판은 총 138종으로 파악된다. 끝으로 儒家를 포함한 개인이 주체가 되어 명망 있는 자의 교정과 서문을 받아서 문집을 간행한 경우인데, 사사로이 간행한 것이므로 私刊이라 하겠다. 영남의 사간본은 912종으로 파악되고 있으나 이 가운데 77.3%(705종)가 1801년부터 1910까지 110년 동안에 출간된 것이다. 이로 볼 때 간행의 주체가 후대로 올수록 私刊 중심으로 바뀌고 있음을 알 수 있다.

조선 후기의 사간본을 살펴보면 비록 책임 있는 자의 교정을 거쳤으나 가문의 친인척, 사승 관계, 당파적 이해관계 등이 서로 얽혀 있어서 내용이 변개될 수 있는 취약점을 갖고 있었다.

(3) 당파적 利害

조선시대 당파와 관련하여 살펴보면 주지하는 바와 같이 16세기 후반부터 붕당정치가 시작되었다. 처음에는 동인·서인으로 나누어지고, 17세기 초반에는 동인이 다시 남인·북인으로 분당이 되었다.

광해 조에 권력을 장악한 정인홍은 북인의 영수가 되어 경상우도의 유림을 대표하게 되는데 당시 지위로 보아 序·記나 장갈문 같은 文字를 많이 지어준 것으로 짐작이 된다. 그런데 정인홍이 인조반정 때 賊

臣으로 처형당한 후로는 그 문인조차 문인의 흔적을 제거함으로써 몇몇 인물을 제외하고는 실상을 알기 어렵게 된 바 있다. 당시 정인홍에게 請文하여 받은 문장이 전해지지 않은 이유는 간직한 후손들이 고의로 없애버렸기 때문이다.

정인홍의 『내암선생문집』은 1908년에 정인홍이 伸寃 復爵된 뒤에 후손들이 家藏한 일부 자료를 중심으로 초고본을 완성하고, 이것을 저본으로 하여 1911년에 간행하였다. 이 간행본에 들어 있는 장갈문 가운데 申季誠의 「松溪申先生行蹟」 및 「松溪申先生重建閭表碑誌」, 崔永慶의 「守愚堂崔公行狀」 및 「守愚堂崔公墓碣銘」, 朴河淡의 「逍遙堂朴公行蹟」, 鄭汝昌의 「一蠹鄭先生墓表銘」, 郭詢의 「司諫郭公墓碣銘」 등은 주목할 만한 글이다.[510] 글을 받았던 집안의 후손들이 없애버렸으나[511] 『내암문집』에는 실려 있다.

이 후 영남사림의 인사들은 대개 남인으로 자처하게 되고, 17세기에는 근기남인과 유대 관계를 가지면서 출사를 하였다. 그러다가 1680년의 경신환국, 1694년의 갑술환국 등으로 인해 재야세력으로 밀려 났고, 1728년의 戊申亂을 겪으면서 노론정권으로부터 반역의 무리로 취급받기도 하였으나 서인계의 일부에서는 영남을 포기할 수 없다고 하여 적극적인 회유책과 이간책이 병행되어 일부가 노론계열로 脫南하는 현상이 있었다.[512] 그래서 이들과 南論 수호자 간에 갈등이 표출되었다.

---

510) 鄭仁弘, 전게 『來庵先生文集』, 권12, 35-46頁, 권13. 1-11頁.

511) 申嶷 편, 『松溪先生實紀』(목판본, 1809년) 및 梁天翼 편, 『守愚堂先生實記』(목활자본, 1910년) 및 朴河淡 저 『逍遙堂先生逸稿』(목판본, 1854년) 및 鄭逑 편, 『文獻公實紀』(목판본, 濫溪書院, 1742년) 등을 보면 이러한 글이 실려 있지 않았다.

512) 이수건, 전게 「조선후기 영남학파 연구」, p.219.

1700년 10월에 호남 유생 崔雲翼 등이 김장생을 문묘에 從祀해줄 것을 주장하는 상소를 올렸는데, 이에 대하여 그 이듬해에 안동의 진사 金侃(1653-1731) 등이 상경하여 부당하다고 상소를 하였다.[513] 이에 다시 노론에 가담하고 있던 청도의 진사 朴尙古, 진사 朴太古(1656-1704) 등이 1701년에 金侃을 '誣賢之章'을 올린 자로 비판하고, 김장생을 옹호하여 <그림 64>와 같이 「沙溪金先生卞誣疏」를 연명으로 올렸는데,[514] 이 때 상소에 동참한 영남인사가 46개 고을에서 818명이나 되었다.[515]

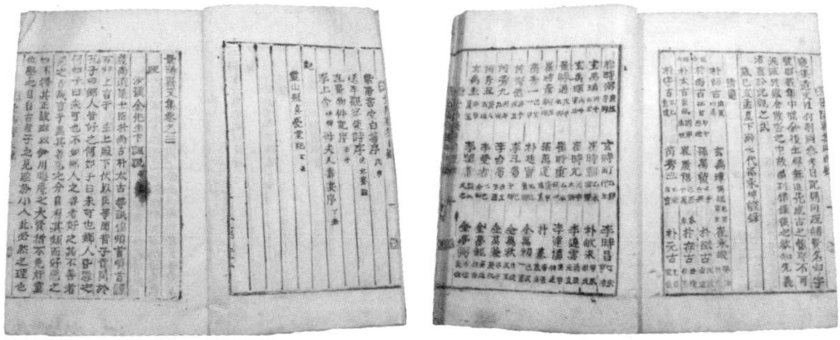

〈그림 64〉 沙溪 卞誣疏(왼쪽)와 동참한 영남인 명록

513) 金侃, 『竹峯先生文集』(목활자본), 권3, 15頁, 「光陽謫行日記」.

514) 朴太古, 전게 『景陽齋文集』, 「沙溪金先生卞誣疏」.

515) 상게서, 「沙溪金先生卞誣同疏錄」에 의하면 疏首는 청도의 朴尙古인데, 지역별로 살펴보면 청도 69, 대구 91, 밀양 56, 칠곡 26, 인동 8, 선산 44, 상주 49, 안동 5, 예안 3, 봉화 1, 풍기 2, 순흥 1, 함창 40, 문경 8, 金山 48, 개령 9, 거창 4, 삼가 46, 성주 1, 단성 17, 합천 4, 산청 3, 의령 41, 초계 1, 진주 1, 함양 5, 칠원 18, 함안 5, 고령 4, 진보 2, 청송 27, 영산 3, 현풍 1, 창녕 8, 경주 4, 영천 20, 경산 10, 자인 44, 하양 3, 의흥 1, 신령 21, 의성 42, 용궁 2, 예천 1, 비안 10 등 46개 고을에서 총 818명이 참가하였다.

영남에는 1734년 이후로 노론 監司의 파견이 잦아지는 등 관권을 동원하여 노론세력의 확대를 도모하였다. 그래서 1735년에 노론에 동조한 영남유생 2,000여명이 송시열, 송준길의 문묘종사를 요청하는 상소를 올리게 되자 이에 남인계 4,000여 영남 유생이 반대하는 상소를 올리고, 남인에서 이탈(脫南)한 자를 '背父叛祖'의 무리로 간주하여 비판하였던 것이다. 1739년에는 경상감사 鄭益河가 영남 유림의 중심지가 되는 안동의 향청에 '歸正錄'을 비치하고 여러 가지 특전을 제시하며 노론으로 전향할 것을 유혹한 바 있다.[516)]

영남의 이러한 노론화 정책과 관련하여 노론 성향의 수령 방백들은 앞 장의 관판본 간행 사실에서 언급한 바와 같이, 재임기간 중에 많은 수의 친인척의 문집을 간행하여 가문을 홍보하고, 당세 확장에도 일조하였다.

이원정(1622-1680)의 『귀암선생문집』 초고본은 위에서도 살펴본 바와 같이 저자 사후에 바로 편성한 것이어서 이원정의 교유관계를 이해하는데 중요한 자료로 활용할 수 있다. 그런데 초고본을 보면 만사 69편이 실려 있는데[517)] 목활자본[518)]에는 초고본에 있던 만사 21편을 삭제하고, 다시 초고본에 없던 1편을 추가하여 총 49편이 실려 있음을 확인할 수 있다.

삭제된 21편에 대하여 인명과 칭호를 들추어 보면 다음과 같다.

---

516) 경상도칠백년사 편찬위원회, 『慶尙道七百年史』(경상북도, 1999), 제1권, pp.938-942.

517) 李元禎, 전게 『歸巖先生文集』(초고본)에 실려 있는 만사는 총 78편으로 확인되고 있으나, 그 가운데 9편은 代作임을 알 수 있다.

518) 李元禎, 『歸巖先生文集』(목활자본), 10권5책.

權以伋(察訪), 韓鎏(戚叔), 宋時柝, 昔悌昌, 宋曦(鄕丈), 南一星(金城), 羅緯素(同知), 崔文活(咸陽), 洪錫武(僉知), 許堈(進士), 南老星(參判), 洪柱三(執義)大夫人, 李雲振(相禮), 嚴鼎耈(左尹)大夫人, 瀛昌君大夫人, 李枝馨(統制), 姜泰齊慈夫人, 金硄, 吳始甲(秀才), 羅袗(都事), 都愼與(司藝)

이원정은 영남의 남인으로서 교유를 폭넓게 한 사람이다. 삭제된 대상자를 살펴보면 남일성, 남노성, 홍주삼 등은 서인의 주요 인물이므로 목활자본을 편성할 때 世守南論적 당색이 반영된 것 같다. 이와 관련하여 당초 초고본에 없었던 洪汝河의 만사 1편이 추가되어 있는데,[519] 홍여하는 주지하는 바와 같이 영남 남인의 주요인물이다. 다만 남인의 주요 인물 가운데 대구 서재에 거주한 都愼與가 삭거된 것은 인쇄할 당시 특별한 이유가 있어서 그렇게 한 것인지 알 수가 없다.[520]

또 위에서 언급한 김취문(1509-1570)의 『구암집』은 1791년 당시에 2종의 간행본이 함께 나왔다. 그러나 내용을 살펴보면 경판과 영남판에서 서로 다르게 표기된 사실을 확인할 수 있으므로 이들 책에는 노론과 남인의 입장에서 각기 다르게 서술한 일종의 당파적 이해관계가 개입되어 출판된 것으로 보인다.

---

519) 洪汝河, 『木齋先生文集』(목판본, 1693년)의 「附錄」에 타인이 지은 만사 여러 편이 수록되어 있는데, 이원정이 지은 이 만사는 실려 있지 않다.

520) 위의 夫人에 대한 만사 4편을 삭거한 외에도 『歸巖先生文集』의 정고본에 수록된 제문을 보면 「全州李節婦致祭文」과 같은 여성에 대한 致祭文이 실려 있었는데 목활자본에는 삭제되어 있다. 여성에 대한 인식이 후대로 오면서 경시한 감이 있다.

박종우의 『도곡선생문집』은 2종이 있는데 1904년 간본은 노론 宋秉璿의 서문을 받은 것이고, 그 2년 뒤에 나온 1906년 간본은 남인 李中麟의 서문을 받아서 간행한 문집이다. 권책수에 차이가 있고, 내용에도 당색이 반영되어 편차가 다르게 나타나고 있다.

신석번(1596-1675)의 『백원선생문집』은 7대손 申德圭가 1845년에 간행하였다. 신석번은 경상도 상주에 거주하면서 鄭經世 문하에서 배웠으나 당색은 서인이었다. 문집 卷2의 첫머리에 「辨宋時烈被誣疏」가 있는데 이 글은 中間과 하단 부에 缺落이 많아서 全文은 알 수 없다. 글의 내용은 자의대비의 복제에 대하여 송시열이 '朞年服說'을 주장하자 영남 유생 柳世哲 등이 반박 상소를 올렸는데, 이에 대한 송시열의 '기년복설'을 옹호한 글이다.

이 판본을 자세히 살펴보니 卷二의 제3行 한 줄에 인쇄된 '辨宋時烈被誣疏(丙午) ○疏首成震昇'이라는 篇題 및 註記가 있다. 그런데 <그림 65>와 같이 책의 '목록'과 '본문' 두 곳은 해당 칸에 이 인쇄 내용을 넣고자 칼로 종이를 도려내어 붙여진 흔적이 나타나고 있다.[521] 인쇄할 때 바르게 찍은 篇의 제목을 인쇄가 완료된 뒤 배포하기 전에 문제가 생겨 모든 책을 이같이 고친 것임을 알 수 있다.[522]

---

521) 申碩蕃, 『百源先生文集』(목활자본, 1845년), 6권3책. (계명대도서관 이811.081 신석번ㅂ).

522) 계명대학교 동산도서관에 『百源先生文集』 동일판본이 1종 더 있는데, 이 부분을 위와 똑같은 형식으로 종이를 도려내고 이 扁題를 풀로 붙인 것이다.

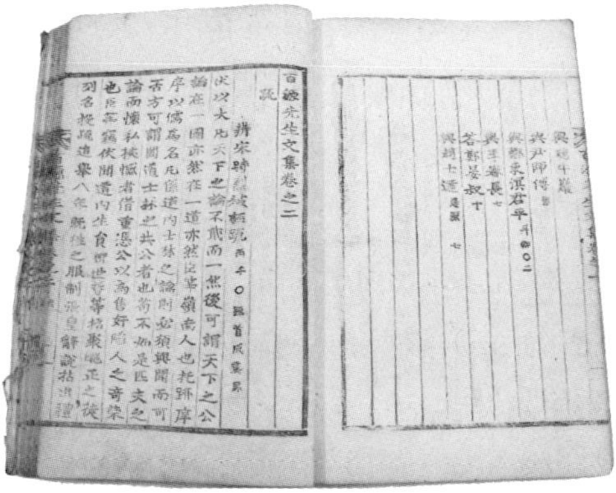

〈그림 65〉『백원선생문집』에 실려 있는 「辨宋時烈被誣疏」

또 신석번의 묘갈명은 그 아들 申爟이 1696년에 尹拯에게 請文하여 받은 것인데,[523] 『백원집』에 실려 있지 않다. 『백원집』에는 노론계 洪直弼, 申暻, 宋達洙 등의 서·발문이 들어 있는데 이는 출판 당시 노론의 입장이 반영되어 小論의 글을 수록하지 않은 것으로 보인다.

박세채의 『남계선생박문순공문집』은 원집 87권, 외집 16권, 속집 22권 등을 포함하여 전체 125권 56책으로 된 거질의 문집인데, 1732년에 경상감영에서 목판본으로 간행한 관판본이다. 이 문집은 저자의 후손과 문인들이 노론과 소론으로 갈리면서 서로 입장을 달리하여 간행을 둘러싸고 갈등이 드러났는데, 노론계 申暻, 金榦, 李重協 등은 송시열과 윤증 간의 '懷尼是非'와 관련이 있는 문자는 산개할 것을 주장한 반면, 소론계 朴弼傅, 李世瑍, 趙顯命 등은 윤증과 관련 있는 모든 시문은

523) 尹拯, 『明齋先生遺稿』(목활자본), 卷38, 27頁, 「司憲府掌令贈吏曹參議申公墓碣銘」.

산삭하지 말고 실어야 한다는 입장을 보였다.[524] 이 문집은 당시 정치적 상황이 고려되어 懷尼 문자가 집중적으로 수록된 외집 16권이 동시에 간행되었으므로 경상감사 조현명을 비롯한 소론계의 입장이 반영된 것이다.

영남 관판본을 살펴보면 저자가 당시 당쟁의 주요 인물로 등장하여 문자를 남긴 경우가 더러 있는데, 시대의 흐름에 따라 그 글들이 분쟁의 빌미가 되어 산삭된 경우가 많다.

524) 민족문화추진회 편,『한국문집총간 해제』4, pp.109-112.

Ⅳ. 출판 문화사적 의의

1. 영남 문집의 출판 사회학적 특성

(1) 퇴계·남명학파의 주요 저술

경상도 상주에 거주하였던 이만부(1664-1732)가 영남을 동경하여 연혁과 인물·풍속을 담은 「南風」을 지은 바 있듯이[525] 영남지역은 낙동강을 끼고 바다로 이어지는 지리적 여건과 풍부한 산림자원, 그리고 많은 인재가 배출[526]되었다. 영남의 학맥은 주지하는 바와 같이 15세기 후반에 이르면 점필재 김종직을 영수로 한 신진사류인 영남 사림파가 형성되었고, 16세기 중반에는 회재 이언적, 퇴계 이황, 남명 조식을 중심으로 영남학파라 불리어 율곡 이이와 우계 성혼을 영수로 한 기호학파에 대칭되었다. 그러다가 16세기 후반에 이르면 이황의 퇴계학파와 조식의 남명학파가 영남의 兩大 學派로서 서로 대등한 위치에 서게 된 것이다.

이황의 저술을 살펴보면 『退溪先生文集』 32책 외에도 많은 저술을 남겼다. 聖學의 깊은 뜻을 집약하여 10폭의 도식으로 그려서 어린 선조

---

525) 李萬敷, 『息山先生續集』(목판본, 1813년), 卷1, 「南風」 참조.
이 시는 『詩經』의 '國風體'를 본 따서 지은 것인데 본래 20수를 지으려고 하였으나 14수에 그치고 말았다.

526) 蔡弘遠, 『嶺南人物考』(서울, 서울대학교출판부, 1969)의 서문에 "朝鮮人才 半在嶺南"이라 하였다.

임금에게 올린 『聖學十圖』와 중국 역대의 銘·箴·贊 중에서 수양이 될 만한 것을 뽑아서 편집한 『古鏡重磨方』, 사서삼경 가운데 제가의 訓釋을 수집하여 證訂하고 국한문 혼용체로 해설을 붙인 『四書釋義』와 『三經釋義』, 주희가 지은 『역학계몽』의 내용 중에서 난해한 부분을 주해하고 설명한 『啓蒙傳疑』 등이 있다. 또 송나라 주희로부터 명나라 賀欽에 이르기까지의 理學大家 및 송나라 陸九齡으로부터 元나라 胡長孺까지의 行狀·傳記·語錄·학설을 간명하게 기술한 『宋季元明理學通錄』의 본집과 외집이 있으며, 주자학과 관련이 있는 주희의 서한문을 뽑아서 편성한 『朱子書節要』, 문인들과 상례·제례에 관하여 문답한 것을 수집하여 편성한 『退溪先生喪祭禮答問』, 자신의 서한문 가운데 四端七情, 禮論, 理氣論 등 주로 학문 사상과 관련이 있는 답서 24편을 뽑아서 편성한 『退陶先生自省錄』 등도 있다. 그리고 명나라 程敏政의 『心經附註』[527) 가운데서 어려운 구절을 해설한 『心經附註釋疑』와 주희가 지은 「六先生畵像贊」[528)에 그 자신이 주희의 畵像贊을 첨가한 『七先生遺像贊』이 있다. 한편 친필로 된 판본으로는 『溪山雜詠』, 『梅花詩』, 『陶山記』 등 많은 작품이 있으며, 또 산수를 좋아하여 청량산 일대를 중심으로 시문을 지어서 후대에 남긴 작품도 많이 있다. 이상에서 보는 바와 같이 이황은 송나라 주희를 신봉하면서 宋學을 연구하고 경전을 해설하는 등 도학 위주의 학문세계를 구축한 것이다. 따라서 그의 학문이 309명의 문인[529)을 포함한 후학들에게 큰 영향을 끼친 것이다.

---

527) 宋나라 眞德秀가 지은 『心經』의 주석서이다.

528) 주희가 송나라 周敦頤(濂溪), 程顥(明道), 程頤(伊川), 邵雍(康節), 張載(橫渠), 司馬光 등 6인에 대하여 遺像贊을 한 책.

조식의 저술은 약간의 시문을 실은 『南冥先生文集』과 讀書箚記인 『學記類編』 2책뿐이다. 조식은 성품이 대쪽 같고 許交를 가볍게 하지 않아서 교우관계가 폭넓지 않았으며, 평소 '程朱後 學者不必著述'[530]의 태도를 취하면서 산림처사로 일생을 마쳤다. 그의 문집 가운데는 敬義를 바탕으로 放心을 거두어들이고 '克己復禮'를 境界로 삼고 있는 「神明舍圖」·「神明舍銘」[531]과 지리산의 기행문인 「遊頭流錄」이 있는데, 士類에서 주목받는 작품이다. 특히 그는 敬義와 反躬實踐을 行身과 학문하는 도로 삼고, 存養省察과 출처의 엄정을 중시하면서[532] 知行과 言動에 일치함을 강조하였다. 그러므로 136명이나 되는 많은 인물이 그 문하에서 배우게 된 것이다.[533]

영남학파의 주요 저술과 출판 현상을 퇴계학파와 남명학파 중심으로 살펴보기로 한다.

먼저 퇴계학의 학맥과 관련하여 도산서원에서 간행한 출판물을 살펴보면 총 32종의 도서를 파악할 수 있는데,[534] 전국 서원 중에서는 가장

529) 權斗經 편, 『陶山及門諸賢錄』(목판본, 도산서원, 1854년) 참조.

530) 鄭蘊, 『桐溪先生文集』(목판본, 1852년), 권2, 「南冥曺先生學記類編後跋」.

531) 張永儁, 「南冥先生의 理學造詣와 人格成就」(남명학연구원 편, 『南冥學研究論叢』, 제1집, 1988. 9), p.204에 의하면 "남명선생의 「神明舍圖」와 「神明舍銘」은 '敬義'를 바탕으로 '放心을 거두어 들임'을 唯一한 法門으로 삼았고, '克己復禮'를 궁극적인 境界로 삼았다,"고 하였다.

532) 李相弼, 『南冥學派의 形成과 展開』(고려대학교 박사학위 논문, 1998. 6), pp.28-62.

533) 상게 논문, p.78.

534) 필자가 지금까지 조사한 도산서원 출판물을 들면 다음과 같다. 『經書釋義』, 1冊, 李滉 著, 琴應壎 編, 1609년 / 『啓蒙傳疑』, 1冊, 李滉 撰, [乙卯年] / 『溪巖先生文集』, 6卷3冊, 金坽 著, 1772년 / 『溪巖筆蹟』, 1冊, 金坽 書 / 『古鏡重磨方』, 1冊, 李滉 編 / 『嶠南賓興錄』, 2卷1冊, 奎章閣 編 1792년 / 『近始齋先生文集』,

많은 출판량이라는 사실을 알 수 있다. 도산서원이야말로 우리나라 전역에 출판의 영향을 준 보고라 할 것이다.

퇴계학맥을 이은 문인·학자들의 출판 현황을 살펴보면 안동을 포함한 左道(上道)를 중심으로 저술활동이 두드러진다. 이들의 대표적인 저술을 살펴볼 때 權文海(1534-1591)의 『大東韻府羣玉』, 權春蘭(1539-1627)의 『晦谷進學圖』(1778년), 琴輔(1521-1584)의 「四書質疑」, 金生溟(1504-1577)의 「主思說」, 金誠一(1538-1593)의 「奉先諸規」 및 『童子禮』(1910년), 金隆(1549-1594)의 「做人錄」과 「家禮講錄」, 「小學講錄」 및 「太極圖說講錄」, 朴雲(1493-1562)의 『擊蒙編』, 柳成龍(1542-1607)의 『懲毖錄』 및 「讀史蠡測」, 李德弘(1541-1596)의 『四書質疑』와 『心經講錄刊補』, 李楨(1512-1571)의 『性理遺編』(1902년), 鄭逑(1543-1620)의 『心經發揮』와 『五先生禮說分類』(1629년), 鄭士誠(1545-1607)의 「師訓箚錄」, 趙穆(1524-1606)의 「心經稟議」와 「家禮疑義」, 曺好益(1545-1609)의 「理

4卷2冊, 金垓 著, 1783년 / 『龔巖先生文集』, 5卷2冊, 李賢輔 著 / 『丹砂八詠』, 1冊, 李滉 書 / 『大寶箴』, 1冊, 張蘊古(唐) 著, 李滉 書 / 『陶山及門諸賢錄』, 5卷2冊, 權斗經 編 1854년 / 『陶山記』, 1冊, 李滉 書 / 『陶山十二曲』, 1冊, 李滉 書 / 『梅花詩』, 1冊, 李滉 書 [戊寅年] / 『四勿箴』, 1冊, 李滉 書 / 『四時吟』, 1冊, 李滉 書 / 『三經釋義』, 1冊, 李滉 著, [1609년] / 『宋季元明理學通錄』, 11卷, 附錄, 外集, 合11冊, 李滉 撰, 1743년 / 『松齋詩集』, 2卷1冊, 李堣 著 / 『漁父歌』, 1冊, 李滉 書 / 『溫溪先生逸稿』, 5卷3冊, 李瀣 著, 1772년 / 『雲巖先生逸稿』, 2卷1冊, 金緣 著, 1783년 / 『元朝五箴』, 1冊, 李滉 書 / 『月川先生文集』, 6卷3冊, 趙穆 著, 1666년 / 『朱子書節要』, 20卷10冊, 李滉 編, 1743년 / 『耻齋先生遺稿』, 3卷2冊, 洪仁祐 著, [1639년] / 『退溪先生文集』, 49卷, 外集, 別集, 年譜, 合27冊, 1600년 / 『退溪先生文集』, 49卷, 外集, 別集, 年譜, 合28冊, 1724년 / 『退溪先生文集』, 49卷, 目錄, 外集, 別集, 年譜, 合30冊, 木板本(校正本), 1843년 / 『退溪先生續集』, 8卷4冊, 李守淵 編, [1746년] / 『退溪先生言行錄』, 6卷3冊, 權斗經 編, 1732년 / 『退溪先生自省錄』, 1冊 등 32종이다.

氣辨」과 『心經質疑考誤』(1680년) 및 『大學童子問答』(1779년), 黃俊良(1517-1563)의 「均田議」 등을 들 수 있고, 그 再傳 문인의 저술은 張興孝(1564-1633)의 「一元消長圖」, 李徽逸(1619-1672)의 『洪範衍義』, 李玄逸(1627-1704)의 「栗谷李氏論四端七情書辨」, 李栽(1657-1730)의 『朱書講錄刊補』(1785년), 李象靖(1710-1781)의 『約中篇』(1849년)과 『敬齋箴集說』 및 『理氣彙編』, 洪汝河의 『彙纂麗史』, 柳道源의 『退溪先生文集攷證』(1891년), 柳長源(1724-1796)의 『常變通攷』(1830년), 金宗德(1724-1785)의 『聖學正路』(1849년), 李宗洙(1722-?)의 『朱子感興詩諸家集解』, 柳致明(1777-1861)의 『朱節彙要』(1849년), 李震相(1818- 1885)의 『心卽理說』, 金興洛(1827-1899)의 「敬齋箴集說圖」 등 주로 학술적인 성격의 저술로 조선후기까지 활발하게 이어졌다.

또 선비들 사이에는 이황의 학문뿐만 아니라 書體도 매우 중시했음을 알 수 있다. <그림 66>에서 보듯이 퇴계 서체로 판각한 문헌은 『丹砂八詠』, 『大寶箴』, 『陶山記』, 『陶山十二曲』, 『梅花詩』, 『四勿箴』, 『四時吟』, 『漁父歌』, 『元朝五箴』 등이 있다. 『한국책판목록총람』[535]에 의하면 이들 자료가 예안, 김해, 흥해, 영주, 칠원, 경주, 태인 제주, 순천, 해주 등 전국에 걸쳐서 板刻이 이루어지고 있어서 이러한 사실을 입증한다.

535) 鄭亨愚·尹炳泰 공편, 『韓國冊板目錄總覽』(성남, 한국정신문화원, 1979).

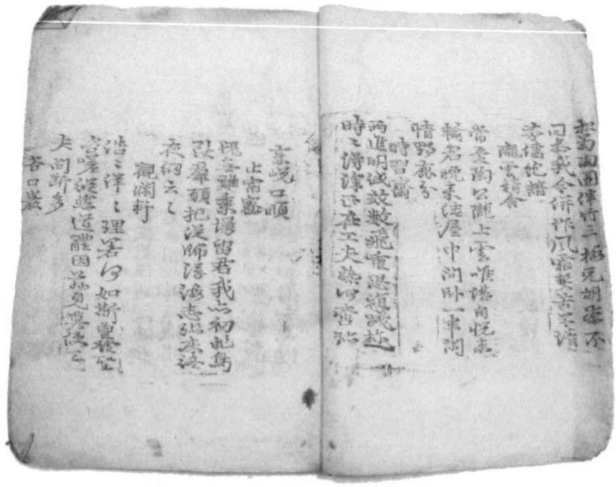

〈그림 66〉 **退溪書體의 판각본**(陶山記 所載)

다음으로 진주를 중심으로 한 右道(下道)의 남명학파를 살펴보면 덕천서원에서 『남명집』 4종과 梁天翼이 편한 최영경의 『수우당실기』(1700年刊) 1종 등 총 5종을 출판했을 뿐이고, 문인의 학문적 업적도 퇴계학파에 비하여 크게 뒤지고 있다. 그러나 조식의 敬義사상에 힘입은 많은 문도들이 의병활동에 가담하였다. 이들의 문집을 통한 의병 활약상을 살펴보면 郭赳의 「諭道內外面義將」 및 「八溪日記」, 곽재우(1552-1617)의 「通諭道內列邑文」, 金沔(1541-1593)의 「檄江左列邑文」과 「壬癸日記」, 李魯(1544-1598)의 「通諭列邑倡起義旅檄文」과 「通江左募糧文」 및 「檄倭將淸正文」, 李大期(1551-1628)의 「通諭境內文」과 「壬癸日記」 및 「慰諭一方人民文」, 李瀞(1541-1613)의 「傳檄遊倭文」 및 「軍約」, 全致遠(1527-1596)의 「通諭境內文」 및 「約誓文」, 趙宗道(1537-1597)의 「倡義文」, 陳克元(1534-1595)의 「約誓鄕兵文」 등 주로 창의와 관련된 기록이나 격문, 일기 등이 많다.[536] 또 郭元甲의 『倡義錄』(1734년)은 임진란

과 관련 있는 기록을 종합하여 묶은 것이다.

남명학맥을 이은 문인·학자들의 주요 저술을 살펴보면 金宇顒(1540-1603)의 『續資治通鑑綱目』(1808년), 吳澐(1540-1617)의 『東史纂要』, 李普의 『養病心鑑』(1905년) 등이 있다. 한편 金宇顒의 「天君傳」, 河溍(1597-1658)의 「神明舍記」 등은 조식의 「神明舍銘」과 「神明舍圖」의 영향을 받은 것이라 할 수 있는데, 이러한 작품은 그 후에도 高應陟(1531-1605)의 「神明舍圖」, 李楨의 「神明舍圖」, 李弘离(1701-1778)의 「神明舍天君記」, 李源祚(1792-1871)의 「神明舍記」 및 「心史」 등이 각자의 문집에 수록되어 있다.

송나라 주희는 "산을 보고 물을 즐기는 것 역시 방심이다(看山玩水亦是放心)"라 하였고, 孔子는 "어진 자는 산을 좋아하고 지혜로운 자는 물을 좋아한다(仁者樂山 知者樂水)"라 하였다.[537] 산수를 찾는 것도 학문을 연마하는데 보탬이 될 수 있을 것이다. 영남의 산 가운데 이황은 청량산, 조식은 두류산(지리산)에 관심을 두고 있어서 영남학파에 속한 인물에게 주목의 대상이었다. 양대 산의 기록을 중심으로 살펴본다.

李光友(1529-1619)는 퇴계·남명 양 문하에서 배웠다. 그의 문집에는 두류산과 청량산을 오른 뒤에 지은 시가 실려 있다.

---

536) 金榮淑, 「嶺南義兵 관련 壬亂 檄文의 實相과 意義」(동방한문학회 편, 『東方漢文學』, 제18집, 2000. 2), p.169에 의하면, 영남의병과 관련하여 퇴계·남명 문인을 포함한 26인의 격문 36편을 정리하여 발표하였다.

537) 權好文, 『松巖先生續集』(목판본, 1809년), 卷6, 16頁, 「城山記」에 "朱子曰 看山玩水 亦是放心 孔子曰 仁者樂山 智者樂水"라 하고 이어서 "山水는 仁·智者가 마땅히 즐겨하지만 방심에 이르지 않아야 하는 것이니 어떻게 능히 그렇게 하겠는가(山水則仁智者之所宜樂 而不至於放心者 何以能然也)"라 하였다.

泰山曾謂莫高山 : 泰山에 비한다면 높지 않다고 말하지만
難上於天不可攀 : 하늘 오르기 보다도 올라가기 어렵네.
賴有先生升自下 : 선생에 힘입어 아래로부터 올라가니
還從脚底見孱顔 : 도리어 발 아래로 험준한 산이 보이네.[538)]

周公遊處退翁隱 : 周愼齋가 놀았고 退溪가 은거하던 곳
來訪高人偃蹇間 : 높은 산 속으로 高人들이 찾아오네.
看盡淸凉峰十二 : 청량산 열 두 봉우리 다 보고
扁舟又下向孤山 : 일엽편주로 또 孤山亭[539)]을 향하네.[540)]

위의 시는 저자가 조식을 모시고 두류산에 오른 후 지은 것이고, 아래의 시는 저자가 청량산에 은거하고 있던 이황을 방문한 후 지은 것이다. 이글에서 두 사람의 우뚝한 기상을 묘사하면서 존숭하는 뜻을 표현하였다.

이황은 청량산 유람과 관련이 있는 「淸凉諸詠」 55편의 詩와 주세붕이 지은 「淸凉山錄」에 대하여 스스로 「淸凉山錄跋」을 지은 바 있다. 이황의 후손들은 뒤에 청량산을 '우리 집안의 산'이라 칭하고 『吾家山誌』[541)]를 편찬하였다. 영남 문집 내용 가운데 權璟(1604-1666)의 「遊淸凉山錄」, 權聖矩(1642-1708)의 「遊淸凉山錄」, 權宇(1552-1590)의 「遊淸凉山錄」, 權好文(1532-1587)의 「遊淸凉山錄」 金榮祖(1577-1648)의 「遊

538) 李光友, 『竹閣先生文集』(목판본, 1860년), 卷1, 1頁, 「陪南冥先生上頭流山」.
539) 孤山亭은 惺惺齋 琴蘭秀(1530-1604)가 독서하던 山亭이다.
540) 이광우, 전게 『죽각선생문집』, 卷1, 1頁, 「訪退溪先生入淸凉山」.
541) 李希曾 편, 『吾家山誌』(목판본, 안동, 1924년), 2권1책.

淸凉山錄」, 金中淸의(1567-1629)의 「遊淸凉山記」, 金澤龍(1547-1628)의 「書淸凉遊山錄後」, 裵幼章(1618-1687)의 「淸凉山遊錄」, 申之悌(1562-1624)의 「遊淸凉山錄」, 李澥(1669-1742)의 「記淸凉山行」, 任必大(1709-1773)의 「遊淸凉山錄」, 趙雲道(1718-1795)의 「遊淸凉山記」, 許穆(1595-1682)의 「淸凉山記」 등은 이황의 영향이라 하겠다.

조식도 지리산을 유람하고 「遊頭流錄」을 지었다.[542] 柳夢寅(1559-1623)의 「遊頭流山錄」 林薰(1500-1584)의 「書兪子玉遊頭流錄後」, 趙緯韓(1558-1649)의 「遊頭流山錄」, 河受一(1553-1612)의 「題南冥先生遊頭流錄後」, 閔在南(1802-1873)의 「遊頭流錄」, 李壽安(1859-?)의 「遊頭流錄」 등은 조식의 작품을 직·간접적으로 수용한 것이라 하겠다.

遊山錄·遊山記는 청량산과 두류산 일대의 기록 외에도 퇴계·남명의 문인들 사이에서 많이 지어졌다. 대강을 살펴보면 權好文(1532-1587)의 「城山記」, 金誠一(1538-1593)의 「遊赤壁記」, 文益成(1526-1584)의 「遊寒溪錄」, 朴雲(1493-1562)의 「關東行錄」, 柳雲龍(1539-1601)의 「遊金剛山錄」, 李德弘(1541-1596)의 「東京遊錄」, 林芸(1517-1572)의 「遊天磨錄」, 鄭逑(1543-1620)의 「遊伽倻山錄」, 曺好益(1545- 1609)의 「遊妙香山錄」과 「遊香楓山錄」, 洪仁祐(1515-1554)의 「關東錄」 등이 있다.

인조반정 이후 남명학파의 세력은 크게 약화되었다. 또 17세기 후반에 이르면 영남의 士風이 급변하여 좌도의 경우는 지나치게 퇴계학에

---

542) 權鼈, 「해동잡록」(민족문화추진회 편, 『대동야승』), 권3, '曺植' 篇에 "선생은 산수를 매우 좋아하여 泉石 좋은 곳은 다 유람하지 않은 곳이 없었다. 특히 頭流山의 산수를 좋아하여 열 한 번이나 왕래하면서도 싫어하지 않았다. 「遊頭流山錄」이 세상에 전한다." 하였다.

매몰되어 다른 분야에는 관심을 갖지 않고 부화뇌동하는 '腐儒'에 가까워지는 경향을 띠었고, 우도에서는 합리성과 온건·유연성이 부족한 처신으로 '頑儒'에 가까워지는 경향이 있다고 지적한 일도 있다.[543] 이러한 시류의 분위기에 편승하여 남명학파는 자연 퇴계학파에 통합되고, 퇴계학파가 영남학파를 대표하게 되었다.

끝으로 미수 許穆의 학통을 계승한 성호 李瀷(1681-1763)계의 저술이 경상남도 사림을 중심으로 많이 간행되었다. 허목은 정구의 학통을 이었고, 정구는 퇴계학통을 이었다. 함안에서 나온 許傳(1797-1886)의 『士儀』(1870년)[544]와 『士儀節要』(1873년), 산청군 丹城에서 나온 허전의 『性齋先生文集』(1891), 밀양에서 나온 『性齋先生續集』(1903)과 이익의 『星湖先生文集』, 창원에서 나온 黃德吉(1750-1827)의 『下廬先生文集』 등이 그 예라 할 수 있다.[545]

이처럼 영남에서는 이황과 조식의 학문과 사상에 영향을 받고 많은 저술이 남겨졌으며, 영남학파가 형성된 후로는 학문의 발전뿐만 아니라 영남의 문화, 출판에도 큰 영향을 미쳤다.

(2) 관판본과 벌열 형성

경상도 수령 방백의 행정과 관련하여 교육과 출판이란 두 가지 측면에서 살펴보기로 한다.

---

543) 李樹健, 전게 「조선후기 영남학파 연구」, pp.219-220.

544) 許傳의 『士儀』는 咸安 盧陰精舍에서 木活字本으로 간행된 것인데, 이 밖에 丹城의 麗澤堂에서 1890년대에 간행된 목판본도 있다.

545) 柳鐸一, 「星湖系 實學者 文集刊行의 出版社會學的 硏究」(『釜山大學校 師大論文集』, 第30輯, 1995. 6), p.75.

먼저 교육의 경우 경상도관찰사 가운데 일부는 官교육에 대하여 관심을 갖고 교육기관을 설치한 일이 있다. 조태억 감사는 1721년에 경상감영 소속의 營學인 낙육재를 설치하였고, 다시 조현명 감사는 1732년에 낙육재를 중창한 뒤 도내 인재를 무료로 양성하고자 學田과 學規를 마련하고 조정으로부터 大學, 心經, 近思錄 등의 서책을 하사받았으며, 윤광안 감사는 1807년에 낙육재에 강당인 觀善堂, 서고인 藏書閣, 기숙사인 左齋·右齋를 설치하여 교육에 높은 관심을 가진 바 있다.[546)]

다음으로 출판의 경우를 살펴본다. 경상감사가 출판에 대한 관심이 어떠하였던가를 확인할 수 있는 『史補略』(1863年刊)의 서문이 있다. 여기에는 李是遠이 "영남은 鄒魯의 고장이라 조정의 崇文정책이 經籍을 중히 여김에 영남의 감사로 오는 사람치고 책을 한 권도 간행하지 않는 사람은 아직까지 한 사람도 없다."하고 儒學을 진흥하기 위함이라고 하였다.[547)] 1601년에 경상감영이 대구에 정착한 시기로부터 1894년의 갑오경장에 이르기까지 293년간 237명의 재임 감사 가운데 160여 종을 간행한 것으로 파악된다.[548)] 따라서 이시원의 말과 부합하지는 않지만,

---

546) 張仁鎭, 전게 「慶尙監營의 樂育齋 教育에 대하여」, pp.177-198.
낙육재에는 본래 특정 인물을 享祀하기 위해 설치하는 祠堂이나 祀賢의 기능이 없었는데, 1802년에 남공철 감사가 우암 송시열의 위패를 봉안한 바 있어서 한 때 노론학당의 성격을 지닌 적이 있었다. 그러나 1806년에 윤광안 감사가 부임하여 낙육재를 중창한 뒤 우암의 위패를 철거한 것이다. 한편 낙육재에 '齋錄'을 비치하여 거재한 同硏者의 명록을 기록, 유지하였는데, 齋錄을 살펴보면 노론 출신의 경상감사가 많이 파송되었으나, 낙육재 재생의 경우 남인 출신도 많이 참여하였다.

547) 柳鐸一, 전게 『영남지방 출판문화 논고』, p.265.

548) 상게서, p.258에 150-160여 종이 된다고 하였다. 한편 趙婷化, 「朝鮮朝後期 嶺南官板本에 관한 研究」(성균관대학교 대학원, 박사학위논문, 1996), pp.36-49에

아무튼 감사가 출판에 많은 관심을 가진 것은 분명하다.

영남 관판본은 수령·감사가 혈연·학연에 얽매여 출판한 것이 가장 많다.[549] 그 가운데는 특정 당파의 당세를 확장하려는 의도에서 官 주도로 문집을 간행하기도 했다.

이 점과 관련하여 영남 관판본 가운데 주요 가문의 문집을 살펴보면 안동김씨 '金克孝'系에서는 아들 金尙容(仙源遺稿)과 金尙憲(淸陰集), 손자 金光炫(水北遺稿), 증손 金壽增(谷雲集), 현손 金昌集(夢窩集), 金昌協(農巖集) 등 4대 6명의 문집이 간행되었고, 광산김씨 '金長生(沙溪)'系에서는 손자 金益熙(滄洲遺稿), 증손 金萬重(西浦集), 현손 金鎭圭(竹泉集), 金鎭商(退漁堂遺稿) 등 3대 4명과 金萬基(西浦 兄)의 外孫 李天輔(晋菴集)의 문집이 간행되었다. 또 연안이씨 '李廷龜(月沙)'系에서는 본인의 月沙集을 포함하여 아들 李明漢(白洲集), 손자 李殷相(東里集) 등 3대 3명 외에 李明漢의 현손 李天輔(晋菴集), 李殷相의 사위 金萬重(西浦集) 등의 문집이 간행되었고, 덕수이씨 '李植(澤堂)'系에서는

의하면 경상감영판을 171종으로 조사하였는데, 그 중에 대구부 간본『月沙先生別集』(1720년), 평안도 순천군 간본『增訂挹翠軒遺稿』(1795년) 등이 포함되어 있다.

549) 趙婷化, 상게「朝鮮朝後期 嶺南官板本에 관한 硏究」, p.95-120에 의하면 관판본의 간행방식에 있어서 먼저 수령·감사가 지방민을 위하여 독자적으로 판각한 것 또는 번각(복각)한 것으로는 109종을 예시하고 있는데 그 가운데 문집은『점필재집』을 포함하여『정암집』,『난설헌시』등 10종 미만이다. 다음으로 수령·감사가 관직을 이용하여 판각한 자료는 120종인데, 그 가운데 詩文(문집) 91종, 방목 9종, 전기 5종, 經史 8종, 奏議 2종, 유가 2종, 기타 3종으로 파악되고, 이 경우 판각자와 저자의 관계가 후손 65%, 弟 3.5%, 친족 14.5%, 문인 6%, 본인 11%로 나타나서 후손이 조상의 문집이나 저술을 판각한 것이 가장 우위라고 하였다.

아들 李端夏(畏齋集), 손자 李畬(睡谷集)<그림 67> 등 2대 2명의 문집이 간행되었으며, 은진송씨의 경우는 宋明欽(櫟泉), 宋文欽(閒靜堂) 형제의 문집이 간행되었다.

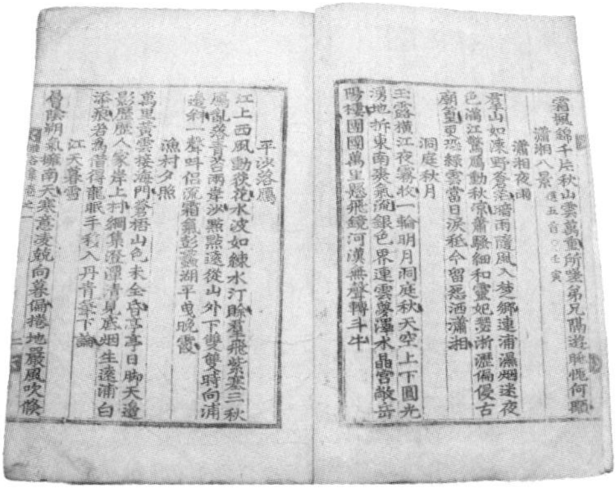

〈그림 67〉 澤堂 李植의 孫子인 李畬의 『睡谷集』 관판본

관판본 문집의 발간 종수는 팔도 가운데 영남이 단연 으뜸이었다. 관판본 가운데 벌열 가문에서 출판한 문집수도 영남이 타도에 비해 압도적이었다.

그러나 영남 관판본의 경우는 앞 장의 <표 2>에서 보는 바와 같이 18세기까지는 활발히 간행되다가 19세기 이후로 급감하고 있다. 그 이유는 17·18세기에 校書館에서 각종 활자를 주조한 것을 가지고 노론계 문집과 벌열 가문의 문집을 간행하였기 때문이다. 이들 문집은 대개 '芸閣印書體字'로 찍었음을 알 수 있다.[550)]

550) 민족문화추진회, 『한국문집총간본』, 기출 간본의 판본 참조.

2. 변무록·변증록의 출판과 사회학적 영향

영남 간본 문집 중에서 사가판 문집은 영남학풍의 발전에 기여했다는 긍정적인 면도 있지만 부정적인 면도 상당 부분 있다.

사가판 가운데는 약간의 詩·文을 수집하고 부록을 첨부하여 2권1책 규모로 간행한 것이 전체 912종 가운데 282종으로 30.92%를 차지하고 있다. 이러한 자료는 문집이라기보다는 조상의 업적을 자랑하는 實記의 성격을 지닌 것이 많고, 일부 자료는 믿을 수 없는 내용이 포함되기도 하였다. 한 책으로 간행된 282종 가운데는 19세기 이후 1910년 사이에 228종(80.85%)이 출간되어 압도적으로 많다.[551]

한 책으로 된 문집이 후기에 집중적으로 간행된 것은 어떤 목적이 있었을 것으로 추정된다. 1728년 戊申亂 직후에 조정에서는 영남인에게 더욱 관심을 가졌고,[552] 노론 정권은 영남 유림을 적극적으로 회유하였다.[553] 그러다가 戊申亂의 1周甲을 맞아 정조가 지시한 획기적 포상정책[554] 등과 같은 사업이 추진될 때, 서원의 설립이나 贈職을 포함한 忠節, 孝烈에 대한 旌閭 등 각종 포상을 받기 위해서는 근거자료가 필요하였다. 이러한 시류의 분위기에 편승하여 일부에서는 조상을 闡

551) 282종을 시기별로 분석해보면 16세기 이전 16종(5.67%), 17세기 4종(1.42%), 18세기 28종(9.93%), 19세기부터 1910년까지 228종(80.85%), 미상 6종(2.13%)로 나타나고 있다.

552) 『영조실록』, 4년 4월 22일(임인) 條의 「備忘記」 참조.

553) 李樹健, 전게 「조선후기 영남학파 연구」, p.200.

554) 전게 『慶尚道七百年史』, 제1권, p.943.

揚하고 포상받기 위한 자료로 활용하기 위해 문집을 간행하고, 더러는 내용을 변개시키거나 조작하기도 하였던 것이다.

한편 영남 문집이 출판된 후 정치적인 문제 또는 사회적으로 물의를 일으키어 책판이 훼판되거나 내용이 크게 산삭되는 일이 있었다.

河弘度의 『謙齋先生文集』은 증손 河大觀이 1758년경에 진주에서 목활자본으로 간행한 것이다. 책이 간행되자 당시 경상감사 趙曮이 문집의 책판을 毁板하도록 지시한 바 있다.[555] 정치적인 목적이 있었을 것으로 추정된다.

宋能相(1710-1758)의 『雲坪先生文集』은 李宜朝 등이 1809년에 金山에서 출판한 것이다. 이 책이 발간되자 四學儒生 尹遇大 등이 "『小學』과 『近思錄』을 朱子의 정론이 아닌 中年의 책으로 규정하고 배울 가치가 없다고 하였습니다. 「喪禮備要」도 조목에 따라 기록하고 폄하한 것이 더없이 망측하니 직명을 삭제시키고 冊板을 파기시키소서."라고 반박하는 상소를 올렸는데, 임금이 윤허하였다.[556] 송나라 주희 중심의 사고에 따른 것으로, 학문의 정통성을 훼손한 것을 비판한 것이다.

이현일의 『갈암선생문집』도 앞 장에서 살펴본 바와 같이 1810년경에 출간하였는데, 당시 경상감사 金會淵이 책판은 훼판하고 간행된 책은 분서하도록 지시하였다. 당파와 관련하여 문제 삼은 사건이다.[557]

555) 민족문화추진회, 『謙齋集』, 해제 참조.

556) 민족문화추진회, 『雲坪集』, 해제 및 『순조실록』, 9년 3월 27일 條.

557) 한편 河範運의 『竹塢先生文集』(목활자본), 卷3 「東征日記」의 癸未(1823년) 十月 十七日 條를 보면 당시 嶺營 樂育齋에는 鄭重器의 『梅山先生文集』(목판본)이 소장되어 있었는데, 내용 가운데 '祭葛庵李先生文'이 들어 있었으므로 樂育齋의 西儒(노론계)가 監司 金尚休에게 呈書하여 燒板했다고 하였다.

우리나라 문집 가운데 조선 전기에 출간된 자료를 살펴보면 문제될 만한 산개는 없는 편이었다. 한 예로 이숭인의 『도은선생집』은 1406년에 초간된 이후로 1901년까지 중간을 거듭해왔음에도 2개의 記文을 序文으로 명칭을 바꾸는 등, 단순한 산개는 있었으나 내용을 변개시키지는 않았다. 그런데 17·18세기 이후에 나온 문집 가운데 학맥이나 당쟁과 관련 있는 내용 등 민감한 사항에 들어 있을 경우, 특정 학맥의 儒林 대표가 주도권을 잡거나 정권이 교체되면 비록 간행된 문집이라도 바로 내용을 산개하는 일이 많았다.

이 시기에 내용 산개의 요인이 되는 주요 사건을 살펴본다. 먼저 기축옥사와 관련하여 成渾과 鄭澈 가문 간의 불화를 초래한 사건, 다음으로 尹宣擧 사후에 그의 비문 문자로 宋時烈과 尹拯 간의 알력으로 빚어진 '懷尼是非'와 노·소론 대립 및 그로 인한 두 집안과 문인 집안 간의 불화를 초래한 사건, 그 다음으로 회니 시비 이후 兪棨 공편의 『家禮源流』(1715년)가 兪門에서 간행된 후 저작권 시비로 兪棨의 손자 兪相基와 尹拯 가문 간의 알력을 보인 사건, 끝으로 權尙夏 문인 가운데 韓元震과 李柬이 「理氣心性說」을 중심으로 논쟁을 벌인 '湖洛論爭'[558] 등이

558) 全尙烈 등편, 전게 『沃川全氏杏亭世蹟』, 하권, p.344에 의하면 '湖洛論爭'은 1세기가 지난 19세기 초반에도 논쟁이 계속되고 있음을 알 수 있다. 1806년에 경상감사로 부임한 尹光顔이 全生員에게 보낸 서찰을 보면 "理氣心性說은 근래에 들으니 湖·洛 간에 時人들이 서로 논쟁을 벌인다고 합니다. 대저 성현의 말씀은 아는 것이 없고 後學들이 제각기 하나의 단서만 잡고 억지로 갖다 붙이는 論理로써 서로 시비를 가리려고 하니 모두가 근본의 이치를 모르는 것이며 湖說이 더욱 병폐가 많습니다. … 만약 정확하게 '一本萬殊'라는 4자를 간파한다면 소위 호·락 시비는 모두가 목적을 이룩하기 위한 방편(筌蹄)에 지나지 않다고 보는데, 어떻게 생각합니까?" 라고 비판하였다.

있었다. 송시열과 윤증은 불화 이전에는 한 문헌에 서·발문을 나누어 지을 정도로 친밀한 관계였다. 그런데 불화 이후에는 앞서 간행된 책에 대해서도 산개하여 改刊했고, 다시 改刊하려는 계획 자체를 반대하는 논쟁을 벌이기도 하였다.

한 개인의 문집은 무엇을 저본으로 삼아서 간행했는가가 중요하다. 그런데 때로는 변개된 사실을 모르고 수용하여 간행하는 경우가 있고, 때로는 변개된 사실을 알면서도 의도적으로 간행하기도 했다. 문집의 내용 변개 사실을 발간 당시에는 몰랐다가 후대에 알게 되어 심한 논쟁으로 비화되는 경우도 있었다. 이 경우 그 당사자는 변무록이나 변파록을 편집, 발간하여 문제를 제기하였다. 이에 대해 피당사자는 변증록을 편집, 발간하여 그 사실을 옹호하였다. 이러한 논쟁 과정에서 집안간, 지역간, 문인간, 당파간에 찬반파로 갈리어 반목하니 급기야 사회적인 물의를 일으켰다.

변무록·변파록·변증록은 출판을 사회학적 관점에서 조명할 수 있는 자료들이다. 그 예를 들면 다음과 같다.[559)]

---

559) 위의 문헌 가운데 중요한 판본을 살펴보기로 한다.
『疑訛拙辨』과 『反李鯤變拙辯』은 曺植과 관련 있는 자료이고, 『寒岡先生言行錄謬條辨破錄』과 『辨整錄』, 『辨破張氏誣錄』 등은 鄭逑의 門人 관련 논쟁 서적이다. 『南嶽先生呈文辨誣錄』과 『惟一齋先生實紀辨破錄』은 「上府伯權草澗書」의 撰者와 관련한 내용이고, 『湖叟實記卞破錄』은 임진란 공적과 관련하여 權應銖의 후손이 문제 제기한 자료이다. 『措明錄』은 조긍섭이 지은 許元栻의 「三元堂集序」와 관련 있는 논변이고, 『寒洲文集卞破錄』은 李震相의 理氣之說에 대한 忠州의 鄭冕時 등이 문제 제기한 자료이다. 『泉門辨疑錄』은 李縡의 문인 崔祏에 대한 疑辨錄이고, 『庚戌辨誣錄』은 綾昌大君의 현손인 驪興君 李垓와 驪陵君 李圻 형제의 伏法 事實에 대한 변무록이다. 이 밖에 事蹟, 家狀, 族譜 등의 내용에 대해서도 변무록, 변파록, 변증록 등이 발간되었다.

李鯤變 편, 『疑訛拙辨』, 목판본, 1책.

曺浚明 편, 『反李鯤變拙辯』, 목판본, 1책.<그림 68>

金榥 편, 『應辨』, 1책.

曺秉炯 편, 『應辨辨』, 연활자본, 진주, 덕천서원, 1962년, 1책.

申氏門中 편, 『權自樂集僞證辨破錄』, 목활자본, 1책.

權東哲 편, 『自樂堂先生實蹟辨證錄』, 목판본, 義城, 沂川社, 1925년, 2권1책.

張顯光 후손 편, 『寒岡先生言行錄謬條辨破錄』, 목판본, [純祖末·憲宗初],[560] 1책.

張顯光 후손 편, 『辨整錄』, 석판본, 1966년, 1책.

鄭逑 후손 편, 『辨破張氏誣錄』, 목판본, 1책.

金彦璣 후손 편, 『南嶽先生呈文辨誣錄』, 목활자본, 1책.

金庭植 편, 『惟一齋先生實紀辨破錄』, 목활자본, 2권1책.

權應銖 후손 편, 『湖叟實記卞破錄』, 목활자본, 1책.

李廷龜 편, 「戊戌辨誣錄」, 목판본, 1720년, 1권.

安永昌 편, 『清遠亭詩稿安氏辨證錄』, 석판본, 1963년, 1책.

全相元 편, 『清遠亭考證辨證錄』, 석판본, 1960년, 1책.

曺兢燮 편, 『措明錄』, 석판본, 1935년, 4권2책.

玉山書院 편, 『太極書撰集辨誣錄』, 목판본, 현종 7년(1666), 1책.

泗陽書院 편, 『心經發揮附刊辨破錄』, 목판본, 정축년, 1책.

鄭冕時 등편, 『寒洲文集卞破錄』, 필사본, 1책.

金聚東 편, 『佔畢齋金先生門徒錄添刊辨破錄』, 목판본, 고종 12년(1875), 1책.

丁時翰 편, 『鼎谷公辨誣錄』, 목판본, 숙종 38년(1708), 2권1책.

權龍俊 등편, 『太師張公事蹟辨誣錄』, 석판본, 1969년, 1책.

---

560) 鄭亨愚 尹炳泰 共編, 전게서, p.1275에 수록되어 있는 「各道冊板目錄」(1840년 편성)에 의하면 이 책을 新刊이라 표시하였다.

蘇尙奎 편, 『晋陽蘇氏家乘辨』, 목활자본, 고종 20년(1883), 1책.

李炳七 편, 『眞寶李氏上溪派派譜辨破錄』, 목활자본, 1책.

朴光輔 편, 『河忠烈公貫系辨誣錄』, 목활자본, 고종 13년(1876), 6권3책.

禹熙敬 편, 『丹陽禹氏譜系卞正錄』, 목판본, 安東, 鼎井齋, 1911년, 1책.

月村門中 편, 『丹陽禹氏世系卞正錄』, 목활자본, 1책.[561]

金榮灝 등편, 『金海金氏文愍公派宗支卞正錄』, 필사본, 광무 6년(1902), 2권1책.

金炳文 편, 『寶白堂先生宗系辨證錄』, 석판본, 1949년, 1책.

具然守 편, 『綾城具氏大邱東無怠宗系卞正錄』,[562] 필사본, 고종 27년 (1890), 1책.

李載亮 등편, 『庚戌辨誣錄』, 석판본 1책.

金應祖 편, 「西厓柳先生辨誣錄」,[563] 목판본, 영조 52년(1776), 1편.

屛山書院 편, 『陶山及門諸賢錄辨訂』, 목판본, 1919년, 5권2책.

朴太古 편, 「沙溪金先生卞誣同疏錄」, 목활자본, 광무 3년(1899), 1편.

李韶久 편, 『辨正錄』(晦齋先生出處學問辨, 晦齋先生四七理氣辨, 東皐高峯二賢被斥辨), 석판본, 1책.

李浚 편, 『誣書辨破錄』, 목판본, 1책

---

561) 卷首의 世系圖를 보면 "禹玄 - 臣 - 仁可 - 仍順 - 慶節 - 仲大 - 天珪 - 倬 - 吉生 = 玄寶 - 洪壽 - 成範" 등과 같이 12世의 계통이 수립되어 있다.

562) 구본욱 편역, 『300년간 지속해온 논쟁』(대구, 도서출판 대광, 2005)의 원문 영인 자료.

563) 金應祖, 『鶴沙先生文集』(목판본, 1776년), 권5, 雜著 篇, 「西厓柳先生辨誣錄」 참조.
본 내용은 趙穆의 문인 金澤龍이 쓴 「月川言行錄」에서 조목이 류성룡을 '主和誤國'으로 비판하여 보낸 丁酉年(1597)의 편지가 장황하게 기술되었으므로, 류성룡 문인들이 '誣詆先賢之意'가 있다고 비판하였다. 이에 양 문인 사이 분쟁이 있게 되어 金應祖가 이 부분의 내용을 刪改하도록 요청하면서 기록한 것이다. 趙穆의 『月川先生文集』은 1666년경에 간행하였는데, 이 문집 年譜를 보면 丁酉年의 기록에 註를 달기를 '論和議之非'라 하여 당시 刪改한 사실을 알 수 있다. 卷末에는 金應祖가 쓴 발문이 실려 있다.

宋尙敏 편, 『辨誣冊子』,[564] 필사본, 숙종 5년(1679), 2권2책.

申彦稷 편, 『華海師全辨誣錄』,[565] 석판본, 경북 奉化, 1책.

申相宙 편, 『華海師全辨正書』,[566] 석판본, 1973년, 1책.

朴聖源 편, 『疑辨錄』,[567] 필사본, 1책.

岐陽會中 편, 『學庸要義卞正錄』,[568] 석판본, 1책.

李長浩 등편, 『葛庵李先生辨整錄』, 연활자본, 1974년, 1책.

편자 미상, 『後凋堂家狀辨破錄』, 목활자본, 철종 13년(1862), 1책.

편자 미상, 『花山君宗系卞誣實紀』, 필사본, 1책.

편자 미상, 『李晴暉堂實紀立巖辨證錄』, 석판본, 1958년, 1책.

편자 미상, 『泉門辨疑錄』, 필사본, 1책.

편자 미상, 『石潭夫子辨誣錄』,[569] 필사본, 1책.

이와 같은 변무록·변파록·변증록을 편찬하여 간행할 때에는 해당 고을 또는 기관의 士林이 公論을 일으키고자 通文을 발송하여 지지층을 확보하고, 공감대를 형성하여 사건을 종결짓고자 하였다.

---

564) 계명대도서관 소장(고951.091송상민ㅂ).

565) 范世東(高麗)이 편한 『華海師全』이 구한말이후로 '庇仁 栗里祠本'을 비롯하여 '舒川 貞里祠本'(1920년), '泗川 泳洙亭本'(1934년), '論山本'(1935년) 등 여러 차례 발간되자 申彦稷은 그 내용에서 모순된 점을 지적해서 辨誣錄을 발간한 것이다.

566) 申相宙가 申彦稷의 『華海師全辨誣錄』을 보고난 후 다시 그 내용을 반박한 자료이다.

567) 이 책의 편자는 李縡의 門人인데, 心性論에 입각하여 韓元震의 '人物性異論'과 '未發之心有善惡論'을 주장한 湖論을 반박하고, 李柬의 '人物性同論'과 '未發之心本善論'을 주장한 洛論에 동조한 바 있다. 이 책도 이와 관련이 있는 의변서이다.(계명대도서관 소장 : 고951.092박성원ㅇ)

568) 青松 道洞에서 金文熙의 『學庸要義輯錄』 3책을 1906년에 발간하자, 안동의 全州柳氏들이 柳健休의 『東儒四書集評』의 내용과 중복되는 부분이 있다고 하면서 발간했던 변증록.(계명대도서관 소장 : 고951.092학용요)

569) 계명대도서관 소장(고951.091석담부).

〈그림 68〉『反李鯤變拙辯』의 내용

한 출판물에 대하여 변무록, 변증록 등이 발간되었다고 한다면 그 출판물은 당시에 사회적 문제가 되어 논쟁이 있었음을 의미한다. 이러한 논쟁이 없던 문헌 가운데서도 의도적인 변개가 더러 발견되고 있다. 또 문집의 변개는 문헌의 역기능으로 후대에 영향을 주고, 그것을 수용하는 또 다른 문제를 안게 된다는 데 주목할 필요가 있다.

변무록·변파록·변증록을 통하여 우리는 당시의 정치·사회적 현상을 다양하게 조명할 수 있을 것이라고 본다. 따라서 이러한 출판 사회학적 자료에 대해서도 관심을 갖고 지속적으로 연구가 수행되어야 할 것이다.

V. 맺음말

문집은 저자가 살았던 사회의 여러 방면에서 체험하고 느낀 점을 문자로 기록한 詩文集이다. 넓게는 저자의 세계관·가치관을 좁게는 사물과 그 사회 현실에 대한 인식을 후대에 제공한다는 점에서 상당한 가치를 지닌다. 대개 저자가 죽은 다음에 편집하여 그의 號를 붙여 간행하는 것이 상례이다. 이것을 편집할 때, 그 중요성과 우선 순위에 따라 原集, 外集, 續集, 別集이란 명칭을 붙이게 되는데, 이것을 총칭하여 '集'이라 한다. 한편 여러 사람의 작품을 모아 묶은 것을 '總集', 일정한 기준을 정해 선별하여 묶은 것을 '選集'이라고 한다.

문집은 편집하여 간행하는 시점이 중요하다. 대체로 저자의 아들이나 문인이 저자가 죽은 직후에 바로 편성·간행하는 것이 통례이지만, 때로는 이보다 훨씬 후에 후손이나 후학이 간행하는 경우도 있고, 심지어 저자가 죽은 지 이삼백년 후에 간행하는 경우도 있다. 저자가 죽은 시점과 문집이 편성·간행된 시점의 시차가 크면 클수록 그 문집의 가치는 떨어지게 되고 신빙성의 문제가 제기될 수 있다. 따라서 문헌(문집)의 원전 비평적 고찰이 필요한 것이다.

문집에 드러나는 문체는 『동문선』에서 상세하게 분류하고 있다. 그러나 영남 문집은 대체로 『퇴계선생문집』의 영향을 받아서 그 분류 체재를 따르고 있다. 즉 詩(저작 연대순), 詞賦, 呈疏, 書簡文, 雜著, 序·記·跋, 箴銘, 表箋, 上樑文, 祝文, 祭文, 狀碣文과 같은 체재를 따랐다.

그런데 일부 문집에서 『동문선』의 분류 체재를 따라 사부를 시보다 먼저 수록하고 詩를 詩體別로 분류하였다. 이런 체재는 노론계 문집에서 주로 나타나는 현상이다. 이것은 아마 『우암선생문집』의 체재를 모방한 것이 아닌가 한다.

문집의 교정은 주로 저자의 우인, 문인, 그리고 그의 후손 가운데 사회적으로 명망이 있는 자가 맡았다. 교정할 때 많이 쓰인 교정부호를 보면, 'ㄱ'·'拔'·'刪'은 한 글자의 삭제를, ( )는 한 구절의 삭제를 지시하였고, '上', '下'를 표시하여 내용의 순서를 바꾸는 지시를 하였다.

간행의 주체가 문집을 원만하게 출판하려면 남다른 정성과 많은 경비가 필요하였다. 이 때문에 정성은 각별한 후손이 경비를 마련하지 못해 출판하지 못하는 경우가 있었고, 재력은 있지만 정성이 부족하여 오랫동안 출판하지 못하는 경우도 생겨났다. 이로 볼 때 간행자의 공이 저자에 못지않음을 알 수 있다.

官이 주관하는 문집 인쇄의 경우, 관아에서 책판 가공법과, 판각의 역할 분담, 그리고 지불할 인건비의 기준을 마련해 두었다. 刻手의 경우를 보면, 각수는 대개 승려들이 맡았다. 이들의 하루 기본급으로 쌀, 채소, 장, 소금, 미역, 명태가 지급되고, 능력에 따라 刻字 100자당 돈 4푼(分)과 木綿 4치(寸)를 지급하였다.

영남 문집의 간행본은 조선시대 이전까지 총 1,213종이고 저자의 수는 1,093인이었다. 그러나 합집 63종의 내용에 들어 있는 저자 380인과 遺稿 417종을 포함하면 실제 영남 문집은 1,410인에 1,567종이라 하겠는데, 이들 간행본을 살펴보니, 후쇄, 증보, 보각, 복각, 추보,

산개, 변개 등의 현상을 확인할 수 있었고, 초고본과 판본, 1910년 이전의 판본과 그 이후의 판본을 대조해 보니, 변개 양상이 다양하게 나타났다.

영남의 출판 현상을 살펴보면, 불교, 儒家(書院), 官衙, 私家 등 다방면에서 출판이 활발하게 이루어진 특징을 지닌다. 불교의 경우, 고려시대에 부인사에서 초조대장경을 판각하여 장판한 사실이 있고, 남해 분사대장도감에서도 재조대장경 일부를 판각한 사실이 있다. 이로 볼 때 불교와 관련된 출판이 일찍부터 영남에서 출판되어 이 지역이 출판을 주도했음을 알 수 있다.

유가의 경우를 보면, 임란 이전부터 영남에 서원이 집중적으로 설립되어 철종 때까지 전국 903개소 중에 순수한 서원 수만 325개소나 확인된다. 서원에서는 향사뿐만 아니라 그 인물의 문집이나 실기를 간행하는 것도 중요한 사업으로 인식되어 영남 서원에서 출판한 총 278종 가운데 문집이 138종이나 되어 높은 비중을 차지하고 있다.

이러한 출판의식은 영남 私家에도 영향을 주어 사가판 문집의 출판이 급격하게 증가한다. 1910년까지 912종이나 간행되었는데, 先祖를 추모하고 家門을 드러내는 기능을 하였다.

다음 관판의 경우를 보면, 다른 지역 출신이 영남의 수령, 방백으로 부임하여 그들의 선조, 친인척, 스승의 문집을 간행하는 경우인데, 1910년까지 163종이 확인된다. 간행의 주체가 현직의 수령, 방백인 점을 하면, 간행에 소요되는 자재와 용품을 관에서 충당하고 각수와 인부 등을 징발하여 썼을 것으로 생각된다. 특히 17세기 후반 이후 당쟁이 격화되던 시기에 간행된 관판본은 주목할 만한 특징이 있는데, 대개가 노론계 문집이라는 사실이다. 이는 영남에 노론의 黨勢를 확장하려는 정치적 의도가 작용했을 것으로 추정된다.

영남에서 간행된 문집 1,213종을 중심으로 시대별 출판 상황과 특징을 살펴보면 관판본은 17·18세기의 간본이 78.53%(128종)나 되고, 서원판본은 18·19세기의 간본이 69.57%(96종)나 되며, 사가판본은 19세기 이후 1910년까지 110년간의 간본이 77.3%(705종)를 차지하고 있다. 사가판본이 후기에 집중된 것은 바람직한 현상이 아니다. 왜냐하면 내용이 충실하지 못하거나 선조를 闡揚하거나 實記의 성격으로 변질된 사실을 알 수 있기 때문이다.

또 저자 몰년과 간행된 시점의 시차를 중심으로 판종별 특징을 살펴보면 먼저 관판본의 경우는 저자 몰후 100년 이내에 나온 간본이 67.49%(110종)로 나타난다. 간행을 주관한 수령, 방백들이 혈연·학연에 따라 해당 인물의 문집을 시의적절하게 출판하여 당세 확산 등 사회에 영향을 주고자 노력한 흔적이 엿보인다. 다음으로 서원판은 저자 몰후 101년 이상 300년 이내에 나온 간본이 60.15%(83종)을 차지하고 있다. 서원의 설립이 18세기 이후에 성행한 반면 배향 인물은 고려 말이나 조선 전기 사람이 많았기 때문이다. 그 다음으로 사가판은 저자 몰후 5代가 지난 151년 이후에 나온 간본이 전체 912종 가운데 41.01%(374종)로 나타난다. 이점은 조선 전기에 內·外孫을 함께 중시하던 풍토가 후기로 오면서 本孫을 중시하는 풍토로 변화함에 따른 것으로, 조상을 추모하고 가문을 지키고자 한데서 나타난 출판 현상이었다.

한편 문집의 저자는 주로 士族이었으나 衙前, 庶孼, 驛吏, 賤農, 여성, 기생, 승려 등도 포함되어 다양한 계층이 나타나는데 이것은 영남 간본에서 많이 나타나는 주목할 만한 현상이다.

본문을 중심으로 문집을 편성·간행할 때 의도적으로 산개했던 내용을 중심으로 변개 양상을 다음과 같이 정리하고자 한다.

1. 문집은 家藏자료인 원고본, 초고본, 정고본 등과 公器자료인 인쇄본으로 대별할 수 있고, 변개사실을 구명하고자 할 때에는 판본보다는 원고본이나 초고본이 중요하고, 중간본보다는 초간본이 중요한 것이었다.
2. 역사적으로 주목할 만한 신라 최치원의 『계원필경집』은 발간의 오랜 역사를 갖고 있지만 문헌을 살펴보면 편차가 뒤바뀐 것(錯簡), 쓸데없는 글이 삽입된 것(衍文), 글자가 서로 자리 바뀌어 앉는 것(轉位), 同義語의 換置 등이 나타나고 있었다. 이황의 『계산잡영』은 그 자신이 작품 일부를 선정해서 친필로 후대에 전한 것인데도 『퇴계집』에서는 字句를 다르게 표기한 부분이 많아서 문집을 교정할 때 원작자의 뜻을 바르게 수용했다고는 보기 어렵다.
3. 문집 편성에 있어서 변개된 양상은 우인 간에 시를 주고받는 가운데 원작자를 혼동한 경우, 후대의 평가에 따라 원래의 저술 의도를 왜곡한 경우, 당쟁에 따른 정치적 입장 차이에 따른 경우, 일제강점기 검열에 따른 경우 등을 들 수 있다.
4. 형식상의 변개는 문집의 서명이 달라진 사실 외에 책판이 오래되어 오탈자가 자연적으로 발생한 것이 있는데, 내용 파악에 있어서 큰 문제는 없다고 보았다.
5. 내용상의 변개양상은 詩, 歌, 書翰文, 序記文, 哀祭文, 狀碣文, 雜著文

등에 두루 나타난다. 변개 당시의 학연이나 혈연, 지연 등으로 인한 이해관계도 중요한 요인이다. 또 조선시대의 사회·윤리적 가치관의 변화도 변개의 요인이 된다. 조선시대의 가치관이 초기·중기·후기에 따라 변화한 양상을 문집 편찬자의 변개 태도를 통해 이해할 수 있다. 이러한 현상은 곧 원작의 진실을 훼손하는 직접적인 요인이라 할 수 있다. 본고에서 논의한 사실을 요약하면 다음과 같다.

(1) 조선 전기의 선비들은 문학, 철학, 역사 등 넓은 의미의 유학[博儒]을 학습한데 반하여 조선 중기부터는 주자학적 도학 중심의 純儒 학습으로 士風이 전환된 사실을 들 수 있다. 영남학파가 더 심하여 17세기 말 이후 그들의 문집을 보면 주자학·퇴계학 일변도의 세계관을 보이고 있어서 斯文을 해치거나 풍속 교화에 저해가 되는 내용이 있으면 삭제나 수정을 하였다.

(2) 조선 전기에는 한 가문을 이어갈 때 남녀 혈통을 중시했으므로 본손이나 외손이 함께 존중되었다. 그러나 조선 후기에 오면 系統을 중시하는 의식으로 전환되어 남아 선호풍과 양자제가 남용되기도 하였다. 이러한 본손 중심에 입각한 조상 추모풍토가 조성되고 있는 점과 관련하여 문집 출판을 살펴보면, 사가판 문집의 刊本이 후기로 올수록 급격히 증가하고 있음을 알 수 있다. 그래서 추모하는 마음이 너무 작용하여 내용 변개가 이루어진 것이 아닌가 추측해 보았다.

(3) 조선 전기에 주목할 만한 문집은 대개 官 주도로 간행하고, 교정을 철저히 하였으며, 책의 말미에 간행에 참여한 관원의 이름을 列名하여 내용에 공정성을 확보하였다. 그러나 조선 후기에 오면

개인 주도하의 私刊本이 급격히 증가한 것이다. 조선 후기의 사간본을 살펴보면 비록 책임 있는 자의 교정을 거치고는 있으나 가문의 친인척, 사승 관계, 당파적 이해관계 등이 서로 얽혀 있어서 내용이 변개될 수 있는 취약점을 갖고 있었다.

(4) 조선조 선비들은 대개 당대에 교유하면서 문자를 주고받게 되는데, 한 때의 개인적 처신 또는 당론에 따라 자신이 지은 글이 후대에서 첨삭, 변개되거나, 삭제되기도 하였다. 또 같은 사람의 문집이라도 당파적 이해관계가 개입되어 반대당의 글을 삭거하는 등 첨삭이 가해지고 있었다.

6. 문집 출판을 통하여 얻어진 출판 문화사적 의의를 들면 다음과 같다.

(1) 사회 문화적 특성과 관련하여 이황과 조식의 저술을 살펴본 결과 이황은 주자학적 저술이 매우 많아서 그 문인 후학들로 하여금 道學을 계승 발전하는데 크게 영향을 주었고, 조식은 敬義와 實踐, 그리고 出處의 엄정함을 강조하여 그 영향을 받은 많은 문인들이 의병활동에 기여한 점을 살펴보았다. 산수를 동경하는 점도 두 사람이 공통적으로 나타나고 있는데, 이황은 청량산, 조식은 두류산을 중심으로 시문의 저술이 있었고, 이런 作風이 후대에 끼친 영향을 살펴보았다.

(2) 경상도 관판본으로 찍은 문집 가운데 주목할 만한 성씨로는 안동김씨 '金克孝'系 4대 6명, 광산김씨 '金長生'계 3대 4명, 연안이씨 '李廷龜'계 3대 3명, 덕수이씨 '李植'계 2대 2명, 은진송씨 宋明欽 형제 등인데, 책을 간행하여 벌열을 형성하고 그 기반을 조성하는데 일조하는 등 당색을 강화한 일면도 있었다.

(3) 영남 사가판 문집 912종에 대하여 분석해보니 1책으로 간행한 것이 282종(30.92%)을 차지하여 내용이 빈약하다는 사실을 지적할 수 있다. 또 1책으로 간행된 282종 가운데 228종(80.85%)이 19세기 이후 1910년 사이에 간행되었다. 조상을 높인다는 명분 아래 너나 할 것 없이 문집 발간하는데 역점을 두고 있으나, 때로는 시류에 편승하여 각종 포상을 받기 위한 뒷받침 자료로 활용하고자 한 점도 인정해야 할 것이다.

(4) 변개된 자료는 후대에서 모르고 수용하기도, 알면서도 의도적으로 수용하기도 한다. 변개 사실에 대하여 문제가 있으면 논쟁으로 비화되고, 그 당사자는 변무록이나 변파록을 발간하여 문제를 제기하였다. 이에 피당사자는 변증록을 발간하여 그 사실을 옹호하였다. 한 출판물에 대하여 변무록, 변증록이 발간되었다면 그 출판물은 당시에 사회문제가 된 것임을 의미한다. 따라서 출판사회학적 자료라고 이름 붙일 수 있다.

지금까지 영남 문집에 대하여 문헌검토를 해 본 결과, 주목할 만한 학자나 문인의 간본 문집에 등재된 개별 작품에 대해서는 후대의 중간본에서 첨삭하는 일은 거의 없었다. 이와 관련하여 영남 문집을 긍정적인 측면에서 보면 『점필재집』을 포함한 '영남 사림파' 자료, 『퇴계집』을 포함한 '영남학파'와 관련이 있는 자료, 『남명집』과 그 학맥을 계승한 자의 문집에서 보인 '의병 관련' 자료, 그리고 후기의 '실학파' 자료 등이 다양하게 출판되었다. 따라서 영남지역에서는 많은 문집을 남겨 출판문화 발전에 기여하였고, 영남학파의 학문 발전과 전통 문화를 계승하였으며, 문집을 통하여 조상을 추모하고, 스승을 존모하며, 남을 사랑하는 愛人정신을 배양하는데 일조한 것이다.

그러나 한편으로는 시기적으로 19세기 이후 간본이 많고, 그 가운데는 볼만한 내용이 없는 것도 다수 포함되어 있다. 또 위에서 살펴본 바와 같이 변개 양상이 많이 나타나고 있는 것은 단순히 교정의 범위를 벗어난 것이다. 이 점은 조상을 너무 높이려는 의도에서 고증을 철저히 하지 않고 임의로 고친 것이므로 때로는 문헌논쟁이 발생하기도 한다. 우리는 문헌 논쟁을 통하여 변무록, 변증록과 같은 '출판 사회학적 자료'가 여러 종 발간되는 사실을 확인할 수 있는데, 이 점에 대해서도 지속적인 연구가 수행되어야 할 것이다.

문집의 定本 및 原典의 확정과 관련하여 말한다면 저자의 친필본, 초고본, 정고본, 초간본 등과 같은 순으로 정립되어야 할 것이다. 왜냐면 초고본에서는 작자의 의식이 대부분 투영되어 원전에 가깝고, 정고본에서는 초고본을 중심으로 당시 사회적 영향을 받고 산개한 것이며, 초간본은 정고본에서 다시 산개를 가한 것이기 때문이다.

현재 전해지고 있는 문집의 초고본 중에는 이번에 새롭게 발굴된 국문학 작품이 여러 편 있다. 정광천의 「술회가」 및 「병중술회가」 9수, 이담명의 「사노친가」 12수, 이중린의 단가 5편, 성세영의 한글 서한문 등은 내용이 독창적이다. 이러한 작품을 앞으로도 계속 수집하고, 체계적으로 정리하여 연구 자료로 제공해야 할 것이다.

참고문헌

一. 문집

姜　渾,『木溪先生逸稿』(목판본, 1910년), 1책.

姜希孟 편,『晋山世稿』(영인본, 서울, 경인문화사, 1976).

경인문화사 편,『韓國歷代文集叢書』(서울, 동 문화사), 1-3000책.

具然雨,『琴愚續集』(석판본, 대구, 琴愚堂, 1999), 2권1책.

權克亮,『東山先生文集』(목판본, 丹城 香亭, 1909년), 3권1책.

______,『東山先生文集』(목활자본, 1960년), 5권1책.

權斗寅,『荷塘先生文集』(목판본, 1810년), 10권5책.

權應仁,『松溪集』(목판본), 4권2책.

權好文,『松巖先生續集』(목판본, 1809년), 6권2책.

權　俔,『南窓集』(초고본, 1899년), 1책.

______,『南窓集』(목활자본, 1899년), 3권1책.

金　侃,『竹峯先生文集』(목활자본, 1961년), 4권2책.

金景霖,『杏堂寃稿』(안동, 광문사, 1937년), 2권1책.

金復一,「南嶽先生逸稿」(金龍普 編,『聯芳世稿』, 1785년 所載), 1책.

金時習,『梅月堂集』(연활자본, 1927년), 21권6책.

金馹孫,『濯纓集』(목판본, [1519년]), 2권1책, 계명대도서관(귀811.081 김일손탁ㅇ).

______,『濯纓集』(목판본, 임란 이전), 2권1책, 국립중앙도서관(한貴古朝 46).

金馹孫,『濯纓文集』(목판본, 1631년), 4권1책, 계명대도서관(이811.081 김일손ㅌ).

金宗直,『佔畢齋集』(목판본, 1520년), 25권8책.

金就文,『久庵集』(운각활자본, 1791년), 3권2책.

______,『久庵集』(목판본, 1791년), 4권2책.

金玄成,『南窓集』(목활자본, 1905년), 1책.

______,『南窓先生文集』(목판본, 1921년), 3권1책.

盧啓楨,『竹月軒實記』(초고본), 1책.

盧尙樞,『終始錄』(초고본), 1책. 계명대도서관(고811.081노상추ㅈ).

盧　禛,『玉溪先生續集』(목판본, 1873년), 4권2책.

都愼徵,『竹軒遺稿』(초고본, 1832년), 2권1책.

______,『竹軒先生文集』(목판본, 達城, 龍湖齋, 1936년), 4권2책.

文敬忠,『四美先生遺集』(목활자본, 1853년), 1책.

______,『湖陰先生遺集』(목판본, 1909년), 3권1책.

文東道,『敬庵集』(초고본, 1721년), 1책.

______,『敬庵先生文集』(목활자본, 1836년), 5권3책.

文郁純,『道齋遺稿』(檢閱本, 1924년), 1책, 계명대도서관 소장.

민족문화추진회 편,『韓國文集叢刊』(서울, 동 추진회), 575종.

朴東欽,「二友亭遺稿」(朴在洛 편,『牟山世稿』, 목활자본, 1952년 所載), 1책.

朴文楧,『龍湖先生文集』(연활자본, 1970년), 1책.

朴善長,『水西先生文集』(목판본, 1810년), 4권2책.

朴孫慶,『南野先生文集』(필사본), 2권1책.

______,『南野先生文集』(목판본, 1802년), 8권4책.

朴潤德,『珠巖公遺稿』(초고본, 구한말), 1책.

______,『珠巖集』(정고본, 1926년), 2권2책.

______,『珠巖集』(석판본, 1976년), 3권1책.

朴　誾,『挹翠軒遺稿』(목판본, 順川, 1795년), 4권2책.
朴仁老,『蘆溪先生文集』(목판본, 1904년), 3권2책.
朴宗祜,『丙子錄』(초고본, 숙종년간), 1책(75張), 1책.
______,『陶谷先生文集』(목판본, 1904년), 5권2책.
朴太古,『景陽齋文集』(목활자본, 1899년), 4권2책.
朴漢默,『華岡謾稿』(초고본, 1936년경), 2권2책, 계명대도서관 소장.
______,『華岡遺稿』(중고본, 1943년경), 3권3책, 계명대도서관 소장.
______,『華岡遺稿』(정고본, 1945년경), 2권2책, 계명대도서관 소장.
______,『華岡集』(석판본, 1983년), 2권1책.
徐居正,『四佳詩集』(목판본, 1705년), 합 27책.
______,『四佳集』(高陽, 正觀齋, 목활자본, 1929년), 15권7책.
徐其玉,『藍田詩稿』(필사본), 1책, 계명대도서관 소장.
徐思遠,『樂齋先生文集』(목판본, 숙종년간), 6권3책.
______,『樂齋先生文集』(목판본, 1843년), 7권4책.
成世英,『裸翁小稿』(초고본), 1책.
______,『裸翁文集』(석판본, 1979), 1책.
成安義,『芙蓉堂先生逸稿』(목판본, 1829년), 4권2책.
______,『芙蓉堂先生逸稿』(목판본, 고종년간), 4권2책.
孫德升,『梅湖集』(초고본), 1책.
______,『梅湖先生文集』(목판본), 8권3책.
申碩蕃,『百源先生文集』(목활자본, 1845년), 6권3책.
愼守彛,『黃皐集』(목판본, 1845년), 9권4책.
沈　義,『大觀齋亂稿』(목판본, 1577년), 1책(권1-2), 계명대도서관(이귀 811.081심의ㄷ).
吳孝媛,『小坡女史詩集』(연활자본, 1929년), 1책.
『愚谷遺稿』(필사본, 조선후기), 1책, 계명대도서관 소장본.
陸　游,『名公妙選陸放翁詩集』(목판본, 1465년), 8권1책.

尹秉顥, 尹秉頤 공저, 『伯仲遺稿』(초고본), 3책.

尹秉顥, 尹秉頤 공저, 『菊槐聯芳集』(목판본), 6권2책.

尹仁錫, 『一庵文集』(목활자본, 1908년), 9권4책.

尹　拯, 『明齋先生遺稿』(목활자본), 46권26책.

李光友, 『竹閣先生文集』(목판본, 1860년), 2권1책.

李光庭, 『訥隱先生文集』(목판본), 22권11책.

李聃命, 『參判公遺稿』(초고본), 6권3책, 계명대도서관(고811.081이담명ㅊ).

______, 『參判公遺稿』(정고본), 6권3책, 계명대도서관(고811.081이담명차).

______, 『靜齋先生文集』(목활자본), 8권4책.

李敦榮 편, 『樂育齋詩帖』(필사본), 1책(13張).

李晩燾, 『響山文集』(檢閱本, 1931년), 3책(零本), 계명대도서관 소장.

李萬敷, 『息山先生續集』(목판본, 1813년), 4책.

李曼勝, 『愧堂先生文集』(목판본, 1851년 신해본), 2권1책.

______, 『愧堂先生文集』(목활자본, 1941년 신사본), 2권1책.

李秉銓, 『离皐遺稿』(초고본, 조선말기), 1책.

______, 『离皐文集』(목활자본, 1914년), 2권1책.

李睟光, 『芝峯先生集』(목판본, 宜寧, 1634년), 34권10책.

李崇仁, 『陶隱先生集』(목판본, 1406년), 5권1책.

李彦迪, 『晦齋先生別集』(목판본, 1934년 갑술본), 5권2책.

李元禎, 『歸巖先生文集』(초고본, 계명대도서관, 고811.081이원정귀), 12권6책.

______, 『歸巖先生文集』(목활자본), 10권5책.

李　陸, 『青坡集』(목판본, 固城, 1512년), 2권1책.

______, 『青坡李先生文集』(목판본, 晋陽, 1853년), 2권1책.

李陸 편, 『鐵城聯芳集』(목판본, 1476년), 2권1책.

李宜顯,『陶谷先生文集』(민족문화추진회 편,『한국문집총간본』).
李以豊,『九巖遺稿』(초고본), 1책.
______,『九巖文集』(목활자본, 1911년), 4권2책.
李　楨,『龜巖先生集』(목판본, 泗川, 龜巖書院, 1641년), 1책.
李周楨 편,『鐵城聯芳集』(목판본, 花山, 伴鷗亭, 1804년), 3권3책.
李重慶,『雜卉園集』(著者手稿本, 1667년), 2권2책.
______,『壽軒先生文集』(연활자본, 漆谷, 1959년), 6권2책.
李中麟,『雲圃遺稿』(초고본, 1910년대), 6권3책.
李泰植,『壽山集』(연활자본, 1955년), 11권6책.
李玄逸,『葛庵先生文集』(목판본, 寧海, 1810년경), 14책(영본).
______,『葛庵先生文集』(목판본, 寧海, 1909년), 합21책.
李　滉,『溪山雜詠』(친필본, 계명대도서관 소장본), 1책.
______,『退溪先生文集』(목판본, 1600년), 25책.
李彙載,『雲山文集』(연활자본), 13권6책.
李　熺,『悠悠子稿』(목판본, 淸道郡, 1761년), 1책.
張福樞,『四未軒懶一』(초고본), 1책.
______,『四未軒文集』(목판본), 11권6책.
張　維,『谿谷先生漫筆』(민족문화추진회 편,『한국문집총간본』).
全奎煥,『小心亭自說』(초고본), 1책.
______,『小心亭文集』(목활자본, 1937년), 6권3책.
田性學,『龜巖詩集』(定稿本, 조선말기), 3권3책, 계명대도서관(고811.081전성학ㄱ).
鄭光天,『洛涯先生遺稿』(定稿本, 正祖年間), 1책.
______,『洛涯先生文集』(목활자본, 達城, 廣居堂, 1933), 3권1책.
鄭　逑,『寒岡先生文集』,(초고본), 1책, 계명대도서관 소장.
鄭　錡,『琴齋逸稿』,(목활자본, 1933년), 2권1책.
鄭道傳,『三峯集』(목판본), 14권7책.

鄭萬陽, 鄭葵陽 공저, 『壎篪兩先生文集』(목판본, 1809년), 30권17책.
鄭夢周, 『圃隱先生文集』(목판본, 임고서원, 1607년), 3권, 부록, 합2책.
丁志宬, 『文巖集』(목활자본, 1881년), 3권1책.
______, 『漆室空談』(필사본, 1800년), 1책.
鄭 琢, 『藥圃先生文集』(목판본, 영조년간), 7권4책.
鄭希良, 『虛庵遺藁』(목판본, 1511년 초간본), 3권1책, 계명대도서관 소장.
______, 『虛庵遺藁』(목활자본, 1621년 辛酉本), 3권1책, 규장각 일사문고 소장.
______, 『虛庵先生遺集』(목활자본, 1897년 丁酉本), 1책.
曺 植, 『南冥先生集』(목판본, 1606년), 1책.
曺 偉, 『梅溪先生文集』(민족문화추진회 편, 『한국문집총간본』).
______, 『梅溪先生文集』(석판본, 1928년), 10권5책.
曺好益, 『芝山先生文集』(목판본 추각본, 1672년), 5권2책, 계명대도서관 소장.
______, 『芝山先生文集』(목판본 증보본, 1727년), 5권2책, 계명대도서관 소장
______, 『芝山先生文集』(목판본, 1883년), 6권,부록 3권, 합4책.
朱 熹, 『朱子大全』(목판본, 完營, 1771년), 100권60책.
蔡無適, 『僑軒先生文集』(초고본), 2책.
______, 『僑軒先生文集』(목활자본, 1912년), 4권2책.
蔡必勳, 『琴窩遺稿』(초고본, 1906년),
崔南復, 『陶窩遺稿』(초고본), 1책.
______, 『陶窩先生文集』(목판본), 8권4책.
崔命熙, 『曉堂集』(초고본, 조선총독부 검열본), 1책.
______, 『曉堂文集』(연활자본, 晋州, 1954년), 6권3책.
崔廷翰, 『晩悟集』(목활자본, 1928년), 2권1책.

崔天翼,『農叟遺稿』(목판본, 1784년), 1책.
______,『農叟先生文集』(목판본, 1896년), 2권1책.
崔興遠,『百弗庵先生文集』(목판본), 8권4책.
河範運,『竹塢先生文集』(목활자본, 晋州, 1933년), 4권2책.
河渾 편,『晋陽聯藁』(목판본, 해인사, 1609년), 2권1책.
韓山斗,『秋月堂逸稿』(초고본, 18세기 이전), 1책.
______,『秋月堂先生文集』(목판본, 1811년), 2권1책.
許 穆,『記言』, (목판본, 宜寧, 1905년), 67권, 別集26권, 합21책.
許元栻,『三元堂文集』(목판본, 1915년), 4권2책.
許 愈,『后山遺集』(초고본), 1책, 계명대도서관 소장.
______,『后山先生文集』(목판본, 1910년), 19권10책.
許 傳,『性齋先生文集』(목판본, 丹城, 1890년), 32권17책.
洪汝河,『木齋先生文集』(목판본, 1693년), 12권6책.
洪宅夏,『睡軒文集』(檢閱本, 1938 년), 1책, 계명대도서관 소장.
黃 瑾,『橡亭逸稿』(목활자본, 1908년), 3권1책.

一. 일반도서

경북대학교 영남문화연구원 편,『嶺營日記·嶺營狀啓謄錄』, 경북대학교 영남문화연구원, 2004.
慶尙監營 편,『嶺營事例』(필사본), 1841년경.
__________,『嶺營冊板錄』(필사본, 1835년경.
경상도칠백년사 편찬위원회 편,『慶尙道七百年史』, 전 4책, 경상북도, 1999.
계명대학교 동산도서관 편,『古書綜合目錄』, 계명대학교, 2004.
고려대학교 중앙도서관 편,『晩松金完燮文庫目錄』, 고려대학교, 1979.

고려대학교 중앙도서관 편, 『漢籍目錄』, 고려대학교, 1984.
固城縣 편, 『固城傳』(필사본), 조선 후기.
구본욱 편역, 『300년간 지속해온 논쟁』, 도서출판 대광, 2005.
국립중앙도서관 편, 『古書目錄』, 전 6책, 국립중앙도서관, 1970.
국회도서관 편, 『韓國古書綜合目錄』, 국회도서관, 1968.
權斗經 편, 『陶山及門諸賢錄』(목판본), 전 2책, 1854.
權攀 편, 『安東權氏世譜』(중간본), 전 3책, 成化譜重刊所, 1929.
權文海, 『大東韻府羣玉』(영인본), 서울, 아세아문화사, 1976.
奎章閣(朝鮮) 受命編, 『奎章閣志』 (丁酉字本, 1784년), 1책.
金斗鍾, 『韓國 古印刷技術史』, 탐구당, 1981.
金履安 편, 『安東金氏世譜』(목활자본), 전 8책, 1790.
金益達 편, 『文藝大辭典』, 학원사, 1964.
金正欽 편, 『惟一齋先生實紀』(목판본), 간년 미상.
金倉圭, 『蘆溪詩文學論考』, 박이정, 2006.
______, 『蘆溪詩文學 原典資料 集成』, 박이정, 2006.
金昌潤 增編, 『濯纓先生年譜』(목활자본), 전 2책, 1874.
金致雨, 『故事撮要의 冊板目錄 연구』, 민족문화, 1983.
金 烋, 『海東文獻錄』, 학문각, 1969.
大丘府 편, 『大丘府邑誌』(필사본), 1832년경.
모리스 꾸랑 原著, 李姬載 역, 『韓國書誌』, 일조각, 1994.
문화재관리국 편, 『韓國典籍綜合調査目錄』, 문화재관리국, 1994.
문화재관리국 장서각 편, 『藏書閣圖書韓國版總目錄』, 탐구당, 1972.
閔丙秀, 『韓國漢文學概論』, 태학사, 1996.
민족문화추진회 편, 『국역대동야승』, 민족문화추진회, 1971.
________________, 『韓國文集叢刊』, 「解題集」, 「索引集」 등.
朴相國 편, 『全國寺刹所藏木板集』, 문화재관리국, 1987.
徐居正 등편, 『東文選』, 경희출판사, 1967.

서울대학교 동아문화연구소 편, 『國語國文學事典』, 신구문화사, 1973.
서울대학교 동아문화연구소 편, 『奎章閣圖書韓國本總目錄』, 서울대학교출판부, 1980.
성균관대학교 중앙도서관 편, 『古書目錄』, 성균관대학교, 1979.
徐有榘, 『鏤板考』, 大同出版社, 1941.
成 俔, 「慵齋叢話」, 『大東野乘』 一卷, 조선고서간행회, 明治 42.
昭明太子 찬, 『文選』(목판본), 전 15책, 1509.
宋鎭燮 편, 『靑邱氏譜』(목판본), 전 19책, 1925.
承政院 편, 『承政院日記』(영인본), 국사편찬위원회, 1968.
申鉉求 편, 『達城郡誌』(석판본), 전 2책, 1931.
沈隅俊, 『日本訪書志』, 한국정신문화연구원, 1988.
沈載完, 『校本 歷代時調全書』, 세종문화사, 1972.
______, 『時調의 文獻的 硏究』, 세종문화사, 1972.
연세대학교 중앙도서관 편, 『古書目錄』, 연세대학교, 1987.
영남대학교 민족문화연구소 편, 『嶺南文集 解題』, 영남대학교출판부, 1988.
영남대학교 중앙도서관 편, 『藏書目錄』; 「漢古籍篇」, 영남대학교, 1973.
______________________, 『古書目錄』; 「陶南文庫」, 영남대학교, 2004.
柳鐸一, 『嶺南地方 出版文化 論攷』, 세종출판사, 2001.
______, 『韓國文獻學 硏究』, 아세아문화사, 1989.
尹炳泰 편, 『韓國書誌年表』, 한국도서관협회, 1972.
李晩燾, 『響山全書』(영인본), 한국국학진흥원, 2007.
李相殷 편, 『古書目錄』, 보경문화사, 1987.
李睟光, 『芝峯類說』, 경인문화사, 1970.
李仁榮, 『淸芬室書目』, 보연각, 1968.1
李在崑 편, 『忠孝堂史』, 충효당, 1997.
李楨 편, 『景賢錄』(목판본), 1618년(계명대도서관: 이귀920.0513김굉

필○)
李濟臣, 『淸江先生詩話』, 『大東野乘』, 조선고서간행회, 明治 43.
李希曾 편, 『吾家山誌』(목판본), 1924.
臨皐書院 편, 『臨皐書院考往錄』(영인본), 경상북도 영천시, 2003.
張基相 편, 『旅軒先生及門諸子錄』(목활자본), 1916.
張　維, 『谿谷先生漫筆』(한국문집총간본), 1책.
張仁鎭 등저, 한국국학진흥원자료부 편, 『동아시아의 목판인쇄』, 한국국학진흥원, 2008.
莊　周, 『莊子』(再鑄甲寅字本), 전 6책, 조선 중기.
全尙烈 등편, 『沃川全氏杏亭世蹟』, 대보사, 1994.
鄭源鎬 편, 『嶠南誌』(연활자본), 전 15책, 1940.
鄭亨愚·尹炳泰 공편, 『韓國冊板目錄總覽』, 한국정신문화원, 1979.
鄭亨愚·尹炳泰 공편, 『韓國의 冊板目錄』, 보경문화사, 1995.
朝鮮總督府 편, 『朝鮮圖書解題』, 名著刊行會, 1932.
趙任道, 『追慕錄』(목판본), 1612.
창녕문화원 편, 『昌寧金石文』, 대보사, 1998.
千惠鳳, 「고인쇄」, 『빛깔 있는 책들』 23집, 대원사, 1996.
______, 『韓國書誌學』, 민음사, 1991.
______, 『韓國典籍印刷史』, 범우사, 1990.
秋適 편, 『明心寶鑑』(목판본), 仁興齋舍, 1869.
祝穆 편, 『新編古今事文類聚後集』(木板本), 경상감영, 1831.
春秋館 편, 『朝鮮王朝實錄』(영인본), 국사편찬위원회, 1958.
한국국학진흥원 편, 『지초 향기 가득한데 문자향은 그윽하고』, 2007.
한국민족미술연구소 편, 『澗松文庫漢籍目錄』, 동 연구소, 1967.
許　筠, 「惺叟詩話」, 『許筠全集』, 1책.
紀昀(淸) 等撰, 『欽定四庫全書總目』(영인본), 臺灣, 商務印書館.
木鐸出版社編輯部 편, 『中國古典 文獻學』, 台北, 木鐸出版社, 1983.

葉德輝,『書林淸話』(석판본), 전 5책, 中國, 1919.
林尹 等編,『中文大辭典』, 台北, 中國文化大學出版部, 1985.
前間恭作,『朝鮮の 板本』, 福岡, 松浦書店, 1937.
________,『古鮮冊譜』, 東京, 東洋文庫, 1947.
昌彼得,『中國目錄學講義』, 臺北, 文史哲出版社, 1973.
______,『中國目錄學資料選輯』, 臺北, 文史哲出版社, 1972.

一. 논문

金光洙,「점필재선생문집 연구」, 계명대학교 교육대학원 석사학위논문, 1990.
金東煥,「明心寶鑑의 서지적 연구」,『書誌學硏究』, 제10집, 서지학회 편, 1994.
______,「明心寶鑑의 저자 문제」,『書誌學硏究』, 제21집, 서지학회 편, 2001.
金榮淑,「嶺南義兵 관련 壬亂 檄文의 實相과 意義」,『東方漢文學』, 제18집, 동방한문학회, 2000.
金侖壽,「남명집 책판 계통도」,『중국어문학』, 제20호, 영남중국어문학회, 1992.
______,「남명집의 冊板과 印本의 계통」,『남명학연구』, 제2집, 경상대학교 남명학연구소, 1992.
金倉圭,「蘆溪詩集李允文本의 詩文學考」, 한국어문학연구회, 제157회 학술대회 발표요지, 2005.4.1.
金致雨,『朝鮮朝 前期 地方刊本의 硏究』, 성균관대학교대학원 박사학위논문, 1998.
金學主,「韓國 古活子本 '文選' 硏究」,『中文學硏究』, 제8집, 영남중국

어문학회, 1984.
宋熹準,「明心寶鑑의 諸問題」,『漢文學研究』, 제14집, 계명한문학회, 1999.
오수창,「조선후기 경상도·평안도 지역차별의 비교」,『역사비평』, 역사문제연구소, 2002년 여름 호.
柳基石,『호남지역 典籍文化에 관한 연구』, 청주대학교대학원 석사학위논문, 1990.
柳鐸一,「桂苑筆耕集의 文獻學的 照明」,『孤雲의 思想과 文學』, 파전한국학당, 1997.
______,「星湖系 實學者 文集刊行의 出版社會學的 研究」,『釜山大學校師大論文集』, 제30집, 1995.
尹炳泰,「慶尙監營 및 大邱刊行의 木板印刷文化」,『大邱市立圖書館報』, 4집, 대구시립도서관, 1979.
尹榮玉,「≪漁父詞≫ 研究」,『민족문화논총』, 제2·3집, 영남대학교 민족문화연구소, 1982.
李相弼,『南冥學派의 形成과 展開』, 고려대학교대학원 박사학위논문, 1998.
李樹健,「조선후기 영남학파 연구」,『민족문화논총』, 제21집, 영남대학교 민족문화연구소, 2000.
李源周,「퇴계선생문집 補疑 Ⅰ」,『한국학논집』, 제13집, 계명대학교 한국학연구원, 1986.
______,「퇴계선생문집 중간본 捕疑」,『한문학연구』, 제3집, 계명한문학회, 1986.
______,「퇴계선생문집 연구」,『교남한문학』, 제1집, 교남한문학회, 1988.
이화여자대학교, 한국문화연구원『논총』, 15집, 자료 편, 1970.
張永儁,「南冥先生 理學造詣와 人格成就」,『南冥學研究論叢』, 제1집,

남명학연구원, 1988.
張仁鎭,「慶尙監營의 樂育齋 教育에 대하여」,『한문학연구』, 제 8집, 계명한문학회, 1992.
______,「새로 발굴된 李重慶의 梧臺漁父歌」,『圖書館學』, 제10집, 한국도서관학회, 1983.
______,「嶺南 樂育齋 攷」,『大邱市立圖書館報』, 대구시립도서관, 제 3호, 1978.
______,「운포 이중린의 척사정신과 의병항쟁」,『嶺南學』, 제9호, 경북대학교 영남문화연구원, 2006.
______,「儒家의 출판문화」,『慶尙道七百年史』, 제3권, 경상북도, 1999.
______,「朝鮮朝 文人의 陸放翁詩 受容에 대하여」,『漢文學硏究』, 제6집, 계명한문학회, 1990.
______,「朝鮮後期 慶尙監司考」,『圖書館報』, 제21의 1-3호, 한국도서관협회, 1980. 1·2, 3, 4월.
______,「族譜資料의 文獻學的 고찰」,『한문학연구』, 제 9집, 계명한문학회, 1994.
______,「靑坡劇談 연구」,『한문학연구』, 제4집, 계명한문학회, 1987.
장인진·남상권,「생조감구가의 작가 고증과 작가 가문의 항일운동」,『반교어문연구』, 20집, 반교어문학회, 2006. 2.
全炳允,「남명집 제본의 대비적 고찰 Ⅰ」,『국어학논총』(백민 전재호 박사 화갑기념 논총), 1985.
______,「남명집 제본의 대비적 고찰 Ⅱ」,『어문학』, 제47집, 한국어문학회, 1986.
全在康,「漁父歌系 時調 연구」, 경북대학교대학원 석사학위논문, 1985.
曺壽鶴,「傳文學 硏究」- 韓國의 托傳 및 假傳을 中心으로 -, 계명대학교대학원 박사학위논문, 1986.
趙婷化,「朝鮮朝後期 嶺南官板本에 관한 硏究」, 성균관대학교대학원 박사학위논문, 1996.

崔善慶, 「율곡선새문집 판본연구」, 계명대학교 교육대학원 석사학위논문, 1991.

洪瑀欽, 「『桂苑筆耕』 所載 崔孤雲 騈文 小考」, 『韓國漢文學과 儒敎文化』, 안동한문학회, 1991.

川瀨一馬, 「朝鮮活字本과 日本印刷文化」, 『民族文化論叢』, 제4집, 영남대학교 민족문화연구소, 1983.

嶺南 刊行 文集 目錄(1910년 이전 판본)

연번	서명	저자	권책수	간지	간년	판본	비고
1	佳安世稿	全相元 編	4卷2冊	龍宮	1892	木活	龍宮全氏 三世稿
2	可庵遺稿	全翼耉 1615-1683	2卷1冊		1825	木活	
3	稼亭集	李穀 1298-1392	20卷4冊	大丘	1635	木板	後孫 監司 基祚 刊
4	可畦先生文集	趙翊 1556-1613	10卷5冊	尙州	19C.전	木活	跋: 從7代孫 岐然
5	覺齋河先生文集	河沆 1538-1590	3卷1冊	晉州	1813	木板	※大覺書院板
6	澗松堂文集	田光玉 1694-1761	4卷2冊		1902	木板	
7	澗松先生文集	趙任道 1585-1664	5卷,別2, 合4冊	咸安	[1744]	木板	※松亭書院板
8	艮翁先生文集	李獻慶 1719-1791	24卷12冊	永川	1797	木板	
9	艮宇遺集	李仁中 1825-1886	5卷2冊	蔚山	1909	木板	
10	艮齋先生文集	李德弘 1541-1596	8卷4冊	榮川	1766	木板	※迂溪書院板
11	艮齋先生續集	李德弘	5卷3冊	榮川	1829	木板	※ 〃
12	簡齋文集	邊中一 1575-1660	2卷1冊		1885	木板	
13	葛山集	權宗洛 1745-1819	4卷1冊		[1899]	木板	
14	葛庵先生文集	李玄逸 1627-1704	29卷,別,附, 合20冊	寧海	[1810]	木板	毁板焚書

연번	서 명	저 자	권 책 수	간지	간 년	판본	비 고
15	葛庵先生文集	李玄逸	29卷,別6,附5, 合21冊	寧海	1909	木板	
16	葛川先生文集	金熙周 1700-1771	10卷5冊	奉化	1863	木板	
17	葛川先生文集	林薰 1500-1584	4卷2冊	安義	1665	木板	※龍門書院板
18	鑑湖先生文集	呂大老 1552-1619	3卷2冊	金陵	1710	木板	
19	鑑湖堂文集	李道章 1607-1677	3卷1冊	漆谷	19C.후	木板	
20	江皐先生文集	柳尋春 1762-1834	19卷10冊	尙州	1865	木板	
21	剛窩先生文集	任必大 1709-1773	8卷4冊		[1782]	木板	序: 李光靖
22	江左先生文集	權萬 1688-1749	10卷5冊	奉化	[1800]	木活	
23	江坡先生文集	權尙任 1622-1700	3卷1冊	寧海	1895	木活	
24	江海文集	金佐永 1789-1856	4卷2冊	慶州	1905	木板	
25	江海文集	張心學 1804-1865	7卷3冊		1906	木板	
26	開谷先生遺集	李爾松 1598-1665	5卷2冊		1811	木板	
27	介庵先生文集	姜翼 1523-1567	2卷1冊	咸陽	1686	木板	※灆溪書院 開刊
28	開巖先生文集	金宇宏 1524-1590	4卷2冊	尙州	1729	木板	
29	夻翁先生文集	張鳳翰 1566-1644	5卷2冊	仁同	哲·高宗 年間	木板	跋: 李源祚

연번	서 명	저 자	권 책 수	간지	간 년	판본	비 고
30	健齋逸稿	朴遂一 1553-1597	2卷1冊	善山		木板	※洛峯書院板
31	黔澗先生文集	趙靖 1555-1636	4卷4冊	尙州	[1740]	木板	序: 李光靖
32	劍南遺集	李鳳煥 1701-1777	2卷1冊	寧海	高宗朝	木板	
33	儉庵先生文集	孫佺 1634-1711	4卷2冊	昌寧	1898	木活	
34	格齋先生文集	孫肇瑞 (朝鮮)	2卷1冊	密陽	1831	木板	
35	兼山集	兪肅基 1696-1752	20卷10冊	大丘	1775	木板	門人 監司金載順 刊
36	謙菴先生逸稿	柳雲龍 1539-1601	4卷2冊	安東	1742	木板	※魯林書院板, 初刊
37	謙菴先生文集	柳雲龍	8卷4冊	安東	1803	木板	重刊本
38	謙齋先生文集	河弘度 1593-1666	12卷,別, 合6冊	晋州	[1758]	木活	曾孫 大觀 刊 監司 趙曮 毁板 命
39	敬堂先生文集	張興孝 1564-1633	2卷1冊	安東	1693	木板	※鏡光書院板
40	敬堂先生文集	張興孝	2卷1冊	安東		木板	※魯林書院板
41	敬堂先生續集	張興孝	2卷1冊	安東	1818	木板	城谷齋舍 刊
42	敬庵文集	李在穆 1817-1879	10卷5冊	慶州	1905	木板	
43	敬菴先生文集	盧景任 1569-1620	7卷3冊	善山	1784	木板	※松山書院板
44	敬菴先生文集	文東道 1646-1699	5卷3冊	陜川	1836	木活	

연번	서 명	저 자	권 책 수	간지	간 년	판본	비 고
45	敬庵先生文集	吳汝櫟 1579-1635	2卷1冊	安東	[1910]	木活	序: 李晩燾
46	敬菴先生文集	李漢膺 1778-1864	13卷6冊		1881	木板	
47	敬菴先生文集	許稠 1369-1439	4卷2冊		1907	木板	
48	景陽齋文集	朴太古 1656-1704	4卷2冊	淸道	1899	木活	
49	景玉先生遺集	李簹 1629-1710	4卷2冊	禮安	[1813]	木板	
50	敬窩先生文集	金烋 1597-1638	8卷4冊			木活	
51	絅齋先生文集	崔祥純 1814-1865	6卷3冊		1903	木活	
52	敬齋先生文集	河演 1376-1453	3卷2冊	陜川	1826	木活	後孫 大成 等, 刊
53	敬齋遺稿	金是楨 1579-1612	1冊		1868	木活	
54	景齋集	禹成圭 1830-1905	14卷5冊	大邱	[1910]	木活	
55	敬亭集	李民宬 1570-1629	13卷4冊	義城	1664	木板	
56	敬亭先生集	李民宬	13卷,續4,年譜 合9冊	義城	正祖朝	木板	※藏待書院板
57	警惰齋文集	具龍徵 1658-1715	4卷2冊	大邱	1902	木活	
58	警弦齋集	姜世晋 1717-1786	4卷2冊		19C.전	木活	跋: 鄭象履
59	溪東先生集	全慶昌 1532-1585	2卷1冊	大邱	1859	木板	

연번	서 명	저 자	권 책 수	간지	간 년	판본	비 고
60	溪山世稿	李中應 編	6卷3冊	禮安	1895	木板	
61	溪山雜詠	李滉 1501-1570	1冊	安東	17C.전	木板	
62	溪巖先生文集	金坽 1577-1641	6卷3冊	禮安	1772	木板	※陶山書院板
63	桂苑筆耕集	崔致遠 857-?	20卷2冊	金海	壬亂前	木板	『淸芬室書目』所載
64	桂苑筆耕集	崔致遠	20卷4冊	大丘	顯肅朝	木板	嶺營刊本
65	桂苑筆耕集	崔致遠	20卷4冊	比安	1906	木活	茅亭 重刊
66	溪齋集	鄭濟鎔 1865-1907	6卷3冊	晉州	1909	木板	
67	古溪文集	李彙寧 1788-1861	8卷4冊	禮安	純宗朝	木活	
68	古今堂集	盧德奎 1803-1869	5卷3冊	昌寧	1908	木板	
69	高峯先生文集	奇大升 1527-1572	3卷3冊	善山	1629	木板	府使 趙纘韓 刊 金烏書院 藏板
70	孤山先生文集	李惟樟 1625-1701	9卷5冊		1775	木板	
71	孤松先生文集	申弘望 1600-1673	2卷2冊		1739	木板	
72	孤松先生遺集	韓大器 ?-1611	2卷1冊	丹城	1902	木活	隱樂齋 活印
73	故寔	金熙洛 1761-1803	5卷3冊	奉化	高宗朝	木板	
74	顧軒先生文集	鄭來錫 1808-1893	8卷4冊	星州	1908	木活	

연번	서 명	저 자	권 책 수	간지	간 년	판본	비 고
75	谷雲集	金壽增 1624-1701	6卷3冊	大丘	1711	木板	外曾孫 監司 李宜顯 刊
76	谷川先生文集	金尙鼎 1668-1728	6卷3冊	昌原	1901	木板	花山齋 藏板
77	恭默堂金先生 文集	金濤 1580-1646	4卷2冊	尙州	1909	木活	
78	觀瀾先生文集	李承曾 1515-1599	2卷1冊	慶州	1863	木板	※道淵書院板
79	鶴峯先生文集	崔轞 1583-1656	1冊		哲·高宗 年間	木板	跋: 六代孫 益重
80	灌圃先生詩集	魚得江 1470-1550	1冊	密陽	[1558]	木板	奎章閣 所藏
81	廣瀨文集	李野淳 1755-1831	13卷7冊	禮安		木活	
82	光山世稿	李景裕 編	4卷2冊	星州	1849	木板	※檜淵書院 開刊
83	光山卓氏世稿	卓楨周 編	2卷,續2, 合2冊	安東	高宗朝	木板	
84	光州盧氏世稿	盧應禧 編	18卷,續5, 合6冊	昌寧	1892	木板	續編, 1897年 刊行
85	槐潭遺稿	裵相說 1759-1789	6卷3冊	奉化	1808	木板	
86	愧堂先生文集	李曼勝 1590-1659	2卷1冊	宜寧	1851	木板	
87	乖厓先生遺集	柳楈 1626-1701	4卷2冊		1862	木活	
88	愧齋先生文集	裵尙虎 1594-1632	4卷2冊	星州	1859	木板	※道川書院板
89	愧泉先生文集	朴昌宇 1636-1702	2卷1冊		1907	木板	

연번	서 명	저 자	권 책 수	간지	간 년	판본	비 고
90	槐軒先生遺集	郭再謙 1547-1615	2卷1冊	玄風	1798	木板	
91	膠宇先生文集	尹胄夏 ?-1906	20卷10冊	居昌	1907	木板	
92	郊隱先生文集	鄭以吾 1347-1434	2卷1冊	晉州	1908	木活	松谷 刊印
93	龜岡先生文集	李懿秀 1805-1851	8卷4冊	漆谷	1876	木活	
94	九曲遺稿	李重穋 1728-1803	2卷1冊	慶州	1874	木活	
95	久堂先生集	朴長遠 1612-1671	20卷11冊	大丘	1730	木板	曾孫 監司 文秀 刊 陜川 海印寺 藏板
96	九峰先生文集	金守訒 1563-1626	3卷2冊	密陽	1866	木活	
97	龜峯先生遺集	權德麟 1529-1573	2卷1冊	慶州	正祖朝	木板	※玉山書院板
98	龜峯先生遺集	周博 1524-1588	2卷1冊		1906	木板	
99	龜峯先生集	宋翼弼 1534-1599	11卷5冊	義城	1762	木板	縣監 金相聖 跋
100	九思堂先生文集	金樂行 1708-1766	9卷5冊	安東	1801	木板	
101	九思堂先生續集	金樂行	4卷2冊	安東	1893	木板	
102	鳩巢先生文集	權聖矩 1642-1708	4卷2冊		高宗朝	木活	跋: 金興洛
103	懼庵先生文集	李樹仁 1739-1822	9卷5冊	慶州	哲宗朝	木板	
104	龜巖先生逸稿	黃孝恭 1496-1553	1冊	榮川	1836	木板	

연번	서 명	저 자	권 책 수	간지	간 년	판본	비 고
105	久庵集	金就文 1509-1570	4卷2冊	善山	1791	木板	※洛峯書院板
106	龜巖先生集	李楨 1512-1571	2卷1冊	泗川	1641	木板	※龜溪書院板
107	龜巖先生文集	李楨	2卷,續2,別2, 合3冊		1902	木板	
108	龜厓先生文集	李琓 1650-1732	6卷3冊	新寧	1909	木板	
109	龜窩先生文集	金㙆 1739-1816	14卷7冊	安東		木板	
110	九畹先生集	李春元 1571-1634	4卷2冊	榮川	1656	木板	子 郡守 楚老 刊 尙州 南長寺 藏板
111	九元亭文集	李亨天 1650-1709	2卷1冊		1909	木板	
112	苟全先生文集	金中清 1567-1629	8卷4冊	奉化	1826	木活	
113	龜村先生文集	柳景深 1516-1571	2卷2冊		[1653]	木板	
114	求忠堂先生文集	李義立 1621-1694	2卷1冊	慶州	1910	木板	
115	鷗浦集	安獻徵 1600-1674	4卷2冊	大丘	1696	木板	嶺營 刊
116	菊槐聯芳集	尹秉顥 1773-1837 尹秉頤 1775-1843	6卷2冊		高宗朝	木板	
117	菊潭文集	河鎭伯 1741-1807	3卷1冊	丹城	[1899]	木活	序: 鄭來錫
118	菊潭先生文集	周宰成 1681-1743	4卷2冊	尙州	1908	木板	何換亭 藏板

연번	서　　명	저 자	권 책 수	간지	간 년	판본	비　　고
119	菊潭朴先生文集	朴壽春 1572-1652	3卷1冊		純祖朝	木板	序: 鄭宗魯
120	菊伴集	呂應奎 1800-1876	6卷2冊		高宗朝	木活	序: 鄭來錫
121	麴巖先生文集	宋晍 1610-1694	3卷1冊		1910	木板	蒙泉齋 刊
122	菊隱遺稿	林應聲 1806-1866	3卷2冊		1901	木板	
123	菊牕先生集	李燦 1575-1654	4卷2冊	龍宮	1895	木活	
124	菊泉先生爛稿	許鏞 1724-1794	5卷2冊	晉州	1899	木活	世谷 活印
125	菊坡漫言	金奎錫 1828-1905	2卷1冊		1908	木板	
126	菊坡遺稿	閔百忠 1835-1885	2卷1冊		1899	木活	
127	菊圃先生集	姜樸 1690-1742	12卷6冊	尙州	[1775]	木板	
128	歸巖先生文集	李元禎 1622-1680	10卷5冊	漆谷		木活	
129	虯川先生文集	全克恒 1590-1636	3卷1冊			木活	
130	橘下遺稿	崔植民 1831-1891	5卷1冊		1902	木活	
131	克難齋先生文集	權濟敬 1737-1814	6卷3冊	永川	1869	木活	
132	克齋先生文集	申益愰 1672-1722	13卷7冊	仁同	1862	木板	序: 柳致明
133	克齋集	盧佖淵 1827-1885	8卷4冊	密陽	1897	木板	

연번	서 명	저 자	권 책 수	간지	간 년	판본	비 고
134	近思齋逸藁	偰遜 ?-1360	1冊	晉州	1372	木板	
135	近始齋先生文集	金垓 1555-1593	4卷2冊	禮安	1783	木板	※陶山書院板
136	近庵文集	柳致德 18231881	6卷3冊	安東	1897	木板	
137	近庵先生文集	朴載祐 1829-1870	6卷3冊		1909	木板	
138	謹庵集	康儼 1766-1833	4卷2冊	尙州	高宗朝	木活	跋: 曾孫 駿然
139	近庵集	崔埈 1762-1842	6卷3冊	慶州		木板	跋: 徐翊洙
140	近窩先生文集	柳栻 1755-1822	8卷4冊	尙州		木板	序: 全胤錫
141	近仁堂文集	李宜泰 1701-1779	4卷2冊		1838	木板	
142	謹齋集	安軸 1287-1348	4卷2冊	咸安	1910	木板	
143	錦江先生文集	張璶 1629-1711	6卷2冊	榮川	[1772]	木板	
144	錦溪先生文集	黃俊良 1517-1563	內4,外9, 合5冊	豊基	1755	木板	※郁陽書院 刊
145	錦棲遺集	權胄煥 1825-1893	6卷3冊	醴泉		木活	
146	今是堂遺稿	李光軫 1517-?	1冊	密陽		木板	
147	錦翁先生文集	金學培 1628-1673	6卷2冊	安東		木板	
148	琴易堂先生文集	裵龍吉 1556-1609	7卷4冊	安東	1855	木板	

연번	서 명	저 자	권 책 수	간지	간 년	판본	비 고
149	錦洲先生文集	高夢贊 1793-1858	6卷3冊	尙州	1895	木活	
150	琴川集	鄭時修 1601-1647	2卷1冊	居昌	1907	木活	灐川祠 刊
151	錦坡遺稿	朴宗良 1804-1876	4卷2冊	義城	[1910]	木板	
152	琴軒先生遺稿	李長坤 1474-?	1冊		1784	木板	
153	琴湖世稿	許銈 編	4卷2冊	河陽	1770	木板	
154	琴湖遺稿	李志傑 1632-1702	5卷1冊	陜川	1719	木板	子 郡守 世璡 刊 海印寺 藏板
155	及古齋先生文集	金湛 1550-1616	6卷1冊		1897	木板	
156	及菴先生詩集	閔思平 1295-1359	5卷1冊		1370	木板	門人 李頤 刊行
157	弃嵒文集	金應楗 1808-1885	4卷2冊			木板	
158	畸庵集	鄭弘溟 1592-1650	10卷4冊	比安	1653	木板	從子 縣監 瀁 刊
159	岐陽世稿	柳長源 編	4卷2冊		[1813]	木板	
160	記言	許穆 1595-1682	67卷,別集,26, 合21冊	宜寧	1905	木板	
161	騎牛先生文集	李行 1352-1432	3卷1冊	密陽	1872	木板	
162	畸軒先生文集	朴龍相 1680-1738	6卷3冊	寧海	{1876}	木板	
163	蘿山世稿	李挻仁 編	2卷1冊	龍宮	1830	木板	

연번	서 명	저 자	권 책 수	간지	간 년	판본	비 고
164	懶隱先生文集	李東標 1644-1700	9卷,續2, 合6冊		1880	木板	
165	懶齋先生文集	申悅道 1589-1659	9卷4冊	義城		木板	
166	懶齋集	蔡壽 1449-1515	2卷2冊	漆原	1568	木板	玄孫 縣監 有隣 刊
167	懶拙齋先生文集	李山斗 1680-1772	4卷2冊	安東	[1833]	木板	
168	樂琴軒先生文集	李庭栢 1553-1600	2卷1冊		1898	木板	
169	洛厓先生逸稿	成起寅 1674-1737	2卷1冊		1905	木板	
170	洛涯先生文集	安日履 1661-1732	6卷3冊	醴泉	[1890]	木活	
171	洛陰先生文集	都慶兪 1596-1637	6卷2冊	大邱	1906	木板	
172	樂義齋先生遺集	李訥 1569-1599	2卷1冊	慶州	1910	木板	
173	樂齋先生文集	徐思遠 1550-1615	6卷3冊		肅宗朝	木板	
174	樂齋先生文集	徐思遠	7卷4冊		1843	木板	
175	樂靜先生文集	趙錫胤 1606-1655	14卷7冊	大丘	[1670]	木板	妻姪 嶺伯閔蓍重 刊
176	洛川先生文集	裵紳 1520-1573	2卷1冊		1862	木活	
177	洛村集	李道長 1603-1644	3卷1冊	漆谷		木板	
178	蘭谷先生文集	金江漢 1719-1779	4卷2冊	安東		木板	

연번	서 명	저 자	권 책 수	간지	간 년	판본	비 고
179	蘭雪軒詩	許楚姬 1563-1589	1冊(39張)	東萊	1692	木板	東萊府 重刊
180	蘭樵遺稿	李正斗 1824-1865	2卷1冊		1906	木活	
181	南溪先生文集	康應哲 1562-1635	4卷2冊	尙州	1721	木板	※淵嶽書院板
182	南溪先生朴文純公文集	朴世采 1631-1695	87卷,外16, 續22,合56冊	大丘	1732	木板	監司 趙顯命 刊 海印寺 藏板
183	南溪集	申命耈 1666-1742	4卷2冊	晋州	1900	木活	美谷精舍 刊
184	南塘先生文集	韓元震 1682-1751	38卷拾遺6, 合22冊	金山	1765	木板	門人 郡守金謹行 刊
185	南冥先生文集	曺植 1501-1572	5卷,別集9, 合8冊	晋州	[1707]	木板	※德川書院板
186	南冥先生文集	曺植	5卷,別集9, 合8冊	晋州	1764	木板	※德川書院板
187	南冥先生文集	曺植	5卷,續,學記, 編年,合7冊		1897	木板	甲午板 계열
188	南冥先生文集	曺植	5卷,續,學記, 年譜,合6冊		[1905]	木板	
189	南冥先生集	曺植	3卷2冊	陜川	1606	木板	계명대, 경상대 소장
190	南冥先生集	曺植	4卷3冊	陜川	1609	木板	文景虎 刊
191	南冥先生集	曺植	4卷3冊	晋州	1622	木板	※德川書院 改校
192	南冥先生集	曺植	4卷3冊	晋州	1670	木板	※德川書院板
193	南屛文集	鄭璞 1734-1796	4卷2冊		1813	木板	

연번	서 명	저 자	권 책 수	간지	간 년	판본	비 고
194	南野先生文集	朴孫慶 1713-1782	8卷4冊	醴泉	1802	木板	
195	南陽先生詩集	白賁華 1180-1224	2卷1冊	陜川	1249	木板	海印寺 藏板 現存 13板
196	南窓先生文集	鄭梯 1689-1765	6卷3冊	永川	1882	木板	
197	南窓集	權俒 1723-1792	3卷2冊	丹城	1899	木活	文山齋 活印
198	南窓集	金玄成 1532-1621	1冊	大邱	1905	木活	
199	南川先生文集	權斗文 1543-1617	4卷2冊	榮川	1864	木板	
200	南坡相國文集	沈悅 1569-1646	6卷3冊	陜川	1665	木板	表侄 監司任義伯 刊
201	南坡先生文集	張㮤 1614-1669	4卷2冊	仁同	1868	木板	
202	南平世稿	文虎成 編	4卷2冊		1905	木板	
203	南浦文集	朴廷杰 1683-1746	4卷2冊	寧海	1899	木活	
204	覽懷堂先生文集	李而杜 1625-1703	4卷2冊	密陽	純宗朝	木板	序: 金道和
205	耐菴遺稿	鄭士雄 (1536-?)	2卷1冊	星州	1668	木板	外曾孫牧使趙石星 刊 1589文科, 序:鄭斗卿
206	耐齋集	洪泰猷 1672-1715	5卷,附錄, 合3冊	慶州	[1754]	木板	子 府尹 益三 刊
207	耐軒文集	李在永 1804-1892	7卷3冊	慶州	1907	木板	
208	冷窩集	安景漸 1722-1789	5卷2冊	密陽	1910	木板	

연번	서 명	저 자	권 책 수	간지	간 년	판본	비 고
209	冷泉文集	李猷遠 1695-1773	4卷2冊	寧海	1882	木板	
210	蘆溪先生文集	朴仁老 1561-1642	3卷2冊	永川	1831	木板	崔鍙 編校
211	蘆溪先生文集	朴仁老	3卷2冊	永川	1904	木板	
212	蘆峯先生文集	金敞 1670-1737	4卷2冊		1863	木活	
213	蘆沙先生文集	奇正鎭 1798-1876	28卷,附錄, 合16冊	丹城	1902	木板	新安社 板
214	魯庵先生文集	金宗一 1597-1675	4卷2冊	慶州	1850	木板	
215	魯庵先生文集	鄭必奎 1760-1831	8卷4冊		1860	木板	
216	蘆厓集	柳道源 1721-1791	10卷5冊	安東		木板	
217	魯宇文集	鄭忠弼 1725-1789	6卷3冊	慶州	1881	木板	
218	老雲文集	洪壂 1804-1865	6卷3冊	奉化	1892	木活	
219	蘆洲先生文集	金兌一 1637-1703	5卷3冊			木板	
220	老川集	安鼎宅 1842-1901	4卷2冊	咸安	1909	木板	
221	蘆坡先生文集	李屹 1557-1627	5卷2冊	咸安	1829	木活	
222	甪里先生文集	高聖謙 1810-1886	14卷7冊	尙州	1895	木活	
223	籠潭集	申昌朝 1753-1833	4卷2冊	盈德	1873	木活	

연번	서 명	저 자	권 책 수	간지	간 년	판본	비 고
224	農廬集	姜獻奎 1797-1851	10卷5冊		1895	木板	
225	農叟遺稿	崔天翼 1712-1779	1冊	興海	1784	木板	
226	聾巖先生文集	李賢輔 1467-1555	5卷2冊	禮安	1665	木板	※陶山書院板
227	農巖集	金昌協 1651-1708	36卷18冊	安東	1754	木板	府使 趙暾 刊
228	聾窩集	安慶一 1724-1788	5卷2冊		1905	木活	
229	農隱先生文集	朴道元 1593-1648	2卷1冊		1891	木板	
230	聾齋先生逸稿	李彦适 1494-1553	2卷1冊		高宗朝	木板	跋: 從11代孫 能燮
231	農圃集	鄭文孚 1565-1624	2卷2冊	晉州	1758	木板	龍巖齋室 藏板
232	濡谿集	兪好仁 1445-1494	7卷2冊	咸陽	中宗朝	木板	子 瑍 刊行
233	雷皐先生文集	孫汝濟 1651-1740	2卷1冊		1844	木板	
234	陋室集	李重延 1711-1794	4卷2冊		1903	木板	
235	訥菴先生文集	朴旨瑞 1754-1819	8卷4冊	晉州	1908	木活	
236	訥窩文稿	李昌逑 1817-1885	4卷2冊		1910	木板	
237	訥隱先生文集	李光庭 1674-1756	22卷11冊	[安東]	1808	木板	
238	訥軒文集	徐聖耉 1663-1735	6卷3冊	順興	1898	木板	

연번	서 명	저 자	권 책 수	간지	간 년	판본	비 고
239	能皐先生文集	朴申慶 1713-1790	6卷3冊	醴泉	1910	木活	
240	凌虛先生文集	朴敏 1566-1630	4卷2冊	晋州	1799	木板	6世孫 旨瑞 刊
241	尼溪集	朴來吾 1713-1785	12卷5冊	丹城	1893	木活	
242	茶山集	睦大欽 1575-1638	2卷2冊	晉州	1685	木板	侄 右兵使 存善 刊
243	丹溪先生遺稿	河緯地 1412-1456	1冊		1768	木活	
244	丹谷先生文集	郭㟝 1568-1633	6卷3冊	玄風	1775	木板	
245	丹池先生文集	許㥠 1583-1625	2卷1冊	晉州	1904	木板	
246	丹圃遺稿	趙希進 1579-1644	1冊	晉州	1761	木板	※新塘書院板
247	淡庵先生逸集	白文寶 1303-1374	2卷1冊		純宗朝	木板	跋: 李晩燾
248	贑庵先生文集	姜翼文 1568-1648	2卷1冊	陜川	1908	木活	
249	大觀齋亂稿	沈義 1475-?	4卷2冊	星州	1577	木板	
250	大峯先生文集	楊熙止 1439-1504	4卷2冊		1787	木板	跋: 李天燮
251	大峯先生文集	楊熙止	4卷2冊		1875	木板	跋: 柳道昇
252	大山先生文集	李象靖 1710-1781	52卷27冊	安東	1802	木板	※魯林書院板
253	大笑軒先生逸稿	趙宗道 1537-1597	3卷1冊	咸安	1769	木板	※德巖書院板

연번	서 명	저 자	권 책 수	간지	간 년	판본	비 고
254	大庵先生集	朴惺 1549-1606	6卷4冊	玄風	[1679]	木板	※松潭書院板
255	臺巖先生文集	崔東集 1586-1661	4卷2冊	大邱	1811	木板	跋: 從5代孫 興璧
256	大埜文集	柳健休 1768-1834	10卷5冊	安東		木板	
257	臺隱先生文集	權璟 1604-1666	2卷1冊		[1910]	木板	序: 權璉夏
258	大海先生文集	黃應清 1524-1605	2卷1冊		1776	木板	
259	德溪先生文集	吳健 1521-1574	8卷4冊	山清		木板	※西溪書院板
260	德峰先生文集	李鎭宅 1738-1805	6卷3冊		1902	木板	
261	德巖先生文集	李碩慶 1543-1628	2卷1冊	靈山	1821	木板	
262	陶谷先生文集	朴宗祐 1587-1654	7卷3冊		1904	木板	序: 宋秉璿
263	陶谷先生文集	朴宗祐	5卷2冊		1906	木活	序: 李中麟
264	道谷先生文集	安侹 1574-1636	5卷2冊	漆原	1904	木板	永思齋 藏板
265	道峰先生文集	趙徵天 1609-1660	4卷1冊		1910	木活	遠慕齋 活印
266	道巖集	呂姬弼 1584-1645	2卷1冊		1816	木板	
267	陶窩先生文集	朴璿 1596-1669	3卷1冊	寧海	1847	木板	※陶溪書院 開刊
268	陶窩先生文集	崔南復 1759-1814	8卷4冊	慶州		木板	

연번	서　　명	저 자	권 책 수	간지	간 년	판본	비　　고
269	陶隱先生集	李崇仁 1349-1392	7卷2冊	星州	1901	木板	二樂亭 刊
270	挑圃集	黃正基 1799-1856	3卷2冊	漆原	1910	木活	
271	獨谷集	成石璘 1338-1423	2卷2冊	晉州	1460	木板	孫婿 監司金連枝刊
272	獨石集	黃赫 1551-1612	1冊	大丘	1727	木板	6代孫 監司 璿 刊 桐華寺 藏板
273	獨庵遺稿	趙宗敬 1495-1535	1冊	大丘	1760	木板	7代孫 監司 曮 刊, 尙州 南長寺 藏板
274	獨梧先生文集	黃悏 1606-1680	2卷1冊	漆原	1872	木活	
275	遯溪先生文集	金塇 1758-1815	8卷4冊	安東	1879	木板	
276	遯峯先生文集	金寗 1567-1650	2卷,附錄, 合2冊	善山	1809	木板	後孫 尙元, 持翊 刊
277	遯庵先生文集	徐翰廷 1407-1490	2卷1冊		1814	木板	
278	遯菴集	李龍奎 1782-1843	2卷1冊	宜寧	1910	木活	
279	東岡先生文集	金宇顒 1540-1603	17卷,行狀, 年譜,合9冊	星州	1755	木板	※晴川書院板
280	東岡先生文集	金宇顒	17卷,附4, 合11冊	星州	1906	木板	'丙午重刊 文集'
281	東溪文集	趙亨道 1567-1637	5卷3冊		哲·高宗 年間	木板	序: 柳致明
282	東溪先生文集	權濤 1575-1644	8卷4冊		1815	木板	
283	桐溪先生文集	權達手 1469-1504	1冊	尙州	1822	木板	

연번	서 명	저 자	권 책 수	간지	간 년	판본	비 고
284	桐溪先生文集	鄭蘊 1569-1641	4卷4冊	安義	1660	木板	※龍門書院板
285	桐溪先生文集	鄭蘊	4卷,續3,附2, 合9冊	安義	1852	木板	重刊序: 鄭鴻慶
286	東谿集	趙龜命 1693-1737	12卷6冊	慶州	1752	木板	府尹 黃景源 刊
287	東皐先生文集	徐思選 1579-1650	6卷3冊		1850	木板	
288	東國李相國全集	李奎報 1168-1241	53卷14冊	南海	1251	木板	孫子 河東郡監務 益培 南海分司都監 刊
289	東籬先生文集	金允安 1560-1619	5卷3冊	安東	1811	木板	
290	東里集	李殷相 1617-1678	16卷5冊	義城	1702	木板	外孫 金鎭華 刊 大丘 龍淵寺 藏板
291	東林文集	柳致皜 1800-1862	11卷6冊		1906	木板	
292	東溟先生文集	黃中允 1577-1648	8卷5冊		1905	木板	
293	東山先生文集	權克亮 1584-1631	3卷1冊	丹城	1909	木活	丹溪 香亭 活印
294	動安居士集	李承休 1224-1300	4卷	慶州	1356	木板	
295	東巖先生文集	柳長源 1724-1796	14卷7冊	安東		木板	
296	東庵遺稿	洪大龜 1670-1731	6卷2冊	咸昌	1754	木板	
297	東厓文集	金墩 1742-1799	4卷2冊	安東	純宗朝	木板	跋: 曾孫 道和
298	東埜集	金養根 1734-1799	14卷5冊	安東	1845	木活	

연번	서　명	저 자	권 책 수	간지	간 년	판본	비　고
299	東淵文集	鄭伯休 1781-1843	5卷2冊	永川	1871	木板	
300	東窩先生文集	權得重 1687-1754	2卷1冊	永川	1890	木板	
301	峒隱先生稿	李義健 1533-1621	3卷1冊	尙州	[1659]	木板	※興巖書院板
302	東洲先生逸稿	成悌元 1506-1559	3卷1冊	淸道	1906	木板	淸道 勒坪 開刊
303	同春堂先生文集	宋浚吉 1606-1672	28卷,別8, 合18冊	尙州	1768	木板	※興巖書院板
304	洞虛齋先生文集	成獻徵 1654-1676	1冊	尙州	1724	木板	※　〃
305	東湖先生文集	邊永淸 1516-1580	2卷1冊		1860	木板	
306	東湖先生文集	李籥 1566-1651	3卷2冊		哲宗朝	木板	跋: 柳致明
307	杜谷先生文集	高應陟 1531-1605	6卷3冊	善山		木活	
308	杜陵集	李濟秉 1683-1742	4卷2冊	奉化		木板	
309	斗庵先生文集	金若鍊 1730-1802	10卷5冊		1836	木活	
310	遁翁先生文集	韓汝愈 1642-1709	9卷4冊		1830	木板	
311	遁村雜詠	李集 1314-1387	2卷1冊	尙州	1451	木板	孫子 監司 仁孫 刊
312	藤庵先生文集	裵相龍 1574-1655	6卷4冊	星州	1859	木板	※道川書院板
313	藤庵先生逸稿	權徵 1426-1467	2卷1冊		1828	木板	

연번	서 명	저 자	권 책 수	간지	간 년	판본	비 고
314	磨巖文集	趙進道 1724-1788	3卷1冊	英陽	1898	木板	
315	晩谷先生文集	趙述道 1729-1803	17卷9冊	英陽	1902	木板	
316	晩求先生文集	李鍾杞 1837-1902	17卷8冊		1907	木板	
317	晩兢窩文集	尹泰老 1828-1898	4卷2冊	大邱	1907	木活	
318	漫浪集	黃㦿 1604-1656	9卷4冊	金山	1669	木板	嶺伯 沈梓 助力 刊
319	晩聞遺稿	林萬彙 1783-1834	3卷1冊		1902	木板	
320	晩省遺稿	李鍾煜 1798-1872	4卷2冊		1909	木活	
321	晩醒集	朴致馥 1824-1894	13卷6冊	三嘉	1896	木活	
322	晩寤遺稿	申晋運 1789-1862	4卷2冊	盈德	純宗朝	木板	
323	晩窩文集	金裕壽 1695-1761	4卷2冊		1908	木活	
324	晩洲先生文集	權以復 1740-1819	4卷2冊	靑松	1846	木板	馬坪書堂 刊
325	晩翠洞逸稿	黃滭 1758-1804	2卷1冊	靑雲驛	1854	木板	
326	晩翠先生逸稿	金盖國 1548-1603	2卷1冊	榮川	1774	木板	※三峰書院板
327	晩浦集	安瑜重 1802-1868	6卷3冊	密陽	1885	木板	
328	晩悔堂先生文集	張慶遇 1581-1656	4卷2冊	仁同	1862	木板	

연번	서 명	저 자	권 책 수	간지	간 년	판본	비 고
329	晩悔文集	安景時 1712-1794	6卷3冊	永川	高宗朝	木板	序: 許傳
330	晩悔集	權得己 1570-1622	6卷,拾,附, 僭疑,合10冊	慶州	1712	木板	曾孫 府尹 以鎭 刊
331	忘窩先生文集	金榮祖 1577-1648	6卷4冊	榮川	1775	木板	
332	忘憂先生文集	郭再祐 1552-1617	2卷1冊	玄風	[1629]	木板	※禮淵書院 藏板
333	忘憂先生文集	郭再祐	5卷3冊	玄風	1771	木板	※禮淵書院板
334	望雲集	趙弘復 1773-1841	4卷2冊		1898	木板	
335	梅溪先生文集	曺偉 1454-1503	5卷2冊	金山	1718	木板	郡守 金揉 刊
336	梅山先生文集	鄭重器 1685-1757	12卷6冊	永川	1797	木板	※梅谷書院板
337	邁埜文集	徐活 1761-1838	6卷3冊			木板	
338	梅永軒公文集	崔孝烈 (朝鮮)	2卷1冊	大邱	1904	木活	
339	梅塢先生逸稿	鄭榮後 1569-1641	4卷2冊	龍宮	1837	木板	
340	梅屋先生文集	朴致晦 1829-1893	3卷2冊	咸安	1910	木板	
341	梅窩先生文集	崔轔 1597-?	4卷2冊		哲·高宗 年間	木板	序: 李源祚
342	梅月堂詩四遊錄	金時習 1435-1493	1冊	慶州		木板	
343	梅竹軒先生文集	成三問 1418-1456	4卷2冊	淸道	1909	木板	德泉齋 藏板

연번	서 명	저 자	권 책 수	간지	간 년	판본	비 고
344	梅窓先生文集	鄭士信 1558-1619	5卷3冊		1821	木板	
345	梅村文集	琴詩述 1783-1851	6卷3冊			木活	
346	梅軒先生文集	郭壽岡 1619-1660	2卷1冊		1823	木板	
347	梅軒先生文集	琴輔 1521-1584	3卷2冊		1891	木板	
348	梅軒先生文集	洪浚亨 1606-1666	2卷1冊			木板	跋: 金熙周
349	梅軒照影	鄭煜 1708-1770	4卷2冊	慶州	[1905]	木板	
350	俛庵文集	李㙖 1739-?	12卷,別2, 合9冊	安東		木板	
351	勉庵集	安英老 1797-1846	5卷2冊	宜寧	1899	木活	
352	眠雲齋文集	李周遠 1714-1796	6卷3冊	寧海	1876	木活	
353	鳴皐先生文集	鄭權 1692-1757	9卷5冊		[1844]	木板	一名: 鄭幹
354	鳴皐集	任錪 1560-1611	8卷1冊	大丘	1704	木板	外玄孫 監司朴權 刊
355	明谷集	崔錫鼎 1646-1715	34卷15冊	大丘	1721	木板	門人 監司 趙泰億刊 陜川 海印寺 藏板
356	明庵集	鄭栻 1683-1746	6卷3冊	晉州	1901	木活	
357	明湖文集	李言直 1631-1698	2卷1冊		1909	木板	
358	茅谿先生文集	文緯 1554-1631	4卷2冊		[1829]	木活	

연번	서 명	저 자	권 책 수	간지	간 년	판본	비 고
359	茅溪先生文集	李命培 1672-1736	8卷3冊	咸安	1907	木板	
360	慕堂先生文集	孫處訥 1553-1634	9卷4冊	大邱	1849	木板	
361	茅廬先生文集	崔南斗 1720-1777	4卷3冊		1891	木活	
362	茅山先生文集	李棟完 1651-1726	4卷2冊		1882	木活	
363	慕山遺稿	權憲 1693-1747	6卷3冊		純祖朝	木板	跋: 柳一春
364	茅庵先生文集	張瑱 1635-1707	4卷2冊		高宗朝	木板	序: 許傳
365	慕庵先生文集	趙稜 1607-1683	4卷2冊	尙州		木板	
366	牟陽世稿	吳觀鎬 編	4卷2冊	榮川	1897	木活	高敞吳氏 四世稿
367	慕齋詩文集	金安國 1478-1543	15卷7冊	義城	1574	木板	門人 許忠吉 板刻 縣令 盧從元 開刊
368	茅村先生文集	李瀞 1541-1613	5卷2冊	咸安	1901	木板	咸安 茅谷 藏板
369	慕夏堂文集	金忠善 1571-1642	2卷1冊	大邱	1798	木活	
370	慕夏堂文集	金忠善	3卷1冊	大邱	1842	木板	
371	暮軒先生文集	河渾 1548-1620	6卷3冊	陝川	1852	木活	
372	木溪先生逸藁	姜渾 1464-1519	2卷1冊	晉州	1910	木活	惟人齋 初刊
373	木齋先生文集	洪汝河 1621-1678	13卷7冊	咸昌	1693	木板	

연번	서 명	저 자	권 책 수	간지	간 년	판본	비 고
374	夢關集	崔惟允 1809-1877	4卷2冊	三嘉	1902	木活	
375	蒙庵先生文集	李埰 1616-1684	6卷3冊	慶州	1832	木板	
376	蒙庵先生文集	李埰	6卷3冊	慶州	1860	木板	※玉山書院板
377	蒙庵先生文集	李埰	6卷3冊	慶州	1902	木板	※ 〃
378	夢窩集	金昌集 1648-1722	10卷5冊	大邱	1859	木板	大邱巡營 新刊
379	舞溪先生文集	朴敏樹 1501-1557	4卷2冊		1872	木板	
380	武陵雜藁	周世鵬 1495-1554	12卷6冊	永川	1581	木板	子 郡守 博 刊
381	武陵雜稿	周世鵬	8卷,別集8, 合9冊	漆原	1859	木板	※德淵書院板
382	无悶堂文集	李汝圭 1713-1772	4卷2冊		1906	木板	
383	无悶堂先生文集	朴絪 1583-1640	4卷4冊	陜川	1798	木板	
384	无悶堂集	李汝圭 1713-1772	4卷2冊	蔚山	1906	木板	
385	撫松軒先生文集	金淡 1416-1464	6卷3冊		孝·顯宗 年間	木板	序: 金應祖
386	無住先生逸稿	洪鎬 1586-1646	2卷1冊	咸昌		木板	
387	無忝堂先生文集	李宜潤 1564-1597	2卷1冊	慶州	哲·高宗 年間	木板	跋: 李鍾祥
388	無忝齋先生文集	鄭道應 1618-1667	4卷2冊	尙州		木板	※愚山書院板

연번	서 명	저 자	권 책 수	간지	간 년	판본	비 고
389	默山先生文集	南基萬 1730-1796	4卷2冊		1874	木板	
390	默庵文集	裵克紹 1819-1871	6卷3冊	河陽	1902	木板	
391	默庵先生文集	許僩 1766-1822	6卷3冊	金海	1901	木板	
392	默庵集	申球 1666-1734	2卷1冊		1791	木活	
393	默齋文集	金始鏵 1662-1732	3卷1冊	尙州	高宗朝	木板	跋: 五代孫 鎭河
394	文峯先生文集	鄭惟一 1533-1576	6卷3冊	安東	1799	木板	
395	文城世稿	柳章佑 編	2卷1冊		[1846]	木板	
396	聞韶世稿	金鎭東 編	32卷11冊		1798	木活	
397	文巖集	丁志宬 1718-1801	3卷1冊		[1881]	木板	序: 金騏獻
398	問月堂先生文集	吳克成 1559-1617	4卷2冊		1850	木板	
399	文節公金先生逸稿	金淡 1416-1464	2卷2冊		1767	木板	
400	文泉集	金熙紹 1758-1837	4卷2冊		1874	木活	
401	文平公詩集	金吉通 1408-1473	4卷2冊	豊基	1801	木板	10代孫 郡守聖壆 刊
402	勿巖先生文集	金隆 1549-1594	4卷,年,附, 合3冊	榮川	1774	木板	※三峰書院板
403	勿齋集	盧光履 1775-1856	10卷5冊		1905	木活	

연번	서 명	저 자	권 책 수	간지	간 년	판본	비 고
404	勿川集	金鎭祜 1845-1907	16卷9冊	丹城	1910	木板	
405	薇山遺稿	鄭煥周 1833-1899	6卷2冊	咸陽	1901	木活	
406	閩山文集	柳道洙 1820-1889	8卷3冊		1909	木板	
407	密菴先生文集	李栽 1657-1730	25卷13冊		[1735]	木板	
408	朴谷先生文集	李元祿 1629-1688	4卷2冊	漆谷		木板	
409	璞齋先生文集	金紐 1527-1580	5卷4冊		19C.전	木活	序: 柳尋春
410	朴正字遺稿	朴泰漢 1664-1697	14卷7冊	大丘	1730	木板	從子 監司 文秀 刊 陜川 海印寺 藏板
411	槃澗先生文集	黃紐 1578-1626	3卷2冊		1813	木板	
412	磻溪先生文集	李養吾 1737-1811	6卷3冊		1907	木板	
413	反求齋遺稿	權聖蹄 1724-1803	3卷1冊		1879	木活	
414	半巖集	全球 1724-1806	5卷2冊			木板	
415	潘陽世稿	朴勝振 編	6卷2冊	榮川	1907	木板	夏寒亭 刊
416	方谷遺稿	柳洛文 1766-1807	4卷2冊		1822	木板	
417	方潭先生文集	權杠 1567-1626	4卷2冊		[1835]	木板	
418	舫山先生文集	許薰 1836-1907	23卷12冊	善山	1909	木板	

연번	서 명	저 자	권 책 수	간지	간 년	판본	비 고
419	方壺先生文集	趙遵道 1576-1664	5卷2冊		[1845]	木板	
420	柏谷先生逸稿	李之運 1681-1763	2卷1冊	密陽	1910	木板	
421	柏谷先生集	鄭崐壽 1538-1602	4卷4冊	星州	1710	木板	※柳溪書院板
422	白南先生文集	金始鑌 1684-1729	6卷3冊	榮川	1858	木活	
423	栢潭先生文集	具鳳齡 1526-1586	10卷4冊	安東	1670	木板	※周溪書院板
424	栢潭先生續集	具鳳齡	4卷2冊	安東	1811	木板	
425	白潭遺集	趙又新 1583-?	4卷2冊	尙州	1807	木活	
426	百弗庵先生文集	崔興遠 1705-1786	8卷4冊	大邱	[1808]	木板	
427	白沙先生集	李恒福 1556-1618	6卷,別4,附, 合8冊	晉州	1635	木板	右兵使 鄭忠信 改刊
428	白沙先生集	李恒福	23卷,附7, 合15冊	大丘	1726	木板	丙午 嶺營 新刊
429	栢巖先生文集	金玏 1540-1616	6卷,年譜,附錄, 合4冊	榮川	1772	木板	
430	百源先生文集	申碩蕃 1596-1675	6卷3冊	尙州	1845	木活	
431	白隱文集	李鎭萬 1675-1752	5卷2冊		1893	木板	
432	百拙庵先生文集	柳櫻 1602-1662	4卷2冊		1789	木板	
433	白洲集	李明漢 1595-1645	20卷9冊	大丘	17C.후	木板	嶺營 刊

연번	서 명	저 자	권 책 수	간지	간 년	판본	비 고
434	白川先生文集	李天封 1567-1634	4卷2冊	星州	哲·高宗 年間	木活	
435	白下先生文集	黃磻老 1766-1840	10卷5冊		1909	木活	
436	百悔齋集	李薓 1655-1736	2卷1冊		1897	木活	
437	柏後集	金基洙 1818-1873	7卷4冊	居昌	1896	木活	
438	樊巖先生集	蔡濟恭 1720-1799	59卷27冊	安東	1824	木板	鳳停寺 藏板
439	泛翁集	洪柱國 1623-1680	9卷3冊	義城	1709	木板	
440	法川集	姜潤 1711-1792	2卷1冊	奉化		木板	
441	別洞先生文集	尹祥 1373-1455	3卷,續集, 合2冊		1900	木板	
442	別洞先生集	尹祥	3卷1冊		1749	木板	峩山齋舍 開刊
443	屛谷先生文集	權榘 1672-1749	10卷5冊	安東	1797	木板	※屛山書院板
444	屛谷先生續集	權榘	4卷2冊			木板	
445	屛山先生遺集	金鸞祥 1507-1570	1冊		純祖朝	木板	序: 柳台佐
446	屛厓先生文集	曺善長 1661-1726	3卷1冊	永川	[1854]	木板	
447	瓶窩先生文集	李衡祥 1653-1733	18卷9冊		1774	木板	
448	瓶齋先生文集	朴河澄 1483-1566	4卷1冊	淸道	1871	木板	

연번	서 명	저 자	권 책 수	간지	간 년	판본	비 고
449	保閑齋集	申叔舟 1414-1475	17卷4冊	榮川	1645	木板	7代孫 郡守 泂 刊
450	保閑齋集	申叔舟	17卷5冊	順興	1710	木板	後孫 府使 必淸 刊
451	復菴集	曺垣淳 1850-1903	7卷3冊		1908	木活	
452	復齋先生文集	李道孜 1559-1642	2卷1冊	靈山	1821	木板	
453	鳳洲先生文集	南國柱 1690-1759	9卷4冊		高宗朝	木板	跋: 從五代孫 皐
454	鳳村先生文集	崔象龍 1786-1849	22卷11冊		1893	木板	
455	浮査先生文集	成汝信 1546-1632	6卷3冊	晉州	1785	木板	※臨川書院板
456	芙蓉堂先生逸稿	成安義 1561-1629	4卷2冊		1829	木板	門人錄 수록 5권2책 계획에서 변경
457	芙蓉堂先生逸稿	成安義	4卷2冊		高宗朝	木板	跋: 權璉夏
458	負暄堂先生文集	金楷 1633-1716	4卷2冊		純祖朝	木板	序: 柳範休
459	北溪先生文集	曺龍錫 1705-1774	3卷1冊		[1876]	木板	
460	北壁先生文集	金弘濟 1661-1737	2卷1冊	奉化	1886	木板	
461	北厓先生文集	金圻 1547-1603	4卷2冊	禮安	1828	木活	
462	北崖詩稿	李壿 1525-1600	1冊	義城	1659	木板	孫壻 縣令安應昌 刊
463	北渚先生集	金瑬 1571-1648	9卷,別, 合3冊	靑松	1658	木板	孫子 府使震標 刊

연번	서 명	저 자	권 책 수	간지	간 년	판본	비 고
464	北亭集	李宗周 1753-1818	5卷2冊		1847	木板	
465	北窓古玉兩先生詩集	鄭□ 1506-1549 鄭碏 1533-1603	1冊	大丘	1785	木板	後孫 監司 昌順 編 乙巳孟冬 嶺營 開刊
466	不求堂先生文集	金澍 1606-1681	4卷2冊		1867	木板	
467	賁趾先生文集	南致利 1543-1580	4卷1冊	安東	1700	木板	※魯林書院板
468	砂溪先生逸稿	張汝華 1566-1621	2卷1冊	榮川	1908	木板	
469	四勿齋集	宋相天 1766-1804	4卷2冊	醴泉	1886	木活	
470	四美先生遺集	文敬忠 1494-1555	1冊	陜川	1858	木活	
471	四未軒文集	張福樞 1815-1900	11卷6冊	仁同		木板	
472	沙西先生文集	全湜 1563-1642	7卷4冊	尙州	1862	木活	
473	思窩先生文集	柳宜貞 1794-1861	2卷,附錄2,合2冊	丹城	1909	木活	
474	沙月堂先生遺集	柳時藩 1569-1640	2卷1冊	大邱	1846	木活	
475	沙月先生文集	趙任 1573-1644	1冊	英陽	高宗朝	木板	
476	沙川先生文集	徐昌鏡 1726-1799	4卷2冊		1833	木板	
477	沙村先生文集	宋德麟 1563-1609	1卷1冊		1822	木板	

연번	서 명	저 자	권 책 수	간지	간 년	판본	비 고
478	思軒文集	鄭來成 1744-1835	6卷3冊		1860	木板	
479	思湖先生文集	吳長 1565-1617	8卷4冊	丹城	1858	木板	
480	山澤齋文集	權泰時 1635-1719	2卷1冊		1910	木活	
481	三棄齋文集	鄭鎧 1634-1714	4卷2冊		1888	木活	
482	三烈堂文集	甘景仁 1569-1648	2卷1冊	昌原	1910	木活	
483	三峯先生集	鄭道傳 ?-1398	7卷4冊	安東	1465	木板	曾孫 文炯 重刊
484	三峯集	鄭道傳	14卷7冊	大丘	1791	木板	正祖 命, 奎章閣 分類 再編
485	三山先生文集	柳正源 1703-1762	6卷,附錄2, 合4冊	安東	1863	木板	
486	三山遺稿	權基德 1856-1898	10卷5冊	咸陽	1909	木活	
487	三松堂逸稿	南夢鰲 1528-?	1冊		純祖朝	木板	序: 鄭宗魯
488	參巖先生文集	權希仁 1558-1593	3卷1冊	安東	1847	木板	
489	三元堂文集	許元栻 1828-1891	5卷1冊	咸陽	1904	木活	
490	三益齋先生文集	李天培 1562-1608	1冊	星州	哲·高宗 年間	木活	序: 柳尋春
491	三節遺稿	尹暹 1561-1592 尹啓 1583-1636 尹集 1606-1637	10卷3冊	靈山	1672	木板	縣監 尹以明 編刊

연번	서 명	저 자	권 책 수	간지	간 년	판본	비 고
492	三足堂先生文集	金大有 1479-1554	3卷1冊		1909	木活	
493	霜溪集	權煒 1708-1786	5卷2冊	丹城	1909	木活	
494	尙武軒遺稿	許得良 1597-1637	2卷1冊		1842	木板	
495	橡亭逸稿	黃瑾 1464-1526	3卷1冊	善山	1908	木板	
496	常華集	鄭鎭國 編	6卷2冊		1900	木板	
497	生六臣先生集	趙基永 編	9卷3冊	大邱	1833	木板	嶺營 開刊 永川 龍溪書院 藏板
498	西岡先生文集	金係錦 1405-1493	3卷1冊		1850	木活	
499	西溪先生文集	鄭彦宏 1569-1640	2卷1冊	咸昌	1905	木板	
500	西溪先生逸稿	金聃壽 1535-1603	3卷1冊	星州	[1781]	木活	
501	西溪先生集	朴世堂 1629-1703	20卷10冊	星州	18C.후	木板	追刻, 雙溪寺 藏板
502	西溪先生集	朴泰茂 1677-1756	16卷8冊	晉州	純祖朝	木板	跋: 崔興璧
503	西潭先生文集	洪瑋 1559-1624	4卷2冊		1785	木板	
504	西潭先生續集	洪瑋	3卷1冊	軍威	1906	木活	
505	西山先生文集	金興洛 1827-1899	24卷12冊	安東		木板	
506	書巢集	宋洪直 1783-1836	6卷3冊		[1881]	木板	

연번	서　　명	저 자	권 책 수	간지	간 년	판본	비　　고
507	西巖集	呂孝曾 1604-1679	4卷2冊	星州	高宗朝	木板	序: 張福樞
508	西厓先生文集	柳成龍 1542-1607	20卷,別4, 合12冊	陜川	1633	木板	子 郡守 袗 刊 安東 屛山書院 藏板
509	西厓先生文集	柳成龍	20卷,別4, 年譜3,合14冊	安東	1894	木板	玉淵 重刊
510	西原世稿	郭仁英 編	6卷3冊	咸昌	1872	木活	
511	西原世稿	鄭逑 編	8卷2冊		[1607]	木板	
512	鋤齋先生文集	都汝兪 1574-1640	4卷2冊	大邱	1848	木板	序: 李羲發
513	西浦先生集	金萬重 1637-1692	10卷2冊	義城	1702	木板	子 縣令 鎭華 刊
514	石溪先生文集	李時明 1590-1674	6卷3冊	寧海		木板	
515	石溪集	成鍾極 1816-1869	2卷1冊	昌寧	1905	木板	
516	石谷先生文集	成彭年 1540-1594	2卷2冊	安義	1804	木活	※龜淵書院版
517	石潭先生文集	李潤雨 1569-1634	4卷2冊	漆谷		木板	※泗陽書院板
518	石堂遺稿	金相定 1727-1788	6卷3冊	醴泉	1804	木板	子 郡守 箕應 刊
519	石門先生文集	鄭榮邦 1577-1650	4卷3冊		1821	木板	
520	石門詩稿	張后相 1677-1742	3卷1冊		1910	木板	
521	石屛先生文集	李回寶 1594-1669	6卷3冊		1849	木板	

연번	서 명	저 자	권 책 수	간지	간 년	판본	비 고
522	石屛先生文集	李休運 1597-1668	2卷1冊	大邱	1908	木活	
523	石窩文集	權褘 1762-1835	4卷2冊		1899	木板	
524	石灘集	李存吾 1341-1371	2卷1冊	固城	1734	木板	後孫 縣監 行敏 刊
525	仙溪先生文集	權墉 1684-1772	2卷1冊			木板	
526	善迂堂先生逸稿	李蒔 1569-1636	1冊	榮川	1829	木板	※迂溪書院板
527	仙源遺稿	金尙容 1561-1637	2卷1冊	尙州	1640	木板	子 牧使 光煥 刊
528	仙源遺稿	金尙容	4卷,續集2, 合4冊	尙州	1767	木板	7世孫 監司 應淳 刊 尙州 西山書院 藏板
529	雪溪先生文集	文勵 1553-1605	4卷2冊		1874	木板	
530	雪谷詩藁	鄭誧 1309-1345	2卷1冊	安東	1376	木板	子 樞 刊行
531	雪月堂逸稿	全益禧 1598-1659	2卷1冊		1898	木板	
532	星山世稿	呂成淵 編	8卷4冊		1899	木活	
533	惺巖文集	崔世鶴 1822-1899	8卷4冊		[1900]	木板	序: 權周郁
534	惺庵遺稿	朴宗垕 1792-1864	4卷2冊			木板	
535	省吾堂先生文集	李介立 1544-1625	3卷2冊	榮川	1776	木板	※義山書院板
536	醒翁先生遺稿	金德諴 1562-1636	4卷2冊	大丘	1706	木板	曾孫 監司 演 刊

연번	서 명	저 자	권 책 수	간지	간 년	판본	비 고
537	惺窩文集	禹秉鍾 1820-1883	6卷3冊		1905	木板	
538	星隱堂文集	孫碩佐 1642-1705	2卷1冊	密陽	1825	木板	
539	城隱先生逸稿	申仡 1550-1614	2卷1冊		1909	木板	
540	惺齋先生文集	琴蘭秀 1530-1604	4卷2冊	禮安	1909	木活	
541	誠齋先生文集	南漢皓 1760-1821	11卷5冊		高宗朝	木板	
542	性齋先生文集	許傳 1797-1886	33卷17冊	丹城	1891	木板	
543	性齋先生續集	許傳	12卷6冊	密陽	1904	木板	
544	惺軒先生逸集	白見龍 1543-1622	3卷1冊		1907	木板	
545	嘯皐先生文集	朴承任 1517-1586	4卷2冊	榮川	1600	木板	※伊山書院板
546	嘯皐先生文集	朴承任	4卷,續,附, 合5冊	榮川	1781	木板	※龜江書院板
547	小流集	沈誠之 1831-1904	4卷2冊		1907	木板	
548	少陵先生集	李商毅 1560-1624	3卷1冊	安東	1708	木板	玄孫 府使 震休 刊
549	小山先生文集	李光靖 1714-1789	13卷7冊	安東	純祖朝	木板	
550	昭山遺稿	李敦厚 1870-1897	4卷2冊	宜寧	1908	木活	
551	素山遺稿	張寅睦 1842-1895	4卷2冊		1910	木活	

연번	서 명	저 자	권 책 수	간지	간 년	판본	비 고
552	邵城聯芳集	蔡先吉 1569-1646 蔡先見 1574-1644	4卷1冊	大邱	1809	木板	蔡允復 編 己巳, 狎鷺亭 新刊
553	小心齋集	盧龍奎 1808-1872	5卷2冊		1910	木活	
554	所庵先生文集	李秉遠 1745-1829	20卷10冊		1904	木活	
555	疎菴先生集	任叔英 1576-1623	6卷3冊	河陽	1783	木板	5世孫 縣監希澤追刻
556	素窩文集	金鎭宇 1786-1855	6卷3冊		純宗朝	木活	跋: 金道和
557	逍遙堂先生逸稿	朴河淡 1479-1560	5卷2冊	淸道	1854	木板	※仙巖書院板
558	消憂軒文集	李道一 1581-1667	2卷1冊	靈山	1897	木活	
559	小隱文集	盧兢壽 1823-1899	2卷2冊	晉州	1904	木活	
560	小隱文集	柳致球 1793-1854	4卷2冊		高宗朝	木板	跋: 金興洛
561	素隱先生文集	姜式儁 1734-1800	4卷2冊		1908	木活	
562	穌齋先生文集	盧守愼 1515-1590	12卷,附, 合7冊	星州	1624	木活	姨姪 牧使康復誠 刊
563	穌齋先生文集	盧守愼	10卷,內,附, 合8冊	奉化	1665	木板	孫子 郡守 景命 刊
564	穌齋先生文集	盧守愼	10卷,內,附, 合8冊	尙州	1771	木板	※道南書院 追刻
565	素軒文集	權人夏 1805-1889	6卷3冊			木板	

연번	서 명	저 자	권 책 수	간지	간 년	판본	비 고
566	俗隱齋文集	李龜星 1756-1835	6卷3冊			木活	
567	蓀谷集	李達 1561-1618	6卷1冊	慶州	1693	木板	府尹 許穎 刊
568	損菴集	趙根 1631-1690	9卷4冊	咸安	1749	木板	※西山書院板
569	損齋先生文集	南漢朝 1744-1810	15卷8冊			木板	
570	率菴遺稿	趙綸 (朝鮮)	1冊	大丘	1739	木板	監司 趙明謙 刊
571	松溪先生文集	李亨男 1556-1627	3卷1冊		1885	木板	
572	松溪集	權應仁 1521-?	5卷2冊	星州		木板	
573	松皐文集	權靖夏 1806-1892	4卷2冊		[1900]	木板	
574	松谷先生遺集	柳世彰 1657-1715	7卷2冊		1909	木活	
575	松菊齋遺集	李舜相 (朝鮮)	2卷2冊	慶州	1884	木活	
576	松潭先生遺事	白受繪 1574-1642	1冊	梁山	1782	木板	※松潭書院板
577	松堂先生文集	朴英 1471-1540	2卷1冊	善山	1864	木活	
578	松堂先生文集	朴英	4卷2冊	善山	1905	木板	
579	松堂先生文集	趙浚 1346-1405	4卷2冊	星州	1669	木板	9代孫 牧使 禔 刊
580	松臺先生文集	河璿 1583-?	2卷1冊			木活	

연번	서 명	저 자	권 책 수	간지	간 년	판본	비 고
581	松潭先生逸稿	金惠 1566-1624	2卷1冊	尙州	1908	木活	
582	松栢堂先生文集	洪宇正 1769-1849	4卷2冊		1909	木板	
583	松西先生文集	姜橒 1773-1834	10卷5冊		1909	木活	
584	松巢先生文集	權宇 1552-1590	4卷2冊		純祖朝	木板	序: 鄭宗魯
585	松嵒先生文集	朴齊賢 1521-1575	2卷1冊	咸安	1891	木板	
586	松巖先生文集	權好文 1532-1587	6卷2冊	安東	1680	木板	
587	松巖先生續集	權好文	6卷2冊	安東	1809	木板	
588	松巖先生文集	李魯 1544-1598	6卷3冊	宜寧	1852	木板	
589	松菴先生遺稿	金沔 1541-1593	3卷1冊	高靈	[1785]	木活	序: 金重祚
590	松厓集	李遂大 1674-1708	2卷1冊		1871	木板	
591	松厓集	崔虎文 1800-1850	4卷2冊	高靈	1902	木板	鶴林精舍 刊
592	松塢先生文集	鄭佺 1569-1639	4卷2冊		哲宗朝	木板	跋: 柳衡鎭
593	松塢先生遺集	呂應龜 1523-1577	2卷1冊		1845	木板	
594	松窩先生文集	安命夏 1682-1752	11卷6冊	密陽	高宗朝	木板	跋: 趙性敎
595	松月齋先生集	李時善 1625-1715	7卷3冊		1763	木板	

연번	서 명	저 자	권 책 수	간지	간 년	판본	비 고
596	松隱先生文集	金光粹 1468-1563	2卷1冊	義城	1740	木板	※藏待書院 開刊
597	松隱先生文集	朴翊 1332-1398	4卷1冊		1837	木板	
598	松齋先生集	李堣 1469-1517	詩2,別3,續, 合3冊		1900	木板	
599	松齋詩集	李堣	2卷1冊	禮安	1584	木板	外曾孫 吳澐 編 ※陶山書院板
600	松亭先生文集	河受一 1553-1612	6卷3冊	晉州	[1788]	木板	※大覺書院板
601	松川先生文集	金千鎰 1622-1696	4卷2冊	居昌	1901	木活	
602	松川子獨娛錄	權得輿 1636-1716	4卷2冊		1894	木板	
603	松坡先生逸稿	朴全 1514-1558	1冊		1809	木板	
604	睡谷先生集	李畬 1645-1718	19卷10冊	大丘	1739	木板	從子 監司 箕鎭 刊
605	守口齋先生文集	周孟獻 1617-1703	4卷2冊		1907	木板	永慕齋 刊
606	秀峯先生文集	李汝翊 1591-1650	4卷2冊	昌寧	1899	木活	
607	水北遺稿	金光炫 1584-1647	4卷2冊	大丘	1805	木板	6代孫 監司 羲淳 刊
608	水色集	許穡 1563-1640	8卷4冊	河陽	1661	木板	子 縣監 暹 刊 環城寺 現存 134板
609	水西先生文集	朴善長 1555-1616	4卷2冊		1810	木板	
610	壽瑞詩	李楨 編	原,續, 合1冊	泗川	仁祖朝	木板	※龜溪書院板

연번	서 명	저 자	권 책 수	간지	간 년	판본	비 고
611	守庵先生文集	鄭四震 1567-1616	4卷2冊		1855	木板	
612	修巖先生文集	柳袗 1582-1635	4卷,年譜, 合3冊	安東	1713	木板	※屛山書院 重刊
613	守約堂先生文集	南濟明 1668-1751	4卷2冊		19C.전	木板	序: 南景羲
614	守吾齋遺集	安敏修 1724-1791	4卷2冊		[1800]	木板	
615	水月逸稿	趙儉 1570-1644	2卷1冊	英陽	1871	木活	
616	睡隱先生遺集	李弘祚 1595-1660	2卷1冊		1742	木板	
617	修齋文集	李希進 (朝鮮)	5卷3冊	咸安	1908	木板	戊申仲冬 仁山開刊
618	睡足堂集	全雨 1548-1616	2卷1冊		高宗朝	木板	跋: 柳致皜
619	睡軒先生詩集	權五福 1467-1498	3卷2冊	大丘	1585	木板	後孫 府使 文海 刊
620	睡軒先生集	權五福	3卷2冊	醴泉	1853	木板	跋: 李彙寧
621	守軒集	李億祥 1835-1905	9卷4冊	大邱		木活	
622	述古齋集	金寶 1539-1615	5卷1冊		純宗朝	木活	序: 鄭在箕
623	習窩遺集	李柱天 1600-1654	3卷1冊		1910	木板	
624	習齋先生詩集	權擘 1520-1593	4卷1冊	星州	1653	木板	曾孫 牧使 諿 刊
625	市南先生文集	兪棨 1607-1664	24卷,附3, 合11冊	玄風	1688	木板	子 縣監 命興 刊

연번	서 명	저 자	권 책 수	간지	간 년	판본	비 고
626	時庵先生文集	南皐 1807-1879	15卷8冊		高宗朝	木板	
627	是庵先生文集	任華世 1675-1731	4卷2冊	慶州	1868	木板	
628	是窩遺稿	韓泰東 1646-1687	8卷3冊	星州	1739	木板	孫子 牧使 德弼 刊 海印寺 藏板
629	是窩遺稿	韓泰東	8卷3冊	星州	1763	木板	孫 牧使 德一 追刊
630	息山先生文集	李萬敷 1664-1732	22卷,別,續,附, 合22冊	尙州	1813	木板	北長寺 現存 299板
631	息庵先生文集	黃暹 1544-1616	5卷3冊	豊基	[1769]	木板	※愚谷書院板
632	新塘文集	李成全 1669-1737	4卷2冊		高宗朝	木活	跋: 金興洛
633	新安世稿	南基榮 編	8卷,續2卷, 合4冊		1869	木板	
634	愼庵文集	李晚慤 1815-1874	10卷5冊			木活	
635	新野先生文集	李仁行 1758-1833	14卷7冊			木活	
636	信天齋文集	權思潤 1732-1803	6卷3冊			木活	
637	審幾堂先生文集	黃啓熙 1727-1785	4卷2冊	尙州	1909	木活	
638	雙溪先生文集	李晉哲 1591-1668	4卷2冊		1882	木活	
639	雙槐軒辛公遺集	辛守 (朝鮮)	1冊		1857	木板	
640	雙梅堂先生篋藏文集	李詹 (朝鮮)	25卷13冊?	淸道	太宗朝	木板	子 知郡 小畜 編

연번	서 명	저 자	권 책 수	간지	간 년	판본	비 고
641	雙梅堂遺集	安慶稷 1721-1787	4卷2冊	咸安	1906	木活	
642	雙峯先生文集	鄭克後 1577-1654	5卷3冊	慶州	1749	木板	
643	雙湖文集	琴養蒙 1753-1833	3卷1冊	禮安	1872	木板	
644	啞盲先生逸稿	權昌震 1597-1683	2卷1冊		1905	木板	
645	啞軒先生文集	宋遠器 1548-1615	4卷2冊	星州	[1856]	木活	
646	安溪世稿	李庭久 編	4卷1冊		1906	木活	
647	顔樂堂集	金訢 1448-?	4卷2冊	榮川郡	1516	木板	季子 安老 編 郡守 權五紀 刊
648	安分堂遺集	鄭師夏 1713-1779	4卷2冊		19C.후	木活	序: 柳致明
649	安齋文集	李德玄 1648-1707	2卷1冊	慶州	純宗朝	木活	跋: 7代孫 庭久
650	安村先生文集	裵應褧 1544-1602	4卷2冊	奉化	1884	木板	
651	倻溪先生文集	宋希奎 1494-1558	2卷2冊		1816	木活	
652	冶城世稿	宋祺善 編	9卷5冊		1898	木活	序: 張福樞
653	冶隱先生續集	吉再 1353-1419	2卷1冊		1858	木活	
654	埜隱先生逸稿	田祿生 1318-1375	6卷2冊	漆谷	1738	木板	後孫 府使 日祥 刊
655	野村先生文集	孫萬雄 1643-1712	6卷4冊	尙州	[1774]	木板	序: 李象靖

연번	서 명	저 자	권 책 수	간지	간 년	판본	비 고
656	藥南先生文集	李憲洛 1718-1791	7卷3冊			木板	
657	約齋先生文集	權炳 1723-1772	8卷4冊		1811	木板	
658	藥圃先生文集	鄭琢 1526-1605	7卷,續集4, 合6冊	醴泉	1818	木板	※道正書院 刊
659	藥圃先生遺稿	李海壽 1536-1598	7卷3冊	安東	1727	木板	外6世孫 府使 趙榮世 刊
660	暘溪先生文集	鄭好仁 1597-1655	2卷1冊	永川	正祖朝	木板	※橫溪書院板
661	暘谷詩稿	鄭碩胄 (朝鮮)	2卷1冊	永川		木板	
662	養心堂詩集	趙晟 1492-1555	1冊	慶山	1568	木板	姪婿 監司朴啓賢 刊
663	兩傳軒文集	蔡先見 1574-1644	2卷1冊	大邱	1902	木板	
664	養拙亭集	李休復 1568-1624	3卷1冊		1840	木活	
665	養直先生文集	都聖兪 1571-1649	3卷1冊	大邱	1851	木板	
666	陽村先生文集	權近 1352-1409	40卷10冊	晉州	1674	木板	10世孫 節度使 儔 重刊
667	陽村先生文集	權近	40卷10冊	居昌	1718	木板	後孫 府使 冏 刊行 刊記: 娥林縣 重刊
668	陽灘先生文集	金瀁 1574-1644	1冊	善山		木活	混入木板
669	陽坡集	柳觀鉉 1692-1764	4卷2冊		1807	木板	
670	楊湖先生遺稿	閔業 ?-1671	1冊	大丘	1713	木板	監司 李垣 祖父姨弟

연번	서 명	저 자	권 책 수	간지	간 년	판본	비 고
671	漁溪先生集	趙旅 1420-1489	2卷1冊	咸安	1742	木板	※西山書院板
672	漁溪先生續集	趙旅	3卷1冊		1901	木板	
673	峿堂集	李象秀 1820-1882	24卷12冊		1900	木活	
674	漁適先生文集	柳仲龍 1558-1635	3卷1冊		1908	木活	
675	旅軒先生文集	張顯光 1554-1637	11卷5冊	仁同	1642	木板	門人 府使金應祖 刊
676	旅軒先生文集	張顯光	11卷6冊	仁同	英祖朝	木板	※東洛書院板
677	旅軒先生文集	張顯光	13卷,續10, 合12冊	仁同	19C.전	木板	
678	亦樂齋先生文集	金致寬 1569-1661	4卷2冊		1896	木活	
679	嶧陽先生文集	文景虎 1556-1619	6卷3冊	陝川		木板	※河南書院板
680	櫟泉先生文集	宋明欽 1705-1768	19卷10冊	星州	1805	木板	子 牧使 時淵 刊
681	聯芳世稿	金龍普 編	8卷3冊	安東	1785	木板	泗濱影堂 開刊
682	聯芳遺稿	金裕壽 編	6卷3冊	善山	1751	木板	
683	聯芳輯錄	權鳳熙 編	8卷3冊	丹城	1895	木活	
684	蓮峯先生文集	李基卨 1556-1622	7卷3冊	咸陽	1710	木板	曾孫 郡守 相周 刊 柏淵書院 藏板
685	延城世稿	李鉉汶 編	6卷3冊	知禮	1900	木活	

연번	서 명	저 자	권 책 수	간지	간 년	판본	비 고
686	悅菴文集	夏時贊 1750-1828	5卷3冊	達城	1836	木板	巖棲齋 開刊
687	濂湖文集	許澮 1758-1829	5卷1冊	晉州		木活	
688	永嘉世稿	權周郁 編	4卷2冊		1890	木板	立巖精舍 刊
689	永陽歷贈	朴仁老 1561-1642	1冊(14張)	永川	1690	木板	郡守 李允文 刊. 蘆溪詩集임.
690	瀛隱文集	南公壽 1793-1876	7卷4冊	盈德	1897	木板	
691	禮谷先生文集	郭趪 1531-1593	2卷1冊		1800	木板	
692	豫庵集	河友賢 1768-1799	5卷2冊	晋州	1905	木活	
693	梧里先生續集	李元翼 1547-1634	2卷別,附, 合3冊	安東	1705	木板	監司 金演 刊 屛山書院 藏板
694	梧峯先生文集	申之悌 1562-1624	7卷4冊	義城	1740	木板	※藏待書院 開刊
695	梧峯先生別集	申之悌	1冊		1789	木板	
696	鰲峯先生集	金齊閔 1527-1599	3卷3冊		純祖朝	木板	序: 尹拯
697	梧山文集	徐昌載 1726-1781	6卷3冊	達城	1831	木板	
698	吾山先生文集	崔台鎭 1804-1867	6卷3冊			木活	
699	五山先生續集	車天輅 1556-1615	4卷2冊	尙州	1909	木板	12世孫 一龍 刊
700	五友堂先生遺集	金近 1579-1656	4卷2冊		純宗朝	木板	跋: 9代孫 道和

연번	서 명	저 자	권 책 수	간지	간 년	판본	비 고
701	梧月堂文集	都翰國 1614-1682	2卷1冊		1907	木板	
702	五宜軒先生遺集	趙咸世 1607-1690	2卷1冊		1855	木板	
703	梧灘集	沈攸 1620-1688	14卷7冊	義城	1708	木板	沈漢柱 編次
704	聱漢先生文集	孫起陽 1559-1617	4卷3冊	密陽	1825	木板	
705	玉溪先生文集	盧禛 1518-1578	7卷4冊	咸陽	1633	木板	※溏洲書院板
706	玉溪先生文集	潘佑亨 1458-1523	5卷2冊	淸道	1881	木活	後孫 錫中 刊
707	玉溪遺稿	姜鳳文 1735-1815	2卷1冊	安東	1829	木板	
708	玉溪遺稿續錄	姜鳳文	1冊	安東	1863	木板	
709	玉洞先生文集	文益成 1526-1584	2卷1冊		1873	木板	立谷 新刊
710	玉峯先生文集	權暐 1552-1630	4卷2冊		哲宗朝	木板	跋: 柳致明
711	玉山詩稿	李瑀 1543-1609	1冊	慶州	1680	木板	曾孫 府尹 東溟 刊
712	玉川先生文集	趙德鄰 1658-1736	18卷9冊	英陽	1898	木板	
713	玉川先生遺稿	安餘慶 1538-1593	1冊		1897	木活	
714	玉泉聯芳稿	姜周祜 1754-1821 姜周祐 1757-1816	3卷3冊		1895	木板	姜鍾仁 編

연번	서 명	저 자	권 책 수	간지	간 년	판본	비 고
715	溫溪先生逸稿	李瀣 1496-1550	5卷3冊	禮安	1772	木板	※陶山書院板
716	臥雲集	宋衡 1830-1881	2卷1冊		1907	木板	
717	臥隱先生文集	張緯恒 1678-1747	6卷3冊		[1827]	木板	序: 李仁行
718	浣亭先生文集	李彦英 1568-1639	8卷4冊		高宗朝	木板	
719	巍巖遺稿	李柬 1677-1727	16卷8冊	慶山	[1761]	木板	子 縣令 頤炳 刊
720	畏窩集	崔琳 1779-1841	14卷7冊		1899	木板	
721	畏齋先生文集	李厚慶 1558-1630	4卷3冊	靈山	[1744]	木板	
722	畏齋集	李端夏 1625-1689	11卷6冊	大丘	英正朝	木板	嶺營 刊
723	樂山堂先生文集	李翼龍 1732-1784	6卷3冊		1909	木板	
724	龍岡先生文集	黃壽一 1666-1725	4卷2冊		1889	木活	農皐精舍 刊
725	龍溪晚溪兩世遺稿	沈以汶 1599-1671 沈達河 1631-1703	2卷1冊		1896	木活	沈祉澤 編
726	龍溪先生文集	徐忭 1605-1656	4卷2冊	大邱	1849	木板	
727	龍溪先生文集	吳瀹 1576-1641	2卷1冊	英陽	1898	木板	
728	龍溪遺稿	金止男 1559-1631	4卷2冊	大丘	1697	木板	外曾孫監司李善溥刊

연번	서 명	저 자	권 책 수	간지	간 년	판본	비 고
729	龍巒先生文集	權紀 1546-1625	2卷1冊		1800	木板	
730	龍山文集	李夔 1699-1779	4卷2冊	淸道	高宗朝	木活	序: 張錫龍
731	龍山文集	李晩寅 1834-1897	11卷5冊			木活	
732	龍山世稿	金範九 編	6卷3冊		1792	木板	
733	龍巖先生文集	朴雲 1493-1562	4卷2冊	善山	1778	木板	※洛峯書院板
734	慵窩先生文集	李弘禼 1701-1778	6卷3冊	慶州	1909	木板	
735	慵窩集	柳升鉉 1680-1746	4卷2冊		[1784]	木板	
736	慵齋訥齋兩先生遺稿	李宗準 ?-1499 李弘準 (朝鮮)	2卷1冊	安東	1824	木板	
737	龍川聯稿	權周新 編	3卷1冊	安東	[1863]	木板	
738	龍泉遺稿	權鼎鉉 1728-1806	2卷1冊		1876	木板	
739	春村先生文集	李泰春 1704-1785	4卷2冊		1832	木活	
740	龍浦先生文集	李灉 1669-1742	4卷2冊	龍宮	1872	木活	
741	雨澗文集	金虎運 1768-1811	6卷3冊		1872	木板	
742	雨溪文集	金命錫 1675-1762	4卷2冊	安東	高宗朝	木板	

연번	서 명	저 자	권 책 수	간지	간 년	판본	비 고
743	尤溪先生逸稿	朴守緖 1567-1627	1冊		1910	木活	
744	迂溪先生文集	朴潭 1655-1694	2卷1冊		1890	木板	
745	牛溪先生集	成渾 1535-1598	6卷,續集6, 合6冊	密陽	1809	木板	後孫 府使 肯柱 刊 昌寧 勿溪書院 藏板
746	雨皐文集	金道行 1728-1813	8卷4冊	安東	[1869]	木板	
747	愚谷先生文集	朴身潤 1661-1698	4卷2冊		1891	木板	
748	愚谷先生文集	宋亮 1534-1618	4卷2冊		1898	木板	
749	友菊齋先生文集	洪敬孫 1409-1481	4卷1冊	慶州	1909	木板	
750	愚潭先生文集	丁時翰 1625-1707	12卷,辨證, 合7冊	榮川	1875	木板	
751	雩潭先生遺稿	蔡得沂 1604-1646	2卷,言志錄, 合3冊	尙州		木活	
752	憂堂先生文集	朴融 ?-1424	3卷1冊	淸道	1875	木板	
753	愚伏先生文集	鄭經世 1563-1633	20卷10冊	尙州	1657	木板	※道南書院板
754	愚伏先生文集	鄭經世	20卷10冊	尙州	1844	木板	※愚山書院板
755	愚伏先生別集	鄭經世	8卷4冊	尙州	1821	木板	
756	愚伏先生別集	鄭經世	12卷6冊	尙州	1899	木板	
757	雩沙集	李世白 1635-1703	10卷3冊	大丘	1712	木板	子 監司 宜顯 刊

연번	서 명	지 자	권 책 수	간지	간 년	판본	비 고
758	寓庵先生文集	南九明 1661-1719	5卷3冊	慶州	1860	木板	
759	寓菴先生文集	洪彦忠 1473-1508	4卷2冊	尙州	1720	木板	※近嵒書院 重刊
760	尤園先生文集	李楨國 1743-1808	8卷4冊			木板	
761	愚齋文集	吳瀷 1591-1671	4卷2冊	英陽	1897	木活	
762	愚拙叟先生文集	安信賢 1624-1699	2卷1冊	金海	1910	木板	
763	牛川先生文集	鄭玉 1694-1760	7卷4冊	榮川		木活	
764	愚川先生文集	鄭侙 1601-1663	7卷4冊		1721	木板	
765	愚軒文集	金養鎭 1829-1901	10卷5冊	安東	1906	木板	
766	寓軒先生文集	柳世鳴 1636-1690	8卷4冊	安東	1833	木板	
767	愚軒遺稿	權灝 (朝鮮)	2卷1冊		高宗朝	木板	
768	雲岡集	朴時默 1814-1875	7卷3冊	淸道	1894	木板	跋: 不肖孤 在馨
769	雲溪文集	全以性 1577-1645	4卷2冊		1907	木活	
770	雲皐文集	金在堉 1808-1893	5卷2冊		1909	木板	
771	雲谷先生文集	李羲發 1768-1850	21卷11冊	義城	1899	木活	
772	雲嶽先生文集	李涵 1554-1632	2卷1冊		高宗朝	木板	跋: 金岱鎭

연번	서 명	저 자	권 책 수	간지	간 년	판본	비 고
773	雲庵文集	鄭夏濩 1776-1821	3卷1冊	永川	純宗朝	木板	
774	雲巖先生逸稿	金緣 1487-1544	2卷1冊	禮安	1783	木板	※陶山書院板
775	雲广先生文集	崔光璧 (朝鮮)	4卷2冊		1909	木活	
776	雲窩文集	鄭夏源 1762-1833	6卷3冊	永川	純宗朝	木板	
777	雲齋世稿	朴齊璜 編	2卷1冊		[1880]	木板	序: 李敦禹
778	雲齋遺稿	李重慶 1724-1754	4卷2冊		正祖朝	木活	跋: 趙進道
779	芸齋遺稿	李坪 1648-1703	2卷1冊	大丘	1770	木板	族從孫監司瀰修整刊 河陽環城寺현존45板
780	芸亭先生遺集	金彦健 1511-1571	1冊		1865	木板	
781	雲川先生文集	金涌 1557-1620	6卷4冊	安東	[1720]	木板	※默溪書院板
782	雲川先生文集	金涌	6卷4冊		1898	木板	
783	雲坪先生文集	宋能相 1710-1758	10卷4冊	金山	純祖初	木板	李宜朝 等刊 移置 知禮
784	雲圃逸稿	李霙 1546-1616	2卷1冊	陝川	1892	木活	
785	雲圃集	朴斗明 1788-1850	4卷1冊		1908	木活	
786	雲鶴集	黃允中 1782-1855	2卷1冊		1907	木板	
787	遠志軒文集	李達中 1697-1757	4卷2冊	咸昌		木活	重刊本

연번	서 명	지 자	권 책 수	간지	간 년	판본	비 고
788	原泉先生逸稿	全八顧 1540-1612	1冊	居昌	1842	木板	※龍泉書院板
789	月澗先生文集	李㙉 1558-1648	3卷2冊	尙州	1712	木板	※玉成書院板
790	月峰先生集	高仁繼 1564-1647	5卷2冊	尙州	1858	木板	跋: 7世孫 夢贊
791	月峯集	金順命 1561-1614	5卷3冊	星州	1697	木板	曾孫 牧使 一夔 刊
792	月沙先生別集	李廷龜 1564-1635	7卷2冊	大丘	1720	木板	宗孫 判官 雨臣 刊
793	月沙先生集	李廷龜	63卷,附5, 合20冊	大丘	1688	木板	監司 李世華 刊
794	月淵先生文集	李迨 1483-1536	2卷1冊	密陽	1873	木板	
795	月淵先生文集	李迨	2卷1冊		1910	木板	11代孫 鍾述 刊
796	月梧軒文集	金會運 1764-1834	4卷2冊			木板	
797	月川先生文集	趙穆 1524-1606	6卷3冊	禮安	1666	木板	※陶山書院板
798	月圃集	李佑贇 1792-1855	4卷2冊	晉州	1897	木活	
799	月下文集	趙運道 1718-1795	2卷1冊	英陽	1898	木板	
800	月軒集	丁壽崗 1454-1527	2卷2冊	星州	1542	木板	
801	酉溪集	李身圭 1600-1681	4卷2冊	尙州	[1873]	木活	
802	楡巖集	裵幼章 1618-1687	2卷1冊	奉化	1888	木活	

연번	서 명	저 자	권 책 수	간지	간 년	판본	비 고
803	悠然堂先生文集	金大賢 1553-1602	4卷2冊	安東		木活	
804	悠悠子稿	李熺 1663-?	1冊	淸道	1761	木板	郡守 金履健 刊
805	柳川先生遺稿	柳初 1584-1658	3卷2冊		1908	木活	
806	柳村先生文集	朴從男 1558-1620	4卷2冊		1846	木板	
807	六三聯稿	朴檜茂 1575-1666 朴樅茂 1582-1664	4卷2冊	榮川	1906	木板	朴勝振 編
808	六先生遺稿	朴崇古 編	3卷3冊	順興	1658	木板	※白雲洞書院 藏板
809	栗里世稿	申圭 編	7卷2冊		高宗朝	木板	
810	殷溪先生遺集	安國章 1685-1733	3卷2冊	咸安	1898	木活	戊戌春渭城昇安活印
811	陰崖先生集	李耔 1480-1533	4卷2冊	大丘	1754	木板	族孫 監司 彝章 刊
812	挹翠軒遺稿	朴誾 1479-1504	4卷1冊	統營	1709	木板	統制使 鄭弘佐 刊 忠烈祠 藏板
813	凝窩先生文集	李源祚 1792-1871	22卷12冊	星州		木板	
814	伊溪集	南夢□ 1620-1681	6卷3冊		1778	木板	
815	耳溪先生文集	張思敬 1756-1817	5卷3冊	烏川	1907	木板	
816	夷溪處士文集	黃道翼 (朝鮮)	5卷2冊		1909	木活	
817	二樂堂先生逸稿	周怡 1515-1564	2卷1冊	陜川	1847	木板	

연번	서 명	저 자	권 책 수	간지	간 년	판본	비 고
818	二樂堂集	申用漑 1463-1519	15卷4冊	晉州	1543	木板	
819	夷峰先生文集	黃後幹 1700-1773	6卷3冊	咸安	1909	木活	石峴齋 活印
820	二松堂集	柳百之 1629-1684	1冊			木板	
821	易安堂文集	趙天經 1695-1776	4卷2冊	尙州	[1852]	木板	序: 姜世白
822	二愚堂先生文集	權寏 1580-1652	4卷2冊		1876	木板	
823	頤庵先生遺稿	宋寅 1516-1584	4卷,續4,別2, 附2,合4冊	開寧	1727	木板	6世孫 縣監 煒 重刊
824	頤齋先生文集	權璉夏 1813-1896	17卷9冊		1906	木板	
825	頤齋集	曺友仁 1561-1625	2卷1冊	尙州		木板	※道南書院板
826	二恥齋先生文集	申正模 1691-1742	6卷3冊		1899	木板	
827	麗澤齋遺稿	權載運 1701-1776	6卷2冊	安東	1786	木板	※柞溪書院板
828	李評事集	李穆 1471-1498	2卷1冊	青松	1631	木板	曾孫 府使 久澄 刊
829	伊湖文集	金世鏞 1673-1742	2卷1冊	安東		木活	
830	二皓先生遺集	曺振玉 1730-1799 曺相玉 1731-1819	4卷2冊		1900	木板	
831	益陽聯芳集	南泰鎭 編	5卷3冊		1907	木板	
832	益齋亂藁	李齊賢 1287-1367	10卷3冊	慶州	1600	木板	後孫 府尹 時發 刊

연번	서 명	저 자	권 책 수	간지	간 년	판본	비 고
833	益齋亂藁	李齊賢	10卷3冊	慶州	1693	木板	府尹 許穎 刊 龜岡書院 藏板
834	益齋亂藁	李齊賢	10卷3冊	慶州	1814	木板	補板本
835	訒齋先生文集	崔晛 1563-1640	13卷,別,附, 合9冊	善山	1778	木板	※松山書院板
836	訒齋先生續集	崔晛	7卷3冊	善山	1785	木板	※松山書院板
837	仁村先生集	禹載岳 1734-1814	6卷3冊	大邱	1898	木活	
838	一蠹先生遺集	鄭汝昌 1450-1504	3卷1冊		1743	木板	
839	一默齋先生文集	金光斗 1562-1608	3卷1冊		1908	木板	
840	一峯文集	趙錫晦 1727-1802	4卷2冊		[1883]	木板	
841	一善世稿	金相發 編	6卷3冊	善山	1863	木板	
842	一醒遺稿	田基五 1831-1900	2卷2冊	宜寧	1907	木活	
843	一松先生集	沈喜壽 1548-1622	8卷4冊	星州	1649	木板	孫子 牧使 儒行 刊
844	日新堂先生文集	李天慶 1538-1610	2卷1冊	丹城	1855	木板	※淸谷書院板
845	一庵文集	尹仁錫 1842-1894	9卷4冊		1908	木活	
846	一庵先生文集	辛夢參 1648-1711	7卷4冊	靈山	[1860]	木活	
847	一齋先生文集	金性昊 1777-1845	10卷5冊	善山	1908	木活	

연번	서 명	저 자	권 책 수	간지	간 년	판본	비 고
848	一竹遺稿	姜樹 (朝鮮)	1冊	星州	1663	木板	識: 金壽恒
849	逸圃集	朴時源 1764-1842	8卷4冊		高宗朝	木活	跋: 李彙寧
850	一軒遺稿	河海寬 1634-1686	2卷1冊	晉州	1904	木活	
851	一悔軒集	都右龍 1838-1906	8卷4冊		1910	木活	
852	林谷先生文集	林眞怤 1586-1658	8卷3冊	居昌		木板	
853	林白湖集	林悌 1549-1587	4卷2冊	咸陽	1621	木板	從弟 郡守 愲 刊
854	臨汝齋先生文集	柳淕 1730-1806	9卷5冊		哲·高宗 年間	木板	序: 李羲發
855	臨淵齋先生文集	裵三益 1534-1588	6卷3冊		1855	木板	
856	臨齋先生文集	徐贊奎 1825-1905	17卷7冊	大邱	1909	木板	
857	林下先生文集	鄭師哲 1530-1593	4卷1冊	大邱	1887	木活	
858	立巖集	閔齊仁 1493-1549	6卷4冊	興海	1610	木板	孫子 郡守 汝任 刊
859	立巖集	閔齊仁	6卷3冊	大丘	1669	木板	5代孫 監司 蓍重 刊
860	立巖集	閔齊仁	6卷3冊	大丘	1736	木板	7代孫 監司 應洙 刊
861	立齋先生文集	盧欽 1527-1602	3卷1冊	三嘉	[1829]	木活	
862	立齋先生文集	鄭宗魯 1738-1816	48卷24冊	尙州		木板	※愚山書院板

연번	서 명	저 자	권 책 수	간지	간 년	판본	비 고
863	立齋先生別集	鄭宗魯	9卷4冊			木板	
864	紫東集	李正模 1846-1875	6卷3冊		1908	木板	
865	自菴金先生文集	金絿 1488-1534	2卷1冊	義城	1659	木板	外玄孫縣令安應昌刊
866	紫巖亭聯芳集	姜慶昇 1577-1633 姜顯昇 1587-1679	2卷1冊	宜寧	1880	木活	姜鳳海 編
867	紫巖集	李民寏 1573-1649	7卷2冊	義城	1741	木板	
868	自愛堂集	鄭學濂 1740-1833	2卷1冊			木板	
869	自濡軒先生文集	李萬白 1656-1716	4卷2冊		高宗朝	木板	序: 李鍾祥
870	潛溪李先生遺稿	李全仁 1516-1568	1冊	慶州	1847	木板	※章山書院板
871	潛庵先生遺稿	金義貞 1495-1547	5卷2冊	安東	1863	木板	
872	長溪二稿	黃汝獻 1488-? 黃孝獻 1491-1532	2卷1冊		1813	木板	黃紐 編
873	長皐世稿	金恬 等	10卷4冊	安東	1890	木板	
874	藏谷先生文集	權泰一 1569-1631	3卷1冊		1860	木板	
875	藏庵集	金昌祖 1581-1637	2卷1冊	安東		木活	

연번	서 명	저 자	권 책 수	간지	간 년	판본	비 고
876	聛窩集	崔昇羽 1770-1841	5卷3冊		1871	木板	
877	樗軒集	李石亨 1415-1477	2卷,後,別, 合2冊	義興	1587	木板	曾孫 縣監 계 刊
878	適庵先生文集	金台重 1649-1711	4卷2冊	安東		木板	
879	戰兢齋先生文集	金瑞一 1694-1780	4卷2冊		1868	木板	序: 柳疇睦
880	全城世稿	李種杞 編	9卷6冊	高靈	1897	木活	
881	佔畢齋先生集	金宗直 1431-1492	詩23卷,文2卷, 合8冊	大丘	1649	木板	嶺伯 李曼 刊 密陽 禮林書院 藏板
882	佔畢齋先生集	金宗直	詩8卷,文2卷, 附,合8冊	密陽	1869	木板	※禮林書院板
883	佔畢齋集	金宗直	25卷8冊	善山	1520	木板	甥姪 康仲珍 刊
884	靜默齋先生遺集	李尙逸 1611-1678	3卷1冊		哲·高宗 年間	木板	序: 柳致明
885	鄭文翼公遺稿	鄭光弼 1462-1538	1冊	陜川	1702	木板	後孫 郡守 復先 刊
886	靜菴先生文集	趙光祖 1482-1519	8卷4冊	大丘	1685	木板	朴世采 編次 開板 于嶺南監營
887	正菴集	李顯益 1678-1717	20卷10冊	大丘	1773	木板	孫子 判官 商進 刊
888	酊翁先生文集	曺九齡 1657-1719	4卷2冊	金海	1909	木板	
889	貞窩先生文集	黃龍漢 1744-1818	11卷6冊	榮川	高宗朝	木板	跋: 南尙敎
890	訂窩先生文集	金岱鎭 1800-1871	20卷10冊	安東	1889	木板	

연번	서 명	저 자	권 책 수	간지	간 년	판본	비 고
891	定齋先生文集	柳致明 1777-1861	36卷19冊	安東	1883	木板	
892	定齋先生文集續集	柳致明	12卷,附5卷, 合8冊	安東	1901	木板	
893	靜齋先生文集	李聃命 1646-1701	8卷4冊	漆谷		木板	
894	定齋後集	朴泰輔 1654-1689	6卷3冊	星州	1892	木板	後孫 牧使 齋億 刊
895	情靜堂逸稿	情靜堂黃氏 (朝鮮)	1冊	慶山	1858	木活	蔡何의 夫人
896	定軒先生文集	李鍾祥 1799-1870	18卷10冊	慶州	1900	木板	
897	霽山先生文集	金聖鐸 1684-1747	16卷8冊	安東	1801	木板	景山齋 藏板
898	霽山先生文集	金聖鐸	18卷,附, 合10冊	安東	1893	木板	板木 火災 重刊
899	霽巖文集	崔宗謙 1719-1792	6卷3冊			木板	
900	制庵先生文集	鄭象履 1774-1848	8卷4冊	尙州	1873	木板	
901	悌友堂先生文集	朴慶傳 1553-1623	3卷1冊	淸道	1891	木板	
902	霽亭先生文集	李達衷 1309-1384	4卷1冊	順興	1836	木板	
903	槽巖集	趙昌期 1640-1676	4卷3冊	晉州	1713	木板	※新塘書院板
904	釣隱先生文集	韓夢參 1589-1662	4卷2冊	晉州	1780	木活	
905	存養齋先生文集	宋挺濂 1612-1684	6卷3冊		1901	木板	

연번	서 명	저 자	권 책 수	간지	간 년	판본	비 고
906	存齋先生文集	李徽逸 1619-1672	8卷3冊	寧海	1694	木板	
907	拙藁千百	崔瀣 1287-1340	2卷2冊	晉州	1354	木板	
908	拙修齋先生集	趙聖期 1638-1689	12卷6冊	奉化縣	1710	木板	
908	拙翁集	洪聖民 1536-1594	10卷4冊	安東	1631	木板	孫子 府使 命耉 刊
910	拙翁集	洪聖民	10卷4冊	大丘	1634	木板	孫子 監司命耉 補刻
911	拙窩先生文集	權以時 1631-1708	4卷2冊		1910	木活	
912	拙齋先生文集	柳元之 1598-1674	12卷6冊	安東	1791	木板	
913	柱江文集	趙是光 1669-1740	4卷2冊	英陽	1875	木板	
914	柱峯先生文集	李崍 1588-1649	2卷1冊		[1864]	木板	
915	竹閣先生文集	李光友 1529-1619	2卷1冊	丹城	1860	木板	※培山書院板
916	竹溪先生文集	安憙 1551-1613	4卷2冊	咸安	1890	木活	
917	竹老先生文集	申挺立 1576-1643	4卷2冊	寧海	純祖朝	木板	
918	竹林齋文集	朴世墉 1685-1773	2卷1冊	密陽	1902	木活	
919	竹扉文集	鄭一鑽 1724-1796	4卷2冊	永川	1903	木板	
920	竹庵先生逸集	許景胤 1573-1646	2卷1冊		1869	木板	

연번	서 명	저 자	권 책 수	간지	간 년	판본	비 고
921	竹塢遺集	李觀吾 1760-1834	5卷2冊	蔚山	[1900]	木板	
922	竹翁文集	朴重采 1679-1750	2卷1冊	淸道	1899	木活	
923	竹牖先生文集	吳澐 1540-1617	6卷3冊		1824	木板	
924	竹齋先生文集	郭趪 1529-1593	2卷1冊		1900	木板	
925	竹亭先生逸稿	張潛 1497-1552	1冊	仁同	1805	木板	※賢巖書院板
926	竹泉集	金鎭圭 1658-1716	35卷17冊	大丘	1773	木板	嶺營刊 龍淵寺 藏板 龍淵寺 現存 91板
927	竹村先生文集	權思學 1758-1832	6卷4冊	宜寧	1858	木活	
928	竹坡集	李而楨 1619-1679	4卷2冊	密陽	純宗朝	木板	序: 金道和
929	竹圃先生文集	孫思翼 1711-1794	6卷3冊	密陽	高宗朝	木板	序: 李彙寧
930	竹軒先生文集	河惺 1571-1640	4卷2冊	晉州	1907	木板	
931	中巖集	鄭弘福 1694-?	2卷1冊	居昌	1909	木活	跋: 郭鍾錫
932	芝谷先生遺集	金正漢 1711-1766	4卷2冊	安東		木板	
933	芝峯先生集	李睟光 1563-1628	34卷10冊	宜春	1633	木板	崇禎六年…宜春開刊
934	知分軒先生文集	張以兪 1598-1660	4卷2冊		[1860]	木板	
935	芝山先生文集	金八元 1524-1569	2卷1冊		[1826]	木活	

연번	서 명	저 자	권 책 수	간지	간 년	판본	비 고
936	芝山先生文集	曺好益 1545-1609	5卷2冊	永川	1647	木板	金堉 訂定,※芝峰(道岑 賜額前)書院 刊 1727년 增補本 있음
937	芝山先生文集	曺好益	9卷,附錄, 合5冊	永川	1779	木板	原集5, 續集4卷 後孫 德臣 編 ※道岑書院板
938	芝山先生文集	曺好益	6卷,附3, 合4冊	永川	1883	木板	後孫 光復 再編
939	止巖先生文集	都愼修 1598-1650	6卷3冊	大邱	1848	木板	
940	芝厓先生文集	鄭煒 1740-1811	7卷4冊	星州	1845	木板	
941	芝窩集	李玲 1653-1700	2卷1冊	醴泉		木板	
942	知足堂文集	權萬斗 1674-1753	2卷1冊	盈德	1907	木板	
943	止止堂詩集	金孟性 1437-1487	1冊	永川	1501	木板	
944	芝村先生文集	金邦杰 1623-1695	4卷2冊		1865	木板	
945	芝軒先生文集	鄭士誠 1545-1607	4卷2冊		1821	木板	
946	止軒先生文集	崔孝述 1786-1870	15卷7冊	達城		木板	
947	止軒先生逸稿	李哲明 (朝鮮)	3卷1冊		1902	木板	
948	直菴先生文集	南履穆 1792-1858	7卷2冊	咸昌	1862	木活	
949	直菴集	申暻 1696-1766	20卷10冊	大邱	1811	木板	外孫 監司 金會淵刊

연번	서　　명	저 자	권 책 수	간지	간 년	판본	비　고
950	直齋文集	金翊東 1793-1860	6卷3冊	河陽	1908	木板	
951	眞樂堂集	金就成 1492-1550	2卷1冊	善山	1791	木板	※洛峯書院板
952	震峯先生逸稿	權宏 1575-1652	2卷1冊		1832	木板	
953	晉山世稿	姜希孟 編	4卷1冊	咸陽	1473	木板	
954	晉菴集	李天輔 1698-1761	8卷4冊	大丘	1781	木板	子 監司 文源 刊
955	晉陽世稿	河大龍 編	4卷2冊	昌寧	1906	木板	
956	晉陽聯藁	河渾 編	2卷1冊	陜川	1609	木板	
957	眞逸遺藁	成侃 1427-1456	4卷1冊	星州	1467	木板	
958	眞一齋先生遺集	柳崇祖 1452-1512	2卷1冊	奉化	1808	木板	
959	滄溪先生文集	文敬仝 1457-1521	4卷2冊		1906	木板	
960	滄溪先生集	林泳 1649-1696	27卷14冊	淸道	1708	木板	舍弟 郡守 淨 刊 紫溪書院 藏板
961	昌舍集	孫命來 1664-1722	6卷3冊	晉州	1874	木活	
962	蒼石先生文集	李埈 1560-1635	18卷10冊	尙州	英·正祖 年間	木板	※玉成書院板
963	蒼石先生續集	李埈	8卷4冊	尙州	1909	木活	
964	蒼雪齋先生文集	權斗經 1654-1726	18卷9冊		[1860]	木板	序: 李栽

연번	서 명	저 자	권 책 수	간지	간 년	판본	비 고
965	滄厓集	李重光 1709-1778	4卷2冊	奉化		木板	
966	滄洲先生文集	朴敦復 1584-1667	4卷2冊	寧海	1907	木板	
967	滄洲先生文集	全克恬 1597-1660	2卷1冊	尙州		木活	
968	滄洲先生文集	許燉 1586-1632	4卷2冊		1890	木活	
969	滄洲先生文集	許燉	4卷2冊		1909	木板	重刊本
970	滄洲先生遺稿	金益熙 1610-1656	18卷7冊	尙州	1901	木活	後孫 牧使 命洙重刊
971	滄洲先生遺事	河憕 1563-1624	3卷2冊	晉州	1897	木活	梧坊齋 刊
972	蒼軒集	趙友慤 1754-?	3卷3冊	永川		木板	
973	惕若齋學吟集	金九容 1338-1384	2卷2冊	晉州	1400	木板	子 牧使 明理 刊
974	川沙先生文集	金宗德 1724-1797	19卷10冊	義城	1806	木板	
975	泉齋先生文集	申弼欽 1806-1866	8卷4冊		[1895]	木板	
976	天坡集	吳翻 1592-1634	4卷4冊	晉州	1646	木板	弟 牧使 吳빈 刊
977	鐵城聯芳集	李陸 編	2卷1冊	固城	1476	木板	壬亂以前 刊 覆刻本도 있음
978	鐵城聯芳集	李周楨 編	3卷3冊	安東	1804	木板	伴鷗亭 重刊
979	瞻慕堂先生文集	林芸 1517-1572	3卷2冊	安義	[1669]	木板	※龍門書院板

연번	서　명	저 자	권 책 수	간지	간 년	판본	비　고
980	清卿先生文集	尹淮 1380-1436	1冊	晉州	[1472]	木板	
981	聽溪軒文集	辛碩林 1766-1840	4卷2冊	靈山	1907	木活	
982	青己世稿	沈誠之 編	2卷2冊		1899	木板	
983	清臺先生文集	權相一 1679-1760	16卷,年譜, 合9冊	尙州	1797	木板	※近嵒書院板
984	青陸集	金德謙 1552-?	6卷3冊	慶州	1647	木板	子 府尹 尙 刊
985	青壁先生文集	李守淵 1693-1748	4卷2冊		高宗朝	木活	序: 李晩寅
986	晴沙先生文集	權斗紀 1659-1722	4卷2冊		1910	木活	
987	聽松先生集	成守琛 1493-1564	3卷1冊	豊基	1806	木板	後孫 郡守肯柱 重刊 郁陽書院 藏板
988	清陰先生集	金尙憲 1570-1652	40卷16冊	安東	17C.후	木板	鳳停寺 藏板
989	清陰先生集	金尙憲	40卷14冊	大邱	1861	木板	從後孫 監司世均 刊
990	清州世稿	楊膺奎 編	7卷4冊	昌寧	高宗朝	木板	
991	聽天堂先生文集	張應一 1598-1675	6卷3冊	仁同	[1870]	木板	
992	青泉先生續集	申維翰 1681-1752	12卷5冊		1891	木活	
993	青泉集	申維翰	6卷3冊	大丘	1770	木板	監司 李瀰 刊 陜川 海印寺 藏板
994	青坡李先生文集	李陸 1438-1498	2卷1冊	晉陽	1853	木板	

연번	서　　명	저 자	권 책 수	간지	간 년	판본	비　　고
995	青坡集	李陸	2卷1冊	固城	1512	木板	
996	淸風子遺稿	鄭允穆 1571-1629	4卷,續2卷, 合3冊	醴泉	1825	木板	※道正書院板
997	淸虛齋先生文集	孫曄 1543-1600	1冊		1899	木板	
998	草澗先生文集	權文海 1534-1591	4卷3冊	醴泉	1812	木板	
999	村隱集	柳希慶 1545-1636	3卷2冊	南海	1707	木板	龍門寺 現存 54板
1000	秋江集	南孝溫 1454-1492	5卷2冊	星州	1577	木板	外曾孫 監司 兪泓 刊
1001	秋潭先生文集	金如萬 1625-1711	5卷2冊	安東	1905	木板	東籬 允安 孫
1002	秋潭先生文集	高裕 1722-1779	4卷2冊	尙州	1895	木板	
1003	秋潭先生文集	尹銑 1559-1639	3卷2冊	三嘉	1910	木板	
1004	楸菴集	金夏九 1676-1762	6卷4冊	盈德	1823	木板	
1005	秋月堂先生文集	韓山斗 1556-1627	2卷1冊	豊基	1811	木板	
1006	鄒川先生文集	孫英濟 (朝鮮)	2卷1冊	密陽	1866	木板	
1007	秋灘先生集	吳允謙 1559-1636	3卷2冊	星州	1692	木板	孫子 牧使 道一 刊
1008	春堂集	卞仲良 1353-1398	1冊	居昌	1825	木板	※屛巖書院板
1009	春塘先生集	吳守盈 1521-1606	4卷2冊		1898	木活	

연번	서명	저자	권책수	간지	간년	판본	비고
1010	春睡堂集	鄭秀民 1577-1658	4卷,續, 合3冊		[1888]	木活	
1011	春亭先生文集	卞季良 1369-1430	13卷5冊	密陽	1442	木板	世宗 命編 密陽府 開刊
1012	春亭先生文集	卞季良	12卷5冊	居昌	1825	木板	※屛巖書院板
1013	冲齋先生文集	權橃 1478-1548	9卷5冊	安東	1752	木板	※三溪書院 重編 刊
1014	冲齋先生逸稿	權橃	2卷1冊	安東	1671	木板	※三溪書院板
1015	冲齋先生逸稿	權橃	4卷2冊		1705	木板	玄孫 斗寅 刊
1016	忠孝堂遺稿	金協 1546-1638	1冊		1885	木板	
1017	醉夢軒集	李亮采 1714-1796	2卷1冊			木活	
1018	炊沙先生文集	李汝馩 1556-1631	5卷3冊		1831	木板	
1019	醉醒堂逸稿	鄭時衎 1635-1690	2卷1冊	永川	1875	木板	
1020	醉睡堂逸稿	吳演 1598-1669	2卷1冊	英陽	1823	木板	
1021	聚遠堂先生文集	曺光益 1537-1578	2卷1冊		正祖朝	木板	跋: 從6代孫 采臣
1022	醉隱逸稿	宋德溥 1603-1674	2卷1冊	尙州		木板	
1023	癡史集	安鑽 1829-1888	7卷3冊	居昌	1899	木活	
1024	恥庵文集	金碩奎 1826-1883	8卷4冊	榮川	1908	木板	

연번	서 명	저 자	권 책 수	간지	간 년	판본	비 고
1025	癡庵先生文集	南景羲 1748-1812	12卷5冊		1861	木板	
1026	癡巖逸稿	裵尙益 1581-1631	2卷1冊	奉化	1884	木板	
1027	癡窩集	河應命 1699-1769	2卷1冊	晉州		木板	序: 朴來吾
1028	恥齋先生文集	曺善迪 1697-1756	4卷2冊	永川	1898	木板	
1029	耻齋先生遺稿	洪仁祐 1515-1554	3卷2冊	安東	1639	木板	曾孫 通判 有炯 刊 陶山書院 藏板
1030	癡軒先生文集	金德五 1680-1748	5卷2冊		1870	木活	序: 李象靖
1031	恥軒先生遺稿	柳世勛 1564-1631	5卷2冊	陜川	1909	木活	
1032	七峯先生逸集	金希參 1507-1560	1冊		1804	木板	
1033	七巖文集	金夢華 1723-1792	4卷2冊		1901	木活	
1034	七友亭文集	權大臨 1659-1723	4卷2冊		1894	木板	
1035	濯溪先生文集	全致遠 1527-1596	3卷2冊		1888	木板	
1036	濯纓文集	金馹孫 1464-1498	4卷1冊	淸道	1631	木板	※紫川書院 刊
1037	濯纓先生文集	金馹孫	6卷2冊	淸道	1668	木板	※紫溪書院板
1038	濯纓先生文集	金馹孫	8卷2冊	淸道	1838	木板	※紫溪書院板
1039	濯纓先生文集	金馹孫	7卷7冊	義城	1903	木板	後孫 縣監 榮灝 刊

연번	서 명	저 자	권 책 수	간지	간 년	판본	비 고
1040	濯纓集	金馹孫	2卷1冊	淸道	1519	木板	
1041	濯纓集	金馹孫	2卷1冊	大丘	[1580]	木板	陰刻: 大丘刻手法(手決)
1042	台溪河先生文集	河溍 1597-1658	8卷,年譜,合5冊	晉州	1848	木板	景雲齋 重刊
1043	台溪先生文集	河溍	6卷,附錄,合4冊	晉州	1900	木板	※宗川書院板
1044	台溪集	河溍	2卷2冊	晉州	1683	木板	
1045	苔巖先生文集	李翰 1556-1604	4卷2冊		1860	木活	
1046	泰齋先生文集	柳方善 1388-1443	5卷2冊	永川	1815	木板	※松谷書院 重刊
1047	泰齋先生集	柳方善	5卷1冊	永川	1450	木板	北習書堂 刊
1048	泰村先生文集	高尙顔 1553-1623	6卷3冊	尙州	1898	木板	穎皐齋 新刊
1049	太虛亭文集	崔恒 1409-1474	3卷2冊	右水營	1569	木板	曾孫 慶尙都事 興源刊,右水使徐對 協助
1050	太華子稿	南有常 1696-1728	4卷2冊	大丘	1736	木板	嶺營 刊 龍淵寺 現存 21板
1051	土亭先生遺稿	李之菡 1517-1578	2卷1冊	慶州	1720	木板	玄孫 府尹 禎翊 刊
1052	退溪先生文集	李滉 1501-1570	49卷,外,別,年,合27冊	禮安	1600	木板	※陶山書院板
1053	退溪先生文集	李滉	49卷,外,別,年,合28冊	禮安	1724	木板	※ 〃 甲辰重刊本
1054	退溪先生文集	李滉	49卷,外,別,年,合28冊	禮安	1817	木板	※ 〃 丁丑補刻本

연번	서 명	저 자	권 책 수	간지	간 년	판본	비 고
1055	退溪先生文集	李滉	49卷,外,別,年,合30冊	禮安	1843	木板	※陶山書院板校正本
1056	退溪先生續集	李滉	8卷4冊	禮安	[1746]	木板	※陶山書院板
1057	退思軒遺集	靑恰 ?-1429	2卷1冊		1896	木活	
1058	退庵集	權重道 1680-1723	7卷3冊			木活	序: 金聖鐸
1059	退漁堂遺稿	金鎭商 1684-1755	7卷3冊	咸陽	1805	木板	孫子 郡守 相穆 刊
1060	退休先生文集	姜獻之 1624-1701	4卷2冊		高宗朝	木活	序: 李敦禹
1061	坡谷遺稿	李誠中 1539-1593	1冊	大丘	1640	木板	孫子 監司 命雄 刊 天柱寺 藏板
1062	坡谷遺稿	李誠中	1冊	永川	1879	木板	10代孫郡守鶴來 補刻
1063	巴山先生逸稿	柳仲淹 1538-1571	1冊		純祖朝	木板	跋: 柳台佐
1064	坡山世稿	尹錫佑 編	12卷6冊	陝川	1908	木活	
1065	巴山世錄	趙基永 編	8卷4冊		1906	木板	
1066	八莒世稿	都右龍 編	3卷1冊		1910	木活	
1067	八谷先生集	具思孟 1531-1604	4卷2冊	統營	1632	木板	子 統制使 宏 刊
1068	八谷先生集	具思孟	4卷3冊	榮川	1648	木板	外孫 沈長世 刊
1069	八谷雜稿	具思孟	1冊	星州	1763	木板	6代孫 牧使 善復 刊

연번	서 명	저 자	권 책 수	간지	간 년	판본	비 고
1070	八斯遺稿	裵幼華 1611-1673	2卷1冊	奉化	1889	木活	
1071	八松先生文集	鄭必達 1611-1693	7卷4冊		1902	木活	龍山齋 活印
1072	八吾軒先生文集	金聲久 1641-1707	8卷4冊		1873	木活	
1073	八友軒先生文集	趙普陽 1709-1788	7卷4冊		[1831]	木板	
1074	平庵先生文集	權正忱 1710-1767	8卷4冊	奉化	1878	木活	
1075	平巖集	鄭榮振 1672-1728	5卷2冊	居昌	1909	木活	
1076	平齋遺集	李隆逸 1636-1698	2卷1冊	寧海	高宗朝	木板	
1077	逋庵文集	權周郁 1825-1902	8卷4冊			木板	
1078	圃巖集	尹鳳朝 1680-1761	22卷11冊	醴泉	1769	木板	子 郡守 心宰 刊
1079	圃隱先生文集	鄭夢周 1337-1392	3卷1冊	永川	1607	木板	※臨皐書院板
1080	圃隱先生文集	鄭夢周	9卷3冊	永川	1866	木板	※ 〃
1081	圃隱先生文集	鄭夢周	14卷5冊	晉州	1903	木板	玉山齋 刊
1082	圃隱先生集	鄭夢周	3卷1冊	永川	1584	木板	※臨皐書院板
1083	圃隱先生集	鄭夢周	9卷2冊	永川	1677	木板	※臨皐書院 丁巳重刊
1084	圃隱先生集	鄭夢周	6卷2冊	奉化	1659	木板	後孫 縣監 雲翼 刊

연번	서 명	저 자	권 책 수	간지	간 년	판본	비 고
1085	浦渚先生集	趙翼 1579-1655	35卷18冊	善山	1688	木板	孫子 府使 持恒 刊
1086	逋軒先生文集	權德秀 1672-1759	5卷3冊			木板	
1087	瓢隱先生文集	金是榲 1598-1669	4卷2冊	安東	1731	木板	
1088	瓢隱先生文集	金是榲	4卷2冊	安東	1884	木板	
1089	避炎亭逸稿	李希音 1579-1641	2卷1冊	榮川	1910	木板	
1090	何溪文集	朴世衙 1651-1727	2卷1冊		1907	木板	
1091	荷塘先生文集	權斗寅 1643-1719	8卷,續2卷, 合5冊	奉化	1810	木板	
1092	荷叟先生文集	朴箕寧 1779-1857	6卷3冊	醴泉	1909	木活	
1093	河陰先生集	申楫 1580-1639	9卷5冊			木板	
1094	下齋文集	金遇洙 1804-1877	6卷3冊		[1898]	木板	
1095	下枝先生文集	李象辰 1710-1772	7卷3冊	安東	[1793]	木板	
1096	學稼齋先生文集	李糸宙 1599-1669	6卷3冊	星州	哲·高宗 年間	木活	序: 柳尋春
1097	鶴谷集	洪瑞鳳 1572-1645	9卷4冊	開寧	1744	木板	玄孫 縣監 應昌, 芸閣印書體 刊本 覆刻
1098	鶴洞逸稿	李光俊 1531-1609	2卷1冊	義城		木活	序: 柳升鉉
1099	鶴林先生文集	權訪 1740-1808	12卷6冊			木板	

연번	서 명	저 자	권 책 수	간지	간 년	판본	비 고
1100	鶴峯先生文集	金誠一 1538-1593	8卷4冊	安東	1649	木板	※廬江書院板
1101	鶴峯先生文集	金誠一	8卷,續5,附, 合7冊	安東	1782	木板	※虎溪書院板
1102	鶴峯先生文集	金誠一	7卷,續,附, 合10冊	晉州	1851	木板	※臨川書院 重刊
1103	鶴沙先生文集	金應祖 1587-1667	9卷,外,附, 合6冊	榮川	1776	木板	※義山書院板
1104	鶴棲先生文集	柳台佐 1763-1837	20卷10冊	安東		木板	
1105	鶴巖先生文集	朴廷璠 1550-1611	2卷1冊		純宗朝	木活	序: 柳疇睦
1106	鶴巖先生文集	鄭時衍 1632-1687	2卷1冊	永川		木板	
1107	鶴陽先生文集	朴慶家 1779-1842	10卷,年譜, 合6冊		1901	木板	
1108	鶴川先生遺集	李逢春 1542-1625	2卷1冊		1813	木板	
1109	鶴泉先生集	成汝學 1557-?	2卷2冊	大丘	1706	木板	監司 李埜 刊
1110	學圃先生集	鄭暄 1588-1647	4卷3冊	晉州	1859	木板	※玉山書院 刊出
1111	鶴湖先生文集	金奉祖 1572-1631	4卷2冊		純祖朝	木板	
1112	寒岡先生文集	鄭逑 1543-1620	12卷5冊	星州	1636	木板	규장각 소장
1113	寒岡先生文集	鄭逑	15卷,別3,續6, 合10冊	星州	1680	木板	※檜淵書院板
1114	寒岡先生文集	鄭逑	15卷,別3,續9, 合11冊	星州	1841	木板	

연번	서 명	저 자	권 책 수	간지	간 년	판본	비 고
1115	寒溪集	吳善基 1630-1703	4卷2冊	高靈	純祖朝	木板	跋: 崔廷鎭
1116	寒沙先生文集	姜大遂 1591-1658	7卷5冊		1870	木板	芳谷 開刊
1117	寒水齋先生文集	權尙夏 1641-1721	34卷16冊	大丘	1761	木板	外曾孫監司黃仁儉刊 慶尙監營 開刊
1118	閒臥窩文集	朴世貞 1667-1732	3卷1冊			木板	序: 金道和
1119	漢陰先生文稿	李德馨 1561-1613	8卷4冊	尙州	1634	木板	子 牧使 汝圭 刊 近嵓書院 藏板
1120	漢陰先生文稿	李德馨	12卷6冊	尙州	[1668]	木板	孫子 象鼎 重刊
1121	閒靜堂集	宋文欽 1710-1752	8卷4冊	大丘	1788	木板	婿 監司金光默 刊
1122	寒洲集	李震相 1818-1885	49卷25冊	星州	1895	木活	
1123	寒泉先生文集	李涑 1606-1665	4卷2冊	靈山	1897	木活	
1124	涵溪先生文集	鄭碩達 1660-1720	6卷3冊	永川	[1773]	木板	※梅谷書院板
1125	涵碧堂先生文集	柳敬時 1666-1737	4卷2冊		[1818]	木板	
1126	咸從世稿	尹金孫 編	10卷3冊	義城	1510	木板	
1127	巷隱逸稿	李膺協 1826-1894	4卷2冊		1904	木板	
1128	恒齋先生文集	黃孝昌 1687-1729	2卷1冊	漆原	1910	木活	臥龍齋 印刊
1129	恒齋先生文集	李嵩逸 1631-1698	6卷3冊	寧海	[1808]	木板	

연번	서　　명	저 자	권 책 수	간지	간 년	판본	비　　고
1130	海峯集	洪命元 1573-1623	3卷3冊	大丘	1656	木板	長子 監司處厚 刊
1131	海峯集	洪命元	5卷2冊	大丘	1716	木板	曾孫 監司禹寧 刊
1132	海菴先生文集	崔永祿 1793-1871	6卷3冊	高靈	1905	木活	鰲巖書堂 刊
1133	海月先生文集	黃汝一 1556-1612	14卷7冊		1776	木板	
1134	海隱先生遺稿	姜必孝 1764-1848	20卷,附,續, 合13冊		1894	木板	
1135	杏堂先生文集	張萬杰 1654-1717	4卷2冊		[1885]	木板	
1136	杏亭先生遺稿	李重光 1592-1685	3卷1冊	晉州	1899	木板	
1137	香溪先生文集	金泰鳴 1661-1721	2卷1冊	三嘉	1910	木板	
1138	香湖先生文集	崔雲遇 1532-1605	2卷1冊		1905	木板	
1139	虛白先生續集	洪貴達 1438-1504	6卷3冊		1843	木板	
1140	虛白亭文集	洪貴達	3卷3冊		1611	木板	
1141	虛庵遺藁	鄭希良 1469-1502	3卷1冊	大丘	1621	木活	傍孫 監司 造 刊
1142	虛齋文集	劉錫中 1857-1909	8卷3冊	山淸	1910	木活	
1143	虛齋文集	崔南重 1674-1740	5卷3冊	慶州	1909	木板	
1144	虛齋詩集	權壽鵬 (朝鮮)	2卷1冊	丹城	1899	木活	

연번	서 명	저 자	권 책 수	간지	간 년	판본	비 고
1145	虛舟文集	金汝煜 1581-1661	2卷1冊		1892	木板	三德齋 刊
1146	赫臨齋集	許熙 1629-1690	3卷1冊	三嘉	1909	木活	
1147	玄嵒文集	閔致兢 1810-1885	2卷1冊			木板	
1148	玄厓世稿	趙奎震 編	9卷4冊	青松	1897	木板	四友齋 刊
1149	弦窩先生文集	李潹 1593-1668	10卷5冊		1910	木活	
1150	弦窩集	尹東野 1757-1827	6卷4冊	居昌	1897	木活	
1151	玄隱文集	趙基永 1764-1841	4卷2冊		1864	木板	
1152	亨齋先生詩集	李稷 1362-1431	4卷1冊	星州	1737	木板	安峯影堂板
1153	好古窩先生文集	柳徽文 1773-1827	19卷10冊	安東	1896	木板	
1154	好古窩先生別集	柳徽文	8卷,附2卷, 合5冊	安東	1898	木板	
1155	壺谷集	南龍翼 1628-1692	18卷9冊	大丘	[1695]	木板	嶺營 刊
1156	壺谷集	柳範休 1744-1823	14卷7冊	安東	1900	木板	
1157	蒿廬文集	徐塾 (朝鮮)	2卷1冊	慶州	1908	木板	
1158	壺峯先生文集	李墩 1568-1623	2卷1冊		1897	木板	
1159	湖上遺稿	李淵性 1824-1893	4卷2冊	知禮	1909	木活	

연번	서 명	저 자	권 책 수	간지	간 년	판본	비 고
1160	湖陽先生文集	權益昌 1562-1645	4卷2冊	安東	1745	木板	
1161	湖憂先生遺稿	李煥 1582-1661	4卷2冊	龍宮	[1871]	木活	
1162	湖隱先生文集	許麒 (高麗)	1冊	固城	1905	木活	附: 天山齋遺集
1163	壺隱集	洪受疇 1642-1704	6卷2冊	咸陽	1722	木板	從侄 監司禹傳 刊
1164	湖陰先生遺集	文敬忠 1494-1555	3卷1冊		1909	木板	
1165	浩亭先生文集	河崙 1347-1416	7卷2冊		1855	木活	景忠齋 刊
1166	浩亭河先生文集	河崙	5卷2冊	晉州	1847	木板	梧坊齋 刊
1167	洪崖先生遺稾	洪侃 ?-1304	1冊	安東	1629	木板	後孫 監司 방 刊
1168	洪崖先生遺稾	洪侃	1冊	安東	1688	木板	後孫 府使萬朝 刊
1169	花溪先生文集	柳宜健 1687-1760	11卷5冊	慶州	1883	木活	
1170	花山先生逸稿	權柱 1457-1505	1冊		1798	木板	
1171	花山世稿	權人夏 編	5卷2冊		[1870]	木活	
1172	花山世稿	權命熙 編	8卷2冊	三嘉	1908	木板	
1173	華齋先生文集	黃翼再 1682-1747	7卷3冊	尙州		木活	序: 鄭宗魯
1174	喚醒堂逸稿	朴演 1529-1591	3卷1冊	善山		木板	※洛峯書院板

연번	서 명	저 자	권 책 수	간지	간 년	판본	비 고
1175	喚醒齋先生文集	河洛 1530-1592	2卷1冊		1874	木活	
1176	活山先生文集	南龍萬 1709-1784	7卷,附錄, 合5冊	慶州	1793	木板	
1177	活齋先生文集	李榘 1613-1654	7卷4冊	尙州	肅·景宗 年間	木板	跋: 蔡獻徵
1178	黃皐集	愼守彛 1688-1768	9卷4冊	安義	1845	木板	
1179	皇明處士南谷 先生集	權尙吉 1610-1674	6卷2冊		1826	木板	
1180	篁沙集	姜二燮 1824-1899	2卷1冊		1910	木活	
1181	篁嵒先生文集	朴齊仁 1536-1618	3卷2冊	咸安	1891	木板	
1182	黃坡集	金宗傑 1628-1708	2卷1冊			木板	序: 金道和
1183	晦谷先生文集	權春蘭 1539-1627	2卷2冊	安東	1778	木板	※周溪書院板
1184	悔堂先生文集	申元祿 1516-1576	4卷2冊	義城	[1740]	木板	※藏待書院板
1185	晦屛先生文集	申體仁 1731-1821	12卷6冊	義城	[1834]	木活	
1186	悔叟文集	李敏植 1825-1897	3卷1冊	漆原	1910	木活	
1187	晦養齋集	姜斗璜 1811-1873	3卷1冊	河陽	1906	木活	
1188	悔尤文集	李忠國 1711-1777	2卷1冊		1909	木板	
1189	晦齋先生文集	李彦迪 1491-1553	10卷4冊	慶州	1574	木板	

연번	서 명	저 자	권 책 수	간지	간 년	판본	비 고
1190	晦齋先生文集	李彦迪	13卷,附錄, 合5冊	慶州	[1744]	木板	※玉山書院 補刻
1191	晦齋先生集	李彦迪	10卷,別4, 合3冊	慶州	1600	木板	府尹 李時發 刊 萬曆庚子 月城重刊
1192	晦齋先生集	李彦迪	13卷5冊	慶州	1624	木板	※玉山書院板
1193	晦齋先生集	李彦迪	13卷5冊	慶州	1631	木板	※ 〃
1194	晦齋先生集	李彦迪	13卷5冊	慶州	1641	木板	※ 〃
1195	孝廉齋先生遺集	李擎柱 1500-1597	3卷1冊	山淸	1862	木板	
1196	曉山集	卞滎奎 1826-1904	9卷5冊	居昌	1909	木活	
1197	孝處堂遺稿	郭杓 1818-1875	2卷1冊	玄風	1901	木板	
1198	后溪文集	李棶 1670-1735	4卷2冊		高宗朝	木板	跋: 李彙載
1199	后溪先生文集	金範 1515-1566	2卷1冊	尙州	[1715]	木板	※玉成書院板
1200	後溪集	李頤淳 1754-1832	6卷3冊	禮安		木活	
1201	后溪集	趙裕壽 1663-1741	8卷4冊	大丘		木板	嶺營 刊
1202	后山先生文集	李宗洙 1722-?	18卷9冊	安東		木板	
1203	后山先生文集	許愈 1833-1904	19卷10冊	陜川	1910	木板	
1204	後松齋先生文集	金士貞 1552-1620	2卷1冊	義城	1883	木板	

연번	서　명	저 자	권 책 수	간지	간 년	판본	비　고
1205	厚庵集	權濂 1701-1781	8卷4冊	青松	1812	木板	
1206	朽淺先生集	黃宗海 1579-1642	8卷4冊	固城	1713	木板	從曾孫 知縣 燦 刻
1207	塤魯文集	鄭光復 1716-1796	2卷1冊		高宗朝	木板	序: 李鍾祥
1208	塤篪兩先生文集	鄭萬陽 1664-1730 鄭葵陽 1667-1732	30卷16冊	永川	1809	木板	鄭台攝　編
1209	塤篪兩先生續集	鄭萬陽 鄭葵陽	6卷3冊	永川	1906	木板	鄭泰九 編
1210	休翁集	沈光世 1577-1624	5卷5冊	大邱	1859	木板	後孫 監司 敬澤重刊
1211	屹峰先生文集	李賛望 1694-1773	4卷2冊	咸安	1875	木板	追慕齋 藏板
1212	吃窩集	李根玉 1824-1909	5卷2冊		1910	木活	
1213	希庵文集	李瑀祥 1801-1877	6卷3冊	慶州		木板	

저자색인

서명색인

■ **장인진(張仁鎭)**

경북 청도 출생.
영남대학교 국문학과를 졸업하고
계명대학교대학원 한문학과에서 문학석사,
영남대학교대학원 국문학과에서
「영남 문집의 문헌적 연구」로
문학박사 학위를 받았다.

현재 계명대학교 고문헌연구소 연구원 겸
간사로 재직하고 있으며,
경상북도 문화재 전문위원,
대구광역시 문화재 전문위원,
영남대학교대학원 외래강사 등으로 활동하고 있다.

『경상북도 칠백년사』(1999년),
『계명대학교 고서종합목록』(2004년),
『동아시아의 목판인쇄』(2008년),
『계명대학교 동산도서관 소장 고서의 자료적 가치』(2010년) 등
공동저서가 다수 있으며,
「운포 이중린의 척사정신과 의병항쟁」을
포함한 30여 편의 논문을 발표하였다.

영남 문집의 출판과 문헌학적 양상

인 쇄 2011년 1월 17일
발 행 2011년 1월 21일

저 자 장 인 진
펴낸이 신 일 희
펴낸곳 계명대학교출판부
(704-701) 대구광역시 달서구 달구벌대로 2800
TEL : (053) 580-6233
FAX : (053) 583-5213
출판등록 : 제347-1998-1호

ISBN 978-89-7585-526-9 정가 20,000원
* 잘못된 책은 교환하여 드립니다.